19세기
노동기사단과
공화적 자유

19세기
노동기사단과
공화적 자유

지은이 | 알렉스 고레비치
옮긴이 | 신은종

1판 1쇄 인쇄 | 2022년 1월 10일
1판 1쇄 발행 | 2022년 1월 20일

펴낸곳 | (주)지식노마드
펴낸이 | 김중현
기획·편집 | 김중현, 장기영
디자인 | 제이알컴
등록번호 |제313-2007-000148호
등록일자 | 2007. 7. 10
(04032) 서울특별시 마포구 양화로 133, 1702호(서교동, 서교타워)
전화 | 02) 323-1410
팩스 | 02) 6499-1411
홈페이지 | knomad.co.kr
이메일 | knomad@knomad.co.kr

값 23,000원

ISBN 979-11-92248-00-4 03340

19세기 노동기사단과 공화적 자유

알렉스 고레비치 지음 | **신은종** 옮김

|일러두기|

1. 각주는 모두 역자의 것이다. 다만 간단한 주는 본문에 표시했다.

2. 미주는 모두 저자의 것이다.

3. 본문의 [ ]와 ( )는 별도의 표시가 없는 한 저자의 것이다.

우리 시대의 노동은 자유로운가?

이 책을 쓸 당시 나는 두 가지 목적을 염두에 두었다. 하나는 정치적 목적이며 다른 하나는 지성사적 목적이다. 정치적 목적은 자유의 개념을 좌파적 사유를 위해 새롭게 정초하는 것이다. 탈냉전 시기 이후, 특히 우리가 살고 있는 세계 금융위기 이후 현재에 이르기까지 자유는 순수하게 우파적 개념으로 발전해 왔다. 이때의 자유란 진보적인 세제 시스템이나 소득재분배에 대한 부정, 정부 규제에 대한 반대, 경제 전반에 대한 민주적 통제에 대한 비판과 맞닿아 있다. 이 자유는 방어적인 개념의 자유이며, 공적 담론에서 그 목적은 다수의 요구를 묵살하고 부유하고 힘센 자들만의 권리를 보호하는 것이다. 무엇보다 자유는 자신이 우연히 취득한 재산권을 자기 맘대로 행사할 수 있는 권리와 불가피하게 결부돼 있다. 그러나 이는 자연스러운 것도, 필연적인 것도 아니다.

19세기 노동자들이 말하는 가장 보편적인 사실은 자신들에게 자유가 없다는 것이었다. 노동자이기 때문이기도 했고 노동자로서의 자유도 없었다. 그들은 고용주의 의지에 종속된 존재였다. 그가 누구든 고용주를 위해 강제로 일해야 했고, 일단 작업장에 들어가면 고용주가 행사하는 무소불위의 권력에 복종해야 했다. 이런 부자유(unfreedom)는 공화국의 시민이라면 온당히 누려야 할 자유를 원천적으로 침해받는 상태다. 진정한 시민이라면 예속이 없어야 하며 경제적 자립을 누릴 수 있어야 한다. 임금노동자는 고대 노예 같은 존재는 아니었지만 고용주의 자의적 의지에 종속된 임금노예였다.

이런 주장을 펼친 노동공화주의자들은 자유에 대한 자신들만의 사유를 통해 임금노동 자체의 철폐를 주장하고 나섰다. 전성기를 구가하던 19세기 말, 이들이 내놓은 생각은 능동적이며 때로는 전투적이었던 수백만의 노동자들을 매료시켰다. 탄광과 철도산업, 구두 공장에서 사탕수수 농장에 이르기까지 이들은 노동공화주의의 지지자가 됐다. 19세기 최대의 노동자 정치조직인 노동기사단(the Knights of Labor)에 가입했고, 자유 쟁취라는 희망을 부여잡고 격렬한 저항을 벌여 나갔다.

오늘날 이런 사건을 상상하기란 쉽지 않다. 이 역사적 사건은, 자유는 경제적 토대의 근본에 대한 철저한 비판을 수행할 수 있는 이론적인 혹은 지적인 힘을 제공한다는 사실을 알려준다. 뿐만 아니라 대다수 민중의 지지를 얻은 자유의 정치학의 실제 모습이 어떠했는지도 제대로 전한다.

노동공화주의자들이 추구했던 자유는 단지 자신의 삶에 대한 타인의 간섭에서 벗어나는 것이 아니다. 자기 삶의 모든 영역에서 스스로 자치적 주체가 되는 것이 자유다. 타인에 의해 지배받는 것이 아니라 – 넓게는 통제되지 않은, 고삐 풀린 권력에 의해 통치되는 것이 아니라 – 스스로를 지배한다는 관념이 바로 공화적 자유의 핵심이다. 노동이란 조율된 사회적 행위다. 노동은 작업과정에 참여하는 모든 이들이 정한 규범과 규칙에 따라 협력하는 과정이다. 이 관념이 바로 19세기 말 새롭게 형성된 산업사회의 노동자들에게 생생하게 각인된 핵심이다. 산업화된 노동은 더 이상 장인이나 고용된 한두 노동자의 단순한 활동 정도가 아니다. 몇몇을 고용해 농사를 짓는 농부의 활동과도 다르다. 노동은 거대한 규모의 노동자들이 함께 모여 무언가를 창출하기 위해 유기적으로 통합된 작업을 수행하는 과정이다. 노동에서의 자유란 바로 그 과정을 공동으로 관리하는 것이다. 감독자가 시키는 대로 그저 따른다거나 자영농으로 사는 삶이 아니다. 협력적 공화 체제는 바로 이들 노동자가 해방된 경제 체제에 붙인 이름이다. 이 체제는 협력적 생산자라는 관념을 통해 모든 작업장에 실질적 자유를 구현한다.

설사 이 사건이 미국의 역사에 한정된 것이라 해도, 이 서사를 통해 발현되는 이상(理想)은 노동계약을 맺고 작업장에 편입돼 고용주의 감독을 받으며 일하는 모든 사람의 것이라는 점에는 의심의 여지가 없다. 따라서 나의 정치적 목적은 자유가 언제 어떻게 좌파적 원리가 되는가를 상기시키는 것을 넘어서서 자유의 보편타당성을 제안하는 데 있다.

이런 정치적 목적은 두 번째 목적인 지성사적 목적과도 밀접히 관련된다. 내가 바란 것은 공화주의 정치이론가들로 하여금 19세기를 제대로 바라보게 하는 것이었다. 지금은 조금 완화됐지만, 근대 공화주의를 바라보는 그동안의 주류적 경향은 15세기 이탈리아의 도시국가에서 그 원형이 처음 출현해 여기저기를 떠돌다가 18세기 말에 발전돼 정착된 사상 정도로 소개하는 것이었다. 신공화주의 이론가들은 이탈리아 도시국가의 르네상스 인문주의자들과 정치가들이 어떤 경로로 고전적인 공화적 자유를 재발견하게 됐는가를 보여주었다. 자유를 간섭의 부재 상태로 보는 자유주의적 관점과 달리 공화주의는 자유를 자의적 지배의 부재로 본다. 이는 누가 실제로 우리를 간섭하고 있는가의 문제가 아니라 타인이 우리에 대해 지배력을 가지고 있는가, 혹은 타인이 자의적인 방식 혹은 어떤 견제도 없이 우리를 간섭할 가능성이 존재하는가의 문제다.

신공화주의 이론가들은 자유의 개념적 변화를 살피기 위해 17~8세기 영국의 혁명적 공화주의 사상으로 거슬러 올라갔으며, 미국 혁명이라는 드라마틱한 반식민주의 운동에 이르러 자유 개념의 안식처를 발견하게 됐다. 많은 연구가 있지만, 스키너(Q. Skinner)의 《자유주의 이전의 자유》, 포칵(J.G.A. Pocock)의 《마키아벨리 모멘트》, 페팃(P. Pettit)의 《신공화주의》와 같은 시금석이 될 만한 연구들이 제시하는 기본적인 시대 구분이 이것이다. 공통적인 것은 공화적 자유의 개념적 변화는 지성사나 정치학, 역사학의 측면에서 볼 때 초기 부르주아 혁명의 시대가 도래하면서 멈췄다는 것이다.

만약 그러하다면, 신공화주의자들에겐 슬픈 일이다. 자유 개념이 19세기와 함께 등장한 핵심 문제에 대해서는 아무것도 말해주지 못하기 때문이다. 정치적 노예제와 대비되는 실질적 노예제의 문제, 통치구조가 아닌 노동의 문제, 정치제도가 아닌 사회구조의 문제 등에 대해 자유 개념은 어떤 것도 설명하지 못하게 되고 만다. 이는 공화적 자유가 죽었다는 것을 의미하거니와 그 죽음은 역사적 진부화가 아니라 자유주의자의 선점 때문이다.

19세기 공화주의를 탐구하는 것은 녹록하지 않다. 제대로 전해지지 않는 자료들, 체계화되지 못한 논문들, 저자 미상의 글과 기사들을 읽어내야 하고, 정치이론과는 구별되는 정치경제학의 원리를 탐구해야 하기 때문이다. 그러나 체계화되지 않은 수많은 자료를 검토하는 일은 공화주의 그 자체를 볼 수 있게 하기에 선구적인 연구 못지않게 공화주의를 파악하는 데 도움이 된다. 공화주의 개념들이 정치화될 때, 즉 특정한 주체들이 이 개념을 특정한 맥락에서 타인의 실천을 독려하기 위해 사용할 때, 우리는 실제 공화주의가 무엇인지를 보게 된다. 나아가 타인을 행동에 나서도록 설득하는 것을 넘어, 공동의 목적을 위해 스스로 집합적 행동의 주체가 되기를 실천할 때 공화주의는 본연의 모습을 드러낸다.

앞으로 보게 되겠지만, 19세기 노동공화주의자들은 정치적 행동을 위해 공화주의의 낡은 개념들을 새로운 방식으로 사유하고 실천하는 데 몰입했다. 19세기는 새로운 역사적 주체가 전면적으로 등장한 시기다. 노예, 산업노동자, 여성, 농부, 실업자들이 대규모 사회운동을 광범위하게 전개하기 시작했으며, 새로운 형식의 사회적·정치적 권력을 형성했음은 물론 자신들의 정치적 행동을 성찰하고 새로운 의미를 부여했다. 그 과정에서 이들은 여타의 정치세력이 그들만의 목적으로 활용했던 생각과 관념들을 새롭게 이해하기 시작했다. 노동공화주의는 바로 이러한 정치적 사건이자 지성사적 사건의 뚜렷한 예시다.

예를 들면, 17세기 반군주제를 위해 순교한 공화주의자 시드니(A. Sidney)가 임금노동을 비판한 것은 아니지만, 두 세기가 지난 후 노동기사단은 공화적 자유에 대한 시드니의 주장에서 임금노동의 모순을 발견했다. 그러나 임금노동이 어떻게 지배의 형식이 될 수 있는가를 밝히는 것은 노동기사단의 몫이었다. 무엇보다 당시의 임금노동자는 자기 자신에 대한 법적 권리를 가진 존재가 됐다. 그러나 이것을 진정 독립이라고 볼 수 있겠는가? 노동자의 독립 혹은 의존이라는 문제는 19세기 공화주의 사상이 제기하는 핵심적 질문이다. 이 질문은 임금노동이 공화국의 원리와 양립할 수 있는지를 묻기 때문이다.

미국에서의 노동과 공화적 자유에 대한 탐구 과정에서 나는 이전의 공화주의 이론가들에 대해 한편으로는 동의하지만 다른 한편으로는 비판하는 작업을 수행했다. 나는 19세기 말이라는 시기를 근대 공화주의의 필연적인 종말의 시기로 보려는 암묵적인 의도에 반대한다. 그러나 나는 행위주체들이 동일한 개념들을 다양한 맥락에서 어떻게 다르게 해석하고 활용하는지, 그리고 그 과정에서 다양한 개념적 발전과 전환을 어떻게 이뤄내는지를 분석하는 방법론적 입장에는 찬성한다.

이 책에 생기를 불어넣는 정치적 목적과 지성사적 목적이 전 세계의 모든 독자들에게 중요한 관심사가 되기를 소망한다. 주로 미국의 경험과 자료에 의존하고 있지만, 나는 이것이 지역과 언어에 의해 경계 지워진 하나의 국지적인 역사라고 생각하지 않는다. 특정한 미국적 서사이지만 이를 특이한 것으로만 바라봐서는 안 된다. 특정한 시대, 특정한 장소에서 우리는 보편적 운동 혹은 일반적 경향을 파악할 수 있기 때문이다. 미국의 노동공화주의자들은 자유를 위한 투쟁을 감행하면서 전 지구적인 투쟁을 마음속에 품고 있었다. 각국에서 타전되는 새로운 소식을 열망했으며, 벨기에, 호주, 캐나다 등 다른 나라의 노동자들을 조직하고 연대하는 국제적 조직으로 나아가기도 했다.

책은 저자의 완성물이 아니라 토론을 위한 중간 결산물이다. 책이 출간되고 나서 다양한 비판이 제기됐고 나 역시 충분히 설명하지 못한 점들을 뒤늦게 알게 됐다. 지나치게 단정적인 주장이 있는가 하면 모호한 태도도 있었다. 그러나 가장 중요한 논점이 별다른 주목을 받지 못한 것 같다. 이 책은 자유라는 이상(理想)에 대한 서술서가 아니다. 자기해방의 정치학에 대한 탐구서다. 이는 5장의 핵심 주제인데, 많은 논평자나 독자들의 주목을 끌지는 못했다. 여기서 나는 노동공화주의자들의 가장 중요한 성취를, 자신의 자유를 확보하기 위해서는 자유를 부정당한 자 스스로가 주체가 돼야 한다는 자기주체론을 정립한 것이라는 점을 강조했다. 노동공화주의자들은 자유라는 개념을 통해 임금노동자가 왜 종속돼 있는가를 설명하는 것에 그치지 않고, 노동자의 자기해방을 위해 필요한 사상과 실천이 무엇인지를 제시했다.

대부분의 독자는 노예제와 자유의 패러독스, 노예제 비판을 통한 공화적 자유의 보편화, 자본주의 사회의 사적 지배와 구조적 지배에 대한 비판을 다룬 4장까지의 설명에 많은 관심을 보였다. 또 다른 독자들은 생산자 협동조합과 노동자의 자주관리의 결합에 기초한 '협력적 공화 체제'라는 노동공화주의자들의 주장에 관심을 보이기도 했다. 이에 대해 독자들에게 깊이 감사드린다. 다만 자본주의에 대한 비판과 협력적 공화 체제라는 제안은 자기해방의 정치학 없이는 새로운 정치적 영감이나 지적 성찰의 원천으로서 미완이다. 가장 중심에 두어야 할 정치적 질문은 무엇을 해야 할 것인가가 아니라 누가 어떤 방식으로 해야 하는가의 문제다.

노동공화주의의 자기해방의 정치학 혹은 내가 명명한 '종속계급의 정치이론'은 지적 성찰을 위한 원천임과 동시에 과제로서 중요하다. 원천의 측면에서, 노동자의 해방은 자신에게 달려 있다는 노동공화주의의 주장은 아무것도 가지지 못한 자에 대해 어떤 기대를 해야 하는지를 상기시킨다. 우리 시대의 지배적인 인식은 억압이 발생하는 이유를 억압된 자들이 약하고, 의존적이며 역량이 부족하기 때문이라고 보고 있다. 따라서 억압된 자를 외부의 지원이나 협조 혹은 동맹이 필요한 존재라고 생각한다. 때로는 명시적으로, 때로는 암묵적으로 억압된 자 역시 자신을 자기결정의 주체로 보기보다는 피해자로 보고 있다. 노동공화주의자들은 노동자들이 억압에 짓눌려 스스로 주체로서 행동할 수 없다는 관점을 단호히 거부했다. 노동공화주의 정치학의 주된 임무는 어떻게 노동자를 자주적인 사회적·정치적 조직화로 이끌 수 있는가를 고민하는 것이다. 자주적인 조직 속에서 노동자는 스스로 자기학습을 일구며 서로에게 배우고 집합적인 힘을 행사해 나갈 수 있다. 권력과 자유는 주어지는 것이 아니라 쟁취하는 것이다.

어떻게 자기해방을 성취할 수 있는지의 문제가 항상 명료한 것은 아니었다. 자기해방이 국가의 규율이나 강제로 이뤄질 수 있는가? 아니면 자발적인 협동조합의 조직화로 성취할 수 있는가? 해방은 타인에 대한 억압을 필요로 하는가? 아니면 개별 노동자의 연합된 힘을 요구하는가? 연합된 힘이 필요하다면 파업이라는 수단은 충분한가, 부분적으로라도 효과가 있는가, 아니면 기대할 수 없는 수단인가? 그러나 이 문제 역시도 노동자의 자기해방은 스스로의 힘으로 성취해야 한다는 대전제 속에 포함돼 있다. 가능성을 확신하고 기대를 형성하는 노력이 지금은 더 중요하다. 영감을 위한 원천으로서 중요할 뿐만 아니라 억압된 자를 희생자로만 바라보는 자들에 대한 엄중한 경고이기 때문이다. 만약 이들이 피해자이기만 하다면, 누가 이들을 대표해 행동에 나서야 하는가? 어떤 근거로 다른 행위자들은 그들을 대표할 수 있는가? 만약 종속된 자가 스스로를 해방할 수 없다면, 새로운 권력관계가 형성된다 해도 새 주인이 나타날 뿐, 종속은 그대로 남은 것이 아닌가?

억압된 자를 보호가 필요한 피해자로 보는 시각에 대한 엄중한 경고로서 자기해방을 이해한다 해도, 위험이 사라지는 것은 아니다. 많은 논자들은 노동공화주의가 진정으로 보편적인 사상인가 혹은 보편화를 지향하고 있는가에 대해 문제를 제기해왔다. 노동공화주의자들은 인종차별주의나 성차별주의 등 많은 한계가 있었던 것이 사실이다. 노동기사단은 19세기 가장 큰 규모의 노동자 조직으로 인종, 성, 종교, 국적의 다양성을 포괄하고 있었다. 그럼에도 그들의 저작이나 정치적 입장을 보면 편견을 극복하지 못한 모습이 발견된다. 아마도 가장 불편한 대목은 중국 노동자들에 대한 인종주의적 차별일 것이다. 다만 일부 독자들은 이 편견을 노동공화주의의 정치학을 와해하는, 고정되고 탈정치적 본질로 오해하는 것 같다. 이는 매우 단순하고 기계적인 견해일 뿐이다. 자기해방의 정치학을 추구한 다른 조직들과 마찬가지로 노동기사단도 정치적 행동과 헌신을 위한 새로운 역량을 깨우치고 발전시키고자 노력했던 것이 사실이다. 당시 노동자들이 직면하고 있었던 빈곤과 법적 탄압, 노골적인 폭력을 고려하면, 노동기사단은 자신의 조합원들이 더욱 높은 수준의 시민적 덕성을 실천해야 한다고 생각했다. 위험을 감수하고자 하는 의지가 없다면, 미래의 가능성을 위해 현재의 편리를 희생하고자 하는 각오가 없다면, 나아가 자유에 대한 진중한 믿음이 없다면, 노동자가 스스로를 해방할 수 있는 길은 없기 때문이다. 나는 본문에서 다음과 같이 썼다.

"신념의 창출 없이 어떤 그룹을 주체로 호명하는 것은 불가능하다. 따라서 노동공화주의자들의 비전이 지나치게 의욕적이라고 비판하는 것은 근본적인 사회 부조리를 변혁할 능력이 종속계급인 노동자에게 있다는 명제 자체를 부정하는 것에 불과할 뿐이다."

주체의 실패 가능성이 완전히 제거된 정치이론은 없다. 이는 보편적인 교훈이며, 동시에 경고이기도 하다. 해방의 약속을 완전히 구현하는 데는 많은 실패가 따른다. 그러나 모든 실패를 완전한 패배나 이론적 오류를 드러내는 징후로만 볼 일은 아니다. 노동기사단은 그들이 추구한 모든 것을 달성하지 못했다. 그러나 그들은 19세기에 활동한 어떤 조직보다 더 많은 것을 성취했다. 지금 여기에서 우리에게 중요한 질문은 그들이 실패했는지 여부가 아니다. 대신 우리는 왜 그들만큼 멋지게 실패할 수 있는 지점에 이르지 못하고 있는가를 질문해야 한다. 우리의 소임은 노동기사단을 판단하는 것이 아니다. 우리에게 더 많은 것을 스스로 요구하는 것이다.

이 책을 번역한 신은종 교수에게 감사드린다. 그의 번역 작업은 그야말로 '시민적 덕성'을 실천한 좋은 예라 할 수 있다. 학사로서 내 연구에 대해 진정한 관심을 가졌던 그가 각고의 노력을 기울이지 않았다면, 한국어 번역본은 기대할 수 없었다. 신 교수는 공공선에 대한 공화적 열정을 가지고 있다고 나는 믿는다. 자기만의 학문적 관심사에 매몰되지 않고, 한국의 독자 여러분들이 나의 책을 함께 읽을 수 있도록 자발적 수고를 아끼지 않았기 때문이다. 물론 내 책이 그의 노력만큼 대중의 관심을 얻을 정도의 값어치가 있을지는 모르겠다. 그러나 확신하건대 이 책을 번역하면서 쏟은 열정만으로도 그는 대중으로부터 찬사를 받을 만하다. 이것을 잘 알기에 나는 그에게 각별하고 깊은 감사를 다시 한번 전한다.

2021. 10.

알렉스 고레비치

노동공화주의를 읽는 하나의 방법

이젠 "어떤 '공화(共和)'이어야 하는가"를 물어야 할 때다. 이 질문의 의미는 두 가지다. 현대 공화주의가 어느 정도 진전됐다는 것, 그런데도 중요한 무엇을 누락하고 있다는 것. 전자는 희망적이다. 개인을 억압하고 공동체를 붕괴할 정도로 횡포해진 신자유주의에 대항해 공화주의가 대안적 담론으로 성장했다는 점은 큰 성취다. 특히 비지배 자유와 공(公/共)적 가치에 관해 전개한 세련된 사유는 이 시대의 문제를 집약해 드러낸 월가 시위("We are the 99%.")의 요청에도 부응한다. 그래서 이 담론의 성공을 '공화주의의 전회(neo-republican turn)'라 불러도 좋겠다. 후자는 '문제적'이다. 누락을 묻고 갱신을 요청하기 때문이다. 누락은 사회경제 영역에서 이뤄지는 지배/종속(dominium)에 대한 사유의 결여를 말한다.

현대 공화주의는 거시 정치의 지배/종속 문제(imperium)만을 문제 삼아 왔다. '지금-여기에서 먹고 사는 문제'와 그 장(場)인 노동/생활에 대해서는 제대로 된 공화주의적 비평을 수행하지 못했다. 치명적 공백이다. 해법도 없다. 기껏해야 기본소득 정도다. 빈약하고 무성의하다.

노동공화주의는 이 누락과 갱신에 대한 응답이다. 제도 정치가 아닌 노동/생활 영역의 공화화를 전면에 제시해 누락의 지점을 드러낸다. 거대한 담론이 아니라 '작고 구체적인' (그러나 중요한) 삶의 측면을 직접 겨냥하며 갱신을 시도한다. 신자유주의에 대한 낡은 비판으로 자위하지 않는다. 일상 속 깊숙이 침투해 3생(생명·생존·생활)을 파괴하는 '식인 자본주의(cannibal capitalism)'의 사태(N. Fraser)를 직시하고 노동/생활의 지평에서 삶(생명)·경제(생존)·문화(생활)의 대안을 풍요롭게 모색한다. 공공선의 관점에서 비지배 자유, 협력과 연대, 시민적 덕성을 노동의 장에 구현함으로써 '공화적 생활세계'를 열어 낸다. 동시에 이 새로운 세계에 적합한 '사회적/윤리적 감각'을 창조함으로써 현대 공화주의의 갱신을 완성한다.

이것이 노동공화주의다. 이 책의 저자, 고레비치는 이 비판적 사유의 기원을 노동기사단에서 찾아내는데 일단은 성공한 것 같다. 미국 노동운동사의 한 장을 차지한 노동기사단은 노동의 장에 공화적 가치를 구현함으로써 개인적 해방과 사회적 공화를 꿈꿨다. 이론적 지도자였던 실비스(W. Sylvis)는 미국 혁명과 내전이 불완전한 정치혁명이라고 단언한다. 공화국이라는 정치 체제가 수립됐음에도 사회경제 체제는 임금노동제라는 새로운 형식의 노예제에 의해 지배되고 있기 때문이다. 실비스는 공화 체제의 보편적 자유와 임금노동제의 종속노동은 불화할 수밖에 없거니와 종속노동을 폐지하기 위해서는 "자본주의 산업시스템에 공화주의 가치를 기입"해야 한다고 보았다. 불합리한 지배를 제거하고 노동자 스스로가 주체인 삶을 살아가는 존재로 거듭나는 것, 이것이 노동기사단의 궁극 목표다.

이 목표는 한 세기가 훨씬 지난 지금도 미완성이다. 선거제도와 정당 등 매디슨식 대의민주주의는 공화적 가치에 기반한 제도정치를 잘 발전시켜 왔다. 한계가 있음에도 정치적 자유를 확장하는 데 기여한 것이 사실이다. 그러나 현대 자본주의의 작업장은 어떠한가. 작업장은 위험의 공간이다. 고용불안, 저임금, 과로사, 산업재해, 차별 등 노동자는 온갖 위험에 노출돼 있다. 노동조합이 잘 조직돼 있는 일부 대기업을 제외하면 위험으로부터 자신을 방어할 수 있는 수단을 갖추고 있는 노동자는 드물다. 위험으로부터 자유롭지 못한 상태는, 종속적 임금노동 체제의 직접적 효과다. 임금노동 이외에는 다른 삶의 선택지가 제한된 상태에서 노동자는 계약노동이라는 '자발적' 형식으로 위험의 공간에서 아슬아슬한 삶을 꾸려 나갈 수밖에 없다.

작업장은 지배의 공간이기도 하다. 노동자는 사용자의 자의적 지배에서 자유롭지 못하다. 노동계약과 상관없이 사용자의 사적 용무에 쉽게 동원되는가 하면 정치적 견해나 성적 정체성 등을 이유로 해고되기도 한다. 직장 내 괴롭힘이 만연하며 노동시간이 종료된 이후에도 일에서 벗어나지 못하기 일쑤다. 지배 방식도 한층 세련돼지고 있다. 지배가 향하는 곳은 행위가 아니다. 노동자의 내면을 파고든다. 성과주의를 자발적으로 내장케 하고 자기계발을 스스로 행하는 주체로 빚어낸다. 숫자로 표시된 목표만을 제시하고 달성하는 과정은 재량에 맡긴다. 겉보기에 재량은 자유인 것 같지만, 목표의 달성도에 따라 보상과 처벌이 주어지니 타율이다. 쉬피오(A. Supiot)가 지적했듯이, 정량화된 숫자가 지배하는 수치(數治)의 세계에서 노동자는 동료는 물론 자신마저 적대하며 경쟁의 장에 나선다. 오늘날 작업장은 여전히 피로와 적의로 가득 찬 '공포의 집(마르크스)'일 뿐이다. 외려 지배자 '없는' 지배로 그 공포는 배가된다.

다시 남북전쟁이 종료된 미국으로 돌아가 보자. 노예제가 폐지됐지만 당시 임금노동 체제는 새로운 임금노예를 만들어내고 있었다. 공화주의 정치 체제가 형성됐음에도 불구하고 노동의 장은 반(反)공화적 지배에서 벗어나지 못하고 있었다. "노예제는 아직도 사라지지 않았다. … 자유는 아직 멀리 있다"라는 스튜어드(I. Steward)의 말이 지금도 공명하고 있다고 저자는 이 책 곳곳에서 강조하고 있다. 노동공화주의를 세심히 살펴봐야 할 이유다.

우선 노동기사단에 대한 설명이 도움이 될 것 같다. 노동기사단은 19세기 말 미국 노동운동을 주도한 최초의 전국단위 노동조합이다. 국가와 자본의 탄압을 피해 비밀결사로 시작한 이 조직은 인종과 성을 초월해 노동하는 모든 이의 대표체로 빠르게 성장했다. 1879년 파우덜리(T. Powderly)가 새 지도자로 선출된 후 공개조직으로 전환한 노동기사단은 이후 미국 각지에서 수많은 파업을 조직했다. '파우덜리 협동조합' 등 생산자 협동조합을 건설하면서 '자치와 협력'의 가치를 노동운동의 방향으로 제시할 만큼 선구적인 사상을 선보이기도 했다. 그러나 1887년 디보독스 파업이 무자비하게 진압되면서 급속한 쇠락을 맞았고, 이후에는 보수적 경제주의를 표방하는 미국노동총연맹이 노동운동을 장악하면서 역사의 장에서 사라지고 만다.

고레비치는 왜 노동기사단에 주목했을까? 19세기 말 노동운동의 한 국면을 형성하며 빠르게 성장했지만, 그보다 더 빨리 몰락한 노동기사단은 20세기의 문턱을 넘지 못한 채 소멸한 조직에 불과하다. 노동사가(勞動史家)들의 드문 관심 대상 정도에 머물러 있던, 이 19세기 노동조합에서 저자는 무엇을 발견한 것일까? "노동기사단을 미국 노동계급의 형성과정에서 한 국면을 장식한 채 의미 없이 사라진 존재로 보아서는 안 된다"라고 저자는 말한다. "이들의 약진과 몰락 자체가 미국의 정치사가(政治史家)나 노동사가에게는 중요한 사건사(事件史)였으며, 동시에 미국 사상사에서 공화주의 정치사상으로 불리는 한 이론적 계열이 발전하게 되는 중요한 장을 형성했기 때문"이다. 저항과 투쟁의 노동운동사가 아닌 이론과 사유의 정치사상사의 관점에서 읽을 때 노동기사단은 노동과 공화주의를 매개하는 지성사적 실험으로 새롭게 드러난다. 이 실험은 공화주의 정치사상에서 하나의 '이론적 계열'이 발전할 수 있는 토대를 형성하거니와 고레비치는 제대로 알려지지 않은 기사와 팸플릿, 논문 등 19세기의 방대한 자료를 발굴해 읽어내며 '노동공화주의'라는 명명에 걸맞은 이론적 갈래를 우리에게 제시한다.

좀 더 살펴보자. 노동공화주의는 노동에서의 공화적 자유를 핵심가치로 삼는다. 공화적 자유란 지배로부터의 자유, 곧 비지배 자유가 핵심이다. 이는 자유주의가 주창하는 간섭으로부터의 자유와 대조된다.

흔히 자비로운 주인의 유비를 통해 두 자유는 대비된다. 로마의 희극에는 자애롭거나 무관심한 주인을 자랑하는 노예가 자주 등장한다. 주인이 있다 해도 그가 자비롭다면, 그래서 나의 삶이 주인에 의해 간섭받지 않는다면 나는 자유롭다는 게 불간섭의 자유다. 반면 비지배 자유는 주인의 선한 의지를 불신한다. 주인은 언제라도 자의에 따라 개입하고 지배할 수 있다. 자의적 지배 가능성이 존재한다면 그 자체는 부자유라는 것이 공화주의의 입장이다. 주인의 자비에 의해 보장되는 불간섭이 아니라 주인이 없는 상태가 자유다. 비지배 자유는 자의적 지배의 가능성까지를 고려하기에 불간섭 자유보다 자유의 개념적 외연이 넓다. 현실을 고려한다면 불가능하리만큼 의욕적이고 이상적이다. 그러나 그 불가능성은 외려 실천적 의미를 더한다. 수정돼야 하는 현실이 지향해야 할 궁극의 지점을 제시하기 때문이다. 그 궁극의 지점은 주체적 자립으로서의 자유다. 그 자유는 "타인의 간섭에서 벗어나는 것이 아니다. 자기 삶의 모든 영역에서 스스로 자치적 주체가 되는 것"이다. 스스로를 지배한다는 관념이 바로 공화적 자유의 핵심이다.

　노동기사단은 공화적 자유가 임금노동 체제 아래에서는 보장될 수 없음을 분석하고 그 대안으로 '협력적 생산 체제'를 제시했다. 그러나 저자가 동의할지는 모르겠으나, 노동기사단이 내놓은 임금노동 체제와 자본주의 산업사회에 대한 분석은 그리 새로운 게 아니다. 그동안 풍부하게 전개된 마르크스주의 계열의 서사나 프루동주의에서 크게 벗어나지 못하기 때문이다. 그렇다면 노동공화주의의 고유성은 어디에서 찾을 수 있을까? 이를 위해서는 다른 독법이 필요하거니와, 정치경제학에서 벗어나 윤리학의 관점에서 독해할 때 그 특별함이 잘 드러난다. 이는 가라타니 고진이 마르크스를 읽는 방식이기도 하다. 《트랜스크리틱: 칸트와 마르크스》에서 그는 "칸트로부터 마르크스를 읽고 마르크스로부터 칸트를 읽"음으로써 "칸트적 비판과 마르크스적 비판 사이에서의 코드 변환"을 시도했다. 칸트의 윤리학으로 마르크스의 정치경제학을 독해함으로써 《자본》에 내재된 윤리적 계기를 찾고 이를 바탕으로 실천적 주체를 형성하고자 했던 것이 그의 궁극적 목적이라면, 노동공화주의를 독해하는 방식으로는 안성맞춤이다. 노동기사단은 임금노동 체제의 종속성에 대한 비판을 넘어 협력적 생산 체제라는 대안을 제시하면서도, 그 전제로서 이를 실천할 수 있는 '주체의 조건', 즉 '종속계급의 윤리학'에 더 큰 방점을 두었기 때문이다.

윤리학의 관점에서 노동기사단 사상의 키워드를 뽑아낸다면 자유, 연대, 학습이다. 자유론, 연대론, 학습론으로 부를 수 있는 이 각론들이 시민적 덕성이라는 종속계급의 윤리를 통해 하나의 체계로 통합된다. 자유론을 다시 살피면, 불간섭 자유와 비지배 자유의 차이는 단순히 개념과 외연에 머물지 않는다. 불간섭을 중핵으로 삼는 자유주의적 자유는 권리로서의 자유를 지향한다. 자연권을 그 근거로 동원하는 것에서도 이 특징이 잘 드러난다. 권리로서의 자유는 '개인'을 전제하며 '타인'을 배제한다. 자유라는 관념은 타인과의 관계를 가정하지 않는 한 무의미해지기에 개인을 전제하면서 타인을 배제하는 권리로서의 자유는 그 자체가 역설이다. 동시에 개인들이 서로에게 타인이 되는 사태 속에서 자연권은 서로를 적대하고 갈등하게 할 위험도 내장하고 있다. (나는 여기서 권리로서의 자유를 부정하고자 함이 아니다. 자유가 온당한 권리가 되기 위해서는 타인을 전제하기에 어떤 사회적 조건이 필요하다는 점을 강조하고자 할 뿐이다.)

지배로부터의 자유를 추구하는 공화적 자유는 자유의 지평을 '권리에서 역량을 거쳐 윤리'로 전환한다. 비지배 자유의 내용은 주체적 삶의 영위다. 이때 주체란 독립적 개별자이면서 동시에 상호관계 속에서만 독립성과 개별성이 의미를 갖는, 관계적 존재를 말한다. 공화적 자유의 근거는 스스로를 지배하는 주체로서의 역량이다. 권리로서의 자유가 타인의 배제(타자화)와 친연성을 갖는다면, 역량으로서의 자유는 타인과 관계하는 능력(결속화)과 결부돼 있다. 자신의 독립성은 상호주관적(intersubjective)이기에 스스로를 지배하는 주체적 삶으로서의 자유는 이미 타인이 내포된 관계 속에서만 그 의미를 지닌다. 비지배 자유는 따라서 권리가 아닌 그 자체로 윤리다. 타인과의 결속을 지향하며 모두의 자유를 확보할 역량을 함양해야 하는 의무를 포함하기 때문이다. 타자화를 넘어서서 공동의 이익을 추구하는 윤리적 역량이 갖춰지지 않는다면 자유는 이기(利己)로 전락한다.

'권리에서 윤리로 전환된 자유'는 자연스럽게 연대로 이어진다. 각자의 자유에 대한 권리를 요구하는 것이 아니라 관계된 모두의 자유에 대한 윤리를 실천하는 양식이 연대다. 노동기사단의 연대는 당위적 구호에 그치는 것이 아니라 사회에 대한 과학적 인식에 근거한다. 사회는 개인의 협력에 기반한다. 협력은 주체가 입각해 있는 사회적 실재다. 사회적 실재로서의 협력은 주체에 선행해 존재한다. 생산은 고립된 개인의 노동으로 완성되지 않는다. 분업화된 노동의 집합적 산출이 생산이다. 개별적 의지와 상관없이 개인의 노동은 타인의 노동을 전제하는, 그 자체로서 사회적 노동이다. 이 점에서 협력은 노동의 객관적 존재양식이며 주체에 선행해 주체를 규정하는 사회적 실재라는 점에서 원칙적 조건이다. 따라서 현대 자본주의에 만연한 각자도생식 경쟁이라는 행위양식은 연대로 대체돼야 한다. 협력이라는 사회적 실재와 가장 잘 부합하는 행위양식이 연대이기 때문이다.

동시에 연대는 사적 이익과 불화하기보다는 조화하며 공동의 이익을 확장하는 계기로 포착된다. 공공의 것(res publica)을 사유하면서도 사적인 것(res privata)을 이항대립적인 것으로 파악하지 않는 태도는 노동공화주의에서 빼놓지 말아야 할 미덕이다. 노동공화주의는 사적 욕망을 배제할 수 없는 존재로서의 현실적 인간을 긍정한다. "이 정치이론은 개인의 사적 이익이 정치적 삶을 추동하는 불가피한 동기라는 점을 수용한다. 인간이 공공선을 위해 윤리적으로 공헌한다는 명분으로 자기의 사적 이익을 모두 억압할 수 있다고 생각하는 것은 난센스이기 때문이다." 따라서 연대의 윤리는 자기희생과 거리를 유지한다. 자기희생은 지속가능하지도 않거니와 연대를 통해 자신의 이익과 모두의 이익이 함께 늘어날 수 있기 때문이다. 이 연대론은 멸사봉공(滅私奉公)을 경계하고 활사개공(活私開公)을 추구하는 공공철학(김태창)의 기원이 되기도 하거니와, 파우덜리가 "노동계급 전체의 삶이 함께 개선되지 않는 한, 일부라도 영구적으로 나아질 수 없다"라고 강조한 이유와도 상통한다. 자신의 이익은 개인적 노력만으로는 확보될 수 없으며, 공동의 이익이 함께 보장되지 않는 한 장기적인 자기 이익도 불가능하다는 사실에서 연대론은 현실성을 획득한다.

학습론은 공화적 자유의 확보와 연대의 습관화를 위해 필요한 실천양식의 핵심을 짚는다. 종속계급의 윤리학은 공화적 사회를 실현할 주체를 종속된 노동자로 본다. 지배계급이 아닌 자유를 박탈당한 노동자를 주체로 세우는 전복적 인식이 통쾌하다. 유의해야 할 것은 이때 노동자는 시민적 덕성을 갖춘 노동자를 의미한다는 사실이다. 시민적 덕성이란 자유와 연대의 윤리를 이해하고 이를 습관적으로 실천하는 태도다. 루소(J. Rousseau)가 이미 지적한 것처럼 실천양식은 사회적 처지에 의해 기계적으로 주어지지 않는다. 사회적 위치는 실천의 이유만을 제공할 뿐이며 실제의 실천양식은 스스로 행동에 나설 때 비로소 완성된다. 시민적 덕성은 의식적 실천을 통해서만 함양된다. 노동기사단은 이를 위해 지기주도학습이 중요함을 여러 차례 강조했다. 이들은 문예회관을 짓고 독서클럽을 조직했다. 스미스와 리카르도, 칼라일, 마르크스를 읽고 자립과 자유와 연대에 대해 토론했다. 스스로 생각하는 능력이 타인의 의지로부터 자유로워지며 자립적 주체로 성장할 수 있는 기반이라는 점을 몸소 터득하고 실천했다. 이 점에서 학습론은 자기주도적 윤리 함양론이다.

노동공화주의를 윤리학으로 읽을 때 노동기사단이 제시한 '협력적 생산 체제'라는 구조적 전망도 현실성을 얻는다. 시민적 덕성을 갖춘 노동자가 출현하지 않고서는 이 공화적 생산 체제는 의욕적이기만 한 이상에 갇히기 때문이다. 가라타니의 말을 빌려 쓰면, 공화적 생산 체제에 담긴 윤리적 계기를 포착하고 이를 실천할 공화적 주체, 곧 자유를 열망하고 협력과 연대를 실천할 역량과 소양을 갖춘 노동자를 재생산할 때, 공화적 사회는 한 걸음 더 다가올 것이다.

지금 한국 노동운동은 고립과 쇠락을 면치 못하고 있다. 소수 정규직만의 자유를 신봉하는 '정규직주의'에 빠져 있다(경제적 이득을 자유로 등치하는 맹목도 안타깝다). 비정규직, 여성, 장애인, 이주노동자 등을 타자화하는 오류는 많은 이들이 지적한 바와 같다. 피해의식을 동력으로 자기 이익을 취하고자 할 뿐, 모두를 재앙에 빠뜨릴 식인 자본주의의 음침한 부상에 대해서는 인식도, 감각도 없다. 오랜 비판에도 이 고질적 증상이 한치도 나아진 게 없다면, 보다 심층에 존재하는 배후를 질문에 부쳐야 한다. 한국 노동운동은 편협한 '분배의 정치'에 매몰돼 미래적 '생산의 정치'에 대한 상상력을 상실한 것은 아닌가. 생산의 정치를 추동할 윤리적 역량이 있기는 한 것인가. 전자는 생산의 정치의 전망과 전략을 구상할 정치경제학을, 후자는 종속된 노동 대중 전체를 연대의 주체로 세울 윤리학을 각각 묻는다.

기후위기, 새로운 양상의 디지털 전환, 인구변화 등 도전적 환경은 큰 틀에서 생산 체제를 어떻게 새로이 조직해야 하는가, 라는 질문을 던지고 있다. 어설픈 데다 성장담론에 여전히 포획돼 있는 정의로운 전환(Just Transition)보다 '적은 노동, 자유로운 삶'을 지향하는, 과감한 탈(脫)성장의 비전을 정립해야 한다. 소위 '4차 산업혁명' 기술에 대한 민주적·사회적 통제 방안도 구상해야 한다. 보험의 원리에 지나치게 의존하는 근대적 사회보장 시스템은 보편성에 기초한 체제로 바꾸어야 한다. 분배의 정치에만 매몰되는 한 성공할 가능성도 없을 뿐만 아니라, 생산 체제에 대한 전망을 체계화할 '생산의 정치'의 역량을 잃고 만다. 새로운 생산 체제는 새로운 주체 생산을 전제한다. 주체는 가치와 역량의 합이다. 노동기사단은 공화적 자유의 가치를 치열하게 고민했다. 사회분석을 통해 협력의 사회학을 정립했으며 연대의 습관화를 위해 끊임없이 학습했다. 시민적 덕성과 감각을 갖춘 새 주체가 되기 위해 부단히 노력했다. 한국 노동운동에게는 주어진 기회가 많지 않다. 지적 태만과 익숙한 방식만을 고집하는 습성에서 탈피해야 한다. 호흡을 길게 가다듬고 노동운동의 윤리학을 새로 써야 한다. 노동기사단은 좋은 참조가 될 것이다.

맥락에서 다소 벗어나나 부연해야 할 것이 있다. 고레비치의 탁월한 설명 전략이 이 책의 매력을 더한다는 사실이다. 고레비치는 '패러독스'를 에둘러 가지 않는다. 정면에서 식시하는 태도가 칸트(I. Kant)를 닮았다. 칸트의 '안티노미', 즉 이율배반은 동일한 근거에 의해 상반된 두 개의 명제가 동시에 성립하는 사태를 말한다. 어쩌면 진리는 두 견해(doxa)가 평행(parallel)을 이루는 사태 속에 숨어 있을지 모른다. 고레비치는 노예제와 자유, 경쟁과 협력, 자기 이익과 공동선, 욕망과 연대 등의 역설을 그대로 드러내며 논쟁을 불사한다. 뒤이은 세밀한 논증으로 역설의 의미화를 달성한다. 공화적 자유의 보편성을, 협력의 실재성과 선행성을, 자기 이익과 적대하지 않는 공동선을, 욕망을 부정하기보다 통합하는 연대의 정치학을 차분하게 설득하는 그의 솜씨가 발군이다.

쉽지 않은 번역의 여정에서 자주 길을 잃었다. 오역의 두려움으로 한

발도 나가지 못할 때가 많았다. 그때마다 아내 은영의 격려와 토론이 큰 힘이 됐다. 특히나 어려서부터 부모님께 배워 익힌 그의 사유 방식과 삶의 태도가 공화적 가치에 맞닿아 있기에, 우리의 대화는 늘 즐거운 (?) 토론이 되곤 했다. 공화라는 가치가 이 시대에 던질 질문의 중요성을 잘 이해하기에 시장성을 기대할 수 없음에도 이 역서를 출판키로 한 〈지식노마드〉 김중현 대표와 가독성을 높여 준 장기영 편집자, 주석 정리를 도와준 박사과정생 이현정에게도 '공화적' 우정을 전하며 감사드린다.

2021. 12.

신은종

목차

노예제는 아직도 계속되고 있다

1887년 가을, 19세기 미국 최대 노동조합인 노동기사단(The Knights of Labor)은 루이지애나 주 디보독스 타운과 인근 지역의 사탕수수 농장에서 일하는 노동자를 조직하기 시작했다. 대부분 흑인 노동자인 이들은 살인적인 조건에서 장시간 노동에 시달리면서도 임금은 거의 받지 못했다. 더 참담한 것은 그들이 일하는 농장의 고용주가 불과 얼마 전만 해도 자신들을 노예로 부렸던 노예주였다는 사실이다. 이름만 고용주로 바뀐 노예주들은 얼마 전까지 노예였던 노동자들과 노동계약을 맺어야 하는 불편함은 생겼지만, 여전히 '묻지마 식' 권력을 행사할 수 있었다.

1869년, 혜성처럼 등장해 필라델피아 농장주의 권력에 대담하게 도전한 노동기사단의 정식 명칭은 '기품 있고 신성한 노동기사단(The Noble and Holy Order of the Knights of Labor)'이다. 노동기사단은 처음 필라델피아 지역의 섬유업에 종사하는 노동자들의 작은 그룹으로 시작했다. 그들은 전문(前文)과 강령에서 "우리는 모든 산업에 종사하는 노동대중의 힘을 조직하고 지도하기 위해" 연대한다고 명시했다.[1] '노동대중(industrial mass)'이라는 용어에는 노동기사단이 추구한 평등이념이 고스란히 담겨 있다. 노동대중이란 숙련노동자이건 미숙련노동자이건, 백인이건 흑인이건, 노동하는 모든 사람을 포함하는 개념이다. 노동기사단은 모든 노동자가 스스로를 조직해 자신의 권리를 보호할 권리가 있으며, 전국적인 단일대오를 구축하려는 열망을 공유하고 있다고 확신했다. 미국 노동운동사에서 노동기사단은 흑인 노동자와 백인노동자를 함께 조직한 최초의 전국단위 노동조합이었다. 이러한 인종을 초월한 조직화는 미국에서 지난 1세기 동안 유례를 찾을 수 없을 만큼 의미 있는 성취였다.[2] 노동기사단은 이질적인 노동대중을 평등이념 아래 하나로 결집시켰다. 노동자는 정당한 임금과 적정한 노동시간, 보다 나은 노동조건을 향유해야 할 뿐만 아니라 무엇보다 경제적 자립을 확보해야 함을 천명했다. 노동하는 삶이 타인의 의지에 종속된 삶이어서는 안 된다는 주장이었다.

노동기사단은 이 대범한 해방의 기획을 실현하기 위해 전국 각지에서 노동자들을 조직해 나갔다. 펜실베이니아 주 외곽의 광산에서 일하는 남성 노동자는 물론, 뉴욕 섬유 공장의 여성 노동자들과 덴버의 철도 노동자들이 모두 노동기사단의 이름 아래 결집했다. 1886년에 버지니아 주 리치몬드에서 열린 전국 총회는 미국 남부 전역으로 노동기사단의 세력을 확장할 수 있는 계기였다. 이 총회는 인종을 초월한 노동기사단의 연대정신을 잘 보여주는 일화로 유명하다. 노동기사단의 지도자였던 파우덜리(Terence Powderly)는 리치몬드 총회 연설 직전에 흑인 노동자 프랭크 페렐(Frank Ferrell)에게 먼저 연단에 올라가 자신을 소개해 줄 것을 부탁했다. 내부에서도 논란이 된 자신의 결정에 대해 파우덜리는 다음과 같이 말했다.

"노동과 시민의 영역에서 우리는 어떤 차별도 허용치 않을 것입니다. 인종이건, 신앙이건, 정치적 견해이건 어떤 이유에서건 말입니다."[3]

리치몬드 총회를 계기로 노동기사단은 사우스캐롤라이나, 버지니아, 루이지애나 등 남부 지역의 노동운동가들과 협력해 노동자들을 대거 조직했고, 수많은 노조지부도 설립할 수 있었다. 1887년, 남부 루이지애나 주에서 사탕수수 노동자들을 조직한 노동기사단은 그 지역 농장주를 상대로 정당한 임금을 지불하든지 아니면 수확기에 파업을 감수하든지 둘 중 선택할 것을 요구하며 압박했다. 여름철 성숙기가 지난 시기여서 사탕수수를 제때 수확하지 않으면 가을 서리 때문에 농사를 망치게 되는 만큼, 파업은 농장주들에겐 커다란 위협이 아닐 수 없었다. 루이지애나 주에서의 성공을 계기로 노동기사단은 당시 노예경영(plantocracy)을 하던 농장주들에겐 엄청난 위협이 될 만큼 대범하고 획기적인 조직으로 성장해 나갔다. 남북전쟁 이후 재건기(Reconstruction)가 끝난 지 10년 만의 일이었다.[4]

그러나 노동기사단은 전운이 점차 짙어지고 있던 분위기를 감지하지 못할 만큼 당시의 상황에 대해 매우 낙관하고 있었다. 이런 정황은 당시 루이지애나 주 노조지부에서 올라온 보고서들에 잘 나타난다.

1887년 8월 말에서 11월 초 사이에 노동기사단 기관지 〈노동연대(the Journal of United Labor)〉에 실린 기사 중 루이지애나 지부의 리포트는 대부분 긍정적인 내용이 주를 이뤘다. 그해 8월 29일자 기사에는 "디보독스, 차카호울라, 아베빌 등 세 지역에 지부를 신설했다"라는 보고와 함께 그 지역 고용주들이 파업 참여 노동자를 죄수들로 대체하겠다고 위협했다는 언급이 실려 있다. 그러나 루이지애나 지부는 "양측이 만족할 수 있는 타협이 가능"[5] 할 것으로 내다보고 있었다. 일주일 후 루이지애나 지부의 테리본 지회는 "농장주가 온갖 수단을 동원해 노동기사단을 방해했지만" 결국 지회를 설립하는 데 성공했다고 타전했다. 당시 농장노동자들에겐 하루 50센트짜리 쿠폰이 지급됐는데 농장주가 직영하는 매점에서만, 그것도 비싼 가격을 지불하고 사용해야 하는 것이었다. 당시 미국에서는 이런 상품권(scrip, 쿠폰 형식으로 사업장의 매점에서만 통용되는 임시화폐 같은 일종의 유가증권을 말한다 – 옮긴이)이 널리 퍼져 있었는데, 이는 고용주들이 노동자를 농장이나 공장에 묶어 두는 수단으로 쓰였다. 테리본 지회의 한 조합원은 이것이야말로 "우리를 노예로 만드는 데" 한몫을 단단히 하고 있다고 토로하기도 했다. 상품권 문제는 농장주와의 협상에서 늘 핵심의제 중 하나였다.[6] 한편, 그해 9월 21일자 신문도 루이지애나 지부에서 올라온 생생한 보고를 싣고 있는데, 노동기사단은 비밀조직임에도 불구하고 지역 활동가들이 '눈부신 활약'을 하고 있다는 게 주된 내용이다. 10월 3일 인근 지부에서도 "이곳은 정말 빠르게 성장하고 있다"라는 비슷한 보고가 올라왔다.[7]

노동기사단이 당시 상황을 낙관적으로 바라본 데는 나름대로 합리적인 이유가 있었다. 실제로 1887년 말 미시시피 강 하류 지역에서는 흑인 노동자 5,000명이 노조지부에 가입했으며 뉴올리언스를 비롯한 농장지대에서는 40개가 넘는 신생 조직이 결성되기도 했으니 말이다. 새로 가입한 노동자들 중에는 재건기가 한창인 때에 활동했던 저명한 흑인 인권운동가들도 포함돼 있었다.[8] 10여 년 전만 해도 생각할 수 없었던 새로운 확신의 바람이 남부의 농장지대 전역에 불고 있었다. 노동기사단은 이 지역 농장주들을 상대로 임금 인상과 상품권이 아닌 현금으로 임금을 지불할 것을 요구했고, 불응하면 그해 11월 1일을 기해 전면 파업에 돌입할 것이라고 밝혔다. 농장주들은 노동기사단의 요구를 거부하면서 죄수들로 파업 노동자를 대체하겠다고 위협했지만, 노동자 수천 명은 이에 굴복하지 않고 파업을 감행했다.[9]

그러나 파업 직후부터, 필라델피아 본부에는 대부분 비관적인 보고가 올라오기 시작했다. 11월 17일, 루이지애나 주 플랭클린 지부는 "파업으로… 우리 조합원들의 사기가 충천해 있다. 농장주들과 주지사는 민병대를 동원해 노동기사단을 뿌리째 뽑으려 하고 있다"라고 보고했다. 불길한 징조가 없지는 않았지만, "다음 해 1월 1일까지 협동조합 플랜에 따라 농장을 협동조합으로 전환할 수 있을 것"이라는 낙관적 전망이 덧붙여져 있었다.[10] 민병대의 진압이 임박한 상황이었지만 해당 지부는 획기적인 수준의 임금 인상을 얻을 수 있을 거라 기대하고 있었고, 더 많은 흑인 노동자를 조직해 농장에 대한 소유권과 경영권을 확보할 수 있을 것이라고 믿고 있었다. 사실 이러한 기대는 단순한 몽상이 아니었다. 노동기사단은 이미 400여 마일 떨어진 앨라배마 주 버밍

햄 인근 지역에서 두 개의 협동조합을 성공적으로 설립했기 때문이다. 노동기사단 지도자의 이름을 딴 '파우덜리 협동조합'과 '트레벨릭 협동조합'은 협동조합의 허브조직으로 활동했고, 이어서 담배 협동조합과 철강 협동조합도 설립됐다.[11] 이러한 '협동조합 플랜'이 갖는 의의에 대해서는 곧 자세히 살펴보겠다.

11월 26일자 〈노동연대〉는 '주(州) 민병대가 운영하는 파업 파괴 회사'에 대항한 노동기사단의 투쟁 기사를 싣고 있다. 신식 개틀링 기관총으로 무장한 이 회사들은 파업 노동자들을 해산해 강제로 농장에 복귀시키는 일을 도맡아 하고 있었다. 그러나 〈노동연대〉 편집주간은 이 기사를 실을 때만 해도, 루이지애나 주 민병대가 이미 파업을 해산시켰고, 수천 명의 참가자들을 디보독스 타운 농장으로 복귀시켰으며, 주 법원은 기다렸다는 듯이 이들을 모두 포고령 위반으로 체포했다는 사실을 모르고 있었다. 다음 수순으로 민병대가 철수하자 이미 정해진 계획에 따라 '평화질서위원회'라는 이름을 단 백인 자경단(自警團)이 도시를 접수했다. 이 위원회는 대개 포고령을 내린 판사들로 구성됐다.

감금된 파업 노동자들이 저항하자 백인 자경단원들은 무장도 하지 않은 노동자와 그 가족들을 무참하게 살해했다. 학살은 11월 21일부터 23일까지 계속됐다. 한 사가(史家)에 따르면, "3일 동안 살해된 희생자들에 대한 믿을만한 공식적 해명조차 전혀 없었다. 그러나 인근에서는 가매장된 시체들이 몇 주째 계속 발견되고 있었다."[12] 사망자의 정확한 규모를 파악하는 것도 필요하지만, 더 중요한 것은 누가 그 도시와 농장, 법원을 책임지고 관할했는지를 밝히는 것이다. 두 자식이 백인 자경단이었던 한 어머니도 "내 생각엔 누가 그 지역을 관할했는지, 그가 흑인인지 백인인지를 밝혀야 문제가 해결된다"[13]라고 고백했다. 참사 후 몇 달이 지나 노동기사단은 남부 지역에 노동조합을 조직하는 활동을 재개했지만, 디보독스 학살의 상처로 인해 경제적 자립과 평등한 권리를 위한 흑인 노동자들의 투쟁은 크게 위축될 수밖에 없었다. 이제 '협동조합 플랜'에 따라 농장을 경영하는 것은 더 이상 꿈꿀 수 없게 됐다. 협동조합이 사탕수수 농장의 노동자들이 자신들의 삶을 위해 구현할 수 있는 하나의 '가능한 세계'였다는 사실도 쉽게 잊혀졌다. 결국 노동기사단은 급속히 몰락했고, 지금은 역사서의 한 주석에서나 찾을 수 있는 정도의 존재로 왜소해지고 말았다.

미국 남부의 역사를 따라가다 보면 공권력에 의해 무참하게 진압된 디보독스 파업도 많은 사건 중 하나일 뿐이라는 것을 알게 된다. 인종 차별적 지배에 저항했던 수많은 사건들은 여지없이 백인 우월주의라는 이름의 자경단 폭력과 맞닥뜨릴 수밖에 없었기 때문이다. 그러나 디보독스 사건은 비록 잘 알려져 있지는 않지만 주목해야 할 점이 있다. 노동기사단이 디보독스 파업을 자유라는 구체적인 언어(공화주의 언어 – 옮긴이)로 뚜렷이 기술하고 있다는 사실이다. 노예제가 폐지되고 재건기가 막바지에 이를 때까지, 해방된 노예들은 형식적인 법적 해방이 아닌 평등한 시민의 자격을 끊임없이 요구했다. 이들에게 해방은 어떤 식으로든 주인에게 종속되지 않을 권리를 의미했다. 설사 고용주들이 공식적 노동계약과 임금 제공을 약속한다 하더라도, 해방된 노예들은 과거 노예주였던 고용주를 위해 또다시 노동을 하고 싶어 하지 않았다.[14]

그들은 대신 가능한 한 자신들이 직접 토지를 소유해 독자적으로 농장을 경영하거나 연합체 형식의 '노동자 회사(joint labor companies, 노동자 자주관리 회사 - 옮긴이)'를 설립해 운영했다.[15] 과거에 노예였던 노동자들은 점차 독립(혹은 자립, 문맥에 따라 경제적 독립의 의미가 강할 때는 자립으로 번역했다 - 옮긴이)의 중요성을 확신하기 시작했다. 자신의 권리를 보호하기 위해 자위대를 조직했고, 타인의 이익이 아니라 자신의 이익을 위해 노동했으며, 선거에도 참여하고 지방정부나 주정부의 관직에도 진출했다. 그러나 재건기에 허용됐던 해방적 시도들은 빠르게 진압됐고, 1877년 재건기가 종료되면서 해방의 진정한 의미도 사라졌다. 남아 있다 해도 매우 협소한 의미만 남아 있을 뿐이었다.[16]

노동기사단이 루이지애나 주를 조직하던 때는 재건기가 끝나고 10년이 지나서다. 당시 노동기사단은 노동자의 자치 조직과 경제적 자립이라는 오래된 희망을 부활시켰다. 뿐만 아니라 노예에서 해방된 노동자의 개별적 열망을 공화적 자유라는 폭넓게 재구성된 보편적 이데올로기로 통합하고 발전시켜 나갔다. "내년 1월이면 우리는 (협동조합 플랜에 따라 조직된) 좋은 농장 하나를 가지게 될 것이다"라는 희망의 언어는 바로 이러한 이데올로기적 전환을 의미하는 것이다. 흑인 노동자와 노동운동 지도자들은, 비록 단명했지만 '연합 노동자 회사'와 흑인 노동자 자위대라는 재건기의 메아리가 자치주의에 입각한 '협동조합'이라는 새로운 언어로 다시 울려 퍼지리라는 것을 의심하지 않았다. 적대 세력들도 이 점을 잘 알고 있었다. 그래서 노동기사단에게 적대적이었던 인종차별적 지역 신문인 〈디보독스 센티널(Thibodaux Sentinel)〉은 흑인 노동자의 조직화에 대해 경계를 늦추지 않았다. 이 신문은 "백인과 흑인들에게 불과 한 세대 전, 흑인 자위대와 백인 자경단이 활개 치던 시절이 어떠했는지를 상기시키며 폭력이라는 과거의 괴물이 '날강도 같은 흑인'들에 의해 되살아나고 있다고 선전했다."[17] 그러나 과거엔 노예였을지 몰라도 이제 이들은 근대적 산업노동자로 변모해 있었다. 노동기사단은 미국 전역에서 해방의 나팔을 불며 임금노동자가 처해 있는 모든 문제를 해결하는 유일한 길은 '협력'임을 선언했다. 노동기사단의 메시지는 남부 역사에 르네상스를 가져왔는데, 그 이유는 협력이라는 보편적 연대의 이상을 새롭게 제기했기 때문이다.

협력적 자치주의에 초점을 둔 노동기사단의 해방 기획은 인종을 초월해 노동자 모두가 타인이 아닌 자신을 고용주로 삼아야 한다는 점을 표방하고 있다. 남부 농장주들은 물론 북부 신흥자본가들도 이를 가장 두려워했다. 따라서 디보독스 학살사건을 당시 남부 지역에서 횡행했던 하나의 인종차별 사건으로만 이해한다면 의도치 않게 그 의미가 축소되고 만다. 농장주의 노예경영과 노사관계 통제권을 둘러싼 정치경제적 계급 갈등을 단순한 인종차별의 문제로 환원하기 때문이다. 노동기사단이 가는 곳마다, 그들의 협력과 독립이라는 메시지가 울려 퍼지는 곳곳에서 노동자들은 예외 없이 백인 자경단 폭력과 다를 바 없는 가차 없는 폭력에 직면해야 했다. 1870년대에서 1890년대에 이르기까지 고용주들이 저지른 만행은 이루 말할 수 없다. 고용주들은 기관총으로 무장한 핑거톤 회사를 고용해 노동자들을 무자비하게 탄압했다. 핑커톤은 법망을 교묘히 피해 파업을 파괴하는 회사로 악명이 높았다. 사법부의 비호를 받기도 했고 주 방위군이나 연방 군대와 함께 파업 파괴 작전을 펼치기도 했다. 사실 이에 대해서는 공권력을 동원한 주 정부에 책임이 있다. 이들은 합법을 가장해 노동자를 처형하고 탄압을 방조한 장본인이기 때문이다.[18] 당시 노동개혁가들은 '무장테러 집단인 핑커톤' 과 그들의 스파이, '선동 그룹'과 주 정부의 불순한 동맹을 '미국판 보나파티즘'이라고 불렀다. 이들이 자유와 독립의 공화국인 미국을 나폴레옹 3세의 좀먹은 제국으로 전락시켰기 때문이다.[19] 디보독스 학살 사건에서 드러나듯, 백인 자경단이 불법적으로 자행한 사적 폭력과 주정부가 합법을 가장해 저지른 공적 폭력은 그 경계가 불분명하다. 그렇다면 극악한 폭력에 굴하지 않고 격렬한 저항을 가능케 한 '자유'라는 이상(理想)은 과연 무엇인가?

노동기사단의 출현과 성장은 다름 아닌 변혁적인 노동공화주의 사상이 정점에 이르렀음을 나타내는 표상이다. 노동기사단은 "임금노동 체제는 공화주의 통치 체제와 양립할 수 없으며 양자의 충돌은 불가피할 수밖에 없다"라는 기본명제에서 출발했다.[20] 노동기사단은 임금노동을 종속노동의 대표적 유형으로 보았다. 과거 농장 노예의 노동과 겉은 달라 보이지만 본질적으로 주종관계에 기초하기 때문이다. 종속노동은 공화국의 모든 시민에게 권리로서 부여돼야 하는 경제적 자립과는 양립할 수 없다. 노동기사단이 공화적 자유의 이름으로 "임금노동 시스템을 종식시키고 협력생산 시스템으로 대체해야 한다"[21]라고 주창한 근본적 이유가 여기에 있다. 노동기사단이 제시한 '협동조합 플랜'의 원천은 바로 공화적 자유다. 협동조합은 루이지애나 주의 사탕수수 농장에서도, 매사추세츠 주의 신발 공장에서도 실현이 가능하다는 것을 노동기사단은 이미 깨닫고 있었다.[22] 이들은 협동조합의 원칙을 노동기사단의 공식적 강령으로 삼았고, 전성기에는 미국 전역에 수천 개가 넘는 협동조합을 설립했다.[23] 협동조합의 이상은 남부 농장주나 북부 신흥 자본가, 서부 철도자본가들 모두에게 크나 큰 위협이 아닐 수 없었다. 고용주가 지배하는 노동관계에 충격을 가하기 때문이다. 노동기사단은 강령을 통해, 사탕수수 농장에서건 신문 제작소에서건 아니면 섬유 공장에서건 말할 것도 없이, 모든 노동자들이 공장의 소유권을 공유하고 경영에 참여하는 것이야말로 사회경제적 자립을 획득하는 유일한 길임을 천명했다. 20여 년 전의 노예제 철폐는 경제적 삶에서의 주종관계를 혁파하기 위한 시작에 불과할 뿐이었다. 경제적 삶에서의 자유라는 이상은 남북전쟁 이전부터 널리 확산된 것이 사실이지만, 당시에는 노예 소유제 폐지 정도의 축소된 의미만을 지녔다. 그러나 자본주의가 성장하면서 임금노동 시스템에 대한 공화주의적 비판은 이제 하나의 보편적이고 국가적 대의를 담은 사상으로 발전해 나갔다. 1873년, 인종차별 철폐 운동가이자 노동공화주의 이론가인 아이라 스튜어드(Ira Steward)는 그래서 이렇게 쓰고 있다. "노예제는 아직도 남아 있다. … 자유는 아직 오지 않았다."[24]

노동과 공화적 자유

노동기사단과 이들의 전신 조직은 비록 중요한 학문적 관심사가 된

적은 없었지만, 노동사가(勞動史家)들은 이미 오래 전부터 이들의 존재를 잘 알고 있었다. 그러나 '노동공화주의자'였던 노동기사단은 보수적인 미국노동운동사의 발전과정에서 나타난 낭만적 유토피아 운동의 하나 정도로 인식되는 것이 보통이었다.[25] 노동기사단은 초기에는 비약적으로 성장했지만, 이후엔 그보다 더 빠른 속도로 몰락한 게 사실이다. 디보독스 학살사건을 기점으로 노동기사단은 급격히 쇠퇴했고, 이후에는 그리 진보적이라 할 수 없는 미국노동총연맹(American Federation of Labor)이 19세기 미국 노동운동을 장악하고 만다. 그러나 노동기사단을 미국 노동계급의 형성과정에서 한 국면을 장식한 채 의미 없이 사라진 존재로만 보아서는 안 된다. 이들의 약진과 몰락 자체가 미국의 정치사가나 노동사가에게는 중요한 사건사(事件史)였으며, 동시에 미국 사상사에서 공화주의 정치사상으로 불리는 한 이론적 계열이 발전하게 되는 중요한 장을 차지하기 때문이다.[26]

이 책은 노동기사단의 노동공화주의가 미국에서 공화적 전통을 발전시키는 데 어떻게 기여했는지를 분석한다. 노동사가들은 미국 특유의 언어로 표현되는 계급갈등 문제가 공화적 자유와 시민적 덕성이라는 언어로 어떻게 해석될 수 있는지를 줄곧 기록해왔다. 그러나 정치사상사가들은 19세기에 형성된 사유는 말할 것도 없고, 노동사가들의 해석에도 중요한 의미를 부여하지 않았다. 아마도 노동기사단의 사상은 미국 역사에서 나타난 수많은 특이한 견해들 중 하나에 불과하다고 보기 때문일 것이다. 그러나 이는 커다란 오류다. 인종과 노예제 문제, 이주와 개척자의 문제, 사회주의 정당이 부재한 상태에서의 산업화 문제

등 많은 미국 역사의 예외주의적 속성은, "공화적 자유란 근대 자본주의 경제에서 무엇을 의미하는가"라는 문제를 집중적으로 파헤친 19세기 노동개혁가들의 문제제기를 더 예리하게 벼려낼 수 있는 역사적 경험의 한 구성요소라는 점을 파악할 때, 비로소 더 쉽게 이해된다. 좀 더 정확히 말한다면, 미국의 역사는 노예제와 자유의 관계에 대해 열정적이면서 지적으로도 생산적인 논쟁을 발전시켜 왔기 때문에 공화주의 전통 자체에 담겨 있는 개념적 원천뿐만 아니라 오랫동안 풀리지 않던 노예-자유의 역설 문제를 해명하는 계기가 될 수 있다. 이 미국 역사가 지닌 예외주의적 특이성은 노예노동의 문제를 더 민감하게 포착할 수 있게 하며 이를 통해 공화적 자유와 노사관계 사이의 일반적 연관성을 규명하는 데도 기여한다. 임금노동은 공화주의와 양립할 수 없다는 주장은 루이지애나 주, 조지아 주 등 소위 딥 사우스 지역(deep south, 미국 남부와 동남부 - 옮긴이) 혹은 미국에만 국한된 의미를 지니는 것은 아니다. 공화주의적 분석은 근대 자본주의 경제 체제에서 나타난 새로운 지배 문제를 독해하는 데 보편적인 유용성을 갖기 때문이다. 노동기사단이 19세기 당시의 미국뿐만 아니라 캐나다, 벨기에, 잉글랜드, 프랑스, 뉴질랜드 등지에 자신들의 노조지부를 설립하려 했던 이유도 여기에 있다. 한때 키케로(Cicero)와 같은 고대 사상가들이 차별, 불평등, 노예제를 제재하고자 제기했던 정치적 전통이[27] 이제 현존하는 지배와 불평등이라는 형식에 대한 심각한 위협과 도전이 되고 있었다. 이것은 어떻게 가능할 수 있었나. 한때 귀족주의 전통에 속하던 사상을 전복해 변혁적 사상으로 전환한 그 이데올로기는 과연 무엇인가.

공화주의 정치사상

위 질문에 답하기 위해서는 먼저 공화주의 전통과 사유에 대한 기존의 인식을 바꿔야 한다. 이 책은 물론 공화주의 정치사상의 학문적 발전에 보탬이 되고자 하는 목적이 있으나, 학문적 접근과는 다른 방식으로 출발했다. 처음에 나는 공화주의를 넓은 의미에서 마르크스주의 계열에 속하는 하나의 비판 이론으로 보았다. 공화주의 정치철학이나 법률 이론의 주요 저작들이 해명하고자 하는 것이 일반적으로는 산업사회의 문제이며 특수하게는 노동을 지배하는 근대적 양식의 문제이기 때문이다.[28] 그러나 공화주의 정치사상사의 주요 저작에서 공통적으로 나타나는 오류가 있다. 분석 대상을 근대 초기(대략 15세기에서 18세기까지)로 한정하는 오류다. 이 시기는 이탈리아 인문주의자들이 고전적 공화주의를 재발견한 이후부터 이들의 아이디어가 영국의 공화파들과 미국 혁명가들에게 전파된 무렵까지다.[29] 물론 이들의 사유는 고전적 자유의 사상을 재조명하면서 다양한 형식으로 발현되는 '정치적 노예화(political slavery)'의 문제, 이를 테면 절대군주제나 식민 통치 등의 문제를 비판하는 데 유용한 접근을 제시한 것이 사실이다. 그러나 19세기의 핵심적 문제인 노동 문제는 고사하고 노예제의 실질에 대한 반성적 탐구의 역사도 제대로 기술하지 못하고 있다. 주류 정치사는 마치 미국 독립전쟁 이후에 발전한 공화주의 전통이 의미 있는 이론적 성취를 전혀 달성하지 못했다고 해석하는 듯하다.

이러한 학문적 한계는 당시 상황이라는 당대적 제약이 반영된 결과일 수 있다. 공화주의 이론은 근대적 형식을 띤 경제적 지배나 이에 상응하는 자유에 대한 요구를 포괄적으로 설명할 수 있는 이론적 자원을 결여하고 있는 것처럼 보인다. 이에 부합하는 논리 정연한 대응이론을 생산하지 못한 것 역시 당연한 귀결이다. 특히 전통적 공화주의는 사유재산제와 노예제라는 두 가지 제도에만 분석의 초점을 두고 있기 때문에 산업자본주의를 설명하는 의미 있는 현대적 이론으로서는 부족하다. 공화주의는 무산자들의 요구와 동떨어진 사유재산권을 인정한다. 고리대금업자나 토지 소유자에 대항하는 소자산가의 재산권을 보호해야 한다고도 했다. 그렇기에 열악한 처지에 놓였던 노동자의 요구를 담아내기에는 역부족인 것처럼 보였다. 무엇보다 평등에 기초한 생산과 소비 체제를 어떻게 구현할 것인가에 대한 논리적 설명을 결여하고 있는 것처럼 보이기도 했다. 노예제와 관련해서도, 노예제를 특정한 주인에게 사적으로 종속된 지배형식으로 파악하기 때문에 익명의 노동시장 속에서 경험하는 노동자의 예속 문제에 대해서는 적절한 분석을 제공하지 못했다. 근대 노동시장의 발달, 산업 프롤레타리아트의 성장, 재산권의 변화 등은 산업사회의 독특한 역사적 속성임에도 불구하고 근대 공화주의 이론은 이를 적절히 포착하는 데 많은 한계를 드러냈다. 이로 인해 공화주의 이론은 자기만의 고유한 정치역사와 노동사를 지니고 있음에도 불구하고 18세기를 넘어서는 '지성사(지성사를 구성하는 핵심 사유 – 옮긴이)'로 발전하지는 못했다. 공화주의 자유론이 이론에서건 실천에서건 마르크스주의에 의해 가려질 수밖에 없는 (또는 그렇게 보일 수밖에 없는) 중요한 이유다.

그러나 디보독스 학살과 같은 사건이나 스튜어드와 같은 이론가들의 사유는 이러한 비판을 재고하게 한다. 심도 있는 분석 끝에 나는 근대 공화주의자들이 자신이 해명하고자 했던 공화주의 전통과 사유의 내적 역동성을 간과하고 있음을 발견했다. 미국 독립전쟁에 대한 분석을 끝으로 그들은 근대 공화주의라는 역사적 드라마의 막을 내리고 말았다. 그러나 바로 그 시기에 새로운 계급으로 출현한 노동자들은 다시 역사의 무대 전면에 등장해 새로운 실천을 시도하고 있었다. 19세기는 공화주의 전통과 사유에 대한 반성적 성찰이 밀도 있게 이뤄진 시기다. 근대 공화주의가 담고 있는 대전제에 대한 계급 차원에서의 분석이 진전됐기 때문이다. 수공업자들과 임금노동자들은 공화적 자유와 시민적 덕성이라는 언어를 획득하기 시작했고, 이 개념들이 내부에 잠재돼 있던 역설과 복잡성 문제를 전면에 드러냈다. 당시까지만 해도 공화주의 이론의 주된 관심이 아니었던 개념들을 현실 가능한 개념들로 전환하고 발전시킨 것도 이들이다. 이들 노동공화주의자들은 '임금노예'를 비판하기 위한 개념적 도구를 발전시켰을 뿐만 아니라 협력적 공화 체제에 대한 구상을 구체화하기 시작했다. 마르크스이론과는 구별되는 노동공화주의는 그 당시에는 가능하지 않았던 새로운 사유를 발전시킨 것이다. 따라서 공화주의 이론에 대한 재검토는 우선 19세기 노동공화주의자들의 정치사상을 재구축하는 것이며, 단지 미국의 역사만이 아닌 근대 정치사상이라는 넓은 지평에서 노동공화주의를 재검토하는 과정이다.

부흥과 재건

노동공화주의를 정치적 사유의 하나로 재구성하는 일은 단지 역사적 지식 중 빠진 부분을 보충하는 정도에 그쳐서는 안 된다. 공화주의 재조명이 초점을 두고 있는 핵심으로 향해야 하거니와 자유라는 잃어버린 언어를 부활시키는 작업이어야 한다. 공화주의를 주도적으로 재조명한 퀜틴 스키너(Quentin Skinner)는 "우리는 소극적 자유에 관한 두 개의 양립불가능한 이론을 공화주의 전통으로부터 물려받은 셈이다"라고 주장했다.[30] 주류적 사고인 자유주의는 자유를 '불간섭(non-interference)'으로만 파악한다. 반면 공화주의는 자유를 '비지배(non-domination)'로 사고한다.[31] 자유주의자는 타인이 '실제로(actually)' 우리의 선택에 간섭하는 경우만을 문제 삼는 반면, 공화주의자는 타인이 실제로 간섭하지 않음에도 '불구하고', 간섭이 이뤄질 '가능성'이 존재하는 조건끼지를 넓게 고려한다.[32] 타인의 의지에 좌우될 수밖에 없는 상황 자체야말로 부(不)자유의 핵심이라는 것이 공화주의 관점이다. 필립 페팃(Philip Pettit)을 비롯해 많은 현대 공화주의자들이 강조하는 것처럼, 공화주의의 전통적 미덕은 "노예로 사는 것과 굴종은 최악이거니와 자립과 독자적 지위가 바로 최고선(supreme good)"[33]이라는 관점이다. 그럼에도 현대 공화주의자들은 자유에 대한 이 두 이론에 대해 그 차이를 적절히 이해하지 못한 것이 사실이다.

신공화주의자들에 따르면, 자유에 대한 두 이론(불간섭 자유인가, 비지배 자유인가 – 옮긴이)에 대한 치밀한 논쟁이 그동안 없었던 것은 아니다. 초기 근대 정치사에서 이 주제는 앨저논 시드니(Algernon Sidney)와 같은 의회주의 공화파와 토마스 홉스와 같은 입헌군주론자 사이에 이뤄진 정치적 논쟁의 핵심이었다. 이를 두고 스키너는 "결국은 홉스의 반혁명적 시도가 그 시대를 장악했다"라고 평가했지만,[34] 페팃이 지적하는 것처럼 최악은 "이 쿠데타로 자유주의가 득세하는 데 성공했지만 아무도 그것이 박탈이라는 점은 눈치채지 못했다"라는 사실이다.[35] 이후 이사야 벌린(Isaiah Berlin)이 자유에 대한 일관된 '두 가지' 접근은 오직 소극적 자유론과 적극적 자유론일 뿐이라고 정리했을 때,[36] 이 유명한 명제는 사실은 공화파의 정치적 패배를 자유이론의 차원에서 재구성한 것과 다름없다. 그리고 이 패배는 그동안 당연한 것으로 받아들여져 왔다. 스키너에 따르면, "결국 우리는 무언가에 홀려 이런 주류적 접근 방식만이 자유의 개념을 사유하는 유일한 방식이라고 착각"[37]하게 됐고, 그 결과 다양한 정치적 상상은 제약되고 말았다. 역사학의 중요한 과제는 당연시되고 있는 자유에 대한 이분법적 사고방식 자체를 문제에 붙이는 것이다. 그 방식은 어떤 가치나 개념이 현재 최고의 위상을 지니고 있다 해도, 그것은 필연적이거나 확고부동한 진리가 아니라는 것을 자각하는 것이다.

신공화주의자들이 말하는 것처럼, 자유에 대한 공화주의적 사유방식을 덮어놓고 비난한다면, 이는 어떤 특정한 세력의 이익에 봉사하는 것일 뿐이다. "불간섭 자유라는 자유주의 개념은 처음 그 개념에 보편성과 우월성을 부여한 세력들의 이익이나 사상에 아직도 단단히 묶여 있다." 이를 지지했던 당시의 세력들은 '사적 이윤을 추구하는 기업가와 전문가 집단'들이었거니와 그들은 자신의 계급적 이익을 위해 사적인 경제 영역에 존재하는 특정한 종류의 부자유를 의도적으로 외면했다.[38] 자유에 대한 주류 이론도 이 특별한 부자유에 대해 무관심으로 일관했다. 특히 경제의 영역과 가족의 영역에서의 부자유가 그러하다. 신공화주의자들 역시 자신의 비지배 자유 개념이 한때 사회의 특권층의 이익에 봉사했다는 사실 정도를 인정했지만, "비지배 자유는 이미 그 기원을 넘어서" 진화하고 있다.[39] 공화주의에 담겨 있는 '예속과 굴종'에 대한 보편적인 적대는 공화주의를 "노예제 사회에서의 불평을 넘어서는 불만을 명확히 설명하는 이론으로 진화시킨" 원동력이었다.[40]

의외인 것은, 자유에 대한 이론으로서 공화주의가 갖는 비판적 유용성이 보편적으로 인정되고 있음에도 불구하고 공화주의 이론가들 자신이 외려 그 역사적 계기 – 즉 공화주의는 이미 자신의 기원을 넘어 진화하고 있다는 사실 – 를 명확히 설명하지 못하고 있다는 점이다. 자기통치(self-government)에 관한 근대 초기의 공화주의 이론에 대해서는 방대한 사적 고찰을 제공하고 있으면서도, 공화주의가 고전적 공화주의의 한계를 넘어서 본질적으로 어떻게 변화, 발전해 왔는지를 보여주지 못하고 있다. 영국의 지배와 통치에 저항해 자신들만의 고유한 공화적 자유 개념을 발전시킨 미국의 초기 공화주의자들은 과연 '예속과 굴종'에 대해 발본적인 질문을 제기했었는가? 아니면 이들 역시 아메리카 선주민과 노예들에 대해 사적인 지배를 허용하는, 자신만의 이익을 위한 자기통치 개념에만 관심을 기울였던 것은 아닌가? 혹시 식민지 미국의 이론가들은 타자의 자립 기회를 박탈하는 방식으로 자신의 자립 기반을 강화하는, 자기들만의 독립을 추구했던 것은 아닌가? 이런 의

심들 때문에 신공화주의는 어쩔 수 없이 불평등한 귀족정의 전통에서 벗어나지 못하는 이론이라는 비판에서 자유롭지 못했다.[41] 또한 공화주의는 토지의 재분배를 부정하고 사유재산제를 옹호하는 이데올로기라는 비판도 제기되고 있거니와,[42] 이는 공화주의 자유이론이 비민주적인 정치적 삶의 다양한 형태와 양립한다는 주장과 같은 맥락에 있는 비판이다.[43] 공화주의 정치문화는 애국주의라는 보수적 전통이나 카스트 제도와 유사한 신분제적 문화와 깊숙이 연관돼 있다는 비판도 마찬가지다.[44] 이런 비판들이 득세하는 이유는 공화적 자유에 대한 요구가 실은 기득권자의 이익을 위해 불평등한 정치사회적 제도를 옹호하는 것과 결부돼 있음을 보이는 역사적 실례들에 의해 뒷받침되고 있기 때문이다. 그렇다면 '그 역사적 기원의 전환'은 어디에서 찾을 수 있는가?

스키너나 페팃과 같은 신공화주의자들이 이미 밝힌 바와 같이, 신공화주의의 사상적 뿌리는 단지 고전적 공화국에만 있는 것이 아니라 그 공화국의 가장 부정의한 제도인 노예제에도 있다. 스키너가 지적하는 것처럼, 근대 공화주의는 "자신의 어법(Phraseology)을 로마법의 학설집(Digest)에 수록된 자유와 노예제에 대한 분석에만 지나치게 의존"하고 있다.[45] 로마법은 "법적으로 사람은 근본적으로 분리된 존재로, 모든 사람은 자유민이거나 노예다"라고 규정하고 있다.[46] 주인-노예 관계에서 노예는 주인의 자의적 의지에 종속된 존재다. 즉 "주인의 권력은 언제라도 자의적으로(arbitrium), 자신의 의지와 욕망에 따라, 어떤 처벌도 감수할 필요 없이 자기의 노예를 부릴 수 있는 힘이다."[47] 노예에 대한 정의에서 타인의 의지에의 종속이 노예에겐 피할 수 없는 조건이라는 점이 자명해진다. 실제로 신공화주의자들이 자주 거론한 것처럼, 공화주의 이론은 주인—노예에 대한 전통적인 메타포를 확장하는 방식으로 사회를 해석했다. 만약 노예들의 자유 결여가 기본적으로 그들이 어떤 선택을 하고자 할 때 실제로 간섭이나 방해를 받게 되는 사실에서 비롯되는 것이 아니라 '주인의 의지에 종속된 상태'[48] 그 자체에서 연유하는 것이라면, '노예'라는 개념의 외연이 넓어진다. 간섭이 없이도 종속이 가능하다는 속성이 존재하는 모든 관계에 적용될 수 있기 때문이다. 로마법에 근거한 공화주의적 사유의 기원은 이 점에서 부채라기보다는 자산이거니와 그 자산은 사회적 삶의 다양한 영역에 존재하는 종속을 드러내고 비판할 수 있는 지렛대와 같다.

그럼에도 불구하고 만약 "공화주의 전통에서 자유 개념이 '자유민(liber)'과 '노예(servus)'의 대비에 의해서만 성립된다면"[49] 신공화주의자들이 말하는 '세르부스(servus)' 개념은 실제로는 왜소해질 수밖에 없다. 노예제에 대한 성찰을 통해 자유 개념을 사유한 공화주의가 실제로는 고전적 공화국의 시민이 누린 자유는 노예의 부자유를 전제함으로써 가능했다는 사실을 간과하기 때문이다. 신공화주의자들은 자유에 관한 자신들의 새로운 이론이 노예제에 대한 부정을 통해 성립된 것인 만큼, 자연스럽게 '예속과 굴종은 최악이라는 명제'로 귀결된다고 주장한다. 그러나 반대 논리 역시 가능하다. 역사적으로 그리고 개념적으로 '예속과 굴종은 최악'이라는 명제는 자유 시민이 노예제를 부정하기 때문이라기보다는, 노예라는 타자의 예속과 굴종은 '정당할 수 있고' 다만 그것이 자유민인 나에게 해당돼서는 안 된다는 생각에 기초하기 때문이다. 아니면, 설사 자신의 자유가 타인의 '종속(servi)'을 야기한다 해도 자유민은 당연히 자신의 '리베르타스(libertas), 곧 자유'를 추구할 자격이 있다는 생각 때문이기도 하다. 이처럼 자유가 과연 평등과 양립할 수 있는 개념인가, 그리고 공화적 자유는 보편적 자유가 될 수 있는가, 여부는 아직도 풀리지 않은 문제로 남아 있다. 공화주의가 평등을 옹호하는 비판 이론으로 정립될 수 있는지 여부 역시 자유와 평등이 양립 가능한가라는 난제를 어떻게 푸느냐에 달려 있다.

공화주의가 귀족주의라는 기원의 굴레를 '넘어서' 노예의 종속 문제에 대한 평등주의적 비판 이론으로 발전할 수 있었던 것은 주류 지배엘리트가 아닌 평범한 시민이 자신의 문제를 고민하는 데 공화주의 언어를 사용하면서부터다. 정확하게는 19세기 수공업 장인들과 임금노동자들이 자립과 시민적 덕성이라는 공화주의 개념을 수용해 자신이 처한 노동관계에 적용하면서부터 비로소 가능했다. 공화적 자유라는 개념을 보편적 자유로 발전시키고자 했던 시도들, 그리고 그 과정에서 나타난 개념의 진화는 공화주의 정치철학을 한 단계 성숙시키는 데 크게 기여했다.

다섯 장으로 구성된 이 책 전반을 통해 우리는 공화적 자유의 개념적 변화와 발전의 복잡한 과정을 세밀하게 추적할 것이다. 이 과정은 몇 개의 단계들이 중첩해 있으며, 각 단계들은 정치적 갈등이 수반됨은 물론 지적 노력이 요구되는 과정이기도 했다. 공화주의 개념들을 새로운 영역으로 확장하는 것은 간단한 문제가 아니기 때문이다. 단연코 미국의 역사에서 독립전쟁 이후에 일어난, 개념의 차원과 정치의 차원에서의 의미 있는 성취 중 간단한 것은 없다. 사상적 발전과 확장의 과정에 대한 간략한 예고편으로 다음의 예가 적당하다. 1882년 6월 노동기사단의 기관지인 〈노동연대〉에 실린 '노예'에 대한 기사가 그것이다.

"무거운 쇠사슬, 수많은 족쇄들, 힘겨운 노동, 고용주들의 잔인한 행각들은 우리를 누구와도 비교할 수 없는 비참한 노예로 만든다. 우리의 주인은 최악이기도 하고, 관대한 경우도 있다. 그러나 우리가 만약 그들의 명령에 복종해야만 한다면, 그들의 의지에 의존할 수밖에 없다면 우리는 노예다." [50]

공화주의 사상의 정수는 여기에 있다. 최악의 상황은 타인의 의지에 종속된 상태다. 그 타인에게 선한 의도가 있는지는 중요하지 않다. 노예는 다양한 형식으로 존재하며 불행의 정도도 각기 다를 수 있으나, 궁극적으로는 똑같은 노예일 뿐이다. 이는 공화주의자인 시드니의 《통치론》에서 그대로 인용한 것이다.[51] 1681년에서 1683년 사이에 쓰인, 거의 200년 된 이 책은 군주제에 대한 통렬한 비판이다. 페이지마다 군주제에 대한 명저로 꼽히는 로버트 필머(Robert Filmer)의 《패트리아차》에 대한 비판이 가득하다. 그 저작으로 기소된 시드니는 결국 찰스 2세의 손에 처형되고 만다.[52] 자유와 노예에 관한 빼어난 담론을 담고 있는 시드니의 책[53] 서문에는 논의 전체를 체계적으로 보여주는 핵심이 담겨 있다.

"자유는 타인의 의지로부터 독립한 상황에서만 존재한다. 노예란 자기 삶에 대한 결정권도, 자신의 소유물에 대한 처분권도 갖고 있지 못하며, 단지 주인의 의지에 따라서만 삶을 유지할 수 있는 존재를 의미한다."[54]

그러나 시드니 역시 당시의 많은 공화주의자처럼 주로 정부의 형식과 통치의 형식(정치적 지배 – 옮긴이)에만 초점을 두고 있다. 두 세기가 지난 후에야 출현한 노동기사단이 다른 형식의 종속에 대한 새로운 비판적 사유를 정립하게 되는데, 그것이 바로 고용주의 지배에 의한 종속이다. 노동기사단도 시드니처럼 노예제에 대한 공화주의적 사유 방식을 단지 노예제만이 아니라 광범위한 권력 관계를 비판할 수 있는 담론으로 보았다. 그러나 다른 점은 노동기사단의 사유는 역사적 사실을 이해하는 데 그치지 않고 시드니 류(類)의 공화주의를 훌쩍 넘어선다는 사실이다.[55] 시드니는 시민의 공적 자유가 광범한 사적 지배와 양립할 수 있다고 보았다. 그는 다음과 같이 쓰고 있다.

"내 소유의 집, 토지, 재산과 관련해, 타인에게 피해를 주지 않는 한 나는 내가 원하는 대로 내 소유물을 처분할 수 있다. 왜냐하면 공화주의 사회는 내가 하인을 둘 수 있고 내 마음대로 그를 활용할 수 있는 권리를 허용하기 때문이다. 누구도 내가 하인을 잘 부리는 지 아닌지에 대해 참견할 자격이 없다. 국가 역시 나와 내 하인의 관계에 개입할 수 없다. 나는 오직 내 하인과의 계약에 따라 행동할 의무만을 진다."[56]

시드니는 노예에겐 투표권을 줘서는 안 되며, "만약 내 하인과 관련된 다툼이나 불일치가 있다면 그 결정권은 오로지 주인인 나에게 있다. 내 하인은 주인인 나의 방식을 따라야 하며, 그가 제대로 복종하지 않는다면 나는 그를 쫓아낼 수 있다. 그렇다 해도 주인인 내겐 잘못이 없다"[57]라고 보았다. 자발적 계약에 기초한 사적 영역에서는 계약당사자가 계약된 서비스를 '기꺼이' 제공해야 하거니와 하인은 '자신과 계약한 고용주의 방식'에 따라야 한다. 어떤 호혜적인 배려도 기대해서는 안 되며, 계약에 동의했다면 그에 따른 어떠한 대우나 처우도 '문제 삼아서는' 안 된다. 이것이 바로 사적인 세계에서의 자의적 지배다. 시드니에게 경제에 대한 사적 지배는 자신이 말한 국왕 시해에 준하는 공화주의적 개혁 프로그램과 양립할 수 있으며, 개혁 프로그램의 필수적인 부분이기도 했다. 누구도 왕이 돼서는 안 되지만 뛰어난 시민이라면 모두 작은 군주가 될 수 있다고 보았기 때문이다. 시드니로서는 자신의 이론을 이보다 더 정교하게 완성할 수 없었을 것으로 보인다. 그러나 훗날 노동공화주의자들은 시드니의 사유를 시드니 자신의 언어로 비판하면서 새로운 이론을 정립하기에 이른다.

그러나 뒤에서 보겠지만, 공화주의 개혁 프로그램을 사적 노동관계 영역까지 확장해 적용하는 것은 그리 간단하지 않다. 시드니의 사상은 훗날 좌파 이론가들에게 폭넓게 수용되긴 했지만,[58] 적지 않은 변형과 반전을 거치고 나서야 비로소 루이지애나 주 사탕수수 농장은 물론 광산과 제조 공장 문제에 적용될 수 있었다. 공화주의가 보편적인 해방의 언어가 되기 위해서는 노동공화주의자들이 풀어야 할 과제가 아직도 산적해 있었다. 이 책은 노동공화주의자들이 이 도전적 과제들을 진보적 관점에서 어떻게 해결했는지를 밝힐 것이다.

1장에서는 이 특별한 딜레마를 이어받은 근대 공화주의자들의 사유를 다룬다. 이 딜레마는 "노예제와 자유의 패러독스"다. 요약하면, 이 역설은 두 가설의 충돌에서 비롯된다. 첫 번째 가설은 고전 공화국의 시민이 누렸던 독립은 종속적인 노예를 전제한다는 가설이다. 두 번째 가설은 인간의 평등은 정치적 가치가 모두에게 공평하게 적용될 것을 요청한다는, '보편성' 가설이다. 공화적 자유는 인간의 보편적 평등에 배치되는 것처럼 보였다. 이는 단순히 논리상의 역설이 아니라, 노예제 자체를 둘러싼 역사적 갈등을 표상하는 것이었다. 미국의 노예 소유주들은 '자신이야말로' 고전적 공화주의를 지키기 위해 횃불을 치켜든 수호자라고 생각하고 있었다. 그러나 이 역설을 풀 중요한 단초는 노예 소유주에 대한 저항과 투쟁을 통해 역사에 등장한 자유로운 노동자의 공화국이라는 개념이다. 자유노동이라는 이상은 자립(독립)을 노동에 대한 자기통제를 실현할 수 있는 조건으로 삼는다. 모든 노동자는 자신의 노동을 자율적으로 통제(관리)할 수 있어야 한다. 이는 자유와 평등 사이에 존재하는 긴장을 경제적 자립의 보편화라는 개념으로 해소하는 것이다.

그러나 2장에서 보는 것처럼, 자유노동이라는 이상은 모호하다. 임금노동은 자유노동의 한 형식일 수 있는가? 임금노동자는 초기 근대 공화주의 시대에는 보편적 존재가 아니라 주변적 존재였다. 그러나 산업자본주의의 발달로 인해 이 문제 – 임금노동은 자유노동인가, 라는 문제 – 는 노예 문제와 함께 중요한 이슈로 대두된다. 노동시장에서의 익명적 상호의존성이 높아지고 대규모 공장이 발전하면서 사적 지배라는 문제는 저절로 해소되는 듯했다. 그러나 익명화된 노동시장과 대공장은, 자유노동을 사회의 이상적인 기초로 생각했던 소자산가(당시의 소규모 자영농 - 옮긴이)를 위협하는 것은 물론 새로운 종속 문제를 잉태하고 있었다. 이 딜레마에 대한 하나의 해답은 19세기 '자유방임적 공화주의자'들이 제시했다. 이들은 임금노동은 경제적으로 독립된 노동이며 이는 도덕적으로도 바람직하다고 보았다. 소자산가들이 자신의 자산을 통제하는 것처럼, 임금노동자도 자신의 노동을 통제할 수 있기 때문이다. 따라서 그들의 관점에서는 임금노동은 자유노동이며 노예적 종속과 시민적 자유 간 딜레마는 해소된다.

노동공화주의자들은 이에 동의하지 않는다. 마지막 세 장은 이들의 비판적 사유를 다룬다. 노동공화주의자들은 임금노동이 다양한 형식의 경제적 예속에 묶여 있는 당시의 상황을 정치경제학과 협력적 사회주의의 이론에 입각해 비판적으로 분석했다. 임금노동자는 사실상 임금노예와 다름없다고 본 이들은 자유노동을 보장할 수 있는 새로운 체제로 협력적 공화 체제라는 대안적 구상을 제시했다. 여기서는 모든 노동자가 기업을 공동으로 소유하고 관리할 수 있는 권한이 허용된다. 이 노동공화주의적 비전은 단지 자유방임적 공화주의자들을 비판하는 데 그치지 않으며 향수에 빠진 초기 농본주의자(agrarianism)의 허약한 사고도 극복하는 새로운 전망이었다. 이 전망은 산업자본주의라는 새로운 상황에서 공화적 자유란 무엇을 의미하는가, 라는 질문에서 시작됐다.

또한 노동공화주의자들이 펼친 협력과 자립의 사상은 나아가 시민적 덕성을 새로운 차원의 윤리로 재구성하는 데 이른다. 전통적으로 공화주의자들은 덕성(virtue)을 자유를 보장하는 기존의 제도를 유지하는 데 필요한 선한 자질들로 보았고, 국가가 이를 강제로 주조해야 한다고 주장했다. 노동공화주의자들이 재구성한 시민적 덕성의 개념은 이런 통념과 정반대다. 시민적 덕성은 사회개혁을 지향하는 협력과 사회적 실천으로, 종속된 모든 이는 이를 스스로 함양해 자신의 몸에 습관으로 배게 해야 한다. 협력적 공화 체제는 임금노예를 해방하는 체제다. 그러나 그 해방은 임금노예가 공화주의의 협력 사상을 스스로 체화할 때 비로소 가능하다. 스튜어드가 말한 "노예제는 아직도 사라지지 않았다… 자유는 아직 멀리 있다"[59]라는 호소는 이 맥락에서 여전히 공명하고 있다. 노동공화주의 사상을 현대적으로 재구성할 때 비로소 우리는 19세기 말 그들이 정립했던 노동공화주의 이론의 강력함을 이해할 수 있게 된다. 동시에 현재 우리에게도 자유는 아직 멀리 있다는 사실 또한 깨닫게 될 것이다.

1장

노예제와
자유의 패러독스

고대 로마의 입법자들은 노예제를 폐지하려는 시도조차 하지 않았다.
아테네, 스파르타, 로마, 카르타고의 시민들은 자유를 갈망했지만,
그들이야말로 자기 노예들에 대해 가장 혹독한 법을 입안한 장본인이었다.
— 볼테르[1]

이 장의 첫머리(題詞)에서 보듯, 고전적 자유에 대한 볼테르의 혹평은 고전 공화국에 대한 자유주의자들의 비판을 잘 담고 있다. 당시 고전 공화국에서 '자유를 가장 열망했던 사람'은 바로 노예 소유주들이었다. 그 후 반세기가 지나 프랑스 혁명을 거친 후, 뱅자맹 콩스탕(Benjamin Constant)은 같은 취지로 "만약 아테네에 노예가 없었다면 2만 명의 아테네 시민들이 매일 광장에 모여 토론하는 것은 불가능했을 것이다"라고 평했다.[2] 이 평가는 비록 논쟁적이기는 하나 명백한 진실을 드러내거니와 공화주의 사상을 계승한 근대 이론가들이 해명해야 하는 문제임에 틀림없다. 미국 남부의 노예 소유주를 포함해 많은 이들은 노예제를 끝까지 옹호했다. 이들은 자신들이야말로 진정한 공화적 자유의 수호자라고 믿고 있었다. 당시 사우스캐롤라이나 주 상원의원이자 7년 동안 부통령을 역임했던 존 캘훈(John C. Calhoun)이 대표적인 인물이다.

그는 "단호하게 말하건대, 남부에 존재하는 두 인종(계층) 간의 관계양식이야말로 자유롭고 안정적인 정치 체제를 이루는 데 있어 가장 튼튼하고 지속가능한 기반을 제공한다"라고 주장했다.[3] 심지어 미국에서 노예제가 폐지된 이후에도 노예제와 공화적 자유의 양립 가능성은 늘 중요한 문제로 남아 있었다. 조지 맥닐(George McNeill)은 노동 문제에 대한 19세기말의 사유로는 가장 권위를 인정받는 자신의 저작인《노동운동: 현 시기의 제문제》의 서문에서 다음과 같이 썼다. "그리스와 로마시대에 노예제는 폴리스의 중요한 제도적 토대로 여겨졌다. 예술과 과학이 발전할 수 있는 절대적 조건으로 말이다."또한 "로마제국에서의 자유민들이 노예의 도움 없이 자신들만의 노력(노동)으로 농업을 일구었다는 말은 사실이 아니다."[4]

그러나 많은 근대 공화주의자들이 고대 공화국을 비판하기 했지만, 그들 역시 자유와 평등은 근원적으로 갈등하는 존재라는 사실을 인식하고 있었다. 공화적 자유에 대한 해석은 항상 자유민의 독립이 노예의 종속 없이는 불가능하다는 점을 전제하고 있었기 때문이다. 그러나 만약 모든 사람이 자신의 자유를 누릴 수 없다면, 어떤 사람은 타인의 자유를 위해 노예가 돼야 한다면, 이런 식의 공화적 자유는 진정한 인간의 평등을 위해 포기해야 한다.

이 딜레마가 노예제와 자유의 패러독스다. 이 역설은 다음 두 가정의 논리적 모순에서 비롯된다. 첫 번째 가정은 공화적 자유는 자립을 가능하게 하는 사회적 조건으로, 타인을 노예로 삼을 때만 비로소 자립이 가능하다는 전제다. 두 번째 가정은 인간존재는 평등하며, 따라서 법이 정하는 정치적 권리는 보편적이며 모두가 향유할 수 있는 가치여야 한다는 전제다. 특정 계급에게만 자립을 허용하고 여타 계급을 특권층에 종속시키는 공화적 자유의 특권화는 모든 인간은 평등하다는 보편주의와 논리적으로 모순된다. 그래서 역설이다. 이는 논리적 역설이자 윤리적 딜레마이기도 하다. 이 문제는 근대 공화주의자들이 고대 공화국에서 발전한 이론과 실천양식을 성찰하면서 비로소 드러나게 됐다. 19세기, 노동 문제가 사회 전면에 핵심문제로 제기되면서 노예제와 자유의 패러독스는 전통적인 공화주의 사상의 운명을 가르는 이론적 투쟁의 장을 형성했다. 노예제와 임금노동제에 대한 정치적 비판이 증가하면서, 이 패러독스를 해소하는 것이 선결과제가 됐다. 즉 공화적 자유는 보편화될 수 있는가, 있다면 어떻게 가능할 것인가. 노예제는 자유를 위해서 치러야만 하는 불가피한 대가인가. 자유노동이라는 이상은 부분적으로는 이 사상적 투쟁의 결실이다.

이 장은 노예-자유의 역설이 어떻게 핵심 문제로 역사에 등장하게 됐는지, 그리고 이 역설을 풀 수 있는 열쇠가 왜 '자유노동(free labor)'인지를 분석한다. 첫 번째 파트는 고전 공화국에서 전개된 이론과 실천이 자유는 노예를 조건으로 한다는 전제와 어떻게 연관돼 있는지를 다룬다. 이 전제는 하나의 딜레마일 뿐 역설까지는 아니었던 이유는 자유가 모두에게 공평하게 허용돼야 한다는 평등사상이 당시에는 없었기 때문이다. 두 번째 파트에서는 보편적 평등사상이 이 역설을 제기하는 방식을 다룬다. 그 과정에서 자유노동이라는 개념이 이 역설을 푸는 해법이라는 점을 밝히고자 한다.

노예제와 고대의 자유

노예사회 아테네와 로마에서의 자유의 출현

모든 고대 사회의 역사를 보면, "예외 없이 나타나는 공통점은 비자발적 노예노동이 필요했다"[5]는 사실이다. 아테네와 로마는 노예노동을 전제한 자유라는 관념이 처음 출현한 곳이다. 고대 아테네[6]와 로마가 이웃 국가와 구별되는 가장 큰 특징은 노예노동에 대한 의존도가 크게 높아지던 사회라는 점이다.[7] 이 '차이'는 아테네와 로마가 '폴리스 내에 거주하는 반(半)자유민의 노동에 의존하던 상황에서 외부로부터 유입된 노예의 노동에 의존하는 사회로 전환되면서' 뚜렷해지기 시작했다. 그 '인과적 귀결'로 "자유란 무엇인가라는 문제"가 나타났다.[8] 이들 도시 공화국은 자유의 제도화를 이뤄냈지만 동시에 그만큼 노예제도 확산되고 있었다.

이들은 어떤 의미에서 노예제 사회였을까. 아테네인이나 로마인 대부분은 노예를 소유하고 있지 않았다.[9] 대다수 아테네인은 농업에 종사하고 있었고 "그리스의 농업생산자 대부분은 자유민이었다."[10] 고대 로마인도 유사하다. 대부분은 고용된 노동자이거나 자유농, 독립장인이었다.[11] 당시에는 노예가 시민 세 명당 한 명에도 미치지 못하기에 노예들이 사회의 주된 노동력이 아니었으며, 따라서 아테네와 로마를 노예제 사회로 보기는 힘들다.[12] 그러나 문제는 노예의 절대적 규모가 아니라 그들의 역할과 기능이다. 미국 남부의 경우와 비교해보면 더욱 그렇다. 1860년 노예제가 합법화된 미국 주(州)의 경우 노예의 숫자는 전체 인구의 1/3이 채 되지 않았다. 남부 주에 거주하는 농민 대부분은 자유민이었다. 그러나 이 사실만으로는 "누구도 그곳에서 노예제가 중요한 사회구성요소가 아니었다라고 말할 수 없을 것이다."[13] 로마나 아테네에서의 노예의 소유와 사용은 미국 남부에서보다 훨씬 보편적이었다.[14] 노예노동은 넓게 편재해 있었으며, 경제활동에서 중심적인 역할을 수행했다. 노동 분업은 노예제를 전제로 이뤄지고 있었고, 노동에 대한 인식 역시 노예제에 바탕하고 있었다.[15]

노예제와 자유가 동시에 출현한 것은 우연이 아니다. 이는 고전 공화국에서 자유를 보장하는 제도들이 형성되던 실제의 역사를 그대로 반영하고 있다. 자립을 강조하는 시민권 사상이 발전하면서 부유한 시민과 가난한 시민 사이의 권력관계도 변화했다. 동시에 더 이상 농민이나 장인에게 타인을 위해 노동을 하도록 강요하는 것도 불가능해졌다. 아테네와 로마에서 모두, "농민 계층은 투쟁을 통해 자유와 토지에 대한 소유권을 쟁취했고, 그 과정에서 폴리스라는 공동체의 멤버십인 시민권도 획득했다."[16] 자유농민들은 기본권, 참정권, 토지에 대한 사적 소유권, 부채 노예제 폐지 등을 확보했다. 이 일련의 권리들이 의미하는 것은 보통 시민은 이제 충분한 경제력을 갖추고 있으며 타인을 위한 강제노동을 거부할 수 있게 됐다는 사실이다.[17] 한 사가(史家)의 말처럼, "누구도 시민인 농민이나 장인을 강제로 … 고용해 노동시킬 수 없다는 사실을 모두가 알게 됐다. … 자유민이라면 일상적으로 타인을 위해 일하려 하지는 않을 것이라는 것도 알게 됐다."[18]

시민인 농민의 독립성이 높아지면서, 아테네와 로마는 새로운 노동력의 원천이 필요해졌고, 새로운 노동력은 바로 노예였다. 홉킨스

(Hopkins)의 분석에 따르면, "대규모 노예제는 정복된 식민지의 노동력이 부족하거나 식민지 본국의 생산에 필요한 노동력이 실제로 제한되는 경우에만 한정적으로 나타났다."[19] 그 '실제적 제한'은 바로 앞서 설명한 시민의 경제적 독립성이다. 경제적 독립성이야말로 아테네 민주주의와 로마의 시민권을 특징짓는 요소다.[20] 시민인 농민에 대한 핀리(Finley)의 분석에 따르면, "기술력이 낮은 전(前)산업사회에서는 경제적 독립성을 지닌 자유민이 성장하면서 그에 따라 노예노동도 증가했으며, 노예제 이외의 다른 현실적 대안은 없었다."[21] 노예들은 주로 대규모 농장이나 광산, 도시의 수공업 공장에서 일했으며, 상류층의 부를 축적하거나 국가의 전쟁 능력을 높일 수 있는 중요한 기반이기도 했다.[22] 노예노동으로 인해 상류층은 자유노동자로서의 독립성을 보유하면서 자신들의 부를 쌓고 유지할 수 있었다. 시민권이라는 특권은 다른 한편으로는 하층 시민과 노예사회를 융화시키는 효과도 있었다.[23] 부유층이 향유했던 여가와 하층 시민이라도 자유노동자로서의 권리를 누릴 수 있었던 것은 종속된 노예노동이 존재함에 따라 유지될 수 있었던 사회적 정치적 특권 때문이었다.

노예제는 고대 국가에서 시민의 자유를 보장하기 위한 역사적 필연물이라는 게 일반적인 주장이다. 소수 단일민족으로 이뤄진 소규모 민주주의 도시국가인 아테네와 다민족으로 이뤄진 광대하게 팽창하는 제국인 로마는 제도적으로도, 사회적으로도 커다란 차이가 있었지만, 이 주장만큼은 통용됐다. 노예노동에 기반한 자유는 단지 소수 특권계층의 풍족한 여가만이 아니라 하층 시민의 상대적인 독립과 여가의 유지를 위해서도 필요했던 것이다.

노예제와 자유의 상호의존성은 단지 고대 도시국가를 특징짓는 사회학적 사실만은 아니다. 이 상호의존성은 당시 사람들의 보편적 인식이자 제도적으로도 용인되는, 말하자면 이들의 고유한 문화 중 하나였다는 점을 이제 독자들도 눈치챘을 것이다. 여기서 우리는 '자유민과 노예를 구분하는 정서'가 "아테네 사회의 성격을 결정하는 기본적인 관념"이라는 사실에 주목해야 한다.[24] 이 정서는 로마에서도 마찬가지다. 잘 알려진 로마법 학설집의 인간에 관한 장(章)에는 "이 법이 정의하는 인간은 근본적으로 구분되는 존재이거니와 모든 인간은 자유민 아니면 노예다"라고 규정돼 있다. 이 구분은 근대 초기의 공화주의자에게는 물론 신공화주의자들에게도 시금석으로 받아들여졌다.[25] 자유와 노예제는 근본적인 분류체계로 폭넓은 사회관계를 이해하는 인식론적 도구였다. '사회적 지위나 민법(私法, private law)'의 근본 취지를 이해하고 적용하기 위해 아테네인과 로마인들은 '노예인가, 자유민인가'라는 단순한 이분법'을 주로 활용했다. 사회적 지위나, 특히 노동의 유형이 같다 해도 그 안에는 확실한 층위의 차이가 있다는 것을 알고 있었음에도 말이다.[26]

따라서 공화적 자유는 한편으로는 노예제의 '대립항'으로 이해될 수 있는 것이 사실이다. 그러나 주의해야 할 점이 있다. 페팃은 공화주의 자유론에 다른 이론은 따라올 수 없는 비판 이론으로서의 잠재력이 있다고 보았다. 그것은 "노예와 종속을 가장 큰 악(惡)으로 보는 자유 이론"[27]이기 때문이다. 노예의 반대 개념이 자유라는 단순한 정의가 곧바로 노예제에 대한 비판 이론이 되는 것은 아니다. 자유란 본래 자유민은 단지 운이 좋은 사람이라는 사실, 혹은 어쩔 수 없는 이유나 법적인 제약으로 예속될 수밖에 없는 다른 사람들과 비교할 때 자유민은 그 예속 상태를 벗어날 자격이 있었다는 사실에 의존하는 가치다. 자유가 노예의 반대 개념인 것은 맞다. 여러 계층의 부류들이 아직도 벗어나지 못하고 있는 종속이라는 상황을 부정하는 개념이기 때문이다. 그러나 노예제는 비록 혐오의 대상이긴 했지만 동시에 수용되고 지지되기까지 했다. 물론 고대 도시국가에서도 노예제에 대한 비판이 없었던 것은 아니다. 예를 들면, (아테네의 입법가이자 그리스의 현인으로 불렸던 – 옮긴이) 솔론은 아테네의 모든 노예를 자기 나라로 되돌려 보내야 한다고 주장했다. 키케로 역시 황제의 권력에 예속돼 있는 로마인의 예속 상태를 비판했다.[28] 그러나 이러한 비판은 단지 노예가 돼서는 안 되는 자유민들이 노예로 전락해서는 안 된다는 정도의 주장이거나 억압적 정치 체제를 노예제에 빗대어 비판한 것에 불과하다.[29] 노예노동 자체를 비판하는 사람은 없었으며, 노예제와 유사한 다양한 형태의 종속노동에 대해서도 마찬가지였다.[30] 심지어 당시 폭동을 일으킨 노예들조차도 노예제 폐지를 주장하지 않았다. 단지 '그들의' 자유를 요구했을 뿐이다.[31] (당시 노예들의 난, 대표적으로 스파르타쿠스의 난(기원전 73–71)의 경우, 노예제 폐지에 대한 명확한 주장이 없었고, 노예제 폐지 이후의 사회에 대한 전망도 없었다. 적으나마 자유를 허용해 달라는 게 그들의 요구였다. – 옮긴이) 평범한 시민들의 꿈은 노예 소유주가 되는 것이었다.[32] 따라서 공화적 자유는 수많은 자유의 유형 중 '예속과 굴종을 가장 큰 악으로 삼는, 하나의 자유'일

뿐이며, 그 자유는 노예를 전제로 하는 자유라는 인식이 널리 퍼져 있었다. 결국 자유는 특권일 뿐, 보편적 권리는 아니었다. 공화적 자유에 대한 해석은 별론으로 하더라도, 공화적 자유가 보편적 권리가 돼야 한다는 문제를 제기할 수 있는 개념적 도구도, 이론적 비전도 없었던 상태였다.

자유가 보편적 권리이어야 한다는 비전은 현대 공화주의를 발달시킨 주요한 원천이다. 아리스토텔레스나 키케로 등 정치철학자들이나 아테네와 로마의 주요 제도와 관행을 탐구한 공화주의자들은 노예제를 전제하는 자유 개념에도 다양한 버전이 존재한다는 것을 발견했다. 자유와 노예의 관계에 대한 해석도 아테네인과 로마인들은 서로 달랐다. 아테네인은 "모든 사람은 통치자인 동시에 피치자다"라는 아테네식 민주주의 관념을 가지고 있었다. 반면 로마인은 정치적 자유의 핵심은 균형 있는 법의 지배에 기초한 복합적인 규범에 있다고 보았다. 이 규범은 일반 서민들이 도시국가를 운영하는 원로원 의원(propertied senators, 이들은 대부분 자산가였다 - 옮긴이)과 치안판사를 견제할 수 있는 정치적 힘과 시민권의 원천이다. 그러나 노예제에 대한 사회적 규범에는 사실상 많은 변종이 있다. 아래에서는 아리스토텔레스와 아테네의 사례를 먼저 간략히 살펴보고 키케로와 로마의 사례로 넘어간다. 이 역사에 대한 고증학적 해석은 그 대상이 넓기도 하고 매우 논쟁적이기도 하다. 그러나 적어도 현대 공화주의가 직면해 있는 자유와 노예의 딜레마의 핵심을 명확히 드러낼 것이다.

자유와 노예제 1: 아리스토텔레스와 아테네

현재 정치학계에서 벌어지는 논쟁에서 신아테네(neo-Aristotelian) 공화주의자들은 "공화주의가 오랫동안 강조해 온 핵심은 시민권의 본질이 경제적 자립"이라고 주장한다.[33] 경제적 자립은 시민적 덕성을 함양하고 정치적 참여를 위해 필요한 시간을 제공하는 필요조건이다. 이는 아리스토텔레스가 늘 강조한 바다. 그는 "자유시민은 반드시 '행정과 사법에 참여'할 수 있는 능력을 갖추어야 한다"라고 말했다.[34] 참여는 시민 개개인이 훌륭한 시민으로서 역할하는 데 필요한 덕성 혹은 탁월함을 요구하거니와 아리스토텔레스는 이를 '지배하고 지배받는 능력'으로 요약했다.[35] '지배하고 지배받는 능력'은 타고난 역량(natural ability)과 이 역량을 계발할 수 있는 기회로 구성된다. 아리스토텔레스의 설명에 따르면, "분명히 다음 세 가지 것을 통해서 사람들은 좋고 또 훌륭해질 수 있다. 이 세 가지 것은 본성(phusis), 습관(ethos), 이성(logos)"이다.[36] 즉 탁월함이 계발될 수 있다는 점에서 노예제에 대한 아리스토텔레스의 생각이 잘 드러난다.

아리스토텔레스는 태어날 때부터 노예로 태어나는 자가 있다고 보았다.[37] 천성적 노예에겐 이성적인 숙고 능력(to bouleutikon – 옮긴이)이 없다.[38] 이는 자신의 소유물이나 자기 몫에 대해 독립적으로 판단할 수 있는 타고난 능력이 없다는 것을 뜻한다. 따라서 노예제는 "주인과 노예 모두에게 서로 이득일 뿐 아니라 상호 친화적이다."* 노예제는 노예로

---

* 그러나 "자연에 의해 그들 양자(주인과 노예)에게 부여된 상응할 만한 가치를 가지고 있을 때 노예

하여금 (주인을 통해) 간접적으로나마 이성적인 숙고(deliberative reason)를 공유할 수 있기 때문이다.[39] 또한 아리스토텔레스에 따르면, 비록 천성적인 노예는 아니지만, 부분적으로 노예의 본성을 지니고 있는 기술자**나 고용된 노동자(thetês, 즉 일용 노동자를 말한다 – 옮긴이)들도 이성이 없는 것은 마찬가지다. 예를 들어, "사실상 천한 일에 종사하는 기술자는 천성적 노예와는 구분되긴 하지만, 그래도 노예와 진배없다."[40] *** 기술자의 작업은 타인의 의지에 종속돼 있어 노예의 노동과 흡사하기 때문이다. "타인의 명령이나 지시에 따라 살지 않는 것이 자유민의 표상"이다.[41] 자립성이 있어야 시민에게 요구되는 덕성을 발전시킬 수 있기 때문이다. 그러나 기술자와 고용된 노동자는 주인의 요구를 잘 알아듣고 그 지시를 따라야 하기에 '주인의 지배'에 종속된다.**** 주인의 지배는 '정치적 지배', 곧 나면서부터 동등하고 자유로운 사람들에게 행해지는 민주정치의 지배와는 다르다.[42] 기술자나 고용된 노동자의 노동은 영혼을

와 주인은 서로에게 어떤 유익함과 친애(philia)가 있게 되지만, 그들의 관계가 이러한 방식으로가 아니라 법에 따르고, 또 그들이 힘에 굴복했을 때는 반대되는 일이 일어난다."(아리스토텔레스, 《정치학》, 김재홍 역, 51~52쪽)를 보면 아리스토텔레스는 노예제가 항상 상호 이득이 되거나 항상 상호친화적이라고 말하는 것은 아니다(옮긴이. 이하 본문의 각주는 모두 옮긴이 주).

** 아리스토텔레스가 말하는 banausos technitês는 비천한 일에 종사하는 기술자를 의미한다. 직공 기술자는 관직에 참여하지 못하는 자들로 시민도 아니고 거류 외국인도 아니며 외국인도 아닌 사람들이다(위 책, 196쪽 참조).

*** 아리스토텔레스는 "누군가는 기술자도 당연히 덕을 가질 필요가 있는지 없는지를 물을 수 있을 것이다. 그들은 종종 방종 때문에 자신의 일을 제대로 마무리하지 못하고 남겨두기 때문이다"라고 말하고 있다(위 책, 81쪽 참조).

**** 주인의 지배, despotikē archē를 말한다. 주인이 자의적으로 지배할 수 있는 전제적 지배의 의미다. 반면 정치적 지배는 독재적 지배가 아니라 지배하고 지배받는 능력을 갖춘 시민들의 민주정치적 지배를 의미하기에 양자는 구별된다.

저질의 마인드로 만들 뿐만 아니라 여가도 허용하지 않는다.[43] 자유민
들이 시민적 덕성을 함양하고 발휘하는 것을 쓸모없는 것으로 여기게
한다.[44]*

달리 말하면, 직공들과 고용노동자는 매일 반복되는 비천한 노동으
로 인해 천성적 노예는 아니지만 습관에 의해 노예가 된다. 이들은 매
일 지시에 복종해야 할 뿐, 지시를 내리거나 자유민들과 함께 지내는
일은 없으며, 자신들의 숙고적인 이성을 개발할 수 있는 기회나 여유도
없다. 아리스토텔레스의 이론은 천성적 노예에 관한 이론이지만, 덕에
대한 사유를 통해 무엇이 종속 혹은 예속인지를 밝히는 폭넓은 이론이
라는 점에 주목해야 한다. 종속이라는 개념은 "노예에게만 국한되는
것이 아니라 임금노동자와 경제적으로 종속된 모든 이에게 적용되기
때문이다."[45]

물론 노동과 시민 사격에 대한 아리스토텔레스의 이론은 복잡하다.
아리스토텔레스는 이상적으로는 시민이라면 절대 어떤 노동에도 종사
하지 말아야 한다고 주장했다. "여가는 덕을 함양함은 물론 정치에 참
여하기 위해서도 필수적이기 때문이다."[46] 그러나 아리스토텔레스는 토

---

* "어떤 일, 기예나 배움이라도 자유인의 신체나 (혹은 영혼이나) 정신을 덕의 활용이나 실천을 위해
쓸모없게 만드는 한, 그것은 비천한 일로 믿어져야 한다. 이런 까닭에 우리는 신체를 나쁜 상태로 놓
이게 하고, 또 임금노동을 위한 그러한 일(erasia, 테크네보다 넓은 의미로 사용되는 말(아리스토텔레스, 《니코
마코스 윤리학》, 1121b33) 모두를 비천하다고 부르는 것이다. 왜냐하면 그 기예들은 정신에 여가(scholé)
를 남겨두지 않으며, 또한 정신을 저질스럽게(tapeinos) 만들기 때문이다"(아리스토텔레스, 《정치학》 577-
8쪽). 역자 김재홍은 각주에서 "정신에 여가를 남겨두지 않으며, 또한 정신을 저질스럽게 만들기 때
문에 기술들이 'banausos(비천한)'한 것이며 이 기술들을 익히게 되면 자유인답지 못한 노예의 삶을
살 수밖에 없다는 것이다"라고 해설하고 있다.

지를 소유하고 있는 자영농은 어느 정도 자립성을 가지고 있기에 예속
노동자에 속하지 않는다고 보았다.[47] 자급할 수 있는 능력으로 인해 독
립 자영농 계급은 교양과 준법의식을 갖추고 있으며, 어느 곳에서든 그
사회의 안정을 지탱하는 중간계급이다.[48] 따라서 아리스토텔레스는 사
회에 필수적인 예속된 노동을 수행하는 자('고용된 자'와 속물적인 직공 기
술자')가 시민계급에 포함된다면 이들은 자유를 존속시키는 제도와 관
습에 커다란 위협이 된다고 보았다. 비록 독립적인 시민이라는 범주가
토지를 소유하는 자영농까지를 포함하는 넓은 개념이라 하더라도, 그
시민 범주에 들어가는 자영농은 매우 제한적이다.[49] 또한 자립을 보장
하는 가장 이상적인 조건은 노예 소유로 인해 누릴 수 있는 자유시간이
다. 이런 미묘한 차이를 고려한다 해도, 아리스토텔레스의 견해는 자유
가 다양한 형식의 노예노동을 전제하고 있다는 점을 다시 생각하게 하
는 계기가 된다.

아테네 민주주의를 귀족정으로 보는 아리스토텔레스의 관점을 취한
다면, 자유와 노예제의 관련성은 훨씬 낮아지는 것이 사실이다. 아테네
민주주의는 결국 '매우 파격적'이라 할 수 있는 자영농―시민계층(자영농
중 시민권을 부여받은 계층 ― 옮긴이)을 새로 만들어 냄으로써 노동 자체의
위상을 높이고 노동에 대한 인식도 새롭게 했다.**[50] 아테네 민주주의는
자유시간(여가)을 숭상하기보다는 자유노동을 더 존중하는 체제로 보

―――――――

** 노동하는 시민계층을 만듦으로서 노동은 노예만이 하는 것이 아니라 시민들도 하는 것이라는
인식을 형성하게 되었으며, 이로 인해 노동의 위상과 인식이 높아짐을 의미한다.

인다. 그러나 이런 아테네적 이상(ideal)도 아리스토텔레스의 관점을 공유하고 있었다. 바로 소유된 노예는 물론이고 그 외의 다양한 노동자들도 (자유민이 아닌) 노예와 동일하며, 임금노동은 특히 그러하다라는 인식이다.[51] 시민계층 중 일부는 전업 노동자는 아니어도 자신의 소득을 보충하기 위해 일시적으로 타인을 위한 임금노동에 종사하는 경우가 있었다. 물론 이 경우에는 수치라는 사회적 낙인을 감수해야만 했다.[52] 타인에게 예속되지 않는 생산과 자유로운 '독립' 노동자라는 자부심은 시민들만이 지닌 고유한 이상이었다. 이러한 독립적인 자영농-시민 계층이 점차 증가하게 되자, 대규모 기업농이나 도시의 수공업 공장은 불가피하게 노예노동을 활용하는 생산 체제로 변모하게 됐다.[53] 자영농인 시민들은 자신의 노동 부담을 줄이고 정치 참여에 필요한 자유시간을 확보하기 위해 자기만의 노예를 소유하고 싶어 했다.[54] 실제로 아테네의 민주적 시민이라면 이틀에 하루 꼴로 종교 행사나 문화 활동 혹은 정치적 이벤트에 참여하는 게 일반적이었다.[55] 따라서 유한계급인 시민이 아니라 자영농-시민계층에 초점을 맞춘다 해도 이들이 독립성을 향유할 수 있었던 논리적 근거는 노예제에 있었음을 알 수 있다. 이러한 아테네 시민권의 특성을 고려하면, 노예를 소유하지 못한 자영농-시민계층까지도 도덕적으로 그리고 정치적으로 노예노동에 기초한 시스템에 묶여 있었다는 결론에 도달한다.[56]

요약하면, 현대 공화주의 이론은 아리스토텔레스나 아테네 민주주의에 대한 분석을 통해 아테네의 독립적인 자영농이 품고 있던 이상이 무엇인지 발견했다. 그러나 자영농이 누렸던 시민권은 노예제를 전제로

하는 자유라는 점에 대해서는 충분히 밝히고 있지만, 노예제와는 양립할 수 없는 측면에 대해서는 침묵으로 일관하고 있다.

자유와 노예제 2: 키케로와 로마

그러나 앞서 분석한 것은 신아테네 공화주의론자들의 관심일 뿐이다. 스키너나 페팃 등이 주장하는 것처럼, 아테네인들과 로마인들의 자유에 대한 해석은 서로 크게 다르다. 로마의 자유인 '리베르타스'는 정치적 참여나 특정한 능력에 그리 큰 비중을 두지 않는 개념이다. 자유는 독립을 의미하지만, 그 독립성이 어떤 역량을 계발하거나 행사하는 데 도움이 되는지 여부는 관심사가 아니다. 로마식 자유는 아테네식 자유에 비해 훨씬 보편적인 성격을 지니고 있었다. 로마식 자유는 법적인 지위로서 자유를 의미하며 당시 확장하고 있었던 다민족 국가인 로마의 모든 구성원에게 허용된 것이었다.[57]

로마와 아테네의 이런 차이를 간과해서는 안 된다. 로마식 자유는 동등한 민주적 시민권이 아니라 균형적인 법치와 법적 지위에 관한 이론을 토대로 발전한 개념이다. 그러나 이 역시도 노예제를 전제한 자유라는 점은 유사하다. 로마인들은 자유-노예제의 관계를 변형해서 받아들였다. 가령 유스티니아누스 법전에서 규정하는 노예제는 '자연에 반하는 것'[58]이지만, 여기서 말하는 노예제 역시 자유와 마찬가지로 법적인 제도 중 하나였다. 노예제는 자연에 반하는 것이긴 하지만, 그 자체가 부정된 것은 아니다. 이는 노예제를 정당화하는 또 하나의 방식이다. 즉 노예제는 공화국의 자유를 유지하는 데 필수적이며 그로 인해

법적으로 정당한 것이 된다.

신로마 공화주의 이론에서 가장 영향력이 있는 두 개의 문헌에 인용된 것을 살펴보자.[59] 《카틸리나의 음모》에서 로마의 역사가 살루스티누스(Sallust)는 다음과 같이 쓰고 있다. 정계에서 밀려난 후에도 나는 "내귀중한 자유시간을 나태하게 보내거나 게으름으로 낭비하지 않았다. 예속적인 일도 거부했다. 농사일이나 사냥하는 데 시간을 허투루 쓰지도 않았다."[60] 키케로도 살루스티누스와 유사하다. 그는 《의무론》에서이렇게 썼다. "자기의 재능이 아니라 단지 대가를 받고 노동하는 노동자는 노예와 같이 모욕적인 일에 종사하는 자일뿐이다. 그 임금은 바로노예계약의 대가다."[61] 후에 키케로는 농업만큼이나 자유민에게 부합하는, 생산적이면서도 즐겁고 풍성한 직업은 없다고 말했다.[62] 그러나 이때 키케로가 말한 농업이란 직접 농사를 짓는 일이 아니라 넓은 농토를보유하고 농노를 부리는 기업농을 말한다.[63] 키케로와 살루스티누스는'비천한 직업'[64]이 존재한다고 보았다. 특히 임금을 대가로 수행하는 노동은 어떤 것이라도 예속적일 수밖에 없으며, 거대한 토지를 소유한 유한계급의 자립성만이 진정한 독립성이라고 보았다.[65] 이처럼 당시 유한계급의 거대한 땅은 노예들에 의해 경작됐다는 점을 알 수 있다.[66]

자유와 노예에 대한 차별적 인식은 균형 잡힌 사회질서(혹은 헌법적 질서)라는 상위 관념 아래에서 양립할 수 있는 것이 된다. 이는 사회의 균형을 위한 헌정 질서로서 그 핵심은 상류계급은 지배하고 하류계급은보호받는다는 것이다. 키케로는 이 균형을 모든 시민이 누릴 수 있는자유의 핵심으로 보았다. 즉 국가는 상류층과 하류층의 합리적 균형과 공권력을 통해서만 이질적인 사람들의 화합과 조화를 이룰 수 있다.[67] 이러한 국가의 '조화로운 중도적 질서'는 '권리의 분립'을 통해서만 유지된다. 권리의 분립이란 바로 "인민들은 주권(power)을, 원로원은 통치권(authority)을 각각 보유"하는 것을 말한다.[68]* 중요한 것은, '명목에 그치지 않는 이등 시민들의 실질적 자유'는 "일등 시민들이 지배해야 한다는 것을 자발적으로 인정하는 의지와 일치하며, 동시에 그 의지에 의존하는 것이다."[69] 키케로는 이러한 질서에 대한 존중을 지속적으로 재생산하는 '수많은 탁월한 제도'[70]를 중시했는데, 여기에는 사유재산권을 위시해 전통과 종교적 권위에 대한 존중이 포함돼 있다.[71] 한편 "지배계층은 적정한 교육과 훈련을 받을 수 있는 자유시간"[72]이 있어야 하기에 "필요불가결한 노동이라도 면제돼야 한다."[73] 필요불가결한 노동에서 자유로운 삶을 위해서는 농장을 경영하거나 그에 상응하는 활동은 물론 농사일을 대신하는 노예가 필요하다. 왜냐하면 하층 시민이라도 그들을 노예로 부릴 수는 없는 일이고 지배계층도 그런 일에 시간을 쏟아서는 안 되기 때문이다.[74] 결국 키케로는 노예제가 사회의 질서 있는 균형과 정치적 자유를 위한 전제조건이라는 정치적 질서에 대한 큰 그림을 제시했다고 볼 수 있다.[75]

물론 키케로는 로마 공화국을 매우 낭만적으로 묘사하고 있다. 그로

---

* 공화정 시절의 로마를 특징짓는 세 가지 제도는 집정관, 원로원, 민회였다. 원로원은 민회의 선거를 통해 구성되며 이들을 통해 입법권을 비롯한 통치권을 부여받는다. 집정관은 이를 토대로 실제 집행을 담당했다. 원로원에겐 권위(도덕적 권위 혹은 이를 바탕으로 한 입법권을 의미한다)를 보장하는 것이다.

인해 당시 존재했던 제도적 '균형'이 자연스런 조화의 산물이 아니라 실제로는 폭력적 갈등의 결과물이라는 점을 간과하고 있다.[76] 그러나 키케로나 살루스티누스와 같은 당대의 사상가들의 말보다 로마의 법과 정치 체제 자체만을 보아도, 로마의 자유는 노예제를 전제하는 개념임을 알 수 있다. '리베르타스'를 제도라는 측면에서 탐구해보면, 자유는 "지배자의 권력이 무제한적이어서는 안 된다"라는 사실을 으뜸 원리로 삼는 권리다.[77] 그 이유는 사회적 지위는 법에 의해 보장된 특권이며 이는 고위 공직은 물론 기본적인 사법 절차에 적용되는 기본원리이기 때문이다.[78] 이 법적 특권으로 인해 '시민 대다수'는 권력적 지위에서 배제된다. 정치, 행정, 군대의 핵심 요직을 차지하는 "소수의 지배계층이 성장한다."[79] 따라서 리베르타스가 '지배자의 강압적 권력'을 제어하는 기본권이라면, 자유라는 권리는 지배자가 구별되는 계급의 일원이라는 점을 인정하는 것이다. 이는 다시 리베르타스가 개인단위가 아닌 계급단위의 조건으로 불리는 이유이기도 하다. "하층민은 그가 어떤 개인인지와는 무관하게 하나의 전체로서 존재한다."[80] 리베르타스라는 관념은 과두적 지배계층(집정관과 원로원)에 대항하는 전체로서의 인민과 과거 귀족에 대항한 하층민이라는 개념에서 출발한 것이다.[81] 지배로부터의 자유라는 관념을 통해 하층계급은 통치 과정에 지속적으로 참여하는 것보다 좀 더 방어적인 무엇을 추구했다. 그들은 지배계급의 자의적 권력으로부터 자신을 보호하고자 했다.[82] 이는 독립을 다소 제한적으로 보는 관점이기는 하지만 실제로는 하층 로마인들에게는 충분한 힘을 부여했으며, 이를 통해 상류계층을 위해 쉼없이 노동해야 하는 억압적 상황에도 효과적으로 저항할 수 있었다. 이 방어적 권리는 시민적 삶과 정치적 삶을 보호하는 권리이며 참정권이나 호민관 소환권,[83] 인민 주권의 공식적 표방[84] 등이 대표적인 예다. 경제 영역에서의 보호도 포함된다. 리비우스(Livy)는 기원전 326년 부채 노예제의 폐지를 '하층민의 자유를 위한 새 시대를 연 여명'[85]으로 평가했고, 실제로도 상류층에 대한 하류층의 예속을 완화하는 데 획기적으로 기여했다.[86] 그러나 동시에 다양한 형식으로 존재하던 종속[87]에서 벗어나고자 하는 하층민들의 투쟁은 예외 없이 로마 시민의 토지 소유에 대한 배타적 권리를 강화하는 결과를 초래했다.[88] 로마의 상류층은 하층민들의 토지 재분배 시도를 막는 데 성공하기는 했지만,[89] 자영농은 그럼에도 불구하고 자급능력을 지키려 했고, 로마를 떠나면 떠났지 타인을 위해 일하는 것은 거부했다.[90] 로마의 리베르타스라는 방어적인 제도적 속성으로 인해, 하층민들은 상류층을 위한 비자발적 노동으로부터 자신을 보호할 수 있는 충분한 권리와 경제적 대안을 보유할 수 있었다. 사가들은 이러한 로마의 전통 때문에 기원전 4세기 무렵, 특히 부채 노예제가 폐지되고 나서부터 노예노동에 대한 의존도가 높아졌다고 보고 있다.[91] 로마의 질서 있는 사회적 균형은 아테네식 접근과는 다른 자유에 대한 관점을 제시하고 있는 것은 사실이다. 그러나 로마식 자유의 이론과 실제는 여전히 노예의 존재를 필요불가결한 사회의 안정장치로 전제하고 있었다.

노예제와 고대의 자유

앞선 논의에서 가장 중요한 결론은 아테네와 로마에서 자유는 노예제와 함께 출현했고, 노예제를 전제하는 개념이라는 점이다. 상류층 유한계급의 독립성, 자영농—시민계층의 자유노동, 아테네식 민주주의와 로마식 공화주의, 천성적 노예 혹은 법률적 노예 등에 대한 어떤 논의든, 공통적인 사실은 "노예노동의 확산에 대한 암묵적 동의가 보편적으로 존재하고 있었다"라는 점이다.[92] 노예제는 자유민이 자신의 자유를 인식하는 사회적 조건과 관련돼 있었고, 동시에 고대 공화국의 정치 사회학을 구성하는 특징이기도 했다. 최근 다시 활기를 띠고 있는 공화주의 이론이 고대의 자유 회복을 어떻게 다루든지 상관없이, 공화주의적 이상이 배타적 성격을 지니고 있다는 점은 분명히 지적돼야 한다. 뒤에 보겠지만 이 이슈는 초기 근대 공화주의자들을 곤혹스럽게 한 핵심이라는 점에서 매우 문제적이다. 노예제는 단순한 역사적 사실이나 문화적 배경이 아니라, 명백하게 윤리와 정치의 문제이기 때문이다.

딜레마에서 역설로: 노예제와 근대적 평등

지금까지의 논의에서 우리가 접한 사실은 딜레마에 불과하다. 역설은 아니었다. 고전 공화국에서는 누군가의 독립은 타인의 종속을 전제할 때 비로소 가능했다. 그러나 자유와 노예제가 동시에 공존하는 관계 자체에 대한 문제는 제기되지 않았다. 역설은 근대적 문제다. 모든 인간은 평등하다는 사상이 정치적으로 중요한 가치가 되는 근대가 도래하면서 이 딜레마는 역설이 된다. 평등은 정치적 원리는 보편적이며 따라서 모두에게 공평하게 적용돼야 함을 요구한다. 미국의 장인 출신 이론가 랭던 바일스비(Langdon Byllesby) – 그에 대해서는 3장에서 자세히 다룬다 – 는 다음과 같이 주장했다. "누군가가 그 사회에서 자신이 원하는 것을 얻으려 할 때, 같은 것을 추구하는 자신의 동료를 억제하거나 억압하지 않고서는 가능하지 않다면, 이런 사회는 허용돼서는 안 된다."[93] 하지만 이 '억제와 억압'이야말로 공화적 자유가 요구하는 전제조건과 유사하며, 이는 근대에 이르러서는 서로 갈등하는 관계에 놓인 자유와 평등의 원리를 수용해야 하는 역설을 만든다. 이 역설은 이후 폭발적으로 분출하게 되는데, 예를 들면 18세기 말 버지니아 주의 저명 인사 세인트 조지 터커(St. George Tucker)는 버지니아 주 의회가 점진적인 노예해방 입법을 추진해야 한다고 주장했다.

"어떤 이가 '모든 인간은 나면서부터 평등하고 자주적인 존재'라고 선언하고 이 선언을 자신들의 국가의 기초를 구성하는 으뜸 조항으로 삼았다 해도, 이제 그는 스스로 가장 엄중한 가치이자 성스러운 진리로 인식한 이 선언을 부정해야 하며, 그 안에서 양립할 수 없는 행동들을 감내해야만 한다. 이것이야말로 인간 본성에 내재한 허약함이자 모순을 증명하는 것이다. 이는 자신의 가슴에 애국적 열정의 불꽃을 지니고 있으면서도 동시에 조국으로부터 버림받길 원해야만 하는 사람들의 처지와 같다."[94]

(근대의 도래와 함께 드러난 – 옮긴이) 자유와 노예제의 역설 문제는 여기서는 지나간 역사의 문제 중 하나일 뿐이다. 근대 공화주의자들은

자유에 대한 공화주의 이론을 부활시키고자 했을 뿐만 아니라, 만인은 평등하다는 사상을 공동체의 삶을 조직하는 중요한 원리로 격상시킨다. 이제 평등 원리는 새로운 사회와 정치제도의 밑그림을 제공하는 원칙으로 자리 잡으며 새로운 그룹으로 하여금 실천에 나서도록 촉구했다. 노예제에 대한 비판만큼 이를 가시적으로 드러낸 것은 없다. 자유가 노예제와 함께 존재한다는 사실은 이제 실재하는 실천적 과제로 부상했고 다양한 주체들로 하여금 이 문제를 해결할 실질적 방안과 논리를 탐색토록 박차를 가했다.

근대 공화주의자들에게 미국은 자유와 노예제의 역설이 얼마나 중요한지를 이해하는 데 최적의 역사적 공간이다. 특히 초창기 미국이야말로 근대적 노예제의 성장과 함께 공화주의적 이상이 다시 출현한 생생한 사례였다. 다음 절에서 우리는 미국의 건국 세대들이 근대 세계의 새로운 노예제를 반성함에 따라 자유와 노예제의 역설 문제가 어떻게 다시 등장하게 되는지를 살펴볼 것이다. 제퍼슨(Jefferson)과 매디슨(Madison) 같은 인물들은 이 역설을 못마땅하게 보았고, 역설이라는 용어도 적절히 사용하지는 않았지만, 건국과 동시에 이 문제는 날카로운 역사적 대립으로 전화했고 누구도 이 역설을 둘러싼 갈등에서 자유로울 수 없었다. 남부의 노예 소유주들은 '해법'은 유일하다고 보았다. 그들은 공화적 자유와 노예제는 찬성하되 평등은 반대했다. 그에 반해 공화주의자들은 보편적 독립성을 대안으로 제시했다. 이들은 토지 소유 자영농이 향유하는 자유노동이라는 잠재된 공화주의 이상을 재구성함으로써 보편적 독립성이 가능하다고 보았다.

버지니아에서의 아테네와 로마: 공화주의의 필수 요소인 노예제

버지니아는 '자유와 노예제의 결합'이라는 패러다임의 전형을 보여준다.[95] 제퍼슨의 고향이기도 한 이곳은 공화주의 사상이 드라마틱하게 부활한 본산이기도 하다. 초기 근대 역사가 중 한 명인 더글라스 아데어(Douglass Adair)는 "1800년에 제퍼슨과 매디슨이 실현한 농본주의 공화국(Agrarian Republic)을 이해하려면 적어도 기원전 4세기경으로 거슬러 올라가야 한다"라고 말한 적이 있다.[96] 제퍼슨이나 매디슨과 같은 부유한 토지 소유 계층은 노예제, 자유노동, 시민적 독립 등 농촌이라는 조건에 부합하는 고전적 견해를 재생산했다.[97]

제퍼슨은 자신의 저서 《버지니아 주에 대한 노트》에서, 키케로나 마키아벨리 혹은 시드니의 논의를 직접 인용하면서 "의존성은 굴종과 부패를 낳는다. 덕의 싹을 잘라내며 헛된 야망을 품게 한다"라는 유명한 말을 남겼다.[98] 의존성은 공화국을 위태롭게 한다. 왜냐하면 "인간의 정신과 태도야말로 공화국을 활기차게 유지하는 핵심이기 때문이다."[99] 제퍼슨의 최대 관심사는 도시 노동자들이었다. 이들은 경제적으로는 종속돼 있으나, 시민으로서 정치적 권리를 가지고 있으며 체제를 전복할 목적으로 정치적 권리를 활용하려는 계층이기 때문이다. "거대 도시에 사는 이런 불순한 노동자들은 정부를 지탱하는 데 오히려 커다란 보탬이 된다. 마치 염증이 결국은 근육을 더 단단하게 하듯이 말이다."[100] 매디슨 역시 팽창하는 도시 지역에서 '소수의 부자들에게 의존하는 도시 노동자가 늘어나는 상황'을 개탄했다.[101] 특히 매디슨은 '토지 소유자, 혹은 그들의 후예와 토지 소유자가 되고자 하는 열망'[102]이 영원히 의존적일 수밖에 없는 노동자 계층에 의해 대체되고 있는 상황을 우려했다. 이는 '재산 소유권을 보존하려는 열망을 가진 계층'이 점점 줄어드는 결과를 낳기 때문이다.[103] 그들은 고전[104]을 통해 얻은 지식에 입각해, 재산이 시민의 자주성을 지탱하는 기반이며, 땅이 없는 임금 노동자는 일종의 노예라고 생각했다.

제퍼슨은 "공장은 유럽에 두자."[105] "우리 시민들은 경작지를 가져야 한다. 시민들이 공장 작업대에 묶여 실이나 뽑아내는 일을 해서는 안 된다"[106]라고 말하곤 했는데, 이는 단순히 낭만적인 반자본주의(anti-capitalism)나 목가적인 농본주의를 주장하는 것은 아니었다. 제퍼슨 역시 상업적 영농(commercial agriculture)을 배척하지 않았다.[107] 다만 그가 우려한 것은 토지를 소유하지 못한 노동계층이 갖는 정치적 위험성이다. "아메리카 혁명기의 공화주의자들은 자유노동을 불신했다."[108] 그 이유는 임금노동자는 "자유와 병행돼야 할 독립성은 빼놓고 자유만 요구한다"[109]라는 우려 때문이다. 사실 농장이나 공장에서 횡행했던 고되고 단조로운 노동에 대한 공포감은 거슬러 올라가면 미국 혁명기에 정치에 참여했던 하층 노동계급에게서부터 시작됐다.[110] 《연방주의자 논고 10》에서 말한 매디슨의 우려는 널리 알려진 대로다. 매디슨이 보기에 무산계급은 새로 형성된 자신의 주권을 사용해 선량한 시민의 재산권을 위협하는 존재였다. 그들은 참정권을 이용해 "현금, 부채 탕감, 토지의 균등 분배와 같은 자기 욕망을 관철하거나 이와 유사한 부적절하고 사악한 음모"를 꾸미려고 하기 때문이다.[111]

임금노동자가 정치적으로 위험한 존재라면 그들에게 유일한 대안은 노예제밖에 없었다. 노예제와 소규모 자영농 제도를 잘만 결합시킬 수 있다면 재산권과 공화적 자유를 위협하는, 자유는 있지만 재산이 없는 노동자 계층의 규모를 관리 가능한 수준으로 줄일 수 있다고 그들은 생각했다.[112] 다음은 에드문드 모건(Edmund Morgan)의 논평이다.

"어떤 다른 단일한 요인보다 노예제야말로 농업사회인 버지니아 주에서 대의민주주의를 꽃피운 중요한 요소다. 노예제 때문에 버지니아 사람들은 자유민의 권리는 확장돼야 한다는 정치적 주장을 할 수 있었다. … 버지니아 주가 뉴잉글랜드 주와 같은 공화주의적 정치 전통을 이어가기 위해서라도 노예제는 필요하다. 노예제는 미국 독립 후 남부와 북부를 갈라놓긴 했지만 공화주의 정부 아래 통일된 공동체를 가능하게 했던 유일한 제도일 것이다."[113]

주어진 정치적 상황에서 노예제는 일종의 현실적인 필수조건이었다. 다만, 노예제의 안정 기능은 노예제에 대한 제퍼슨의 생각이 다소 비일관적임을 드러내기도 한다. 제퍼슨은 노예제는 도덕적으로는 수용될 수 없다는 생각을 절대 포기하지 않았기 때문이다.[114] 노예들이 자기 주인을 제거하기 위해 필사적으로 달려들 수도 있고 피비린내 나는 전쟁으로 인해 아메리카 공화국 자체가 붕괴될지도 모른다고 생각했기 때문이다. ― "우리는 호랑이 꼬리를 잡고 있는 셈이다(we have the wolf by the ears)"[115] 그러나 동일한 이유로 노예해방도 제퍼슨에게는 현실적인 대안이 아니었다. 노예란 설사 해방된 후라도, 전복적인 폭동이야 감행할 수는 없겠지만, 그렇다고 동화될 수 있는 존재도 아니었기 때문이다.[116] 제퍼슨의 결론은 비록 노예제는 도덕적으로 악한 것이지만, 불가피한 필수조건이라는 것이었다. 점차 개선될 가능성이 없지는 않은 정도의 것일 뿐이다.[117] 이러한 제퍼슨의 모순된 입장은, 만족스럽지는 않지만 평등의 시대가 도래하면서 맞닥뜨린 노예제와 자유의 역설을 해소하려는 고심을 드러낸다.[118] 제퍼슨만이 노예제를 수용한 것은 아니다.[119] 노예제는 '도덕적으로도, 정치적으로도 혐오스런 것'이라는 제퍼슨의 입장에 동의하는 초기 사상가들은 많았지만,[120] 그들 역시도 미국이 공화국으로서 생존하는 것은 몰라도 발전하기 위해서는 노예제가 필요하다고 보았다. 제퍼슨과 동시대 인물인 설리반(James Sullivan)은 유일한 선택은 "인내심을 가지고 당분간은 그 악을 견디는 것일 뿐"이라고 말했다.[121]

미국 건국 세내의 인식은 거의 로마의 전통과 유사하다. 한편으로 노예제는 부자연스러운 것이라는 것을 인정하면서도, 다른 한편으로는 공화 체제에서 공동의 이익을 유지하기 위해서는 노예제가 필수적이라고 인식하고 있었기 때문이다. 노예제를 부정한 터커 같은 인물들도 가능한 모든 선택지, 즉 노예해방, 제도적 수용, 식민화, 분리 등을 고려하긴 했지만, "보편적이고 동시적인 해방과 같은 위험한 기획에 준비 없이 참여하는 것이야말로 신중하지 못한 것이다"[122]라는 결론에 이르고 말았다. 그러나 "모든 인간은 나면서부터 자유롭고 독립적인 존재라는 원칙을 해치는 모든 것에 우리는 모두 마음과 열정과 힘을 합쳐 대항해야 한다"라고 말한 이도 바로 터커다.[123] 이 지점이 역설이다. 이들은 노예제는 혐오의 대상이지만 노예제 폐지는 자유로운 정치 질서의 기반을 위협하는 것이기에 상상조차 할 수 없는 일로 생각했다. 이 역설에 대한 자각은 자기반성과 우려를 계속 재생산하기는 했지만 만족스런 해법에는 도달하지 못했다.[124] 공화적 자유와 노예해방이 쉽게 일치될 수 없는 것처럼 보였다. 누군가의 자유는 타인의 종속을 전제할 때만 가능한 것이었다.

친노예제 공화주의

미국 역사에서 익숙한 사실 중 하나는 1830년경 부상한 노예해방론자들의 즉각적인 노예제 철폐 요구가 오히려 노예제를 옹호하는 견고한 사상의 활성화라는 정반대되는 결과를 초래했다는 점이다.[125] 노예제가 영구적인 '절대선'이라는 퇴행적 주장에는 '친노예제 공화주의'도 포함돼 있었다.[126] 남부의 농장주들은 "자신들이야말로 남북전쟁 전후를 통틀어 북아메리카의 고전적 공화주의자를 지킨 진정한 수호자라고 여겼다."[127] 노예제를 옹호함으로써 그들은 북부의 위험한 왜곡으로부터 자유를 지키고 있다고 믿었다. 당시 유명했던 친노예주의자의 사례는 적지 않다.

"감히 주장하건데, 남부에 존재하는 두 인종의 관계는 자유롭고 안정적인 정치제도를 가꿔 나가는 데 가장 강력하고 지속가능한 기반을 형성하고 있다." - 존 캘훈(John Calhoun)[128]

"고대의 역사와 문학에 정통한 학자라면 그리스와 로마가 노예제에 빚진 사회라는 것을 알고 있을 것이다." - 조지 피츠허(George Fitzhugh)[129]

"우리가 반드시 상기해야 할 것은, 주인과 노예의 관계가 한순간도 느슨해진 적이 없는 노예제가 온존했던 나라들에서 리쿠르구스(기원전 9세기 스파르타의 입법가 - 옮긴이)의 법은 공포됐고, 데모스테네스(기원전 4세기 그리스 정치가 - 옮긴이)와 키케로의 숭고한 연설이 울려 퍼졌으며, 에파미논다스(그리스 테베의 정치가 - 옮긴이)와 스키피오의 찬란한 업적이 성취됐다는 사실이다." - 토마스 듀이(Thomas Dew)[130]

특히 극단주의자 중 극단주의자라 할 수 있는 피츠허는 이렇게 말했다. "독립적이라는 것은 곧 타인으로 하여금 나를 위해 노동하도록 하는 능력이되, 나는 그를 위한 노동의 의무가 없는 상태를 말한다. 독립을 추구하지 않는 사람은 어디에도 없다. 그 독립을 확보한 사람이 바로 노예주들이다."[131] 이런 류의 주장들이 당시의 공공연한 담론이었다. 1858년 사우스캐롤라이나 주 상원의원인 제임스 헨리 해몬드(James Henry Hammond)는 미 상원에서 행한 연설에서 "모든 사회 시스템에는 반복적이고 일상적인 일이나 허드렛일을 담당하는 계급이 존재했다"라고 말하며, 이 '비천한 하층민'은 '역사의 진보와 문명화, 품격화를 주도하는 상층계급'을 위해 필요한 잉여를 생산하는 데 필수적이라고 주장했다.[132]

이러한 친노예제 공화주의에는 자유를 하나의 인종적 특권으로 보는 '위대한 민족(herrenvolk, 나치가 독일민족을 칭할 때 썼던 용어 - 옮긴이)'이라는 포퓰리즘의 한 계열도 포함돼 있었다. 농장주들은, 노예제는 '열등하건 예속적이건 상관없이 백인의 지위'를 보장하는 것이며 "누구나 노예주가 될 수 있는" 가능성을 열어놓고 있기 때문에, 노예가 없는 못 배운 하층민들도 '노예제를 지지'한다고 주장했다.[133] 실제로 노예를 소유하지 못한 시민들 중 일부는 이런 류의 주장에 동조한 것도 사실이다. 뉴잉글랜드 주에서 활약한 노동개혁가인 데오필루스 피스크(Theophilus Fisk)조차도 '북부 지역의 백인 노예들'이 직면하고 있는 경제적 상황에 대해 비판적이기는 했지만, 1836년에 벌어진 남부 지역에서의 노예제 폐지 운동의 대부분은 노동개혁과는 모순된 것이라고 주장했다.[134] 1830년대의 노동개혁가이자 의회 의원인 엘리 무어(Ely Moore)도 "노예제 폐지 운동은 '맹목적이고 무모한 광신'에 불과하며 백인들의 독립을 강탈하려는 음모"라며 비난했다.[135]

이는 노예제 신분사회에서 자신들만의 완전한 독립을 열망했던 고대 자영농—시민의 메아리가 울리는 것 같다. 다만 임금노동자 계층의 존재를 설명하는 식으로 갱신된 것일 뿐이다. 아메리카 북부와 유럽에서의 계급갈등을 피부로 느끼고 있었던[136] 노예 소유주들은 노예제의 사회적 혜택이 얼마나 큰지를 설득하고자 발빠르게 움직였다.[137] 이들은 임금노동에 비판적인 북부의 개혁가들을 자기편으로 끌어들였다. 특히 피츠허는 노예주의 주장을 바탕으로 다음과 같이 자기 논리를 펼쳤다. "자본은 노예주가 노예를 속박시킨 것보다 더 완벽하게 노동자를 억압하고 있다. 노동자는 하루 종일 일하지 않으면 굶주려야 한다. 그러나 노예는 일을 하건 하지 않건 보호를 받는다."[138] 이 상황이야말로 견딜 수 없는 것이다. '최하층민' 이론을 펼친 해몬드도 북부 지역의 상원의원들에게 이렇게 말했다. "당신들의 노예는 백인이다. … 당신과 똑같다. … 그들도 비하당하면 수모를 느낀다. … 만약 저들이 투표함이 총칼로 무장한 군대보다 더 강하다는 엄청난 비밀을 알게 된다면, … 당신들의 사회는 전복될 것이다 … 당신들의 재산은 반토막 날 것이다."[139] 임금노동의 사회적 위험은 '노예제'에 대한 조지 피츠허의 비인종주의적(non-racial) 방어논리를 불러일으켰고,[140] 캘훈은 "노동과 자본 사이에 갈등이 발생할 수 있고, 이 갈등은 문명화된 부자 나라에서 민주적 제도를 만들고 유지해 나가는 것을 곤란하게 하거니와 이 상황이 우리에게 발생해서는 안 된다"라고 말했다.[141] 이들에게 노예제는 시민들의 자유시간을 보상할 뿐만 아니라 공화주의 제도를 가능케 하는 사회적 안정을 위한 절대적 선(絶對善)이었다. 노예 소유주들은 어떤 의미에서는 하나의 고전적 관점을 재생산했지만, 이제 역사를 거스르는 반동적 지위에 서 있었다. 그들은 인간평등 사상을 공개적으로 거부하며 노예제를 방어해야 했다. 그것도 아주 열정적인 방식으로.

자유노동을 통한 역설의 해소: 링컨과 농본주의 이상

완고한 친노예제 공화주의는 제퍼슨 세대의 자유의 양면성을 더는 지지할 수 없는 것으로 만들어 버렸다. 친노예제 공화주의는 공화적 자유를 특정 계급에게만 적용되는 가치이자 특권이라는 뻔뻔스런 방어논리를 펼쳤다. 이런 주장에 대항하기 위해서는 공화적 자유의 잠재적 보편성을 구체적으로 제시하고 설득할 수 있는 언어를 획득해야 했다. 이는 노예제와 자유의 역설을 다른 방식으로 풀어내야 함을 의미하거니와 다른 방식이란 노예제를 전제조건으로 삼지 않는 독립의 양식을 설명해야 하는 것이었다. 이를 위해 밟아 나가야 할 지적인 단계는 단순히 모두가 향유할 수 있는 자유노동의 미덕을 찬양하는 데서 나아가 노예제의 존재야말로 자유의 핵심인 독립을 해치는 것이라는 점을 효과적으로 보여주는 것이어야 했다.

1859년 위스콘신 농부들을 대상으로 한 에이브러햄 링컨(Abraham Lincoln)의 연설은 공화적 자유를 새롭게 정의한 이정표일 것이다. 분파적 투쟁이 뜨거웠던 당시에 행해진 링컨의 연설은 모호한 가설 수준에 머물고 있었던 자유노동이라는 이데올로기의 몇 가지 속성을 날카롭게 다듬어 제시했다. 링컨은 제퍼슨주의자들과 어떤 면에서는 키케로주의자와 아리스토텔레스주의자들의 상상 주위를 맴돌고 있었던, 익숙해져버린 농본주의적 이상을 노예제를 반대하는 보편적 이상으로 채택했다. 링컨 연설의 직접적인 청중은 미국 중서부 대륙의 시민인 농부 그룹이었지만, 연설이 겨냥한 것은 노예 소유주들의 노예제 옹호가 확산되고 있던 당시 상황에 대한 비판이었다. 특히나 연설이 있기 바로 일 년 전부터 해몬드의 '최하층민' 발언이 널리 회자되고 있었다.

링컨은 이날 연설에서 "'최하층민' 주장은 노동과 교육이 양립불가능한 것이라는 전제 위에 있는 것"이기 때문에 잘못된 것이라고 반박했다.[142] 또한 "교육은 수준 높은 사고를 함양하는 것이며, 완벽한 노동이라는 원칙에서 볼 때 교육은 어떤 노동과도 … 잘 결합될 수 있다"라고 주장했다.[143] '완벽한 일'은 고된 노동이 아니라 노동자 자신의 통제 아래 행해지는 활동으로서의 자유노동을 의미한다. 링컨의 자유라는 말은 단순한 '비노예(non-slave)'가 아니라 독립적인 자영농을 말한다. 링컨은 "검소하지만 재산이 없는 자는 처음에는 임금을 위해 노동하기 마련이고 그 돈을 저축한다. 저축한 돈으로 그들은 자신을 위해 일할 도구나 땅을 살 수 있다. 그 다음에는 독립된 자영농이 된다. … 이것이 자유노동이다"라고 주장했다.[144] 임금노동은 기껏해야 진정한 자유노동으로 가는 길에 거쳐야 하는 일시적인 조건일 뿐이다. "어떤 사람이 자기 전 생애 내내 임금노동을 상황에서 벗어나지 못한다면, 이는 시스템의 문제가 아니다. 임금노동을 선호하는 의존적 성격이나 무절제, 어리석음, 혹은 단순히 운이 나쁜 탓이다"라고 링컨은 덧붙였다.[145]

　어기서 링건은 노예제와의 연관성에서 벗어난 독립적인 자유노동의 상(像)을 제시하고 있다. 그는 모든 시민이 자신의 자기계발적 노력만으로도 독립성을 갖출 수 있는, 자유로운 생산자의 공화국을 상정하고 있었다. 자유노동과 독립심의 계발을 일치시키는 것은, 자영농 개인들에겐 "머리와 손은 친구처럼 협력해야 한다. 머리는 손을 지휘하고 감독해야 한다"라는 것과 같다.[146] 링컨은 자유노동의 교육적 효과를 강조함으로써 독립심과 미덕에 대한 노예 소유주들의 낡은 이론을 전복시켰다. '노동과 교양 있는 사고의 결합'[147]이 주는 가장 큰 이점은 시민들로 하여금 '어떤 형식의 억압'[148]도 경계하게 하는 것이다. 자신의 노동에 대한 자율권을 가지고 있는 사람들만이 타인의 종속적 노동에 기대 살아가고자 하는 사람들을 경계할 것이다.

공화국은 독립된 자영농을 필요로 한다는 관념은 제퍼슨, 혹은 그이전의 키케로나 아리스토텔레스와 유사하다. 하지만 링컨이 돋보이는 이유는 자유로운 생산자와 공화적 자유의 관계에 대한 재해석에 공공의 목소리를 입혔기 때문이다. 링컨은 자유노동의 이점만을 주장한 게 아니다. 자유는 노예제와는 양립할 수 없음을 명확히 했다. 자유로운 노동자만이 독립적일 수 있기 때문에 노예제는 공화적 자유의 기반을 약화시킬 뿐이며, 극단적인 의존성이 노예를 억압하는 것처럼 게으름도 고삐 풀린 노예주를 그만큼 부패하게 한다는 점을 강조했다. 전자는 그의 박약한 의지가 문제고, 후자는 굳은 의지 개발에 실패했기 때문이다. 노예 사회는 독립심이 부재하며, 따라서 "자유노동이라는 가장 소중한 가치의 측면에서 볼 때, … 남부에서는 모두가 이를 갖추고 있지 못하다"[149]는 것이 바로 링컨의 그 유명한 '정치적 반노예제'[150] 이론이다. 노예제의 잘못된 점을 '비-노예'의 이익과 이상에 연계시키되 특히 노예제는 어디에서든지 자유노동에 위협이 된다는 주장이 그 이론의 핵심이다.[151] (링컨을 계기로 - 옮긴이) 자산 소유자의 자유노동이라는 이상은 19세기에는 노예 노동의 존재 반대편에 서 있는 하나의 분리된 자의식적 이상으로 출현하게 됐다. 이는 공화적 자유를 사유하는 새로운 방식을 구체화하는 하나의 투쟁이며 노예제와 자유의 역설을 극복하는 첫 단계였다.

자유노동의 내적 모순

신공화주의의 한계에 대한 검토

자유에 대한 공화주의 이론을 재조명하는 최근 학자들은 독립성을 자유의 중핵적 요소로 삼고 있다. 신공화주의자들은 자유 개념의 기원이 노예제 사회에 있음을 인식하면서도 '그 기원을 초월하는 자유'[152]가 무엇을 의미하는지를 명확히 설명하지 못하고 있다. 신공화주의 이론이 자유의 기원과 노예제와의 내적 연관성을 어떻게 극복해야 하는지에 대한 설명을 내놓지 못하고 있을 뿐만 아니라 그 과정에서 발생하는 개념적 문제에 대한 설명도 부족하다. 특히 '신로마(neo-Roman)' 공화주의자들은 자유의 의미를 해명하기 위해 순전히 개념적 차원에서 노예제와의 관계에서의 자유를 설명하거나 경제적 문제가 아닌 정치적 문제에 관한 논쟁에만 초점을 두어 공화적 자유의 회복을 논의해 왔다.[153]

이 장에서는 자유에 관한 공화주의 이론이 '노예제 사회에 기원을 둔 자유의 개념을 초월'하는 과정을 살펴봤다. 만약 기원상 시민의 독립성이 노예인 타인을 전제하고 있기에 노예제의 반대 개념이라면, 정치적 이상을 인간의 평등과 일치시키고자 하는 현대에서는 시민의 독립성은 그 자체가 역설적인 것이 된다. 그 전제는 공화적 자유를 보편화하고자 하는 노력의 과정에서 무너졌고 노예제는 자유를 위한 조건이 아니라 이제 자유에 대한 위협이 됐다.

자유와 예속의 역설을 재구성하고 이를 해소하기 위한 여러 가지 노력을 시도하는 이유는 이것이 중요하지만 저평가된 이론적 문제를 우리에게 제기하기 때문이다. 상기해야 할 것은 자유에 대한 공화주의 이론의 미덕 중 하나는 "한 공동체의 불평을 능가하는 불만을 명확히 하는"[154] 능력이라는 점이다. "지배와 종속이 최악이며 독립과 주체성이 절대선이기에"[155] 공화주의는 그 능력을 갖는다. 그러나 공화주의가 이 역량을 과시하면 할수록 실제로는 반대 결과를 낳았다. 공화주의는, 옹호론자들이 말하는 것처럼, 자유에 대한 '적극적' 혹은 '소극적' 이론이기 때문이며, 동시에 공화주의자들은 그 자유의 '보편화'를 시도하기 때문이다. 이미 살펴본 것처럼 '새로운 불만에 대한 명확한 발화'는 타인의 '노예화나 복종'을 전제조건으로 '삼지 않는' 독립을 요구하는 시도라는 형식을 띤다. 이러한 역사적 시도에서 우리는 공화적 자유가 그 기원을 넘어서는 방식뿐만 아니라 그 방식의 비평적 능력 ― 이 능력에 대해서는 뒤에서 상세히 보게 될 것이다. ― 을 인식할 수 있게 된다.

이 장의 주된 목적은 공화주의 이론에서 자유와 예속의 역설이 부당하게 간과되고 있음을 입증하는 것이었다. 이는 공화주의의 이론적 발전을 위해 중요할 뿐만 아니라 자유노동에 대한 공화주의적 지지로 나아가게 한다. 신공화주의자들은 노예제에 대항한 수많은 투쟁에서 제시된 평등의 원리가 어떻게 공화주의를 독립이라는 공화적 이상의 특정한 본질에 다가서게 하는가를 이해하지 못했고, 이로 인해 중요한 개념적이고 역사적인 문제를 간과하고 말았다. 신공화주의자들은 자유에 관한 이론이 소극적 자유인지 혹은 적극적 자유인지라는 지나치게 좁은 문제에만 매몰된 나머지 공화주의 담론에서 노동이 수행하는 역할에 대해서는 거의 침묵해 왔다.

역설의 두 번째 계기: 임금노동

지금까지 우리가 토론한 것은 노예제와 자유의 패러독스가 노예 소유제 문제에만 관계된 역설인 듯한 인상을 준다. 그러나 이 역설은 임금노동에 대한 역설에서 다시 반복된다. 예를 들면 링컨의 1859년 연설에서 보이듯, 자유노동자는 소자산가가 되기 이전에 '일시적으로만 임금노동을 수행'한다. 이 정식에는 모호한 구석이 있는데, 첫 번째 역설과 두 번째 역설이 중첩되는 방식이 그 모호성의 정도를 가중한다. 링컨의 당시 연설은 남부 지역의 노예제에 초점을 둔 것이다. 이 신중한 수사 중 일부는 북부 지역 노동계층과 토지개혁가 사이에 노예제를 둘러싼 갈등이 새로운 국면에 접어들었다는 사실을 반영하고 있었다. 그 갈등은 산업화된 북부 지역의 도시노동자와 서부 지역 토지의 운명에 초점을 두고 있었다. 이 새로운 국면에서 링컨은 '토지 소유의 자유화(free soil)'를 강조했다. 남부 지역 노예제의 위험성에 초점을 두며 도시 정주를 장려하는 입법에 힘을 실어주었다.[156] 임금노동 문제로 다시 돌아가서 링컨 연설의 배경이 되는 이 논쟁을 간략히 설명하고자 한다. 이 논쟁은 노예제와 자유의 역설이 갖는 복잡성을 드러내는 논쟁이며 동시에 이어지는 장의 논의(자유노동에 관한 논의 – 옮긴이) 수위를 정하기도 한다.

1831년 1월 1일, 노예제 폐지론자 윌리엄 로이드 개리슨(William Lloyd Garrison)은 〈해방자(The Liberator)〉를 창간했다. 첫 호는 "모든 노예를 즉각 해방해야 한다"[157]라는 획기적인 요구로 시작된다. 유례없는 비타협적 급진주의자였던 개리슨은 할 수 있는 모든 논쟁에서 기민하게 활약했다. 개리슨의 창간호 첫 세 페이지 정도를 읽은 독자라면 '노동하는 존재' 표제의 사설을 봤을 것이다. 이 사설에서 개리슨은 "자기보다 좀 더 부유한 자들에게 적대적으로 대항하는 노동계급의 마음에 불을 지펴 정치적 정당의 깃발 아래 결집시키려는 시도들을 공격했다. 왜냐하면 이들이 적대의 대상이 된 적은 한 번도 없었기 때문이다."[158] 개리슨은 북부 지역의 노동개혁에만 한정되는 일면적 문제에 시간을 낭비하지 않았다. 전투적인 노예 폐지론자들이 남부 지역 노예의 즉각적인 해방을 대의로 앞세운 것처럼, 미국 전역의 노동자들은 부의 불평등과 자본주의 '임금노예'를 폐지하기 위한 '노동자 정당'을 건설하고 있었다. 노동자 정당에 대해서는 3장에서 좀 더 자세히 다룰 예정이지만, 여기서 중요한 것은 개리슨은 노예제 폐지라는 언어에만 지나치게 매몰돼 있는 노동자 정당을 위협적인 존재로 보고 있었다는 점이다. 몇 해 동안 그들은 '노예'나 '억압'과 같은 비난의 언어로 북부 지역 노동자들이 "영구적으로 땅에 얽매인 끝나지 않는 노예 상태에 놓여 있다"라고 비판했다.[159] 개리슨은 산만해지는 경계를 단속하고 싶어 했다. 특히 자유라는 레토릭으로 자신의 명분이 희석되거나 산만해질까 봐 우려하고 있었다.

그해 1월 말, 한 'W(노동자 정당 당원 – 옮긴이)'는 개리슨의 '노동하는 존재' 사설에 반발하고 나섰다.

"당신의 주장은 노동자 정당의 요구와 상당히 일치하고 있다. 당신은 당신의 지지자들로 하여금 동료 노동자들이 속박을 당하고 있고 그

들이 생산한 산출물을 빼앗기고 있다는 것이 부당하다고 일깨우고
자 한다. 우리도 유사한 목적을 추구하고 있다. 그러나 당신의 목표는
우리의 목적 중 일부에 지나지 않는다." [160]

'W'는 노동자의 노예화를 "유럽과 아메리카 대륙에서 증가하고 있는
노동계급은 비록 명목상으로는 자유롭지만 부유한 계급의 의지와 권
력에 종속돼 있다" [161]라는 명확히 공화주의적인 언어로 바꾸어 놓았다.
'타인의 의지와 권력에 종속된' 노동자가 바로 노예에 대한 공화주의적
정의다. 개리슨은 노동자는 자유롭지 않다는 W의 주장을 즉각 반박하
고 나섰다. 노동자의 빈곤은 노동자의 책임이라고까지 주장하기에 이
르렀는데, "부와 명예, 우월감 등에 이르는 길은 누구에게나 열려 있다.
불평등을 말한다면 그것은 모든 사물이 지닌 속성일 뿐이다. 만약 우
리 노농자들이 권력과 영향력에 있어 정당한 몫을 갖지 못하고 있다면
그것은 노동자들의 책임이다." [162] 자본주의 사회의 빈곤은 잘못된 것이
지만, 그 이유가 노동자의 부자유는 아니라는 것이다. 개리슨은 빈곤한
노동자가 직면해 있는 부정의가 존재한다는 것을 수용하기는 했지만,
그 부정의가 부자유의 개념으로 이해돼서는 안 된다는 점을 분명히 했
다. 개리슨의 자유 개념은 주의주의(主意主義, voluntaristic)에 입각해 있
기에 노동자가 노동계약에 동의하거나 거부할 수 있는 법적인 권리가
있는지의 문제일 뿐이다. 임금노동은 자발적 계약에 기초하고 있기에
자유노동이다. 그렇기에 노동자는 다른 사람들과 마찬가지로 자기 상
황에 대해 스스로 책임져야 한다. 금주나 절제보다 알코올이나 향락에

빠져 있다면, 더욱 그러하다.[163]

이런 입장은 개리슨만의 것이 아니었다. 많은 노예제 폐지론자들이 가지고 있었던 자유에 대한 주의주의적 입장은 공화주의의 입장과는 정반대의 것이었다. 미국 반노예제 협회(American Antislavery Society)의 헌장을 기초한 윌리엄 제이(William Jay)는 해방된 노예의 상을 다음과 같이 기술했다.

"그는 자유롭다. 자신에 대해 자기가 주인이다. 그는 더 이상 도움을 청하지 않아도 된다. 그러나 그는 사실 한동안은 그의 전(前) 소유주에게 절대적으로 의존하게 될 것이다. 먹을 음식이나 입을 옷, 살 집을 전 소유주가 아닌 다른 사람에게는 의존할 수 없다. 따라서 그의 첫 번째 소망은 그가 지금 있는 곳에 그대로 남아 있는 것이다. 이제 그는 지난날 자기의 억압자였던 사람을 위해 노동하는 것을 자발적으로 수용할 뿐이다. 그러나 그 노동은 더 이상 그의 예속을 드러내는 표식도, 불행의 완성도 아니다. 노동은 자발적인 것이므로 그가 자유롭다는 증거다. 이제 생애 처음으로 그는 계약의 주체가 됐다."[164]

임금노예에 대한 공화주의적 사고와는 명백하게 대조되듯이, 제이에게 경제적 의존성은 설사 '절대적인 의존'이라 해도 부(不)자유는 아니다. 법적으로 독립된 존재이기만 하면 해방 전 노예가 바랐던 개인의 자유를 보장하기에 충분하다.

자유노동을 둘러싼 노예 폐지론자와 공화주의자 사이의 대조적 차이는 이후 수십 년 동안 논쟁의 기조가 됐다. 비록 노동자 정당은 역사의 무대에서 사라졌지만, 임금노예에 대한 그들의 주장은 폐지되지 않았다. 이것은 자유라는 개념을 좁게 정의해 주인에게 소유된 노예만이 진정한 노예라고 보는 노예 폐지론자 쪽에서는 가시처럼 남아 있었다. 이 갈등은 노예제를 둘러싸고 노동계층과 노예제 폐지론자 사이의 긴장을 계속 증폭시켰다.[165] 1840년대와 1850년대에 전국개혁연합(NRA, National Reform Association)[166]이 '임금노예제' 폐지를 위해 토지에 대한 독점적 소유제를 폐지하고 토지를 모든 시민에게 균등 분배할 것을 요구하고 나서면서 〈해방자〉와 전국개혁연합의 기관지 〈영 아메리카(Young America)〉 사이의 논쟁이 재점화됐다. 〈영 아메리카〉의 편집자 조지 헨리 에반스(George Henry Evans)는 땅을 갖지 못한 노동자들은 노예일 수밖에 없다는 주장을 강하게 펼쳤다. 1845년 6월에 쓰인 기사에 따르면, 토지가 없는 노동자는 "살기 위해 떠날 수밖에 없다. … 노동자는 탐욕스럽고 이기적이며 교만한, 무소불위의 권력을 가진 타인의 뜻에 따라 쉽게 내쳐지는 존재다."[167] 또 전국개혁연합의 또 다른 인사는 임금노동자란 "생산하지 않는 계급에 의해 갇힌 채 종속돼 있는 자다. … 고용주는 노동자의 뼈와 살을 사는 자다. 노동자는 현실적으로 그에게 종속돼 있다"[168]라고 주장했다. 〈영 아메리카〉의 거의 모든 기사는 경제적 종속성과 고용주의 '자의성(caprice)'에 대해 공화주의적 언어를 구사하고 있었고, 토지를 소유하지 못한 노동자는 노예보다 더 심각한 종속에 직면해 있다고 주장했다.

유명한 노예제 폐지론자인 개리슨과 웬델 필립스(Wendell Phillips)

는 에반스를 비롯한 전국개혁연합의 주장을 즉각 반박하고 나섰다. 1846년 6월, 〈해방자〉는 〈영 아메리카〉의 지상에서 펼쳐진 필립스와 에반스의 논쟁을 게재하면서 개리슨의 사설을 앞면에 실었다. 개리슨은 "노예제와 빈곤의 차이를 구별하지 못하거나 의도적으로 혼란스럽게 하는 자들은 … 본성적 도덕이라는 제일 요소에 대한 무지를 드러내는 것이다"[169]라고 썼다. 빈곤은 물론 나쁜 것이지만, 그 자체가 '노예제'는 아니라는 것이다. 필립스의 노예제 폐지론은 자유를 가지고 있지만 빈곤한 자를 위하기는 하지만 그들의 공화주의는 거부했다. 필립스는 에반스가 "한 계층의 권리를 쉽게 보장할 수 있다는 헛된 희망으로 다른 계층의 권리를 희생시키려 하고 있다"[170]라고 주장했다. 이에 대해 에반스는 토지를 소유하지 못한 노동자는 고용주의 의지에 종속될 수밖에 없기 때문에 '임금노예제'라는 개념은 여전히 유효하다는 주장을 굽히지 않았다. 토지 재분배만이 노예와 임금노예에게 진정한 자유를 보장하는 유일한 해법임을 강조했다. "전국개혁연합의 정책은 노예제를 다른 형식의 노예제로 단순히 대신하는 것이 아니다. 모든 형식의 노예제를 완전한 자유로 대체하는 것이다."[171] 노예제 폐지론자들과 토지 개혁론자들의 논쟁은 10여 년에 걸쳐 진행됐다. 전자는 주의주의적 관점을 견지하면서 경제적 종속성을 노예적 예속의 표지로 보는 것을 반대했다. 한 사람의 의지에 대한 실질적인 간섭이 없다면 그 사람은 계약을 체결할 수 있을 만큼 자유로운 상태에 있다는 것이다. "'임금노예제'라 말하는 것은 언어의 오용이다"라고 개리슨은 말했다.[172] 토지개혁론자인 윌리엄 웨스트(William West)는 개리슨의 주장을 반박했다. "임금노예들이 법이 보호하는 계약을 체결해 자기가 원할 때 원하는 사람을 위해 일을 한다고 믿는 사람들이 있다. 당신이 그런 사람으로 보인다. 나는 당신의 정직성을 문제 삼지는 않겠다. … (하지만) 그들은 자유롭게 계약하는 것이 아니다. 혹독한 현실적 필요가 계약을 강요하는 것일 뿐 그들에겐 그 외의 어떤 것도 허용되지 않는다."[173] 이러한 이데올로기의 차이는 실천의 차이로 이어졌다.[174]

물론 이 논쟁의 역사는 여기서는 매우 축약돼 서술된 것이다. 논쟁의 언어나 용어들도 시간이 지남에 따라 변했고, 이론가들마다 다르기도 하다. 예를 들면 개리슨은 말년에 몇 가지의 노동개혁을 결국 받아들였고, 필립스는 남북전쟁 이후에는 매우 열렬한 노동개혁론자로 변모했다. 필립스의 마지막 연설들은 노동자에 대한 억압을 공화주의의 언어를 사용해 비판하고 있기도 하다. 그러나 좀 더 일반화해 말한다면, 노예제 폐지론자 중 상당수는 자유에 대한 공화주의 이론을 '수용'했지만 임금노동자가 동일한 맥락에서 종속적이라는 주장은 거부했다. 한편, 많은 노동자들 역시 노예제 폐지론의 명분을 받아들였으며 여기에는 앞서 거론됐던 토지개혁론자들도 포함돼 있었다.[176] 그럼에도 불구하고 이 논쟁을 다소 간추린 설명은 이 책이 주장하는 큰 틀에서는 유용하다. 임금노동 논쟁의 이데올로기적 핵심을 생생하게 제시하기 때문이다. 다음 장에서 살피는 것처럼, 주의주의와 공화주의 입장은 근본적으로 매우 다른 형태를 취하고 있으며, 특히 자본주의 임금노동이 역사의 무대 전면에 등장하면서는 더욱 그러하다. 한편으로 개리슨식 주의주의자들은 공화주의 이론에 대해 반대한 것은 아니라는 점이 드러날 것이다. 시간이 지나면서 법적인 자기결정권(legal self-ownership)이 경제적 자립'이었다'는 주장이 가능해졌다. 왜냐하면 자기결정권으로 인해 노동자도 어떤 '특정한' 고용주에게 의존적이지 않다는 것을 보장받았기 때문이다. 이것이 19세기 말 출현한 자유방임적 공화주의 이론이다. 다른 한편으로 3장과 4장에서 살펴보겠지만, 토지개혁론자들의 임금노동 비판은 농본적 공화주의자의 마지막 주장과 유사하고 결국은 체계적인 노동공화주의로 발전했다. 이 두 가지 계열의 사유를 발전시킨 동력은 임금노동이 노예제와 자유의 역설을 재구성하고 보편적 자유노동의 약속을 실현할 수 있음을 해명하려는 시도였다. 또한 이 노예제 역설, 즉 노예소유제의 역설의 첫 번째 계기를 둘러싼 분파적 갈등은 두 번째 계기를 내포하고 있는 담지자였다.

1850년대까지 북부와 남부의 서로 다른 이데올로기 노선이 고착되면서 노예제 폐지론자들과 다양한 토지 및 노동개혁론자들은 일종의 휴전 상태에 돌입했고, 공화주의라는 넓은 텐트 아래로 모이게 된다. 링컨은 임금노동이 완전한 자유노동은 아니라는 점을 수용하는 방식으로, 그 이후에는 남부의 노예제가 북부의 노동자에게 주는 즉각적인 위협에 주목하는 방식으로 분쟁을 피해 갔다. 노예제가 폐지되고 나서는 이 회피는 더 이상 가능하지 않게 됐다. 임금노예제라는 도전적 과제는 다시금 중심 문제로 대두되기 시작했다.

2장

'자율계약과
독립적 노동자'
: 방임적 공화주의의 전회

노예시장이 있었던 곳 … 노예에게 채워진 멍에와 족쇄들 …
이제 모두 사라졌다! 소유물에서 인간으로 …
자율계약에 입각한 독립적 노동자, 노동에서의 자유!
– 윌리엄 로이드 개리슨[1]

1869년의 일이다. 남북전쟁은 끝났고 미국 의회는 노예제 폐지와 법 앞의 평등을 보장하는 13차 및 14차 헌법 개정안을 인준했다. 윌리엄 로이드 개리슨과 노동자 정당, 토지개혁론자들 간의 논쟁도 이미 끝 난 지 오래다. 개리슨은 자신의 일생의 과업이 성취됐다고 믿었다. 새로 운 경제 체제는 '자율계약에 입각한 독립적인 노동자'의 체제라며 의기 양양했다. 이는 '계약에 의해 … 독립적이다'라는 구절을 바꾼 말이다. 1장에서 살핀 것처럼 개리슨은 노예제 폐지론을 주장하면서 독립에 초 점을 둔 공화주의 이론과 대비되는 자유 이론을 펼쳤지만, 이 말에서 그 경계가 흐려지고 있다는 것을 알 수 있다. 이제 개리슨에게 독립이란 자율적 동의에 대한 간섭이 없는 상태를 의미하는 것이 됐다.

개리슨이 이 두 아이디어(독립과 무(無)간섭 – 옮긴이)를 의도적으로 결 합시킨 것 같지는 않다. 그러나 이는 남북전쟁 이후의 분위기를 특징짓는 중요한 이데올로기적 요소다. '노동의 위기'가 전면에 부각되면서 경제학자, 법률 이론가, 고용주, 관료들을 중심으로 '임금노동은 자유노동이라는 인식'이 보편화되고 있었다. 그 근거는 법률적으로 보장된 자기결정권은 개인의 경제적 자립성을 보장하는 데 충분하다는 것이었다. 만약 임금노동자가 법적으로 '수이 이우리스sui iuris(이 라틴어는 sui juris로 쓰기도 하며 둘은 같은 의미나 – 옮긴이)'의 존재, 즉 자치적인 존재라면 그 자체로서 그는 충분히 독립적 존재라는 것이다. 이는 법적 지위가 경제적 조건을 규정하기 때문이다. 노예제 폐지로 노예를 더 이상 재산으로 소유할 수 없게 됐고, 계약의 자유가 누구에게나 보장되기 때문에 노동자는 특정한 고용주의 의지에 종속될 필요가 없게 됐다. 법적 보호로 인해 아무도 타인을 위한 강제 노동에 처해질 수 없으며, 각자는 자신의 고용주를 자발적으로 택할 수 있게 됐다.

이 장에서는 이러한 자유방임적 관점을 해체하고 재구성한다. 이 관점은 당시의 지배적인 사상이었고, 이에 대항한 이론이 노동공화주의다. 이를 검토해야 하는 이유는 "우리는 소극적 자유에 대한 양립할 수 없는 두 개의 이론을 계승하고 있다"[2]라는 스키너의 진술에 나타나듯이, 서로 다른 두 개의 순수한 이데올로기적 전통은 서로 경쟁적이며 양립할 수 없기 때문이다. 자유방임주의는 공화주의를 부정하긴 했지만 실제로는 공화주의를 자유주의적 사유와 실천에 결합시키면서 더욱 발전한 사상이다.

이 장과 다음 장에서 논의할 경쟁적인 사상들은 모두 "독립은 보편적인 것이어야 한다"라는 관념을 이론적으로 공유하고 있다는 점을 인식하는 것이 중요하다. 왜냐하면 뒤이어 나타나는 근대 공화주의의 정신을 둘러싼 이론적·정치적 논쟁은 임금노동이 자유노동을 보편적으로 실현하는 것인가 아니면 자유노동에 위배되는 것인가를 둘러싼 경쟁이기 때문이다. 무엇보다 임금노동이 자유롭지 않은 노동이라 해도, 그것이 과연 고대 노예제 하의 노예 노동과 동일한 방식의 부(不)자유인가, 라는 점을 둘러싼 논쟁이다. 임금노동의 종속성의 본질이 무엇인가를 이해하기 위해서는 깊은 분석과 토론이 필요하다. 만약 임금노동이 자유로운 노동이라고 하려면, 이를 위해서는 법적인 자기결정권이 노동자의 독립성을 보장하는 데 충분한 이유를 밝혀야 한다. 달리 말하면, 이제 논쟁은 공화적 자유가 보편적인 자유가 될 수 있는가의 문제에서 지배─종속 관계의 핵심이 무엇인지, 나아가 진정으로 보편화될 수 있는 자유노동이란 무엇인지에 대한 문제로 이동했다.

이 경합적인 이데올로기의 변화하는 논쟁 지형을 설명하기 위해서는 먼저 임금노동에 대한 공화주의적 사상의 전사(前史)를 살피는 게 필요하다. 이 역사는 공화주의 자유 이론이 기대고 있는 '종속성' 혹은 '지배'라는 개념의 모호성을 보여줄 것이다. 이는 다시 우리로 하여금 임금노동의 토대 위에 조직된 사회가 공화주의 이론에 대해 새로운 개념적 요청을 부과하는 방식이 무엇인가에 주목하게 한다. 법적인 자유와 새로이 출현한 노동시장에서 더욱 복잡해진 노동자들의 상호의존성은 임금노동과 경제적 종속성에 대한 기존의 사유방식에 매우 도전적인 과제를 제시했다. 여기서는 이 난해한 과제에 대한 평가를 바탕으로 19세기 자유방임적 공화주의를 다룬다. 이를 통해 임금노동을 자유노동으로 보는 관점이 어떻게 출현하게 됐는지를 살핀다. 특히 법률적으로는 이 관점이 당시에 전개된 새로운 사회적 현실과 공화주의 이론을 화해시키는 방식으로 출현했다는 점을 분석할 것이다. 자유방임적 공화주의는 임금노동을 자유노동으로 본다. 임금노동자는 자신의 노동력을 온전히 소유한 자이기 때문이다. 법적인 자기결정권 덕분에 그는 다른 독립적인 재산소유자들이 자신의 재산에 대해 행사하는 것과 똑같은 방식으로 자기 노동을 통제할 수 있는 권한을 갖는다. 이 관점에서는 임금노동자는 공화적 자유를 온전히 누리는 자유로운 노동자가 된다.

공화주의에서의 임금노동의 전사(前史)

19세기 이전까지의 임금노동에 대한 공화주의적 사유는 두 가지 큰 특징이 있다. 하나는 임금노동은 의존적이고 예속적이다, 라는 보편적 가정을 전제한다. 키케로까지 거슬러 올라가면 "자기의 역량(능력)이 아닌 노동에 대한 대가를 받는 모든 노동자는 예속적이고 비천한 노동을 수행해야 하는 자다. 이 경우 그 보수는 종속에 대한 약정이기 때문이다"[3]라는 식의 주장들을 접할 수 있다. 공화주의로부터 임금노예에 대한 관념을 취한 칸트도 시민을 다음과 같이 설명했다. "자기 스스로 주인이 되는(sui iuris) 존재이며 일정한 재산을 소유하고 있어야 한다. … 그가 자기 삶을 타인에게 의존해야 하는 상황이라면, 그는 자신이 가진 소유를 팔아서 스스로 삶을 유지해야 한다. 타인이 자신을 활용하도록 하는 방식이어서는 안 된다. 왜냐하면 엄밀한 의미에서 말할 때, 시민은 공동체를 제외하고는 다른 어떤 사람을 위해 복종해서는 안 되기 때문이다."⁴ 제퍼슨과 매디슨 등 미국의 건국 세대들에게 노예제는 종속적인 임금노동을 방지할 수 있는 대안으로 매력적이었다는 점을 상기해도 좋다. 링컨도 1859년 연설에서 사회적 계층이동에 대한 비전을 임금노동과 자유노동을 대조하는 방식으로 제시했다. "검소하지만 재산이 없는 자는 처음에는 임금을 위해 노동하기 마련이고 노동으로 번 돈을 저축한다. 저축한 돈으로 그들은 자신을 위해 일할 도구나 땅을 살 수 있다. 그 다음에는 독립된 자영농이 된다. … 이것이 자유노동이다."⁵ 키케로에서 링컨에 이르기까지 임금노동은 명백히 종속적인 노동의 한 유형이다. 키케로는 아니더라도 링컨과 같이 자유노동을 노동의 특정한 형식에서 찾고자 하는 이들에게 경제적 독립성은 자기결정권이라는 조건 이상의 것이다. 경제적 독립성은 자신의 노동과 재산에 대한 통제, 즉 한 사람이 자신의 일상적 행동을 수행하는 과정에서 타인의 명령에 종속되지 않는 상태를 의미한다.

그러나 임금노동이 종속적인 노동이라 해도 19세기 이전의 공화주의 이론은 이에 대해 그다지 주목하지 않았다. 앞서 제시한 인용구들은 대부분 허술한 의견이거나 직접적 관련이 없는 문헌의 주석들, 혹은 건성으로 제시된 역사적 추론에 불과하다. 이는 19세기 이전의 공화주의 이론의 두 번째 특징에서 비롯된 것인데, 이 이론은 임금노동은 생산을 조직하는 중심적이고 영구적인 방식이라기보다는 기껏해야 경제의 일시적이고 주변적인, 혹은 계절적인 요소에 불과하다는 가정을 전제하고 있었다. 이 가정은 재산과 노동에 대한 또 다른 믿음에 기초해 있었다. 19세기 이전의 공화주의자들은 사회는 토지를 항상 충분히 공급할 수 있기 때문에 시민 모두는 자급할 수 있을 만큼의 재산을 보유할 수 있다고 믿고 있었다. 이런 암묵적 믿음은 당장은 링컨의 연설에서 명확히 드러났고, 재산의 사적 소유제라는 초기 공화주의 이상의 밑바탕을 이루고 있었다. 이런 사고는 아리스토텔레스와 키케로에서 시작돼 제퍼슨 세대의 사상가들에 이르러서는 보편화됐고, 노예제와 자유의 패러독스가 처음 출현하게 된 이유이기도 했다.

그러나 이 가정들은 모두 불완전하다. 공화주의 전통의 다른 중요한 요소와의 연결고리가 부적절하고, 사회에 대한 가정과 이론적 전제의 논리적 연쇄가 균형 있게 연결돼 있지 않다. 가령 임금노동은 예속적이다, 자유노동은 자급자족적이다, 재산이란 토지에 한정된다, 토지는 충분히 공급된다, 국가는 사유재산권과 법률적 지위를 보호함으로써 독립성을 보장한다, 등의 가정은 사회적 실재라는 맥락을 고려할 때만 비로소 의미를 획득한다. 그러나 이러한 이론적 입장들은 사회에 대한 불완전한 가정에 의존하고 있다. 따라서 공화주의 사상의 변화와 발전을 이해하려면 이 시기의 사회 변화를 좀 더 탐구해야 한다.

자유노동의 위기

19세기의 사회경제적 변화는 이러한 가정들을 모두 일시에 붕괴시켰다. 인간 노동의 지배적인 형식, 노동의 상호의존적인 조직방식, 노동의 법적 지위, 재산의 종류와 분배 등 모든 것이 급격히 변했기 때문이다. 남북전쟁으로 인해 공화주의 사상이 자유노동이라는 이상 속에 체화된 보편적 자유 개념을 만들어 낼 수 있는지의 문제는 모두 해결됐다. 자유노동이라는 이상은 남북전쟁 이후 "자영업이 광범위하게 늘어나고 있었던" 미국의 사회적 맥락 속에서만 의미가 있었고, 이로 인해 자기 노동에 대한 통제가 "자유노동의 도덕적 규범이자 숨은 뜻"이 됐다.[6] 이런 사회적 변화 속에서 토지개혁론자들이 지향한 이상과 유사한 자유노동 개념이 유지될 수 있었거니와, 그 핵심은 개인의 자율적 통제를 가능하게 하는 개별화된 조건으로서의 자유노동이었다. 개인은 자기 자신의 모든 활동에 대해 타인에 의해 지배되지 않는, 완전한 통제권을 행사한다는 것이었다. 그러나 이 개념은 영속적인 임금노동 계층이 증가하면서 개념적 위기를 맞게 된다. 역사가 레온 핑크가 말한 것처럼, "1870년대에 이르러 고용된 노동자가 미국 노동력의 2/3를 차지하게 되면서 노예 혹은 '임금노예'가 재산과 독립성의 결여와 밀접히 관련돼 있다는 당시의 통념에 대한 뚜렷한 이념적 딜레마가 제기됐다."[7] 영속적인 임금노동자는 토지나 생산 장비, 원재료 등 생산수단을 소유할 수 있는 현실적 기회가 없는 자를 말한다. 이는 임금노동자는 독립적일 수 없다는 것을 의미한다.

영속적인 임금노동은 공장제 생산의 확산과 함께 증가했다. 여기서 중요한 문제는 단순히 자신의 노동력을 파는 것만이 아니라 노동이라는 활동 자체가 반복적인 것이 되고 기계적 과정에 흡수됨으로써 노동자가 통제권을 상실했다는 사실이다.[8] 노동기사단의 지도자였던 파우덜리는 이에 대한 우려를 중세문학적인 어조로 전하고 있다.

"마을 대장간은 버려졌다. 길가의 신발 가게도 폐허가 됐다. 재단사들도 작업대를 떠났다. 솜씨 좋은 이들은 이제 고향 땅을 저버리고 거대한 공장들이 줄지어 있는 도시로 떠났다. 아침마다 공장 문이 열리면 그들은 공장으로 들어간다. 하루 일과가 끝나고 저녁이 되면 공장 문은 닫힌다."[9]

이것은 단순히 고용주에 예속되는 것만이 아니라 자유노동의 자율적 성격을 침해하는 특정한 종류의 생산과정에 종속되는 것을 포함한다. 공장제 생산의 사회적이고 기계적인 속성은 생산에 대한 개인의 통제권 상실 자체를 의미한다. 이 문제는 단순한 기술적 문제가 아니라 조직화의 문제다. "즉 새로 도입된 조직화 방식은, 그때까지는 장인 한 사람이 맡아 수행하던 특정한 업무를 세분화해서 팀으로 조직된 노동자에게 맡기는 식이다."[10] 새 기술을 요하는 직무가 늘어났고 이들 직무는 하나로 통합된 사회적 과정의 부분이 됐다. 이는 자영농이나 장인의 독자적 노동과는 다른 형식이다.[11] 자유노동이라는 이상의 위기는 상호의존적인 공장제 생산으로 증가한 임금노동에서 비롯된 것이었다. 시민인 노동자는 모두 잠재적으로 임금노동 계약과 노동과정 자체에 내재된 새로운 형식의 종속에 직면하게 됐다.

자유노동의 개념적 위기는 법원 판례, 의회의 청문, 대중매체, 이론의 분야를 막론하고 사회의 모든 차원에서 제기되고 있었다.[12] 무엇보다 이 위기는 단지 공화적 사유에 문제를 제기하는 정도에 그치는 사회의 객관적 변화만은 아니었다. 다양한 사회적 주체들은 공화주의의 이론적 범주들을 새로 변화된 사회적 환경에 적용하기 위해 공화주의의 중심 개념을 재해석하기 시작했다. 윌리엄 포어배스(William Forbath)를 따라 내가 이름 붙인 '자유방임적 공화주의'[13]는 공화적 이상을 고전적 자유주의가 옹호하는 계약의 자유와 법적 자율성으로 재해석하는 입장이다. 자유방임적 공화주의는 여러 공론장에서 등장하고 있었지만, 특히 미국 주 법원과 연방대법원의 독트린으로 공표돼 정식화되고 있었다. 판사, 법률이론가, 사회비평가들의 영향으로 인해 자유방임적 공화주의의 이상은 일종의 사상적 매개가 됐고 이를 바탕으로 자유주의 법학과 사상이 성장해 나갔다.

이러한 이데올로기적 변화는 커다란 충격을 가져왔다. 19세기 말 주(州) 법원과 연방법원은 임금, 노동시간, 산업안전 등을 규율하는 노동법을 폐기했고 주로 노동기사단과 노동공화주의자들이 조직하고 지도했던 노동조합 결성과 파업이나 보이콧에 대해서도 제동을 걸기 시작했다.[14] 이 시기의 전반적 특징을 '자유방임적'이라고 말하는 것은 다소 과장일 수 있지만,[15] 계약의 자유를 개별 노동자의 자유와 동일시하는 사상이 지배적이었다는 사실은 틀림없다.[16] 이 사상은 작업장을 규율하거나 통제하려는 노동개혁가들의 수많은 시도를 제어하는 데 매우 효과적으로 활용됐다.

자유방임적 공화주의와 법: 슬로터하우스 판례

임금노동을 옹호하는 논리가 말 그대로 공화주의적 논리로 시작한 것은 아니라는 점에 유념할 필요가 있다. 한 사가의 말처럼, "반노예제

논리는 자기 자신에 대한 소유권 개념을 신봉한 나머지 생산적 자산에 대한 소유권을 중시한 공화주의의 전통적 논리를 희생시킴으로써 자유라는 개념을 오히려 추상화하고 말았다."[17] 우리는 이전 장에서 자유에 대한 주의주의와 공화주의의 입장이 상반된다는 점을 살펴보았다. 그러나 노동력의 상품화를 공화주의적 자유의 조건으로 파악하는 많은 사상가의 해석 방식은 다루지 않았다. 이런 개념적 혼란은 개리슨을 비롯한 노예제 폐지론자들만 빠져 있는 게 아니었다.[18] 임금을 목적으로 노동력을 파는 독립적 시민-노동자 상이 공공 담론의 지배적인 이상이 되고 말았다.[19]

노동을 사고팔 수 있는 상품으로 취급하는 것이 어떻게 공화적 자유를 보장하는 길이 될 수 있을까? 남북전쟁 이후의 행위 주체들은 모두 자유노동자란 그가 자기 자신의 노동을 통제할 수 있는 한 독립적인 존재라는 통념을 계승했다. 그 노동은 자신 이외에 타인의 자의적 의지에 종속되지 않기 때문이다. 그러나 여기서 말하는 통제란 무엇을 말하는 것인가? 공화주의자들은 항상 이 통제권은 자신이 수행하는 노동에 대한 지속적인 통제를 의미한다고 암묵적으로 가정했었다. 법이 허용하던 주인-노예 관계가 사라지고 근대적 노동시장이 출현하게 되면서 주인에 대한 사적인 종속이라는 혐오스런 형식도 동시에 사라지는 것처럼 보였다. 한 사람의 노동을 타인이 완전히 통제하는 것은 점점 불가능한 것처럼 보이게 됐다. 임금노동을 자유노동으로 보는 19세기 이론가들은 임금노동자가 통제권을 충분히 향유하고 있다는 점을 입증해야 했다. 이를 위해 그들은 임금노동자는 자신의 노동력을 소유하고 있기 때문에 모든 자산 소유자가 자신의 자산을 통제하는 것과 동일한 방식으로 자기 노동력을 통제한다는 주장을 펼쳤다. 당시에 가장 영향력이 컸던 법률 교과서에는 "모든 사람은 자치적 존재로서 자신의 이익을 위해 합법적인 고용을 통해 자신의 노동력을 사용하거나 타인의 노동을 고용할 수 있다"라고 명시돼 있다.[20] 한 개인이 자신이 선택한 조건에 따라 자신의 노동력을 팔 수 있다면, 그는 공화국의 독립적인 시민으로서 자기 자신의 노동력을 통제하고 있다는 것이다. 포어배스도 "노동자의 자유는 자신의 노동력을 소유하는 데 있다"라고 주장했다.[21]

노동할 수 있는 능력에 대한 소유권(자기 지배권 – 옮긴이)은 독립성을 의미하는 것으로 간주됐다. 노예와 달리 임금노동자는 어떤 특정한 주인을 위해 노동하도록 강요되지 않기 때문이다. 그는 고용주와 대등한 관계에 서 있으며 자신이 동의할 때만 고용관계를 형성한다. 노동기사단과 같은 노동개혁가들에 반대하는 사상가들은 물론 19세기의 저명한 사회사상가인 윌리엄 그레이엄 섬너(William Graham Sumner)도[22] 노동개혁가들이 말하는 '임금노예나 전제적 자본가와 같은 거친 언어'[23]들을 몹시 싫어했다. 섬너는 중세의 신분제적 종속을 근대 사회의 계약과 대비시키면서 "계약에 기초한 사회는 '자유롭고 독립적인' 사람들의 사회다. 이들은 배려나 의무가 제거된 관계를 형성하며 '비굴하거나 속이는 마음이 없이 협력'한다"[24]라고 말했다. 섬너는 계산된 의도를 가지고 공화주의자들의 굴종에 대한 증오 – '비굴함 혹은 속임수'– 를 교묘히 이용했다. 임금노동자는 더 이상 고용주의 의지에 종속되지 않는다. 그들은 이전 시대의 노예나 기한이 정해진 하인(indentured servant)

과 달리, 자신이 원하면 언제라도 당장 작업장을 떠날 수 있다. 노동자의 독립성을 침해하는 방법은 고용주와의 자율적인 계약을 침해하는 법률에 의한 간섭만이 유일하다. 그러나 이런 간섭은 일방에게 불공정한 특권을 부여한다. 아니면 노동시간의 상한을 규제하는 법률처럼 양당사자가 합의할 수 있는 범위를 부당하게 제한한다. 이런 법적 제약이 없을 때만이 양 당사사는 동등한 자산 소유자로서 서로 대등한 관계를 형성할 수 있다. 이들은 자기 자산을 가장 잘 활용하는 방법이 무엇인지에 대해 합리적 판단을 내릴 수 있는 능력과 법적 권리를 가진 '자치적인 존재'다.

이러한 '자유방임적 공화주의'의 주된 기조들은 남북전쟁 직후 내려진 일련의 연방법원 판례를 통해 좀 더 강력하게 나타나게 되는데, 가장 잘 알려진 사건은 슬로터하우스 판례다. 1873년에 내려진 이 판결은 노예제를 금지하고 시민늘에게 평등권을 부여한 재건기의 새 헌법(수정헌법 13조 – 옮긴이)을 시험해 볼 수 있는 첫 사례였다.[25] 루이지애나 주는 도축노동자(butcher 혹은 도축업자. 이들은 모두 자기 자산을 소유하고 있는 숙련업자였다 – 옮긴이)로 하여금 사기업으로 인가받은 유일한 도축장인 뉴올리언스 슬로터하우스에서만 도축 일을 하도록 하는 법안을 통과시켰다. 법안이 통과되자 일단의 백인 도축노동자들은 주 법이 자신들의 경제적 독립성을 해친다며 노예제를 금지한 수정헌법을 근거로 소송을 제기했다.[26] 이들은 루이지애나 주 법이 자신들의 생산적 활동에 대한 통제권을 부당하게 침해하기 때문에 '노예제와 비자발적 예속'을 금지하는 수정헌법 13조를 위반했다고 주장했다.[27] 당시 주 법은 도축노동자는 인가된 도축장에서 도축장의 규칙에 따라 일을 해야만 한다고 규정하고 있었고, 자기만의 방식으로 도축 일을 하는 것은 금지됐다.

 "이것은 '고대의 소유노예라는 엄격한 의미에서의 노예는 아니라 해도' 보편적인 상식에서 볼 때, 틀림없는 예속 상태다. 노동이 강제되고 있다는 점에서 이는 비자발적인 예속이다. 남자건 여자건 그가 소유하고 있는 땅을 사용하거나 자신의 사업을 경영하는 일, 혹은 자기 자산을 증식하는 과정에서 강제로 제약을 받게 된다면, 그것이 명시적으로 하위 법률에 규율돼 있든, 그 자체가 필요한 것이건 상관없이, 그들은 명백히 예속 상태에 놓여 있는 것이다. 소송을 제기한 도축노동자들을 희생한 채 17명의 사업자들에게만 자기 자산을 증식하고 사업을 행할 수 있는 배타적 권리를 부여하고 있는 한, 이는 불법이며 불필요한 것이다. 여기에는 낡은 봉건제에서나 볼 수 있는 '하인'과 '영주'와 '농노'가 있다."[28]

 도축노동자들의 이런 주장은 자유노동의 핵심은 자신의 생산적 활동에 대한 지속적인 통제권이라는 초기 공화주의 사상과 동일하다. 그들은 주 법원에서 승소했다. 한 판사는 이제 "합법적인 방식으로 합법적인 고용을 방해받지 않고 추구할 수 있는 권리만큼이나 신성한 시민권은 없다. 이것이 바로 신성한 노동권이다"라고 판결했다.[29]

 그러나 연방법원은 주 법원의 판결을 뒤집었다. 대법원의 다수 견해를 대표해 판결문을 쓴 밀러(Miller) 판사는 '비자발적 복종'을 넓게 해석해서는 안 된다며 원심을 파기했다. 그는 "도축노동자들이 자신의 일자리에서 노동할 권리를 박탈당했다는 주장은 정당하지 않다"라고 판시했다.[30] 연방법원은 아마도 자유노동과 관련된 문제를 모두 부정하고 싶었던 모양이다. 당초 사건은 비자발적 복종 문제가 발단은 아니었다.[31] 그러나 결과적으로는 수정헌법 13조가 금지한 '비자발적 예속'을 넓게 해석한 도축노동자들이 소송을 통해 연방법원으로 하여금 이 공화주의 사상의 범위가 어디까지인지를 밝히도록 요구한 셈이다. 연방법원은 지속적인 생산적 통제권으로서의 자유노동 개념을 기각했다. 밀러의 관점에서 보면, 비자발적 "예속은 노예제보다 넓은 개념이긴 하지만" 수정헌법의 명백한 취지는 아프리카 출신 노예 같은 부정적 그늘과 조건을 금지하는 것일 뿐이다.[32] 그 조건은 노예가 강제로 종속될 수밖에 없는 '법에 의한' 종속이라는 그늘이다. 수정헌법이 적용될 수 있는 최대한의 범위는 '멕시코인의 부채 노동이나 중국의 막노동꾼'과 같은 법에 의한 예속이라는 극단적 사례에 국한된다.[33] (당시 미국에는 먹여주는 대신 일정 기산을 노예처럼 노동하는 이주노동자들이 많았으며 주로 이들은 멕시코나 중국에서 유입됐다. − 옮긴이) 이런 조건에 처한 경우가 아니라면, 자기결정권을 갖는 모든 시민들은 자유노동자로 간주되기에 합당할 만큼 독립적이다. 이는 마치 어떤 백인도 다른 인종들이 과거에 처했었던 노예 상태를 피할 수만 있다면 그를 부자유하다고 볼 수 없다는 것과 마찬가지다.

　슬로터하우스 판례가 중요한 이유는 당시 출현한 산업자본주의에서 자유노동 옹호론자들이 직면한 개념적 혼란을 드러내기 때문이다. 예를 들면, 판결에서 다수의견은 자유노동 개념을 확장해서 해석하는 것을 기각했지만, 도축노동자의 입장을 지지한 필드(Field) 판사의 '소수'의견은 이후 자유방임적 헌정주의가 발달하는 데 큰 영향을 미쳤다.[34] 필드 판사의 반론 요지는 사적인 경제활동에 대한 국가의 부당한 간섭을 지적한 것이기 때문이다. 필드는 '신성한 노동의 권리'라는 하급심의 주장을 인용하긴 했지만,[35] 노동에 대한 지속적 통제권을 자유노동의 근거로 보는 관점을 취하기보다는 사적 계약을 제약해서는 안 된다는 데에 방점을 두고 있었다.

슬로터하우스 판례의 다수의견과 소수의견이 모두 특이한 이유 중 하나는 그 사건의 원고들이 임금노동자가 아니라 모두 자산을 소유하고 있는 숙련공이라는 점 때문이다. 도축노동자들의 주장은 여전히 장인들의 주장과 같았다. 당시 장인들은 노동과정에 대한 개별적 통제라는 매우 개별화된 개념에서 자유노동자로 간주됐고, 산업화가 진행되면서 점차 사라지고 있는 노동형태에 종사했다. 자유노동은 여전히 그들에게는 개인적인 생산 활동이었다. 즉 노동력 자체를 거래하는 것이 아니라 자신의 노동으로 생산한 산출물을 거래하는 관계 속에서 수행되는 사적 활동이었다. 도축노동자들의 이러한 관점은 결과적으로 사적 재산권과 불간섭 자유의 신성함을 옹호하는 주장 속으로 용해되고 말았다. 게다가 도축노동자들은 계약에 대한 불간섭을 지지했는데, 그 이유는 자유계약이 도축업 인가와 같은 국가가 후원하는 독점권의 출현을 막고 독점권으로 막대한 이익을 챙기는 특권계층이 생기는 것도 방지할 수 있다고 생각했기 때문이다. 이들은 "자기 조상들도 독점적 특권계층이 지배하는 나라 출신"이라고 자조했다.[36] 슬로터하우스 사건에 대한 주 법원과 연방법원의 판례는 자기 노동에 대한 지속적인 통제라는 개념의 자유노동을 부정했지만, 그 이후 임금노동 문제를 다룬 판결들에서는 앞선 판례를 새로운 상황에 적용하기에는 모호함이 크다는 점이 반영되기 시작했다. 슬로터하우스 판례에는 노동공화주의자의 주장과 자유방임적 공화주의자의 주장이 엉켜 있다. 실제로 이 판례 속에는 이데올로기적인 불안정성이 담겨 있다. 따라서 당시로서는 임금노동의 종속성을 반영하는, 좀 더 넓은 외연을 갖는 자유노동의 개념을 담은 사법적 판단이 형성되기는 어려웠다.[37] 슬로터하우스 판례가 이룬 것이라면, 고작 자유노동자의 독립성은 '단지' 자기 노동에 대해 지속적인 통제권을 행사할 수 있는지 여부의 문제가 아니라는 것을 확인한 정도였다. 결국 임금노동이 왜 그리고 어떻게 독립적일 수 있는가의 문제는 이후 판결의 과제로 남겨지고 말았다.

슬로터하우스에서 로크너로: 통제권으로서의 소유권

슬로터하우스 사건 이후, 많은 주의 법원과 연방법원 판사들은 자유방임적 공화주의 관점을 좀 더 발전시켜 나갔지만, 그로 인해 자유노동의 의미를 둘러싼 이데올로기적 경합은 더욱 날카로워지기 시작했다. 1886년, 펜실베이니아 주 대법원은 1881년에 제정된 안티트럭법(anti-truck statute)*을 폐기했다. 이 법은 고용주들이 노동자에게 현금 대신 회사가 직영하는 상점에서 쓸 수 있는 '바우처'나 쿠폰을 지급하는 행

---

* 'store-order law'라고도 한다. 이는 최초의 노동보호 법제로 펜실베이니아나 미주리 등 여러 주가 시행하고 있었다. 주로 광산이나 제조공장 노동자들을 보호하는 입법으로 현금 대신 상품권(store-order)으로 임금을 주는 행위를 금지했다.

위를 금지하는 법이다. 이 문제는 다음 해 루이지애나 주 디보독스에서 일어난 엄청난 참사의 기폭제가 되기도 했다.[38] 그러나 '가드찰스 대 위지맨(Godcharles v. Wigeman)' 사건에서 다수의견은 안티트럭법이 '자율계약을 체결할 수 있는 자치적 존재'라는 원칙을 위반해 위헌임을 다음과 같이 판시했다.[39]

이 법은 "고용주와 노동자의 권리를 둘 다 침해하는 것이며, 무엇보다 노동자를 입법자의 계도 아래 두고자 하는 모욕적인 시도다. 이는 노동자의 인간성을 비하하는 것일 뿐만 아니라 시민으로서의 그의 권리를 부정하는 것이다."[40]

이 판결에 내포된 자유방임적 공화주의의 핵심에 주목해보자. 공공의 안녕이 아닌 다른 목적으로 노동자의 계약 자유를 제약하는 것은 임금노동자를 어떤 정치적 '계도'하에 두는 것이다. 자신의 노동을 어떻게 사용할지에 대해 노동자가 판단하도록 하는 것이 아니라 입법자가 판단하는 것이기 때문이다. 통제권 상실은 노동자를 종속적인 자로 만들고 만다. 만약 노동자가 (임금 대신) 바우처를 받겠다고 동의했다면 그것은 노동자 자신이 판단할 문제일 뿐이며 다른 사람과는 상관없는 문제다. 노동시간의 상한이나 임금의 하한, 기타 노동조건을 규율하는 노동법은 특정한 공중의 안녕을 목적으로 하지 않는 한, '계급적 입법'의 성격을 갖는다. 이를 통해 한 계급은 자신의 이익을 관철하는 데 부당하게 법을 이용하게 되고, 결과적으로 고용주와 노동자 모두의 계약 자유를 침해한다.[41]

인간은 법적으로 '자치적 존재'이기만 하면 독립적 존재라는 주장은 이 시기의 노동 관련 판례에 일관되게 나타나는 특징이었다. 1895년 '리치에 대 피플(Richie v. People)' 판례에서 일리노이 주 대법원은 의류산업에 종사하는 여성노동자의 법정 노동시간을 8시간으로 제한하는 법을 폐지했다. 이 판례에서도 다수의견은 법적으로 독립적인 노동자에 대해 좁게 해석하고 있다.

"우리 주의 법은 자신을 위한 계약을 체결할 수 있는 법적 행위능력이 있는 자(sui juris)를 방해하는 권능을 갖고 있지 않으며, 노동자와 고용주의 계약 자유를 방해해서도 안 된다. 노동할 권리나 고용할 권리, 양 당사자가 동의할 수 있는 노동조건에 대해 계약을 맺을 권리는 모두 위에서 인용한 헌법상의 권리에 포함된다."[42]

'수이 주리스(sui juris)'는 '자기 자신의 능력 아래'라는 뜻으로 로마법의 자유인 개념에서 왔다. 이는 로마법의 해당 문구를 그대로 따른 것으로 자유에 대한 신공화주의 이론의 기반이 됐다.[43] 동일한 관념이 각급 법원의 판례에 등장하는 것은 우연한 언어적 일치만은 아니다. 이들 법원은 이 관념을 진정으로 행위능력을 보유하는 자의 조건과 동일시했고, 임금노동자는 이 조건을 충족하는 자에 포함된다고 보았다.

이러한 법률적 판단은 공론장에서도 광범한 지지를 얻고 있었다. 당시의 저명한 경제학자인 존 배이츠 클라크(John Bates Clark)는 노동력은 다른 상품과 마찬가지로 사고팔 수 있는 상품으로 취급될 수 있다고 주장했고, 노동개혁에 우호적이었던 경제학자, 프랜시스 아마사 워커(Francis Amasa Walker)도 임금노동자에 대해 "이들은 자신의 시간, 두뇌, 손을 스스로 통제할 수 있으므로" 자신의 노동력만을 파는 것일 뿐, "자기 자신 전체를 파는 것은 아니"라고 주장했다.[44] 잘 알려진 것처럼 워커와 같은 당대의 경제학자들은 노동조합의 조직화와 임금 인상의 필요성, 시민권을 보호하기 위한 노동개혁의 역할을 지지하고 있었다. 그러나 노동자가 자신의 노동 자체에 대해 통제권을 행사해야 한다는, 진일보한 주장에 대해서는 침묵했다. 노동사가인 스탠리(Stanley)의 연구에 따르면, "워커는 '산업이 수행되는 방식에 관련된 입법을 촉구'하거나 '고용주를 괴롭히고 모욕하면서 기쁨을 느끼는' 노동자들을 비난했다." 노동자는 자신의 자유가 침해됐다고 주장할 만한 정당한 근거가 없다면, 작업장 통제권을 요구하는 것은 "고용주의 정당한 권리를 제약하려는 것"이라는 이유에서다.[45] 심지어 고드킨(E. L. Godkin)과 같은 비평가도 당시 유력 매체에 쓴 기고문에서, 임금노동자는 '자신의 소득을 고용주의 선한 의지에 의존하고 있다는 점', '공장 규율에 지속적으로 종속되고 있다는 점', '노동자의 비굴한 언어와 사고방식' 등에 우려를 표명하면서도, 급진적 노선인 공화주의적 논리는 거부했다. 그는 이런 지배가 노동계약 자체와 밀접히 관련돼 있다고는 생각하지 않았으며 작업장에 대한 고용주의 규율 권한을 제약하자는 주장에 반대했다.[46] 1883년 미국 상원의 청문을 비롯해 노동 문제에 대한 당시의 공식적 조사들에서도 노동 문제를 해결하고자 하는 시도들이 나타나긴 했지만, 노동력의 상품화가 임금노동자의 독립성을 해친다는 생각은 받아들여지지 않았다.[47] 가장 먼저 발표된 공식조사는 매사추세츠 주 하원 특별위원회의 1866년 보고서다. 이 보고서는 노동시간 상한을 규정한 입법이 '자본가와 노동자' 간의 '자발적' 합의를 침해하는 부당한 '법률적 강제'에 속한다고 밝혔다.[48] 남북전쟁 이후의 이데올로기적 변화를 긍정하면서 "노예제 폐지를 위한 장구한 투쟁을 거치고 나서 노동자는 진정으로 해방됐고, 자본가 역시 노동자처럼 자유로운 존재가 됐다"라고 덧붙였다.[49]

뛰어난 법학 논문들 역시 유사한 방식으로 임금노동자의 독립성을 옹호했다. 미시간 주 대법원 판사이자 나중에는 주상무위원회(Interstate Commerce Commision)의 의장이 된 법학 교수 토머스 쿨리(Thomas Cooley)는 1878년에 저술한 《불법행위에 대한 법률적 논고》에서 "법률적 행위능력이 있는 모든 자는 자신의 이익을 위해 합법적인 고용관계에서 자신의 노동을 사용할 권리 혹은 타인을 노동자로 고용할 권리를 갖는다. 이 권리는 시민권의 가장 으뜸가는 권리다"라고 주장했다.[50] 또한 명의 중요한 법학자인 크리스토퍼 티에드만(Christopher Tiedeman)은 그의 저서 《미국의 경찰권의 한계에 대한 논고》에서 "법률이 어떤 위해도 가하지 않는 직업에 종사할 권리를 부정한다면, 모든 이의 자유는 안전할 수 없다"라고 썼다.[51] 쿨리나 티에드만 자신이 공화주의적 사상에 특별하게 관여한 것은 아니다. 그러나 이들은 당시 출현한 새로운 경제에서 법과 권력의 관계를 사유하는 데 필요한 윤곽을 제시했다. 같은 언어를 사용하면서도 이를 좀 더 직접적으로 공화적 시민권과 연결하는 학자들도 있었다. 프레더릭 스팀슨(Frederic J. Stimson)은 그의 저서 《노동과 법의 관계》에서 다음과 같이 썼다.

"오늘날 노동계약은 완전한 자유계약이다. 노동자는 자유로운 시민으로 인정됐으며, 자유롭게 계약을 체결하고 계약에 따른 권리를 향유할 수 있다. 그는 과거로부터 완전히 해방된 존재다." [52]

위에서 열거한 학자들은 스스로 공화주의자라고 생각하는 것과 상관없이 정치적 논쟁의 장에 개입하고 있다는 점을 알고 있었다. 티에드만은 도금시대(Gilded Age)의 계급갈등이 최고조에 달한 시기에 썼던 경찰권 관련 논문의 서문(1886년)에서 이 문제를 좀 더 명확히 했다. 이 시기는 노동기사단이 백만에 가까운 노동자의 지지를 받고 있었던 때이며, 대규모 파업의 물결이 광산, 철도, 공장을 비롯해 모든 도시를 휩쓸던 때였다.[53] 티에드만은 저서의 서문에서 다음과 같은 의견을 밝혔다.

"사회주의, 공산주의, 아나키즘이 모든 문명세계에서 맹위를 떨치고 있다. 국가에겐 약삭빠른 강자를 제어하고 약자를 보호할 것을 요구하고 있다. 노동자가 받아야 할 정당한 임금이 얼마이며 하루의 적정한 노동시간은 또 어느 정도인지를 결정하도록 요구하고 있다. … 이 연구의 주된 목적은 성문헌법을 가진 연방과 주에서 민주지상주의(democratic absolutism)는 미국에서는 불가능하다는 점을 밝히는 것이다." [54]

자유방임적 공화주의 관점을 취하고 있는 판사들 모두가 티에드만의 복고적(revanchist) 태도를 수용한 것은 아니다. 그러나 자유노동을 해석할 때는 근본적으로 권력과 자유에 대한 티에드만의 이론을 채택했다. 그들은 그렇게 하는 것이 당대의 가장 중요한 정치적 의제에서 하나의 입장을 취하는 것이라 생각했다. "빈곤이 곧 노예제는 아니다"[55]라는 개리슨과 같은 초기 노예제 폐지론자들의 견해가 메아리로 돌아오고 있었으며, 자유가 요구하는 것이 "약삭빠른 강자로부터 약자"를 보호하는 것은 아니라는 티에드만의 견해가 널리 수용되고 있었다. 계약조건을 협상하는 장(場)에서 단순히 '교섭력이 약하다는 것'이 의존이나 종속은 아니라는 것이다. 각자가 자기 노동에 대한 결정권을 소유하고 있는 한, 그들은 자기 지배하에 있는 것이며 따라서 자기 운명의 결정자다. 따라서 그들은 모두에게 허용돼 있는 공화적 자유를 향유하고 있다는 것이다.

개인의 자기결정권(self-ownership)을 공화주의적 자치와 동일시하는 견해는 1890년대 전반을 걸쳐 지속됐다. 1896년 캘리포니아 주 대법원은 '엔추츠(ex parte Jentzsch)*' 판결에서 이발사가 일요일에 일하는 것을 금지하는 법안을 폐기했다. 판결의 다수의견은 "우리의 제도가 기반해 있는 신념은 우리가 하나의 공동체로서 스스로를 통치하는 자치 능력을 가진다는 사실만이 아니다. 각자는 개인으로서 자치 능력을 최대한 가진다는 것이며 이는 논리적 필연이다"[56]라는 것이었다. 이러한 개인의 자기통치는 "각자에게 최대한의 사적 자유를 허용하는 것을 전제조건으로 한다. 이 조건이 보장될 때 그는 미성년자가 아니라 스스로 책임

---

* 엑스 파티(ex parte) 판결은 사건 당사자가 모두 출석하지 않은 상태에서 판사가 재판을 진행해 내린 판결을 말한다.

지고 판단하는 주체로 간주된다. 그는 충동, 교육, 훈련, 유전적 특성, 환경에 영향을 받는 자기 운명을 스스로 개척할 자유를 갖는다."[57] 따라서 표면적으로는 노동자의 이익을 위하는 척하지만 실제로는 계약의 자유를 제약하고 자신의 독립적 판단을 침해하는 법은 노동자의 독립성을 가장 크게 위협하는 것이다.

자유방임적 공화주의의 주장이 확산되면서 판사들은 자신들이 개인의 순전한 소극적 자유만을 보호하는 것이 아니라 자기통치 능력을 갖춘 개인에 부합하는 정치적 자유를 보장한다는 점을 반복적으로 강조했다. "헌법이 부여한 인간의 자유는 그 자신만의 사적 자유 이상의 것을 의미한다. 다른 많은 권리와 함께 자유롭게 노동할 권리, 자신의 땅에서 얻은 수확을 소유할 권리를 포함한다."[58] 1895년 뉴욕의 '제이콥' 판례도 빈민가의 공동주택에서 담배 제조를 금지하는 법을 폐기했다.

"자유란, 우리 사회의 통념상 노예 상태, 투옥 혹은 구금으로부터의 자유만을 의미하지는 않는다. 그가 합법적인 방식으로 자기 능력을 활용할 수 있는 권리, 자신이 원하는 곳에서 일하고 살 수 있는 권리, 합법적 노동으로 자기 생계를 꾸려 나갈 권리, 합법적인 직업에 종사할 권리를 포함한다."[59]

노동력을 포함해 자기 자산을 파는 계약을 맺는 일은 시민으로서 자신의 독립성을 유지하고 재생산하는 행위다. 계약은 시민이 자신의 삶에 대한 통제권을 행사하는 가장 중요한 방식이기에 공화적 시민으로서 자유를 행사할 수 있는 중요한 매개물이다. 시민은 계약에 대한 간섭이 없을 때에만 독립적인 판단을 적극적으로 행사할 수 있다. 시민이라면 누구나 이 독립적 판단 혹은 '개인의 자기통치'를 행할 수 있어야 한다.

19세기가 끝날 때까지 법원은 계약 자유는 자유노동에 관한 것이며 자유노동은 개인의 자기 통제를 위한 적극적 조건이지 단순한 제약의 부재가 아니라는 점을 계속 강조했다. 1899년 콜로라도 주 대법원의 '모건(Morgan)' 판결도 쿨리와 티에드만의 앞선 논문을 인용하면서 이전의 유사한 판례에 기초해 광산업과 제련업의 8시간 노동제를 불법으로 판단했다. 판결문에서 캠벨(Campbell) 판사는 자유는 단순한 간섭의 부재가 아니라 독립적 판단의 적극적 행사라는 공화주의적 관점을 제시했다.

"자유란 단순한 물리적 제약으로부터의 해방 이상의 것이다. 타인에게 위해를 가하지 않으면서 자신의 육체적·정신적 능력을 활용할 수 있는 합법적 직업을 선택하는 권리도 자유에 포함된다. 자산을 소유할 권리는 자기의 노동력을 사고파는 계약을 맺을 권리를 포함한다. 이는 본질적으로 재산권이기 때문이다."[60]

법률적 판단의 차원에서는 이제 자유노동 문제는 해결된 것이나 다름없었다. 자유노동자는 자신의 노동력을 자기 자산으로 통제할 수 있는 능력을 갖추고 있다는 점에서 자유롭다. 여기에는 노동력과 분리될 수 없는, 작업이라는 활동 자체에 대한 통제권에 대한 고려는 없다. 노동계약을 통해 노동할 수 있는 능력에 대한 통제권을 자유롭게 분리하는 것은 개인의 독립성을 침해하는 것이 아니다. 자신의 자산에 대한 통제권을 약정된 시간만큼 타인에게 양도하고 일정한 대가를 받는 조건에 스스로 동의했기 때문이다. 중요한 것은 모건 판결은 이보다 한

해 앞서 나온 유타 주 대법원의 '홀덴 대 하디(Holden v. Hardy)' 판결과는 정반대라는 점이다. 유타 주 대법원의 판결은 산업의 성장은 새로운 사회적 불평등을 만들었고 개별 노동자들은 매우 불리한 위치에 처할 수밖에 없어 이들의 독립적 의지가 심하게 제약되고 있다는 점을 인정했었다. 홀덴 사건의 재판부는 다음과 같이 판시했다.

"헌법이 개정되기 이전 … 당시 우리 대부분은 순수하게 농업에 종사하는 사람들이었다. 특정한 계급을 특별히 보호해야 할 상황은 존재하지 않았다. … (그러나) 이후 자본주의 산업에 종사하는 노동자의 비중이 크게 증가한 상황에서 노동자의 안전이나 보건을 고려하면, 필연적으로 발생할 수밖에 없는 위험을 특별히 보호하지 않은 상태로는 새로운 자본주의 산업은 더 이상 지속될 수 없다."[61]

홀덴 사건의 재판부는 법률적 지위가 경제 현실을 반영하지 못하는 만큼, 작업장에 대한 법적 규제가 노동자의 독립성을 해치는 것은 아니라고 판결했다.

"많은 주에서 입법자들이 제시하는 경험적 증거를 살펴보면, 공장 소유주와 노동자의 관계는 평등하지 않다. 이들 사이에는 이익을 둘러싼 갈등도 일정 정도 존재한다. 공장주는 자신이 고용한 노동자들로부터 가급적 많은 노동을 취하려는 욕망을 갖는 게 당연하다. 반면 노동자는 해고의 두려움 때문에 자신의 건강에 위해를 가하는 규정이라 할지라도 이를 지킬 수밖에 없는 상황에 놓인다. 달리 말하면, 공장주는 규정을 만들고 노동자는 그 규정에 복종해야 한다."[62]

홀덴 판결에서 다수의견은 부(富)의 양극화로 인해 발생하는 새로운 유형의 경제적 종속을 언급하고 있다. 이는 다른 판결과 달리, 계약의 자유가 사실은 그 전제인 계약당사자가 스스로 독립적인 판단을 '공정하게 행한다'라는 사실과 무관하다고 생각할 수 있는 합당한 이유를 제시했다. 물론 '홀덴 대 하디' 판결은 노동자는 종속적인 존재이며 따라서 다른 노동자와 마찬가지로 광산 노동자와 제련 노동자에게도 노동법이 확대 적용돼야 한다는 정도에 그치고 있다. 따라서 이 판결은 '작업자'라는 계급이 처해 있는 새로운 경제적 종속성을 어떻게 제거할 수 있는지에 대한 충분한 이론으로 나아가진 못했다. 당시에도 여성이나 퇴역군인과 같은 그룹은 '종속적인 자'로 보는 것이 보편적인 상식이었고, 법원도 이들의 계약에 대해서는 계약 자유의 위반으로 판결하는 예가 많았다.[63] 이처럼 홀덴 판결도 어떤 이가 독립적인 존재로 간주되는 한, 그는 자신의 노동력에 대한 온전한 법적 소유권을 갖는 임금노동자로 취급돼야 한다는 견해를 사실상 우회적으로 인정한 셈이다. 모건 판결이 표방한 완전한 자유방임적 공화주의는 홀덴 판결이 표방한 사회적 존재론을 간단하게 거부했다. 그 사회적 존재론이란 고용주와 노동자가 노동조건과 자산에 있어 서로 유사한 정도의 힘을 보유하고 있다고 여겨지는 산업의 영역이 계속 축소되고 있는 현실을 수용하는 시각이다. 모건 재판부의 다음 판결을 보자.

"순전히 사적이고 합법적인 사업에서 … 사업 경영이 공중에게 해를 끼치지 않는다면, 단지 장시간 노동이 노동자의 건강을 해칠 수 있다는 이유만으로 일하고자 하는 성인 남자가 하루 8시간 이상 노동하지 못하도록 금지하는 것은 법률의 규율 영역을 벗어나는 것이다."[64]

이 판결은 노동자 스스로가 법적 자율성을 가지고 있음에도 불구하고, 이들이 위해한 작업 수행이나 장시간 노동을 강제하는 억압에 종속돼 있다고 하는 주장은 사회적 권력관계에 대한 몰이해에서 비롯되는 오류이자 노동자의 독립성을 부정하는 것이라고 말한다. 이런 주장은 제도의 핵심을 위협한다고도 했다. "법률(노동보호적 법률 – 옮긴이)은 법의 진보를 담고 있지 않다. 반대로 명백한 퇴보다. 곧 우리 조상이 싸워 왔던 … 영국 식민지 시대로 역행하는 퇴보다."[65] 그들은 계약과 노동조건을 규율하기 위해 집합적 힘을 행사하는 것은 공화국의 법률적·사회적 근간을 위협하는 것이라고 보았다.

이런 관념이 연방 대법원에 의해 수용되면서 공화주의적 사상은 점차 사라지기 시작했다. 1897년 '알게이어 대 루이지애나(Allgeyer v. Louisiana)' 사건에 대해 연방대법원은 계약의 자유는 수정헌법 14조의 적정절차 조항에 따라 보장되는 명백하고 실질적인 권리라고 판결했다. 이 판결은 노동개혁 입법을 제약하는 헌법적 기준으로 자리 잡는다.[66] 알게이어 사건 전원합의부의 페크햄(Peckham) 판사는 계약의 자유가 가진 의미에 대해 다음과 같이 판시했다.

"계약의 자유는 자신의 모든 능력을 행사하는 자유다. 모든 합법적인 방법에서 자기 역량을 사용하는 자유다. 원하는 곳에서 살고 일할 수 있는 자유다. 합법적인 직업으로 자기의 생계를 꾸려 나갈 자유다. 자기만의 삶이나 취미를 추구할 자유다. 이러한 것을 목적으로 자기가 원하는 것을 성공적으로 성취하는 데 필요한, 적정하고 필수적인 계

약을 체결할 수 있는 자유다." [67]

자유노동이라는 개념 – '자신의 모든 역량을 향유하는 자유' 혹은 '원하는 삶이나 취향을 추구하는 자유' – 은 '이 목적을 위한'이라는 전 제조항을 매개로 완전하게 계약의 자유 개념과 일치하게 된다. 헌법의 취지는 이러한 자유노동의 보장이다. 자유노동은 법적 자율성과 등치 된다. 왜냐하면 법은 노동자를 국가나 시민 사회의 어떤 타인으로부터 의 자의적인 간섭에서 보호하기 때문이다. 공중의 이익을 위한 명백한 것이 아니라면 국가에 의한 어떤 간섭도 본질적으로는 계급적 법률이 며 이는 국가기구를 통해 한 집단의 의지를 다른 집단에게 자의적으로 강제하는 것에 불과하다.[68] '건강, 안전, 도덕'이라는 좁은 의미에서 공 중의 이익에만 관여하는 법률이 합법적이다.[69] 또한 법적 자율성은 어 떤 특정한 개인도 계약 당사자에 대해 자의적 권력을 행사할 수 없도록 보장하는 것이다.

1905년, '로크너 대 뉴욕(Lochner v. New York)' 판례는 가장 유명한 판 결이다. 여기서 우리는 자유란 완전한 불간섭이라는 초기 공화주의의 자유 개념을 볼 수 있다. 당시의 '자유방임적' 자유주의를 표방한 대표 적 판결인 로크너 판례는[70] 자유에 대한 결정적 기준을 세웠고, 그 이 후 수십 년 동안 노동법은 암흑기에 접어든다.[71] 제빵사들의 노동시간 상한을 제한한 법을 폐기한 로크너 판례에서 페크햄 판사(알게이어 사건 판결을 맡았던 판사 – 옮긴이)는 제빵사들의 시민으로서의 자유가 침해됐 다고 결론지었다.

"하나의 직종인 제빵사들은 다른 직업이나 생산직종에 종사하는 노동자들과 비교했을 때 지적 능력이나 역량에 있어 동등하지 않다고 볼만한 이유가 없다. 또한 이들의 독립적 판단이나 행동에 관여하는 국가의 보호적 조치가 없다면 그들은 자신의 권리를 주장하거나 스스로 보호할 수 없다는 주장 역시 근거가 없다. 그들은 국가의 후견이 필요한 대상이 아니다."[72]

노동시간에 대한 당사자 간의 계약을 제한하는 등 개인의 계약 자유를 제약하는 것은 그에게 자신의 이익을 합리적으로 추구하기 위해 필요한 '독립적으로 판단하고 행동할' 능력이 없다는 것을 암시한다는 것이다. 이는 그가 종속적인 존재이거나 '국가의 후견이 필요한 대상'[73]임을 나타내는 표식이다. 또한 계약의 자유에 대해 법이 간섭하지 않는 한, 모든 개인은 어떤 경제적 조건에서도 스스로 독립적인 판단을 내릴 수 있다. 개인의 독립적 판단을 임의로 제약하는 것은 경제적 종속성이 아니라 오직 법률뿐이다.

페크햄의 판결에서 '독립성'이라는 용어가 사용되고는 있지만 본래의 공화주의적 의미는 거의 퇴색돼 있다. 노동시간 규제 법률의 폐지를 정당화하는 근거 역시, 당시에도 그리고 이후에도 몇몇이 주장하는 것처럼 계약의 자유가 시장의 효율성을 높인다는 것이기보다는[74] 자유라는 개념에 있었다.[75] 페크햄의 가장 큰 우려는 노동자의 독립성을 해치는 것이었다. 그러나 독립성과 공화적 시민권 간의 관계에 대한 언급은 전혀 없다. 그 까닭은 이 둘의 연관성은 있을 수 있지만, 계약의 자유는 그 원칙상 자율성을 우선하기에 공화주의적 토대와의 관련은 느슨해질 수밖에 없었기 때문이다. 독립성은 이제 불간섭으로 축소됐고, 사적 자유는 보편적 경험의 지평에서 자기통치라는 좀 더 넓은 관점과는 동떨어진 개념이 됐다. 자유계약에 대한 옹호가 당초에는 자유노동에 대한 공화주의적 관념으로 충만해 있었다면, 이제 그것은 계급적으로 자유주의적 입장을 옹호하는 역할을 수행하고 있었다.

불간섭 자유의 공화적 기원에 대한 재검토

임금노동을 자유노동과 등치시키는 것은 하나의 전환적 계기였다. 이 사상적 전환이 공화주의에 기원을 두고 있다는 점을 인정한다면, 우리는 근대 정치사상의 두 가지 중요한 특징을 이해할 수 있다. 하나는 필립 페팃이나 퀜턴 스키너와 같은 신공화주의자들의 주장, 곧 "우리는 소극적 자유에 대한, 서로 경합하기만 할 뿐 하나로 수렴될 수 없는 통약 불가능한(incommensurable) 두 개의 이론을 계승하고 있다."[76]라는 주장이 부정확하다는 사실이다. 자유노동에 대한 방임적 공화주의의 관점은 자유에 대한 자유주의 이론과 공화주의 이론을 하나로 수렴시키고 있기 때문이다. 적어도 신공화주의자들이 자유주의자와 자신을 구별하는 중요한 지점으로 제시하는 경제적 관계라는 영역에서는 특히 그러하다.[77] 그러나 신공화주의자들은 자유주의적 이론이 "경제적 이익이라는 영역에 밀접히 관련돼" 있다고 말하지만, 그 '이익의 영역'은 공화주의가 자신이 갖는 정치경제적 기획을 방어하는 데 필요한 매력적 요소가 될 수 있다.[78] 통약 불가능성(혹은 비교 불가능성) 주장도, 마이클 샌델(Michael Sandel)과 같이 공화적 자유에 대한 신아테네적 접근(neo-Aristotelian approach)을 통해 역사를 읽는다면, 그다지 견고한 주장이라 할 수 없다. 샌델은 공화주의자와 비공화주의자(anti-republican)로 구별하는데, 전자인 공화주의자들은 "임금노동은 자유와 양립될 수 없으며 따라서 공화적 이상에 부합하는 노선에 따른 경제 체제의 개혁을 추구"하는 반면, 후자는 '자율적 동의'라는 관점에서 "공화적 이상을 수정함으로써 임금노동과 자유의 화해를 추구"한다는 점에서 비-공화주의적이라고 주장했다.[79] 앞서 살핀 바와 같이, 자유를 자율적 합의 혹은 불간섭의 관점에서 보는 시각은 자유에 대한 공화주의 이론 자체에 대한 특정한 해석에 그 기반을 두고 있다. 이 해석에서는 법률적 행위능력(sui juris)은 자기결정권에 대한 법률적으로 구성된 조건을 의미하며 따라서 자신이 적합하다고 생각하는 방식으로 자기 자산을 자유롭게 이용할 수 있는 자유를 말한다. 자기 자산을 소유하는 개인은 자신의 노동에 대해 통제권을 행사하며, 이때 '통제'란 산업자본주의 경제에서 말하는 통제, 즉 자산 소유자의 통제를 의미한다. 노동을 자산-소유권의 한 형식으로 간주하는 것은 중요한 개념의 이동이며, 자유노동과 영구적 임금노동이라는 조건을 일치시키는 공화주의를 낳는다. 이는 단순히 공화주의적 언어를 냉소적 방식으로 도용하는데 그치는 것이 아니다. 이는 근대적 노동시장에서 출현한 새로운 권력관계를 이해하는 데 필요한 하나의 대응이기도 했다.

정치사상의 역사적 진화과정에서 보면, 자유방임적 공화주의의 발전은 공화주의적 관념과 자유주의적 관념 사이의 외적 갈등보다는 내적 연관성을 밝히고자 하는 학문적 시도라고 볼 수 있다. 역사가들은 종종 독립성이라는 이상이 자유와 기회 평등에 대한 자유주의적 개념을 옹호하는 쪽으로 기우는 방식에 주목해 왔다. 특히 독립성에 대한 고전적인 농경적 이상을 상업적 권리와 자연권에 대한 방어와 일치시키는 방식이 그러하다.[80] 조이스 애플비(Joyce Appleby)가 언젠가 주장한 것처럼, 자유에 대한 공화주의와 자유주의의 개념은 '서로 구별되며 잠재적으로는 갈등적인 것'임을 인정하기는 하지만, 제퍼슨주의자들은 "이 두 의미가 하나로 통합될 수 있고 통합돼 왔다"라고 주장하기도 한다.[81] 또 다른 이론가인 안드리아스 칼리바스(Andreas Kalyvas)와 아이라 카츠넬슨(Ira Katznelson)은 '자유주의적 시초들'이라는 테제를 제기하며 공화주의가 자유주의의 이론과 실천을 발전시키는 데 필요한 풍요로운 토양을 제공했다고 주장했다. "우리가 아는 자유주의란 공화주의 정신에서 나온 것이다. 공화주의를 18세기와 19세기 초의 정치, 경제, 사회에 적용하고자 하는 시도에서 자유주의가 탄생한 것이다."[82] 신공화주의자들은 '경제와 사회의 변혁'을 자신들의 중요한 목적으로 삼지 않았고, 이로 인해 자유주의적 자유와 공화주의적 자유의 관계가 매우 엄격하고 정태적인 것으로 설정됐다. 그들은 근대 경제가 공화주의적 자유 자체를 해석하는 데 얼마나 중요한 도전적 과제를 제시하는지에 대해 제대로 인식하지 못한 채, 자유주의적 주의주의(voluntarism)와 계약의 자유가 공화주의의 관점과 동떨어진 것으로 본다. 샌델이 말하는 것처럼, '이상의 변경'이 공화주의적 이상을 포기하는 것이라면, 공화주의자에게 남은 유일한 선택은 좀 더 낭만적이고 과격한 농본주의와 소규모 자산 소유제(petty proprietorship)에 대한 열망일 뿐이다.[83] 공화적 자유와 근대 경제의 관계에 대한 이러한 사유방식은 신공화주의자들이 해야 하는 것을 넘어 너무 많은 것을 양도하며, 근대 경제가 부여한 역사적 과제를 잘못 이해하는 것이다. 만약 윌리엄 포어배스가 제시한 것처럼, "도금시대의 계급갈등이 공화주의의 유산과 공화적 헌법에 걸맞은 자격을 정의하고 요구하는 투쟁 속에서 문화적 표상을 확보했다면,"[84] 이후의 우리는 정치 사상가들이 초기에 집중했던 개념적 변화의 순간들을 정의하고 평가하고자 하는 동일한 의지를 가지고 이 시대의 지적인 창의성에 다가가야 한다.

이는 우리에게 근대적 공화주의를 발전시킬 수 있는 중요한 두 번째 요소를 고민하게 한다. 공화주의가 자유주의적 사상의 발전을 뒷받침할 수 있었다는 점을 인정하는 것이 공화주의 사상의 부활에 문제가 되거나 약점이 되는 것은 아니다. 그보다는 이러한 인식은 근대 자본주의가 그 새로운 조건에 대해 공화적 이상이 어떻게 적용되고 해석돼야 하는지와 관련해 제기하는 권력, 불평등, 종속과 같은 문제에 대한 이해를 높일 수 있는 조건이다. 여기에는 자유노동과 임금노동에 대한 대안적 사유의 가능성이 존재한다. 그러나 이 가능성은 개체화된 개인의 소자산가적 이상이 아니라 협력적 생산 체제에 대한 노동공화주의의 발전에 있다. 노동공화주의적 사상의 풍요로움을 이해하기 위해서는 우선 그 역사적 조건과 노동공화주의자들이 바라본 자유방임적 공화주의 사상을 재구성해야 한다. 임금노동이 종속적 노동임을 주장하기 위해서는 노동공화주의는 법적 자기결정권이 노동자의 고용주에 대한 종속을 저지하는 데 적정하지 않다는 점을 주장할 수 있는 새로운 길을 찾아야 한다. 공화적 자유의 보편화를 위해 노동공화주의가 제안하는 협력적 소유와 생산적 자산에 대한 통제 역시 이에 못지않은 중요하고 새로운 개념이다. 이제 우리는 이 사상을 재구축해야 함과 동시에 이 사상의 기원과 확장성을 평가해야 하는 지점에 와 있다.

3장

'결핍이라는 칼'
: 임금노동이 아닌 자유노동

"여러 부류의 많은 소외된 자들;
불행한 인간 존재들;
아무 재산도 갖지 못한 이들,
그리하여 자신의 생존을 위해서는
타인의 욕망, 변덕, 지배, 혹은 어리석음에 종속될 수밖에 없는 그들"
— 토마스 스키드모어[1]

1828년 8월 14일, 한 무리의 노동자들이 필라델피아 주 의회 의사당에 모여들었다. 견고한 벽돌로 지어진 이 건물의 일층에 모인 이유는 '귀족주의적 입법의 원칙'이라는 연설을 듣기 위해서였다.[2] 연설자는 윌리엄 헤이튼(William Heighton). 제혁노동자인 그는 급진적인 인물로 필라델피아의 노동자 정당(Working Men's Party)을 창립했으며, 당 기관지이자 미국 최초의 노동 언론인 〈노동자 자유 신문(Mechanics' Free Press)〉의 편집주간을 맡고 있었다.[3] 헤이튼은 정치 영역에서는 미국 혁명의 약속이 구현되고 있지만 경제 영역에서는 그렇지 않다는 점을 강한 어조로 비판했다.

"건국의 아버지들이 닦아 놓은, 보통선거권이라는 이루 말할 수 없이 중요한 가치가 바로 우리 독립의 토대라는 것을 우리는 잘 알고 있습니다. 보통선거권 '안에서' 우리는 진정한 자유와 누구에게나 부여되는 독립성을 확보할 수 있는 '수단'을 얻습니다. … 그러나 그 거대한 구조 '자체'는 '하나의 이상'일뿐 그 외에는 더 이상 아무 의미도 없다는 것에 대해서는 아무도 말하지 않습니다. 우리 사회의 실체가 무엇인지 아는 사람이 있습니까? 농장이나 채석장, 대장간, 공장을 한 번이라도 가본 사람이라면, 실제 우리 주위에서 벌어지는 일을 한 번이라도 본 적이 있는 사람이라면, 누가 '자유'와 '평등'이라는 신성한 목소리가 우리에게 실제로 존재한다고 말할 수 있겠습니까?"[4]

보편적인 독립성을 위협하는 것이 단지 노예적인 농장만이 아니라 '작업장, 대장간, 공장'이라는 사실을 우려했던 이는 헤이튼 혼자만이 아니었다. 헤이튼이 1827년 결성한 필라델피아 노동자 정당은 1820년 대 후반에 급성장한 산업도시에서 결성된 많은 노동자 정당 중 최초로 조직된 것이었다.[5] 하나의 공통된 언어를 공유하고 있었던 이 정당들은 미국 혁명이 아직은 미완의 혁명이라는 동의에서 출발한 결사체였다. 당시 뉴잉글랜드 출신 노동개혁가로 중요한 인물이었던 세스 루터(Seth Luther)는 1833년 연설에서 다음과 같이 말했다. "우리가 벙커 힐(보스턴에 있는 작은 언덕, 독립전쟁 당시 미국-영국 간 교전이 있었던 지역 - 옮긴이)을 주의 깊게 살펴보면, 미완의 기념탑이야말로 우리의 독립이 아직 완수되지 않았음을 말하는 최고의 상징이라는 점을 알 수 있다."[6] 비록 식민시대의 지배자에 의한 외부적 종속에서는 벗어났지만, 노예 상태라는 내부적 종속은 명목상 '자유로운' 북부 지역에도 여전히 남아 있었다.

이 당시 노동운동 지도자 중 가장 급진적인 인물 중 한 명이었던 뉴욕 노동자 정당의 공동설립자 토마스 스키드모어도 같은 생각이었다. 그는 1829년에 발간한 소책자 《재산에 대한 인간의 권리!》에서 하층 노동자는 이미 "자신의 생존 때문에 어쩔 수 없이 고용주들의 요구와 변덕, 억압에 종속돼 있다"라고 썼다. 다른 동료 지도자들과 마찬가지로 스키드모어도 새롭게 출현해서 점점 커지고 있었던 위협, 곧 임금노동자의 노예적 상태를 설명하기 위해 종속과 자유, 변덕, 억압 등 공유된 익숙한 언어를 사용하고 있었다.

이들 '노동자 정당'[7]은 비록 단명하기는 했어도 노예제와 자유의 역설 문제에 대해 새로운 해법을 탐색하는 최초의 계기를 만들었다. 노동자 정당은 임금노동을 자유노동으로 보는 입장을 철저히 부정했다. 무산계급인 임금노동자는 여러 가지 측면에서 경제적으로 종속돼 있었기 때문이다. 노동자 정당은 '임금노예'라는 개념을 논쟁의 무대 전면에 등장시켰다. '임금노예제'와 '고대 노예제(Chattel Slavery, 노예를 소유된 물건으로 간주하는 고대의 노예제도 – 옮긴이)'의 비교는 당시 공론장에서 반복적으로 논의되는 중요한 의제였다.[8] 논쟁이 거듭되면서, 임금노예에 대한 비판은 노동공화주의의 지적 전통을 구성하는 핵심 내용이 됐다.

노동기사단의 기관지인 〈노동연대〉의 편집인들이 수십 년이 지난 후에 '임금노예제와 고대 노예제'라는 짧은 사설을 발표하기 전까지도 이 제목을 단 기사는 노동자 신문들에 자주 실리곤 했다.[9] 개리슨이 〈해방자〉에서 '노동자 정당'과 전투적인 지상 논쟁을 벌이고 있을 때도 임금노예제와 고대 노예제는 논쟁 속에 숨어 있는 중요한 주제였다.[10] 19세기 말, 논의를 한층 발전시킨 노동기사단은 '임금노예제'의 출현은 이미 오래된 문제가 새로운 형식을 띠고 나타난 것이라고 주장했다.

"문명화의 과정은 인간을 노예에서 해방하는 과정이었다. 노예제 아래에서는 인간이 다른 인간을 소유한다. … (그러나) 문명화는 아직 그 발전의 정점에 도달하지 못했다. 임금노예제를 당장 폐지하지 않는다면 한 걸음도 더 나아갈 수 없을 것이다. 임금노예제야말로 오늘날 문명화의 진전을 가로막는 가장 큰 장애물이기 때문이다."[11]

이전 조직들과는 다르게 노동기사단은 미국 건국 세대의 이념뿐만 아니라 19세기 중반의 노예제 폐지론의 합법적 계승자로서 자신의 전망을 제시할 수 있는 호사를 누렸다. 초기의 워키즘(Workyism, 노동자 정당의 주의와 주장들 – 옮긴이)은 고대 노예제를 둘러싼 논쟁 속에 잠식된 채 수많은 도전에 직면해 있었다. 그러나 기본 입장은 1820년대부터 1880년대까지 줄곧 유지됐다. 공화국이라면 임금노동을 수용할 수 없다. 왜냐하면, 임금노동은 예속의 한 형태이며 노동자는 고용주의 '변덕'에 종속될 수밖에 없기 때문이다. 이는 식민지 미국이 본국인 영국 의회의 변덕에 구속된 것과 마찬가지다. 노예가 주인의 의지에 복종해야 하는 것과도 같다. 노예제의 역설은 아직도 풀리지 않은 채 남아 있었다.

19세기 전반에 걸쳐 노예제의 역설을 둘러싼 논쟁은 내용상 변화가 없는 상태로 동일하게 유지되고 있었다. 그러나 19세기 후반에 들어서면서 노동기사단은 초기의 노동자 정당과 구별되는 주장을 내놓기 시작했다. 임금노동자의 예속 상태를 온전히 해명하고 자유노동에 걸맞은 '협력적 시스템'을 기획하기 위해서는 수많은 개념과 이론적 전환이 요구됐다. 19세기 말의 노동공화주의가 이러한 이론의 정점을 이뤘다고 말하려면, 우선 이 이론이 어떻게 발전했는지를 이해해야 한다. 따라서 이 장에서는 자본주의에 대한 공화주의적 비판의 기원이 되는 급진적 농본주의와 이를 변형한 19세기 초 노동자 정당의 주장을 재조명한다. 이들 급진적 농본주의자들과 초기 장인들이 노동공화주의적 기획의 초석을 놓았기 때문이다.

농본주의적 공화주의

농본주의 전통

17세기 영국의 디거스와 레벨러스(Diggers and Levellers, 디거스는 영국 청교도 혁명 당시 좌익 성향이 가장 강했던 분파이며, 레벨러스는 당시의 급진적 의회파를 말한다. - 옮긴이)로 거슬러 올라가보면, 우리는 '모든 자의적 권력을 폐지하고 동등한 공화주의 체제를 건설'하고자 했던 농민과 장인의 그룹을 만나게 된다.[12] '소생산자 공화국을 위한 헌법적 기초'[13]를 만들고자 시도한 이들은 선거를 통한 정부 구성과 참정권 확대를 자산에 대한 평등한 통제권 보장과 연계시켰다. 경제적 평등이 이뤄진다면 어떤 시민도 다른 이에게 종속되지 않으며 어떤 지배계급도 존재할 수 없을 것이라 생각한 것이다. 이 사상의 가장 유명한 근대적 표현은 제임스 해링턴(Jame Harrington)이 《오세아나(Oceana)》에 쓴 다음 대목이다. "평등한 공화국은 … 평등한 농본주의에 기초해 세워진 나라다."[14] '평등한 농본주의'의 한 예는 자산을 시민 모두에게 비교적 평등하게 분배하는 법이다. 이 법은 장자상속제인 '플린티 관습(Flinty Custom)'의 폐지를 겨냥하고 있다.[15] 장자상속제를 폐지하면 대규모 토지가 점차 분할될 것이고 자식들 모두에게 상대적으로 고루 분배될 수 있으며, 토지가 충분하지 않은 자들에게도 농토를 배분할 수 있게 된다. 소생산자들은 국가와 부유층으로부터 독립할 수 있을 만큼의 자산을 충분히 소유했을 때 비로소 자유로운 존재가 된다. 그들은 자신의 노동을 스스로 관리할 수 있고 자신의 노동과정을 통해 자기의 필요를 스스로 충족할 수 있다.

대서양을 넘어오면서 이 급진적 농본주의는 상속법이 토지 자산에 대해 상대적인 평등 배분을 보장해야 한다는 주장으로 발전했다. 초기에는 다소 급진적 사상을 전개했던 토마스 제퍼슨은 버지니아 주의 장자상속법 폐지가 공화국의 기초를 확고하게 다졌다는 주장으로 유명하다.

"그 기초란 과거에 있었던 혹은 미래에 있을 귀족주의의 모든 요소를 뿌리째 뽑아내고 진정한 공화주의 정부를 수립하는 데 필요한 토대다. 기존의 상속법을 폐지하면 소수의 선택받은 가문에 부가 집중되고 영속화되는 것을 막을 수 있다. … 장자상속제를 폐지하고 유산을 모든 상속인에게 동등하게 배분하는 제도는 가족 구성원 중 한 사람만 부자가 되고 나머지는 궁핍한 자로 만드는, 중세적이고 이치에도 맞지 않는 차별을 제거할 것이다. 그러므로 유산의 동등한 분배로 대체해야 한다. 이는 농본주의에 입각한 법률 중 최고의 것이다."[16]

제퍼슨과 동시대인들은 대부분 이러한 농본주의 사상에 동조하고 있었다. 식민시대 상속법을 개정한 1784년 노스캐롤라이나 주 법은 "유언을 남기지 않고 사망한 자의 토지는 과거와는 다르게 좀 더 많은 자녀에게 평등하게 분배돼야 하며, 이는 진정한 공화국의 정신과 원칙에 부합하는 자산의 평등을 촉진할 것이다"라고 천명했다. 이와 유사한 법인 1794년 델라웨어 주 법도 "개인의 권리와 부합하는 한에서 자산 배분의 균형을 촉진함으로써 시민들의 평등권을 보장하는 것은 모든 공화주의 정부가 해야 할 의무이자 역할이다"라고 규정하고 있다.[17] 토마스 페인(Thomas Paine)은 동시대인들보다 이 사상을 좀 더 진전시킨 인물이다. 1797년에 출간된 《농본주의의 정의(正義)》라는 마지막 논문에서 페인은 "독재 정부는 비열한 문명화를 통해 자기를 지탱한다. … 이런 정부는 … 가난으로 인간의 정신을 파괴하는 정치를 통해 정권을 유지하려 한다. 이로 인한 시민들의 격분에 대해서는 상대적으로 덜 우려스럽다." 페인은 이미 《인간의 권리》에서 진정한 공화국이라면 '부정의하고 부자연스러운 장자상속법'을 폐지해야 한다고 주장했지만,[19] 《농본주의의 정의》에서는 한발 더 나아가 시민 모두가 진정한 시민이 되기 위해서는 토지와 생산수단을 매입하는 데 소요되는 돈을 지원할 수 있도록 자본을 재분배해야 한다는 급진적 입장을 표명했다.

적극적 재분배를 주장하는 페인의 급진적 입장은 중세적 상속법을 반대하는 대다수 동시대인의 입장과는 다소 차이가 있었지만, 초기 미국의 수많은 소규모 자영농과 소상공인의 관습적 전통과는 공명하고 있었다. 토지소유제를 부유한 토지주와 거대 부자들에 대한 의존성의 제거와 연결 짓는 '자영농의 윤리(homestead ethic)'[20]는 소농과 장인들이 미국 혁명에 적극적으로 참여하는 데 박차를 가하는 계기가 됐다. 또한 18세기 말의 많은 '사회적 규제'와 막중한 세금에 대한 저항에도 영감을 주었다.[21] 이런 저항들은 소생산자의 전통이 실질적인 '이데올로기'로 발전하는 중추적 전기를 마련했다.[22] 이는 농업의 상업화, 중세적 부채의 증가, 산업화의 가속이라는 소용돌이 속에서 소생산자들의 정치적 행동에 대한 이데올로기적 토대가 됐다. 이러한 소생산자의 이데올로기는 자본주의와 임금노동에 대한 공화주의적 비판 사상으로 발전했다.

경제적 종속에 대한 초기 공화주의 비판

미국 혁명은 정치경제적 독립이 공화주의의 이상에 포함돼 있다고 본 농부와 장인 계층을 정치적 계급으로 성장시켰다. 역사가 레온 핑크가 말한 것처럼, "혁명적인 동원 그 자체가 당시 미국의 미성숙했던 정치적 자유뿐만 아니라 개인의 자산과 노동에 대한 통제권의 보호(확장까지는 아니더라도)에 직접적 이해관계가 있는 기층 계층들을 늘려 나갔다."[23] 독립전쟁이 끝날 때까지 이들 소생산자들은 자신을 혁명적 공화주의의 권위 있는 해석자로 여겼으며 이 관념은 초기 창안자들의 생각을 넘어 공화주의를 확장시켰다. 예를 들면, 1783년 '브라더 미케닉(Brother Mechanick)'의 한 조합원은 〈인디펜던트 가제티어(Independent Gazetteer)〉에 "필라델피아의 기계공에게"라는 글을 썼다. 그는 필라델피아의 양대 정당은 "우리가 '버터-밀크와 감자'로 먹여 키워야 하는 쓸모없는 인간이며, '고기 가득한 냄비와 양파'를 가장 중요한 삶의 목적으로 보는 하찮은 존재로 보고 있다"라고 경고했다. '노동자의 사회(a Society of Mechanics)'를 건설하는 것이 노동자의 이익을 증진하는 데 더 나은 길이라는 점도 덧붙였다.[24] 1791년 페인의 《인간의 권리》가 미국 역사의 무대에 등장해 폭넓게 읽히면서, 보통 사람인 '서민(plebeian)'들이 공화주의 사상을 받아들이고 주장하는 일이 현저히 늘기 시작했다. 세스 코틀러(Sethe Cotlar)가 이 민주적 시기에 대한 주목할 만한 연구에서 보여주듯이, 로버트 코램(Robert Coram), 토머스 로이드(Thomas Lloyd), 벤자민 프랭클린 바흐(Benjamin Franklin Bache)와 같은 당시 새롭게 부상한 대중매체의 급진적인 편집자들은(익명의 독자와 기고자들을 포함해) 자산의 불평등한 분배를 비판하는 새로운 주장을 펼치기 시작했다. 이들은 정부가 자산분배의 극심한 불평등을 해소해야 하며, 특히 "불평등이 심각한 공화국은 소수의 부자들이 과도하게 부를 축적하지 못하도록 법으로 강제함으로써 모두에게 자산을 공정하게 배분해야 한다"라고 주장했다.[25] '농본주의 원칙'에 입각한 공화국을 건설해야 한다는 명분을 내세운 몇몇은 공유지를 모든 정착민에게 싸게 불하해 가급적 많은 이로 하여금 토지 소유주가 되게 해야 한다고 제안했다.[26]

이러한 사상은 18세기 내내 지속됐다. 1797년, 매사추세츠 주의 독학 농부이자 미국 혁명에 참여한 전직 군인인 윌리엄 매닝(William Manning)은 "'소수'가 자신의 막대한 부를 사용해 '다수'를 '자기 수중에 종속'시키고 있다. 특히 자금과 신용에 대한 통제권을 활용한다"라고 썼다.[27] 매닝은 자신이 쓴 두 개의 글을 통해 – 첫 번째 것은 해밀턴의 대부 사업을 비판한 것이고 두 번째 것인 〈자유의 핵심〉은 좀 더 긴 글로

'농부와 기계공, 노동자'[28]들을 대상으로 한 공화주의 해설서다. – 이 점을 정치적인 쟁점으로 부각시켰다.[29] 그 소수는 '다수'의 종속적인 노동으로 살아가고 있기에 "항상 군주정과 귀족정을 추구하고 갈망하고 있"으며, 반면 그 다수는 경제적 독립성을 위해 항상 투쟁할 수밖에 없어 소수와 직접적인 갈등에 놓이게 된다는 것이었다.

필라델피아의 '브라더 미케닉'처럼 매닝도 새로 출현한 부자의 귀족정이 대부자금과 토지에 대한 통제권을 이용해 노동자들을 '종속적 상태'에 얽매이게 한다고 비판했다. 나아가 그는 노동자와 소생산자들이 '노동자의 사회'[30]를 조직하고 결집해 경제 정책에 영향력을 행사하고 부의 분배 상황을 변혁해야 한다고 주장했다. 매닝의 동료이자 매사추세츠 출신의 급진적 인물로 1798년 존 아담스 연방정부를 비판하는 선동적인 글과 대중연설로 투옥되기도 했던 떠돌이 노동자 데이비드 브라운(David Brown)은 경제적 불평등과 공화적 자유의 관계를 좀 더 구체적으로 제시했다. "우리 연방 국민 500만 명 중 단지 500명만이 공공자산의 모든 혜택을 독차지하고 있다. 나머지는 폐허의 삶을 산다. 그러나 우리는 우리의 동료 시민들이 비참한 노예로 전락하는 것을 앉아서 지켜만 보고 있다."[31] 여기서 우리는 새로운 부자의 귀족정에 대항하는 과정에서 스스로 자각한 '노예적 예속'이라는 공화주의 언어를 볼 수 있다. 이러한 세기 전환적 저작들은 소생산자들과 민주적인 언론인들이 건국의 '아버지들'이 주장한 혁명적 공화주의를 전취한 성과다.[32] 이들은 상속법에 초점을 둔 초기 농본주의를 확장해 경제적 종속에 대한 비평으로 발전시켜 나갔다.

그러나 자본주의를 비판한 18세기 공화주의는 충분히 성숙한 이론에는 이르지 못했다.[33] 임금노동자가 이런 비판을 어떻게 획득하게 됐는지는 짐작할 수 있다. 예를 들면, 1805~1806년 파업을 일으킨 제화 노동자들이 체포돼 법정에 섰을 때, 이들을 변호했던 윌리엄 듀앤(William Duane)은 "궁핍으로 '백인 노예'를 길러내 흑인 노예의 해방으로 생긴 빈자리를 채우는 식"이라며 당시 상황을 비판했다. 제화 노동자들은 공개변론에서 "자유라는 이름은 단지 그림자일 뿐이다. … 이 나라의 법은 무엇을 하는가. 우리는 어쩔 수 없어서 먹고살기에도 턱없이 부족한 돈을 쥐어주는 감독자 밑에 들어갈 수밖에 없다"라고 주장했다.[34] 이들에게 유죄 판결이 확정된 후에도 듀앤은 제화 노동자들이 그들의 고용주에게 "우리는 당신들과 똑같은 독립성을 누릴 자격이 있다"는 주장을 굽히지 않았다.[35]

불평등에 대한 초기 공화주의자들의 비판은 비록 미래에 대한 암시를 담고 있기는 했지만 본질적으로는 농본주의 사상에 머물고 있었다. 사실 '농본주의'는 반대파들이 급진적 공화주의자들을 공격할 때 붙이는 딱지 같은 언어였다.[36] 초기 공화주의자들은 '자산가'와 '무산자'라는 근대적 계급 개념보다는 주로 '신분'이나 '직종'과 같은 전근대적인 계급 개념을 사용하고 있었다.[37] 대부자금과 토지를 독점적으로 소유하는 자를 단순히 '소수자'로 일컬었다. 소생산자들도 임금노동이라는 비판적 언어의 참뜻을 제대로 알지 못했다. 임금노동 개념에는 무거운 부채에 시달리는 농민이나 경제적으로 불안정한 장인들이 구별되지 않은 채 뒤섞여 있었다. 게다가 경제적 종속성에 대한 논의는 참정권을 부여하는 기준으로 소유재산은 얼마이어야 하는가를 둘러싼 19세기 초의 논쟁의 그늘에 가려져 있었다. 버지니아 주의 참정권 운동가들은 "우리는 건국의 아버지로부터 모든 주권은 국민에게 있고 주권은 국민으로부터 나온다고 배웠다. 자산 소유자에게서 나오는 것이 아니라 실질적인 힘을 갖춘 공동체의 다수인 주류가 자신의 의지에 따라 시민적 제도를 창안하고 변경할 수 있는 정치적 권리를 갖는다"[38]라고 주장했다. 공화주의자들은 노예제 문제보다 '정치적' 종속성 제거를 더 중요한 과제로 보았다. 19세기 초 많은 주에서 참정권 부여를 위한 재산 기준이 폐지되면서, 비로소 빠르게 성장하는 산업도시에서의 경제적 문제가 중심 사안으로 부각되기 시작했다.

임금노동과 노동자 정당

정치사회적 배경

1820년대 미국은 농업 자본주의 국가에서 탈피해 새로운 국가로 전환되고 있었다. 1782년 제퍼슨이 재기발랄하게도 "우리의 공장은 유럽에 남겨두자"[39]라고 말했던 당시만 해도, 유럽에서 초기 산업혁명을 상징하는 신기술인 다축방적기(제니방적기)를 사용하는 대규모 기업은 1개에 불과했다. 그 후 30년이 지나자 87개로 늘어났다.[40] 1816년에는 제퍼슨 자신도 "30년 만에 이렇게 바뀌다니!"라고 놀랄 수밖에 없었다.[41] "이제는 공업이 우리의 안녕만큼이나 독립성에도 필수적인 것이 됐다"라고 수정하기까지 했다.[42] 바로 전해인 1815년은 프랜시스 로웰(Francis

Lowell)이 매사추세츠 주 월담에 미국 최초의 근대 공장을 세운 해다. 이 섬유 공장은 뉴잉글랜드 전역에 빠르게 확산됐다.[43] 1820년대까지 남성 장인, 여성, 아동은 눈에 띌 만큼 빠른 속도로 임금노동자가 됐고 "이들 도시노동자 계급이 도시 사회를 특징짓는 자기인식적 표식이 됐다."[44]

영속적인 임금노동의 출현 이외에도 산업자본주의에 대한 공화주의 비판이 발전하는 데는 다른 두 가지 요소가 영향을 주었다. 하나는 '1819년 공황'으로 이는 나라 경제 전체를 휘청이게 한 최초의 경기침체였다. 이 공황은 새로이 출현한 산업자본주의라는 사회질서가 과연 바람직한가, 라는 문제를 제기했다. 특히 당시까지만 해도 전제주의적인 유럽 사회에서나 볼 수 있는 불평등이 미국 사회에 두드러졌기 때문이다. 한쪽 끝에는 비참한 도시 빈민과 부랑자들이 있었다. "필라델피아에서는 노동자 네 명 중 세 명이 실업자였고, 1808명이 빚을 갚지 못해 옥살이를 하고 있었다."[45] 다른 쪽 끝에는 엄청나게 성장한 부가 자리하고 있었다. "가장 믿을 만한 통계에 따르면, 전체 국부 중 상위 10퍼센트 부유층이 차지하는 비율이 1774년 49.6 퍼센트에서 1860년에는 73퍼센트로 급증했다. 부의 급증은 주로 1820년대 이후부터 발생했다."[46] 1819년 공황이 지나간 이후에 찾아온 10여 년 간의 빠른 성장기 동안에도 주기적인 위기가 반복됐고, 유럽의 전제정에 빗대어 미국을 비난하는 목소리도 늘어났다. "미국 시민들이여! 당신은 형제들이 노예로 살았던 '낡은 중세 시대'보다 포악한 전제주의에 얼마나 더 복종하고자 하는가?"라는 질문이 대표적이다.[47]

두 번째 요소는 참정권 부여에 재산 기준을 폐지한 입법이다. 폐지 입법을 채택한 주의 의회에서[48] 폐지 반대론자들은 노동자들이 자신의 참정권과 정치적 자유를 이용해 자산가들의 재산을 모두 몰수할 수도 있다는 매디슨주의자들의 우려를 재차 표명했다. 당시 뉴욕 정치의 주요 인물이었던 제너럴 랜셀러(General Renssalaer)는 1821년 뉴욕 주 헌법 개정 회의에서 벌어진 참정권 논쟁에서 다음과 같이 말했다. "부자들의 재산은 언제나 가난한 자들의 욕망의 대상이었고 앞으로도 그러할 것이다. 빈자들이 권력을 소유하면 그들은 자기 욕망을 채우기 위해 바로 재산 재분배를 인준하고 말 것이다."[49] 랜셀러 같은 인물들의 또 다른 우려는 노동자들은 고용주에 의존하는 존재이기에 (재산기준 폐지 입법이 통과되면 ― 옮긴이) 자유로운 공화국이 필요로 하는 정치적 평등이 잠식되고 만다는 것이었다. 노동자들은 본래 "자기의 생존을 항상 공장 소유주에 의존하는 자들이며, 이로 인해 독립적인 마인드가 부족한 자들이다. 자기에게 빵을 주는 고용주의 생각이나 소망, 욕망에 순응하는 자들이다."[50]* 참정권 확대론자들은 이런 식의 불필요한 우려를 낳는 주장을 단호히 거부하며 반박했다. 공화국은 정치적 독립성을 지닌 시민에 기초해야 하는 것이지 재산에 기초해서는 안 된다는 점을 다음과 같이 재차 강조했다. "우리 공동체는 인간들의 결사이지 자산가들의

---

* 당시 재산기준 폐지 입법 반대자들의 노동자 인식을 드러내는 대목이다. 노동자는 스스로 독립적이지 못하고 생존을 고용주에게 의존하며 자신의 독자적 견해가 없는 자들이기에 참정권을 부여해도 의미가 없고, 정치적 능력이 없는 자들이 선거권을 갖게 되면 외려 정치적 평등이 잠식되는 결과를 초래한다는 뜻이다.

동업자 집단이 아니다."[51]

양측 모두 예상하지 못했던 것은 기계공과 임금노동자들의 자주적 결사체의 출현이었다. 이들은 자신이 종속된 존재라는 참정권 반대론자들의 주장을 '받아들이면서도' 공공 정책을 통해 자신의 종속성을 극복하고자 했다. 1820년대 말에서 1830년대 초 사이에 (재산기준 폐지 입법으로 - 옮긴이) 새로운 정치적 자유를 획득한[52] 하층 장인과 임금노동자들은 시장경제로 인해 생겨난 경제적 종속에 대항하기 위해 자신들만의 정당인 노동자 정당을 건설했다. 노동자 정당 건설을 주도한 지도급 인사들은 임금노동 문제에 대한 일관된 공화주의적 입장을 처음으로 정립했다. 임금노동 문제의 핵심은 임금노동자의 정치적 종속성의 문제가 아니며, 경제적 종속성은 그대로 둔 채 참정권만 확보해서 해결될 문제도 아니라는 것이었다. 노동자 정당은 임금노동 문제는 정치적 종속성이나 참정권 문제를 훨씬 초월하는 문제임을 강조했다.

종속성과 '곤궁한 처지가 강요하는 압박'

다른 사회운동과 마찬가지로 노동자 정당도 매우 매력적인 대안세력으로 등장했다. 당시의 자연권 사상이나 자생적 기독교 사회주의, 기타 다양한 주의/주장들도 노동자 정당에 대한 관심이 높았다.[53] 노예제와 독립성이라는 공화주의적 비유 논리는 당시의 통념인 '자유' 노동 논리를 전복하려는 노동자 정당에게는 아리아드네의 홍실(얽힌 실타래를 풀 수 있는 단초 - 옮긴이)과 같은 대항 논리였다. 이를테면, 1827년 연설에서 헤이튼은 '노동계급 전반에 대해' 다음과 같이 설명했다. "노동계급은 … 이익 창출을 위한 하나의 시스템이며 … 예속이라는 쇠사슬이 채워져 있다. 부당한 착취, 압제, 합법을 가장한 사기라는 시스템으로 인해 이 사회의 가장 생산적인 계급은 자신의 부를 모두 빼앗기고 토지에 영원히 묶여, 끝도 없는 노예 생활을 감내하고 있다."[54] 뉴잉글랜드 지역의 노동자 정당원을 대상으로 한 연설에서 노동운동가인 세스 루터는 "수만 개에 이르는 방직 공장이 '선제적 통치'에 의해 경영되고 있는 현실을" 고발했다.[55] 그는 "면방직 공장은 '공화적 사업체'라고 불리긴 하지만 실상은 '일방적이고 자의적인 지배' 아래 놓여 있다. 노동자들은 강제 노동에 처해 있으며 … 언제라도 해고될 수 있다"라고 주장했다.[56] 루터는 이런 공장을 뉴잉글랜드 출신인 노동운동가 피스크(Fisk)의 말을 빌려 '북부의 백인 노예들'[57]이 살고 있는 '노예 공장(Slave Mills)[58]이라 불렀다. 이런 주장들은 흑인 노예제라는 수사적 효과를 노린 감정적 호소만은 아니다. 노동자 정당에게 고대 노예제와 임금노동의 관계는 단순한 비유가 아니며 실제로 둘은 동일한 것이었다. 왜냐하면 노예노동이건 임금노동이건 모두가 노동자의 경제적 독립성을 완전히 부정하기 때문이다. 그러나 임금노동자는 종속적인 존재이며, 따라서 산업자본주의 시스템은 노동자의 공화적 자유를 억압하는 체제임을 주장하려면, 임금노동이 고대 노예노동과 어떻게 다른지에 대해서도 규명해야 한다. 노동자 정당에겐 어떻게 임금노동자가 노동계약을 통해 타인의 의지에 종속된 존재가 되는지를 밝힐 새로운 사회분석과 비판의 도구가 필요했다.

이런 주장을 사상으로 발전시킨 새로운 그룹이 등장했다.[59] 주요 인물 중 하나는 필라델피아 출신 인쇄공인 랜던 바일스비로,[60] 그의 1826년 저작 《불평등한 부의 기원과 효과》는 노동자 정당을 지도하기 위해 쓰인 최초의 정식 보고서다.[61] 앞서 언급한 필라델피아 출신인 윌리엄 헤이튼과 그의 동료인 노동자 정당원, 스테판 심슨(Stephen Simpson)도 이 신진그룹에 포함된다. 은행가이자 노동개혁가였던 심슨은 나중에는 필라델피아 노동자 정당의 후보로 의회 선거에 나서기도 했고, 그 당시 관련 저작 중 가장 체계적인 논문으로 평가되는 《노동자의 매뉴얼: 정치경제학의 새 이론(1831년)》의 저자이기도 하다.[62] 뉴욕에서는 토마스 스키드모어가 비슷한 분량의 《인간의 재산에 관한 권리(1829년)》를 발간했는데, 이는 부의 새로운 귀족정을 비판한 좀 더 급진적인 논문이다. 스키드모어는 코네티컷 주에서 농부의 아들로 태어나 나중에는 떠돌이 노동자이자 발명가가 됐다.[63] 스키드모어는 조지 헨리 에반스와 함께 뉴욕 노동자 정당을 설립했고, 기관지인 〈노동자의 주장(The Working Man's Advocate)〉을 창설했다. 〈노동자의 주장〉(뉴욕)과 〈노동자 자유 신문〉(필라델피아)은 당대를 대표하는 노동자 신문으로 초기 공화주의자들의 농본주의 사상을 널리 알리는 데 기여했다.

대부분 다양한 사상과 이론을 독학으로 섭렵한 이 신진그룹은 임금노동의 논리에 대한 분석에 집중했다. 우선 노예제를 하나의 특정한 종속성의 유형, 곧 강제노동에 처할 수밖에 없는, 경제적으로 취약한 상태로 정의했다. 바일스비에 따르면, "노예제의 본질적 핵심은 노동이 강제되는 반면 그 노동에 의한 수익은 타인에 의해 전유되는 데 있다."[64] 단순한 직설적 정의로 보이지만 노예제의 '본질'에 대한 이 정의 방식은 확장성이 있다. 즉 타인을 위한 강제노동에 처해지는 '노예'의 형식이 다양할 수 있다는 가능성을 담고 있기 때문이다. 노예 소유주의 재산으로 간주된 고대 노예의 '법적' 종속은 종속을 강요하는 여러 형식 중 하나일 뿐이다. 이는 종속성의 역사적 기원일 뿐, 종속성 일반을 정의하는 유일한 '형식'은 아니다. 더구나 당시의 노동자들도 노예제라는 개념을 사용해 생산과 교환이라는 넓은 의미의 경제를 규정하는 구체적인 사회적 관계를 설명하기도 했다. 여기서 말하는 노예제란 불평등한 종속이라는 구시대적 조건이 아니라 당시의 고용주와 고용주만의 사회를 위한 특별한 사회적 기능과 목적을 갖는 불평등한 환경, 곧 부의 생산과 축적 조건을 말한다. 노예제에 대한 이러한 정의는 공화주의 사상에서 출발한 것이기도 하지만 더 중요한 것은 강압과 종속, 그리고 법에 대한 심도 있는 분석을 제공했다는 점에서 의의가 있다. 이 분석은 초점을 권력에 두고 있다. 이 장 첫머리에서 언급한 것처럼, 그로부터 50년이 지난 후에 노동기사단이 정립한 예속의 개념, 즉 "한 사람이 자기 노동의 성과를 타인에게 강제로 빼앗길 수밖에 없는 조건에 놓여 있다면 그는 노예 상태에 있는 것이다"[65]라는 정의와 유사하다.

"노동이 강요되고 있고 그 노동의 대가가 타인에게 전유되는 상태"라는 노예제의 정의는 당시 유행했던 재산권 옹호 사상보다 공화적 자유가 도덕적으로 더 우월함을 주장할 수 있는 개념적 공간을 열었다. 토마스 스키드모어는 "재산 소유자라 해도 다른 사람은 모두 해야 하는 노동을 자신은 하지 않을 요량으로 타인이 만든 노동의 결실을 착취하기 위해 자기 재산을 사용할 권리는 없다. … 타인의 노동을 착취해 자기 삶을 부양하거나 여가를 즐기는 것을 허용하는 법이나 시스템이라면 어떤 것이라도 거부해야 한다. … 그가 타인의 권리를 침해하는 것은 물론 상대방의 피해를 정당화할 수 있는 권리를 가져서는 안 된다"라고 주장했다.[66] 스키드모어의 주장은 현존하는 재산권이 처음부터 모두 완벽하게 정당한 구매나 교환 행위를 통해 얻은 것이라 할지라도, 재산의 분배가 누군가로 하여금 경제적으로 종속되게 하는 결과를 낳는다면, 이는 정당하지 않다는 것을 지적하고 있다. 스키드모어와 동료들은 재산권의 역사는 정당한 구매나 교환의 역사가 아닌 점에 주목했다. 이미 수십 년 전 로버트 코램이나 토마스 로이드와 같은 급진적 사상가들이 블랙스톤 판결을 거부하면서 주장한 재산권의 불법적 역사를 좀 더 확장한 셈이다. 블랙스톤 판결은 현재 존재하고 있는 재산권의 역사적 기원에 대해서는 지나치게 엄밀히 따져서는 안 된다는 판결이다.[67] 스키드모어는 재산권의 역사는 실제로는 폭력적 착취와 불법적 도용의 역사라는 점과 이것이 법에 의해 지금도 재생산되고 있다는 점을 폭로했다.[68] 노동자 정당의 노예제 이론과 재산권 분석은 시민의 자유가 재산권에 대해 우선한다는 역사적 사실과 재산권의 정당성을 결정하는 요인이라는 점을 밝히고자 했다. 시민 개개인의 독립성은 재산 축적과 재산권을 제한하는 제약조건이며 양도불가능한 시민의 독립성을 해칠 경우 재산권의 정당성은 박탈된다는 것이었다.

이러한 재산권에 대한 비판은 윤리적 주장을 넘어 사회에 대한 비판적 분석이며, 그 목적은 임금노동자가 자유로운 존재라는 주장을 반박하는 데 있었다. 이전 장에서 살핀 것처럼, 재산권에 대한 이러한 비판은 이미 남북전쟁 이전의 정치 담론을 특징짓는 중요한 요소였으며, 노예제 폐지론자들이 주장한 것이기도 하다. 노동자 정당의 이론가들은 재산권 제도가 고대 노예제가 폐지된 곳에서도 여전히 종속성을 재생산한다는 사실을 확인했다. 특히 재산에 대한 불평등한 소유권을 보호하는 법은 임금노동자가 고용주에게 종속되게 하는 수단이다. 비록 임금노동자는 형식적으로는 자기를 소유하는 자이지만, '고용의 수단(생산수단 - 옮긴이)'[69]에 대한 불평등한 소유는 임금노동자들이 자신의 노동력을 파는 것 외에는 다른 대안이 없다는 것을 의미한다. 예를 들면, 스테판 심슨은 '하루 벌어 하루 먹고사는, 먹기 위해서는 노동력을 팔 수밖에 없는 단순기능공'들의 처지를 개탄했다.[70] 이를 강요하는 근본적 요인은 고용주의 채찍이 아니라 경제적 결핍이다. 스키드모어가 뉴욕 노동자 정당 당원들에게 보내는 메시지에 그 사실이 잘 나타나 있다.

"극심한 괴로움과 빈곤 속에서 오늘을 살아가는 수천 명의 민중들은 하루하루 먹고살기 위해 극소수에 '의존하고' 있다. 우리가 자유와 공화주의 제도라고 부르는 것들이 실제로는 비정상적으로 작동하고 있고, 그리하여 아무 원칙도 없고 때론 악랄한 방식으로 그 극소수만을 막대한 부자로 만들고 있다."[71]

헤이튼은 경제적 빈곤과 강요의 관계를 다음과 같이 짚어냈다.

"빈곤은 우리를 그저 주는 대로 받고 일하도록 강요하며, 생필품을 살 때 우리는 저들이 요구하는 대로 지불해야만 한다. 우리는 어쩔 수 없이 속이거나 훔쳐야 한다. 아니면 배고픔과 헐벗음으로 죽어나갈 수밖에 없다."[72]

재산 소유의 불평등으로 인해 '단순한 기능공'이나 '노동계급'은 고용주에게 일자리와 생계를 의존한다. 이 의존성의 원천은 강요라는 하나의 특정한 유형이다. 즉 고용주를 위해 일하도록 법이 직접 가하는 강제가 아니라 경제적 빈곤 혹은 '결핍이라는 상황'이 가하는 강요다.[73] 스키드모어는 이를 다음과 같이 요약했다.

"만약 당신이 노동자의 평등권을 박탈한다면, 이는 의존할 수밖에 없는 상황으로 노동자를 내모는 것이다. 그리하여 고용주는 자기에게 주어진 권한보다 상대적으로 더 많은 권한을 행사할 수 있게 되고 결국 노동자를 노예로 만드는 방식으로 노동자를 지배하게 된다."[74]

노동자의 경제적 곤궁은 타인을 위해 노동하도록 강요하며, 고용주는 그 노동의 결실 대부분을 착취한다. 노동자들은 재산을 늘릴 여력이 없기에 고용주에게 계속 종속될 수밖에 없다. 그렇기에 그들은 공화주의적 의미에서 노예다. 그들은 타인의 시혜 덕분에 산다. 스키드모어는 다음과 같이 덧붙였다.

"나를 먹여주거나 혹은 굶게 할 수 있는 사람, 나에게 일자리를 주거나 혹은 빈둥거리게 할 수 있는 사람이 바로 주인이다. 노예 이상 아무것도 아닌 존재라는 사실을 자랑스럽게 여기는 것만큼 어리석은 일은 없다."[75]

공화주의의 전통적 아이디어를 산업자본주의라는 새로운 현실에 적용하는 데는 많은 어려움이 따랐고, 특히 정치적 프로그램을 기획하는 데는 더욱 그러했다. 1829년 스키드모어가 주도한 50인 위원회는 새로 결성된 뉴욕 노동자 정당의 강령을 초안하는 임무를 띠고 있었다. 최종으로 채택된 강령이 〈노동자의 주장〉 첫 호에 실렸는데, 이 강령은 《재산에 대한 인간의 권리》에 담긴 임금노동에 대한 스키드모어의 비판을 거의 그대로 옮겨 놓은 것이었다.

"어떤 이가 타인을 위해 해야 하는 일이 타인이 그를 위해 해야 하는 일보다 많다면, 그는 어디를 가든 노예다. 이런 상황이 왜 벌어지는지는 중요하지 않다. 승리자의 칼이 포로의 자유를 내리쳐서 그러하건, 그래서 승리한 정복자가 그를 강제노역에 처하였건, 혹은 빈곤의 칼이 우리를 쥐어짜 스스로 자발적인 노예가 되도록 만들었건 간에, 어떻든 그는 노예인 것이다."[76]

'빈곤의 칼', '강요된 노동', '자발적 노예'로 이어지는 구절은 종속에 대한 초기 농본주의적 비판을 계승함과 동시에 새로운 종속이 제기되는 사회적 환경 변화를 담고 있다. 이제 임금노동자는 고대적인 의미의 노예도, 채무에 속박된 자영농도 아니다.[77] 임금노동자는 특정한 한 사람이 아닌 불특정 다수의 고용주나 대부업자에게 의존하는 존재다. 그가 특정한 한 사람에게 의존하고 있다면 이는 보통의 경제적 종속성에서 비롯된 것이다. 그러나 임금노동자의 의존성은 자본주의 법에 의해 강요된 무산(無産) 상태에서 비롯된 것이며, 고용주는 그 의존성을 일상적으로 이용하고 있다. 이러한 정치경제적 조건에서는 재산권 보호가 시민의 독립성을 보장하는 것이 아니라 와해시키는 것이다.

노동가치설

임금노동에 대한 초기 공화주의자의 비판은 두 가지 점에서 초기 농본주의자들의 입장과 본질적으로 구별된다. 첫째, 단순히 임금노동이 타인을 위해 강요되는 노동이라는 사실 때문에 노예노동과 같다는 것은 아니다. 더 중요한 것은 "타인이 임금노동자의 노동의 결실을 착취하고 향유한다"라는 사실이다.[78] 고대 노예에게는 착취가 명백히 드러난다. 왜냐하면 노예에겐 자신의 노동에 대해 대가를 요구할 수 있는 어떤 법적 권리도 없기 때문이다. 그러나 임금노동자는 자신의 노동에 대해 '대가'를 받는다. 게다가 초기 공화주의자들은 임금노동을 자유노동이라 주장하는 입장에 대해서도 잘 알고 있었다. 이 자유주의적 입장은 1836년 한 고용주협회의 발표처럼, "노동은 자유롭고 개방적인 시장에서 다른 모든 상품과 마찬가지로 자신의 가치에 따라 거래되는 상품"[79]이라는 식의 믿음에 기초하고 있었다. 자유주의적 견해에서는 노동-상품을 소유하는 자가 동의하는 방식 말고는 노동이라는 상품의 가치를 측정할 수 있는 척도가 없다. 이 점에서 노동이라는 상품의 가치는 두 계약당사자의 주관적 평가에 따라 자의적으로 결정된다. 2장에서 보았듯이, 자유방임적 공화주의자들은 가치의 준(準)객관적 근거(a quasi-objective basis)를 주장하는 것이 노동계약의 부당함을 비판하는 데 사용할 수 있을지는 몰라도 오히려 노동자의 의지를 무시하는 것이며, 따라서 독립성을 침해하는 것이라고 생각했다. 임금을 받는다는 사실 자체는 자유의 징표였고, 그렇기 때문에 시장임금은 그 노동의 실제 가치를 표현하는 것이다. 시장에서 실현된 가치(시장임금 - 옮긴이)가 실제 가치다. 자유방임적 공화주의자의 이러한 기본 가정은 노동자 정당에겐 넘어야 할 커다란 도전이었다. 왜냐하면 노동자가 시장에서 자신의 노동에 대한 대가를 모두 지불받는다면, 그리고 그 대가에 노동자가 동의한다면, 노동자가 자유롭지 않다는 사실을 주장할 근거가 사라지기 때문이다. 주인/고용주가 아니라 노동자가 자신의 노동의 가치를 결정한 것이 된다. 노동자 정당의 이론가들은 임금노동자가 어떻게 경제적으로 종속적일 수밖에 없을 뿐만 아니라 실제로 착취될 수밖에 없는지를 밝혀야 했다. 이는 노동자가 사실상 타인을 위해 강제노동을 하고 있으며, 그 혜택은 타인에게 고스란히 돌아간다는 메커니즘을 밝히는 도전적인 문제였다.

노동자 정당 운동을 주도한 헤이튼과 스키드모어는 새로운 정치경제학 이론에서 이 질문에 답할 수 있는 이론적 도구를 발견했다. 그 새로운 이론이란 바로 노동가치설이다. '자산'으로서의 노동이론, 즉 노동자산설(a labor theory of property)은 이미 존 로크(John Locke)와 같은 고전이론가에 의해서 이미 수세기 전부터 제시돼 온 이론이었고, 당시에도 하나의 도덕적 상식으로 통용되고 있었다.[80] 그러나 노동가치설은 새로운 이론이었다. 노동가치설의 기본 가정은 모든 상품의 가치는 그들에게 공통적으로 체화돼 있는 하나의 요소로 측정될 수 있다는 것이다. 모든 상품은 노동의 산물이기 때문이다. 노동은 그 대상을 생산하는데 소요된 노동시간으로 측정된다. 벤저민 프랭클린(Benjamin Franklin)은 노동가치설을 미국에 소개한 최초의 이론가였고, 특히 당시 제조업이 가장 발달한 도시인 필라델피아에서는 노동가치설을 둘러싼 논쟁이 활발했다.[81] 그러나 노동가치설을 정치경제학적 이론으로 처음 발전시킨 사람은 스미스(Smith)와 리카르도(Recardo)다. 윌리엄 톰슨(William Thompson)과 존 그레이(John Gray) 같은 소위 영국 리카르도 사회주의자들의 해석에 의하면,[82] 스미스와 리카르도의 아이디어는 노동계약에 대한 '과학적' 비판을 시도했던 초기 공화주의자들의 관심과 매우 잘 어우러질 수 있었다. 노동가치설의 기본적 생각은 오직 노동만이 가치를 창출한다는 것이다. 공정한 계약을 자유로운 등가교환이라고 정의한다면, 실제 등가물이 존재하는지 그래서 실제로 자유로운 교환이 이뤄졌는지를 판단할 수 있다는 것이다. 만약 노동자가 자신이 생산한 가치보다 적은 임금을 받는다면, 그 고용주는 노동자의 노동 가치 혹은 '결실'을 부당하게 착취한 것이다. 헤이튼은 이렇게 말했다.

"모든 부는 인간 노동의 산물이다. 따라서 주어진 일정한 시간 동안 생산할 수 있는 것보다 더 많은 부를 축적한 사람은 타인에 의해 생산된 것, 그래서 자기가 받아서 합당하지 않은 것을 착취했을 때나 가능한 것이다."[83]

예를 들어, 한 노동자가 12시간을 노동했다고 하자. 그러나 4시간 분의 노동만 들어가 있는 상품에 대한 임금을 받았다면 그 노동자는 나머지 8시간 노동으로 생산한 가치를 아무 대가 없이 포기하는 셈이 된다. 바일스비는 이 설명을 다음과 같이 요약한다. "노동자로부터 이틀 분의 노동 생산물을 가져가면서도 하루 분의 가치만을 임금으로 지불하는 시스템에서는 보편적 정의나 도덕적 정의를 찾을 길이 없다. … 그러나 이것은 지금 시대를 살아가는 모두의 생활양식이다."[84]

대부분의 노동계약은 이런 식의 착취계약이다. 그러니 설사 노동자가 그 계약에 동의했다는 사실만으로 그가 자유로운 사람이라 말하는 것은 근거 없는 얘기다. 바일스비가 주장하는 대로[85] 초기 노동자 정당이 이런 사유를 독자적으로 펼쳤는지, 아니면 헤이튼의 주장처럼[86] 톰슨과 그레이의 사고를 계승해 수용했는지는 그리 중요한 논점이 아니다. 그보다 노동자 정당은 이 새로운 정치경제학 이론에 내포된 이데올로기적 가치를 인식했다는 점이 중요하다. 노동가치설은 고용주협회가 주장해온 ─ "노동자는 자기 노동의 정당한 가치를 자유롭고 개방된 시장에서 추구해야 한다"라는 ─ 이데올로기적 공세에 대응할 수 있는 이론적 무기를 노동자 정당에게 제공했다. 헤이튼이 한 연설[87]에서 톰슨과 그래이의 논의를 인용한 이유도, 〈노동자 자유 신문〉에 이들의 논의를 소개한 이유도, 바일스비와 스키드모어가 자신들의 저서에서 이들의 논의를 인용한 이유도[88] 모두 임금노동에 대한 노동이론가들의 이러한 분석이 은폐된 불평등과 착취를 폭로할 수 있었기 때문이다. 그 착취가 없다면 자유롭고 평등한 경제적 관계는 가능하다. 헤이튼이

〈노동자 자유 신문〉에서 인용한 톰슨의 〈노동과 보상〉은 중요한 핵심을 지적하고 있다.

> "자유롭고 자발적인 교환은 … 어느 곳에도 없다." "이 '불공정한 교환' 속에서 노동 대중이 생산한 노동생산물은 모두 빼앗기고 있다. 이것은 (자본주의적 - 옮긴이) 법이 작동한 직접적 결과이기도 하고, 현명치 못한 사회적 제도들이 작동한 간접적 결과이기도 하다."

이 '형편없는 사회제도'란 바로 '생산수단에 대한 평등한 통제권'이 결여된 제도다.[89] 이 분석을 완결 짓는 마지막 문장은 법에 의한 직접적인 강제가 없이도, 형식적으로 자유로운 노동자가 고용주에게 종속될 수 있다는 것이다. 이로 인해 노동계약은 예속적인 착취제도로 변질된다. 노동자는 자신이 생산한 가치를 사자의 몫(lion's share)으로 내놓아야 하기 때문이다.*

노동가치설은 경제적 종속성의 정도를 정량화한다. 가령 바일스비는 벤담식 공리주의자이자 사회개혁가인 패트릭 콜훈(Patrick Colquhoun)의 계산식을 활용해 경제적 종속 정도를 측정했다. 콜훈은 노동가치설을 이용해 1812년 영국 왕실의 자산소득에 대한 최초의 통계를 작성한 인물이다. 이 산식에 따르면 1812년 당시의 총생산 중 노동자 계급은 연

---

* '사자의 몫'은 이솝 우화에 나온다. 이 우화에서 사자가 여우 등 다른 동물을 데리고 사냥을 했다. 사냥한 몫을 나누는 데, 사자는 절반은 나의 용기의 몫, 나머지 절반은 나의 가족의 몫이라고 하며 사냥한 모든 것을 취했다.

간 생산물의 1/5을 받고 있고, 나머지는 생산에 공헌하지 않은 유한계급에게 돌아갔다고 바일스비는 주장했다.[90] 이것은 노동자가 자신이 생산한 가치에 비해 턱없이 적은 양을 분배받았다는 과학적 증거다. 동시에 그럴 수밖에 없는 이유는, 노동자는 법적으로 자유로운 계약을 체결할 수 있지만, 그럼에도 불구하고 타인을 위한 노동을 할 수밖에 없는 강제노동에 처해 있기 때문이다. 바로 고용주 등 타인에 대한 노동자의 의존성이 노동자를 착취에 취약한 계층으로 만드는 것이다. 물론 노동운동가들에게는 한쪽에서는 물질적 부가 눈에 띄게 증가하면서도 다른 한쪽에서는 빈곤이 늘어나고 부랑자들이 현저히 증가한다는 사실만으로도 노동자들이 자기노동의 결실을 거의 향유하지 못하고 있다는 충분한 증거가 된다. 이것을 입증하는 데 엄밀한 정량적 분석이나 과학적 분석까지 필요한 것은 아니었다. 이미 널리 퍼져 있던 불평등에 대한 단순한 관찰만으로도 임금노동과 종속성을 주장할 수 있는 충분한 근거가 되기 때문이다.

그러나 이들의 정치경제학 사용법을 불필요한 사치로 여길 것은 아니다. 노동가치설은 바일스비나 스키드모어 같은 인물들로 하여금 그들이 비판하고자 했던 새로운 형식의 사회적 지배를 해명할 수 있는 담론을 발전시킬 수 있는 분석적 도구로서의 힘이 있었다. 보편화되는 시장관계 – 노동의 상품화로 대표되는 – 가 의미하는 것은 모든 것은 이전 사회에서는 허용되지 않는 방식으로 모두 계산 가능하다는 점이다. 노동가치설은 시장관계에 조응하는 특정한 형식의 종속 노동이 얼마나 커다란 해악인가를 분석할 수 있게 해주었다. 가령 스키드모어는 노동가치설에 기대어 노예제라는 통속적 개념 – 자기 노동을 착취하는 타인을 위해 강제로 노동할 수밖에 없는 상태 – 을 근대 자본주의에 부합하는 특정한 개념으로 새롭게 정립할 수 있었다. 임금노동자의 개념도 '노동을 해야 하며 노동하지 않으면 죽을 수밖에 없는 특정한 결핍 상황에 처해 있는 자' 혹은 '자신이 노동하지만 실제로 자기 노동으로 창출한 가치 중 대부분은 고용주 혹은 노동의 기회를 제공하는 자의 것이 된다는 조건 아래서 노동을 수행하는 자' 등 당대에 부합하는 특정한 개념으로 정의했다.[91]

고대의 노예 개념은 노예주를 위해 강제로 일할 수밖에 없지만 노예가 생산한 모든 것은 노예주에게 돌아간다는 사실이 명백하다. 그러나 노동계약에서는 노동자는 어쨌거나 노동의 대가를 받기 때문에 착취라는 사실이 시야에서 사라진다. 비가시적이기에 은폐된다. 따라서 노동자의 종속성이 표현되기 위해서는 계산된 가치의 형식을 취해야 했다. 즉 그가 생산한 가치에서 그가 받은 가치를 뺀 차이를 계산해야 한다. 노동자의 빈곤은 그 자체로 노동자 자신으로 인해 말미암은 것처럼 보이듯, 노동시장의 형식적 자유도 공화주의의 공통된 인식을 붕괴시킨다. 따라서 사회를 분석할 수 있는 좀 더 발전된 이론적 도구가 필요해진다. 노동가치설은 노동계약이 은폐하는 권력관계 즉 지배-종속 관계를 가시적으로 드러내는 사회분석의 한 형식이다. 사회분석을 위한 이론적 도구로 노동가치설을 활용하면 노동시장은 독립적인 당사자들의 대등한 관계가 아니라 불평등한 종속의 관계이자 지배의 관계로 구성돼 있다는 점이 드러난다. 고용주들이 일상적으로 평온하게 전유한 이익은 바로 노동자들에 대한 그들의 자의적 권력을 나타내는 표식이기도 하다.

무엇보다 노동가치설이 중요한 이유는 경제적 종속의 사회적 기능을 밝혔기 때문이다. 경제적 종속은 단순한 사회악이 아니다. 경제적 종속은 자본주의 사회가 자신을 재생산하는 제도적 동력이다. 달리 말하면, 불가피한 그러나 그리 중대한 해악은 아닌 예속의 한 형식으로만 파악해서는 안 된다. 당시 사회의 주변부나 혹은 핵심부에 그저 우연히 출현한 자연발생적인 현상도 아니다. 경제적 예속은 그야말로 사회의 중핵을 이루는 사실이다. 만약 고용주가 무산자 계급인 노동자의 경제적 종속을 이용하고 있다면, 생산수단을 소유한 그들이 노동자를 비참한 종속적 상황에 계속 내모는 것이 자기에게 유리한 것이라고 인식하는 이유가 명백해진다.[92] 노동자들이 고용주에 의존하는 상태가 지속된다면, 노동자들은 자신이 생산한 가치 중 극히 적은 부분만을 임금으로 가져갈 수밖에 없다. 이 종속성은 불평등한 재산권의 직접적인 효과다. 종속성은 저임금, 희소한 생산수단, 제한적 신용이 노동자에게 임금노동 이외에 먹고살 다른 방법을 허용하지 않는다는 사실에 의해 끊임없이 재생산된다. 종속성의 재생산은 노동자의 예속 상태가 일시적인 것이 아니라 영구적이라는 것을 의미한다.[93] 노동자 정당을 따라가 보면 우리는 고용주 계급이야말로 공화적 자유의 보편화라는 이상에 가장 큰 적이자 해악이라는 결론에 자연스럽게 도달하게 된다. 노동가치설은 임금노동자 착취에 대한 과학적 분석을 가능케 했다. 종속성은 착취를 가능하게 하는 원천이 어디에 있는지를 잘 설명한다. 노동자 정당은 노동자의 종속성은 고대 노예제 사회에서처럼 개별적인 것이거나 주인의 지배에 의한 직접적인 것이 아니라 구조적이고 맥락적인 것이라는 사실을 발견함으로써 노동가치설의 정치경제학을 공화주의 이론에 접목할 수 있었다.

"자산을 균등하게 배분하라"

노동가치설과 함께 노동자 정당이 강령으로 채택한 아이디어는 협동조합이다. 1820년대는 가히 새로운 개념의 발전기라 할 수 있다. 협동조합 운동의 창시자인 로버트 오웬은 뉴나라크에서 실시한 사회주의 실험으로 잘 알려진 인물이다. 오웬은 1824~1825년 동안 미국을 여행하면서 자신만의 새로운 공동체주의 실험인 〈새로운 조화〉 프로젝트를 구상했다. 그가 쓴 《사회에 대한 새로운 관점》은 이미 미국에서는 1817년에 출간된 터라 오웬은 미국에도 꽤 많이 알려진 인물이었다. 오웬은 유명인사들의 저녁 모임에 초청받아 유토피아 사회주의에 대해 강의를 하기도 했는데, 그를 초청한 사람 중에는 상원의원, 사교적이고 외향적 인물인 제임스 먼로(James Monroe) 대통령, 존 아담스(John Q. Adams) 당시 대통령 당선인도 있었다.[94] 오웬은 자신의 이상적 공동체를 실제 구현할 수 있는 건축설계 모형을 심사하기도 했는데 이 모형은 백악관에 6주 동안 전시되기도 했다.[95] 그만큼 오웬의 주장은 사회적 토론의 쟁점으로 빠르게 부상하고 있었다. 필라델피아 지역에 머무는 동안 오웬은 주로 중간계층 개혁가나 자유사상가들과 친밀한 교제를 나

넜다. 그는 비록 노동조합 활동가와의 만남은 꺼렸지만,[96] 헤이튼이나 바일스비 같은 인물들은 이미 언론 매체를 통해 오웬의 사상과 주장을 익숙하게 알고 있었고, 톰슨이나 그레이가 쓴 협동조합 관련 글을 참조하면서 《사회에 대한 새로운 관점》을 읽기도 했다.[97]

넓은 의미에서 협동조합은 하나의 연합된 생산양식(associated production)을 말한다. 자산은 공동으로 소유된다. 협동조합에 속한 조합원들은 일할 능력이 있다면 모두 생산에 참여해 노동한다. 조합원들은 노동에 대한 대가로 생활에 필요한 필수품을 제공받으며, 필수품을 제공하고 남는 것은 출자자에게 배당한다. 그러나 오웬이 협동조합을 빈곤과 범죄 등 사회문제를 해결할 수 있는 대안으로 보았다면, 노동자 정당은 협동조합이야말로 자유를 보장할 수 있는 제도, 즉 공화적 자유의 보편화를 실현할 수 있는 해법으로 보았다. 협동조합에 대한 노동자 정당의 관심은 종속성에 대한 자신들의 분석에서 비롯된 것이다. 생산수단, 특히 토지와 공장에 대한 통제권이 불평등하게 분배돼 있다면, 노동자는 토지 소유주나 공장 소유주에 종속될 수밖에 없다. 따라서 노동자의 종속을 철폐하기 위해서는 생산수단에 대한 통제권을 모두에게 균등하게 배분해야 한다. 자유는 자산의 평등에 기초한다. 실제로 스키드모어, 바일스비, 헤이튼, 심슨 등은 그동안 "적용 가능한 모든 곳에 평등한 분배 원칙을 세워야 한다"[98] 혹은 "자산을 평등하게 분배해야 한다"[99]라고 주장해온 터다. 자산의 '균등화'만이 노동자를 "쓸모없는 소수들을 위해 노예가 되는 고통으로부터 해방할 수 있다"[100]라고 그들은 주장했다.

자산에 대한 균등한 권리를 구체적으로 어떻게 실현할지에 대해서는 사상가마다 입장이 달랐다. 그러나 이들은 모두 오웬식 사회주의에 대해 양가감정을 가지고 있었다. 특히 사회와 '분리된' 협동조합 공동체 건설에 대해서는 모두 비판적인 입장을 취하고 있었다. 바일스비는 "오웬식 사회주의자들이 주장하는 방식, 즉 제한적이고 독립적인 마을을 건설하는 것이 거대 도시의 막대하고 중요한 이해관계들을 어떻게 모두 담아낼 수 있을지, 이해할 수 없다"[101]라며 오웬식 사회주의를 비판했다. 이 '제한적이고 독립적인 마을들'은 공장 노동자의 종속 문제를 해결할 수 없으며, 게다가 지금 존재하고 있는 생산수단의 불평등한 분배 문제에 대해선 거의 언급이 없다는 점도 덧붙였다. 오웬은 부자들에게 이 공동체를 위해 자금을 기부해 달라고 호소하고 있는데, 이건 현실적으로 가능하지도 않을뿐더러 공화주의가 지향하는 '자립성'이라는 궁극적 목적을 놓치고 있다는 점도 명확히 했다. 이를 위한 조건은 노동자 스스로 달성해야지 타인의 도움으로 이뤄질 수 없는 것이기 때문이다. 스키드모어도 "오웬의 모델이 좋은 것이라고 쳐보자. 그런데 오웬과 같은 사람들을 어디서 더 끌어 모을 수 있단 말인가?"라고 물은 뒤, "항상 사람들의 마음속엔 선한 감정과 배치되는 어떤 것들이 있게 마련이다. … 그 행복이 어디서 왔는지 물어야 할 때가 있다. … 만약 타인의 배려에 의해서 그 행복이 왔다면… 행복의 실제 가치는 그만큼 반감되고 만다. 그 행복을 위해 타인에게 종속될 수밖에 없다는 것을 알게 된다면 말이다"[102]라고 일갈했다. 우리만의 노력과 힘으로 경제적 종속을 타파해야 한다는 요구보다 더 강력한 자립에 대한 열망을 표현하는 것은 없다는 것이다.

심슨 같은 이들은 대체로 자산의 균등화 주장에는 동의했지만, (노동자의) 생산자 협동조합을 건설해야 한다거나 토지나 공장, 기계와 같은 생산수단의 재분배를 전면적으로 실시해야 한다는 주장까지 나아가진 않았다.[103] 다만 자본주의적인 대규모 공장 경제의 통합적 생산과정을 관리하기 위해서는 협동조합이 필수적인 요소이며, 이를 통해서 종속적인 임금노동을 폐기할 수 있다는 주장을 내놓았다. 바일스비는 〈옵저베이션〉에서 협동조합 건설을 위한 전략을 언급하며, 상속세를 통해 '산업과 노동에서 얻은 이익 모두를 균등화'[104]할 수 있고, 이러한 자산의 재분배 방식을 통해 생산자 협동조합을 건설해야 한다고 주장했다. 헤이튼과 같은 이들은 '일정한 행정구역이나 도시의 경계를 단위로 그 안에 거주하는 생산자들이 모두 연합해 협동조합을 만들고, 분배를 관장하는 기구를 설치하고, 서로 다른 노농자 협동조합 사이의 거래를 활성화하는 노동화폐(labor note) 거래소를 만들자고 주장했다.[105] 이런 제안들은 모두 전국 단위의 자유로운 생산자 연합을 모색하는 것이었다. 그 연합 속에서 자립적인 자산 소유자들은 개인 혹은 협동조합의 상품을 노동화폐에 기초해 거래하는 구상을 공통적으로 포함하고 있었다. 필라델피아 출신인 조시아 워런(Josiah Warren)은 1828년에 최초로 노동화폐 거래소를 세웠다.[106] 헤이튼의 〈노동자 자유 신문〉 역시 협동조합에 대한 초기 영국의 저작 중 핵심을 발췌해 정기적으로 실었고, '종속적인 생산자의 규모를 줄이기 위해'[107] 노동거래소와 협동조합 건설을 주장하는 지역의 개혁활동가들의 의견도 자주 소개했다.

이 중 가장 체계적이고 널리 알려진 구상은 스키드모어의 제안이다. 그가 쓴《모든 자산의 권리를 모두에게로!》는 당시 다수의 의견을 반영하고 있었고, 보편적 자유(혹은 자유의 보편화 – 옮긴이)와 경제적 종속의 폐지라는 논리가 얼마나 더 확장될 수 있는지를 보여주고 있다. 그는 토마스 페인이 처음《농본주의의 정의》에서 제시한 플랜(스키드모어는 페인의 주장을 당시에는 잘 모르고 있었던 것 같다)[108]과 유사한 시스템을 구축하는 것이 합리적이라고 보았다. 그 시스템은 1) 모두는 성인이 됨과 동시에 동년배들과 동일한 수준의 재산을 소유할 수 있도록 허용하는 시스템이어야 하며,[109] 2) 모든 사람은 각자 타인과 동등한 권리를 가지며, 공동재산에 대해서는 균등한 지분 혹은 동일한 배당을 받는 것을 허용하는 시스템이어야 한다.[110] 스키드모어는 부동산세와 같은 세제가 아니라 기존의 모든 자산을 전면 몰수하고 재분배하는 방식으로 필요한 자금과 토지를 확보해야 한다고 주장했다.

스키드모어는 '평등한 자산분배'를 위한 '사회협약'을 제안했다. 사회협약에 의거해 국가는 자산조사권을 갖는다. 국가 내에 존재하는 실질적 자산 전체에 대해 – 그 유형이 어떠하든지 간에 – 조사하고 청구할 수 있으며, 모든 자산을 시민들에게 평등하게 분배하는 권한도 갖는다.[111] 모든 개인은 국가로부터 신용을 공여받는다. 성인이 되면 공공자산 – 주로 토지 – 중 자신의 지분을 자유롭게 청구할 수 있으며, 자신들의 개별적 청구권을 모아 연합체를 구성하는 것도 가능하다.[112] 모두는 자유롭게 자신의 자산을 활용해 노동할 수 있으며, 살아 있는 동안에는 그 생산물을 소유할 수 있다. 그러나 자산은 상속되지 않는다. 사망할 경우 개인의 자산은 공유 기금에 귀속되며, 이후 평등 원칙에 따라 재분배된다. 이 계획은 개인의 평등한 권리를 존중하고 지향하지만, 자식들에게 자산을 물려주거나 타인의 자손들보다 우위에 서게 할 목적으로 자산을 획득하는 것은 철저하게 방지하는 방안을 담고 있다.[113] 이 사회협약은 재산을 기준으로 참정권을 부여하던 제도를 폐지한 전례에서처럼 명백한 목적을 가지고 있다. 그 목적은 바로 공화주의적 개혁 프로젝트는 국민주권의 가장 보편적인 형식인 국가의 헌법을 통해 비로소 완성된다는 것이다. 헌법이라는 최상위 법을 통한 자산의 평등 배분이 보편적인 자립을 확고히 한다.

사회협약은 농본적 파벌주의를 상징하는 징표가 아니다. 스키드모어는 자신의 주장이 보편적 논리에 기초하고 있으며 그 외연 또한 좁은 지역에 매몰되지 않는다고 보았다. 원칙적으로 이상적인 토지개혁은 지역이나 국가 단위가 아니라 국가를 넘어선 국제적 단위에서 이뤄져야 한다.[114] 게다가 이 계획은 모든 성인을 대상으로 하고 있다. 그가 남자이건 여자이건, 흑인 노예이건, 식민화된 아메리카 선주민이건 가리지 않는다. 스키드모어는 흑인, 여성, 아메리카 선주민이야말로 부를 독점한 계층에 의해 가장 극심한 고통을 받는 계층임을 늘 강조해 왔다.[115] 이에 더해 스키드모어는 자신의 주장을 가정 영역에서의 경제적 종속성을 철폐하는 데에까지 밀고 나갔다. 어린 자녀들이 자기 부모에게 교육이나 유산을 위해 의존하는 것이 근본적으로 가족의 사랑을 파괴한다고 보았다. 부모가 독재자처럼 자녀를 부릴 수 있는 근거가 자녀의 종속성에 있기 때문이다. 자녀들은 마치 전제군주의 신하처럼 부모들에게 아첨을 떨 수밖에 없는 지경에 처할 수도 있다. 그가 자유로운 공교육을 주장한 이유가 여기에 있으며, 국가는 교육을 비롯해 기초생활에 필요한 모든 수단을 제공할 의무를 지닌다. 성인이 되면서 지급되는 자본금은 부모의 경제적 부와는 관련이 없다. 자녀들의 경제적 자립은 보장될 것이며, 부모와 자식 간의 관계 역시 노예적 복종이나 비참한 아첨에 의한 관계가 아니라 진실한 사랑과 상호존중에 기초한 관계가 될 것이다.[116]

스키드모어는 로만 그라치(Roman Gracchi)[117]와 같은 초기 농본주의자들이 자기 계획의 개혁성을 본다면 부끄러워할 것이라고 장담했다.[118] 스키드모어의 아이디어는 광야에서 외치는 고리타분한 유토피아적 망상이 아니었다. 뉴욕 노동자 정당의 공식 강령인 〈50인 위원회 보고서〉에는 '성인에게 동등하게 지급돼야 할 자산'과 이전 버전인 '공공지출에 의해 평등하게 제공돼야 할 음식, 의류, 교육'에 대한 요구가 담겨 있다.[119] 그 후 공화적 자유의 실현을 위해 시민 모두에게 자산을 동등하게 분배해야 한다는 주장은 정당이라면 반드시 추구해야 하는 공식적인 강령이 됐다.[120] 당시의 논쟁에서 스키드모어의 이론과 주장은 노동자들에게는 물론 잭스니언 아메리칸들(농본주의자들 – 옮긴이)에게도 오랫동안 매우 영향력이 크고 중요한 입장으로 받아들여졌다.[121]

다시 토지로: 초기 공화주의의 양면성

스키드모어와 그의 동지들은 위험한 '농본주의자'로 공격받기도 했다.[122] 필라델피아 〈노동자 자유 신문〉에 실린 한 기고문에는 "이들은 로마의 호민관 같은 존재로 '모든 노동하는 사람들의 대표'이며, 비난조로 말하는 사람들만이 이들을 '농본주의자'라고 부를 뿐이다. 필라델피아에서 농본주의자라는 호칭은 우리를 비난하는 말로 사용되고 있다"라는 내용이 실려 있다.[123] 그러나 앞서 살펴본 것처럼, 스키드모어와 같은 노동개혁가들이야말로 소농의 전통인 급진적인 농본주의를 새로운 방향으로 밀고 나가는 개혁으로 유명하다. 이들은 토지 소유나 부채 문제보다 임금노동을 비판의 핵심 대상으로 삼았다. 이들은 자신들의 비판을 공화주의 이론으로 승화시키기 위해 근대 정치경제학의 이론적 도구들을 활용해 '자유' 노동자라는 껍데기뿐인 독립성에 의해 은폐돼 있는 종속관계를 분석하고 폭로했다. 임금노동자의 종속성을 비판적으로 분석하고 균등한 자산 통제권에 대한 발본적 요구를 발전시킨 주역이 바로 이들이다.

다만 그들도 동등한 재산권이 의미하는 바가 무엇인지에 대한 명확한 인식이 부족했다. 협동조합이라는 아이디어가 매력적이긴 했지만, 그들이 제시한 많은 실천 전략은 한편으로 모호하기도 했고 다른 한편으로는 매우 파편적이었다. 즉 노동자의 협동조합은 여전히 주변적인 하나의 옵션일 뿐이었다. 1830년대와 1840년에 설립된 몇몇 협동조합은 지역적 문제를 타개하기 위한 방편이었을 뿐, 연대의 노력이 부족했고 심지어 공통된 이념적 기반도 부재했다.[124] 노동자 정당의 더 큰 문제는 사유재산과 공유재산, 국가 소유 재산의 관계에 대해서도 명확히 이해하지 못했다는 점이다. 심지어 국가 소유 기업에 대해서는 명시적인 반대 입장을 취하고 있었다.[125] 그러나 명백한 사실은 그들이 토지

등 기존 자산의 재분배를 위해 국가권력을 활용해야 한다는 소농주의 자들의 전통을 극복했다는 점이다. 더 중요한 것은 공화적 자유의 보편화를 위한 어떤 시도도 토지의 재분배뿐만 아니라 자본주의적 임금노동 관계의 개혁임을 인식한 점이다. 이를 위해 협동조합 아이디어는 여전히 명확히 정립된 것은 아니어도 매우 중요한 역할을 수행했다. 생산과정을 지속적으로 통제하는 데 필요한 통제권을 회복해야 함을 일깨운 점에서는 더욱 그러하다. 이 생산과정에 대한 지속적인 통제는 자본주의 생산양식하에서는 개별화된 생산이 아니라 (소농 중심의 농본주의적 접근 – 옮긴이) 공평하게 분배된 통제권을 통해서만 가능하다. 장자상속권이나 세습재산을 철폐해야 한다는 주장에 더 이상 매몰되지 않은 이유도 여기에 있다. (자본주의가 발달하면서) 점점 상속 관련 법률을 손질하는 것만으로는 모두의 경제적 자립을 보장할 수 있는 자산의 평등한 분배를 달성할 수 없게 됐고, 토지도 충분하지 않을 뿐더러 생산수단의 유형도 계속 변화하고 있었기 때문이다. 초기 공화주의자들은 상속된 재산권 자체를 문제에 부쳤다. 생산수단에 대한 적정한 소유권을 모두에게 보장함으로써 누구도 자신의 노동력을 타인에게 팔지 않아도 되는 상황을 만들고자 시도했기 때문이다. 이러한 생산수단의 평등한 배분과 이를 통한 노동에 대한 통제만이 '임금노예제'를 폐지할 수 있다고 주장했다. 초기 공화주의자들을 비판하는 자들은 이제 '소농주의자' 대신 '워키스(Workies)'라는 새로운 용어로 이들을 비난했다.

1830년대 중반이 되면서 노동자 정당은 해체되고 만다. 자본주의에 대한 공화주의의 발본적 비판이 정점에 이르렀던 시기는 저물었지만, 그렇다고 그 비판이 사라진 것은 아니다. 뉴욕 지역 일반노조(New York's General Trade Union) 등 시 단위의 노동자 평의회는 노동조합 활동을 억압하려는 고용주 연합의 시도를 성공적으로 막아냈다. 고용주 연합은 노동조합 활동은 자랑스러운 자유의 땅이 지닌 공화주의 문화를 폐기하고 전제군주와 독재의 사악한 통치가 판을 치는 암흑의 시대로 만들 것이라고 선전하곤 했다.[126] 일부 워키들은 민주당의 좌파 그룹인 로코포코(Locofoco)에서 새로운 길을 모색하고자 했다. 대변인으로 유명했던 오레스테스 브라운선(Orestes Brownson)은 1840년에 자신의 빼어난 에세이 〈노동하는 계급〉에서 다음과 같이 썼다. "우리의 동료 시민들 중에는 이런 부류가 있다. 그들은 우리가 아직까지도 노예 상태에서 벗어나지 못한 노동자를 대표하는 것을 보고, 우리를 정신 나간 사람이라고 한다. … 그들은 노동자가 이미 선거권을 가지고 있고, 그래서 자유민이며, 더 이상 자본가에 예속되거나 의존하지 않는 존재라고 말한다. 오히려 자본가들이 노동자에게 의존하고 있다는 말도 서슴없이 한다."[127] 이어서 브라운선은 이 종속성은 상호의존성이 아니라고 잘라 말했다. "어떤 결핍이 지금 더 시급한 것인가? 부자가 되는 것이 더 시급한가, 아니면 기아로 허덕이는 자를 보호하는 게 더 긴요한가. 자본가는 노동자를 고용하지 않아도 살 수는 있지 않은가. 노동자는 일자리를 얻지 못하면 죽을 수밖에 없다. 일자리가 없으면 그는 자본가의 자비에 온전히 기댈 수밖에 없다."[128] 브라운선은 그가 청중으로 염두에 둔 고용주에게 호소하듯 다음과 같이 썼다. "합리적인 단 하나의 길은 현재의 재산권 제도를 개혁하는 데 고용주가 진심으로 앞장서는 것이다. 그리하여 모두가 자산 소유자가 될 수 있도록 해야 한다. 그러면 당신들 고용주는 임금을 주어야 하는 압박에서 벗어나게 된다. 프롤레타리아트들이 임금을 받아야 하는 상황에서 벗어나는 것처럼 말이다."[129] 워키들의 임금노동 비판은 이처럼 공명을 거듭하며 발전해 나갔다.

그럼에도 불구하고 임금노동자가 본질적으로 종속적인 존재라는 주장이 한편에 있었다면, 1840년대에 이르러서는 소생산자 전통의 유산인 개인주의적이고 농본주의적인 경향이 다른 한편에서 수면 위로 떠올랐다. 당시 미국 개혁 운동의 최대 조직이던 전국개혁연합(NRA, the National Reform Association)은 임금노동에 대한 비판을 수용했다. 이들은 자신이 노동자 정당을 계승한 단체라고 공공연히 밝히기도 했다.[130] 이들이 노동자 정당의 계승자로 자처할 수 있었던 이유는 두 가지(지적 측면과 주체 측면)가 있다. 전국개혁연합을 창설한 조지 헨리 에반스는 뉴욕 노동자 정당의 기관지인 〈노동자의 주장〉의 편집자였고, 그 외에도 많은 워키들이 노동자 정당을 거쳐 전국개혁연합에 합류했기 때문이다. 그러나 전국개혁연합은 자본주의적 생산 시스템을 재구축하기보다는 토지 재분배에 자신들의 방점을 두고 있었다. 전국개혁연합의 궁극적 목적은 농본주의적인 것이었다. 즉 경제적 종속성을 철폐하기 위해서는 토지에 대한 사적 독점을 폐지해야 하며, 토지가 없는 무산자에게 공유 토지를 분배해서 스스로 경작하고 정착하며 살아갈 수 있도록 해야 한다는 이상을 추구했다.[131] 역사가 마크 로제(Mark Lause)는 자신의 수작인 전국개혁연합에 대한 역사서에서 이 연합의 토지재분배 정책이 어떻게 임금노동에 대한 공화주의적 비판을 협소한 도시를 넘어 전국 단위의 정치적 운동으로 발전시킬 수 있었는지를 빼어나게 묘사하고 있다. 전국개혁연합은 당시의 주류 정당에 커다란 영향력을 행사할 수 있을 정도로 성장했고, 그 성과로 1862년에는 홈스테드법(the Homestead Act)과 모릴 랜드 그랜트 법(the Morrill Land Grand Act, 모릴법)을 제정하는 데 성공했다.[132] 홈스테드 법안은 토지를 싸게 매입할 수 있는 획기적인 길을 터주었고, 모릴법은 그 유명한 랜드그랜트 대학을 설립해 '노동자들을 위해 인문학과 실용 교육을 무상으로 제공할 수 있는 길'을 열었다.[133] (land-grant college는 모릴법의 규정에 따라서 연방 정부의 원조를 받을 자격이 있는 대학을 말한다 - 옮긴이).

노동자 정당과 전국개혁연합의 역사는 18세기 말 노동공화주의자들이 성장할 수 있는 장을 열었다는 점에서 주목할 만한 요소가 몇 가지 있다. 노동자 정당과 마찬가지로 토지개혁운동가들 역시 미국은 공화정이라는 정체(政體)를 지닌 나라임에도 불구하고 영국의 봉건적 소유제와 같은 전제정의 경제사회적 조건이 동시에 존재한다고 비판했다.

"소유권 관련법들은 모두 영국의 법제를 어떤 수정도 거치지 않고 그대로 들여온 것이다. 이 법들로 인해 부자들의 귀족정이 만들어졌고, 이는 전제정만큼이나 자유에 대한 치명적인 위협이 됐다."[134]

이 주장은 스키드모어가 쓴 〈50인 위원회 보고서〉의 문장과 거의 똑같다.[135] 독점적 토지 소유자와 공장주들에게 의존할 수밖에 없는 토지 무산자 계급이 출현하자 새로운 형태의 노예제가 만들어졌다는 주장이다. 저명한 개혁운동가이자 《노동자 정당의 정치경제학》의 저자인 존 피커링(John Pickering)은 "자본가들은 집 없는 가난한 자라 불리는 '물건'

을 찾고 있다. 그 물건은 이 땅에서는 어떤 생득적 지위도 갖지 못하며 빈곤과 결핍에 계속 내몰리는, 그런 것이다"[136]라고 썼다. 이들 토지 무산자들은 "기꺼이 노동하길 감수하며, 자본가가 일자리를 주지 않는 한 어떤 권리도 누릴 수가 없다." 일자리를 얻지 못하면 "토지 무산자들은 거리로 쫓거나 굶주리거나 구걸하지 않으면 도둑질이라도 할 수밖에 없게 된다. 그래서 그들은 뭐라도 일을 해야 한다. 다른 길은 없다. 그렇지 않으면 죽을 수밖에 없다(이것이 바로 자유로운 노동자의 권리라면 권리다)."[137] 핑커링이 보기에 "빈곤 때문에 어쩔 수 없이 임금노동을 해야 한다면 그는 편리하게 쓸 수 있는 재료나 기계 이상의 어떤 것도 아니다."[138] 그는 이 종속성이라는 조건 때문에 노예로 전락한다.

"이제 이 인간기계는 자본가에게는 고대의 노예주가 소유한 재산인 노예만큼이나 실질적이고 유용한 노예다. 자본가의 노예이건 노예주의 노예이건 공통점은 그들의 행동은 주인의 의지(will)에 종속돼 있다는 점이다. 다른 점이 있다면, 고용된 노예는 자기 주인을 떠날 수 있다는 것. 그러나 떠나면 그는 다른 주인을 찾아야 하는 위험을 감수해야 하는데, 이는 결코 쉬운 일이 아니다. … 따라서 그 노예 상태는 (구조가 – 옮긴이) 만들어 낸 효과로, 고용된 노예이건 소유된 노예이건 간에 강제적이라는 점에서 동일하다. … 두 경우 모두, 할 수만 있었다면, 자기 노동의 산물과 자신이 분리되는 것에 동의하진 않았을 것이다."[139]

이는 피커링을 계승한 워키들의 개념으로 임금노동자를 또 다른 유형의 노예로 파악하고 비판한다는 점에서 공화주의의 표준이라 할 만하다. 이들이 사용한 언어야말로 토지개혁론자와 노예폐지론자의 논쟁에서 자주 등장했던 것이라는 점은 2장에서 이미 살펴 봤다. 이를 테면, 호레이스 그릴레이(Horace Greeley)에 의해 유명해진, 전국개혁연합의 기관지 〈영 아메리카〉에도 자주 등장했던 문장 몇 줄을 보자.

"노예란 무엇인가? 여러분들은 아마도 이렇게 대답할 것이다. 한 사람이 다른 사람의 의지와 권력에 법적으로 예속돼 있는 상태라고. 그러나 이런 대답은 적어도 내게는 정확하지 않다. … 법에 의한 예속보다 더 절박한, 궁핍에 의한 예종(隸從)을 제외하고 있기 때문이다."140

법에 의한 예속이 아니라 '절박한 궁핍에 의한 예종'이란 말은 형식만 자유로운 노동계약에 대한 공화주의 비판의 핵심이다. 그러나 토지개혁론자들이 워키들의 주장을 조금만 더 귀담아 들었다면, 전국개혁연합의 '기본원칙'을 잠시 보는 것만으로도 그 원칙이 얼마나 협애한 것인지 드러났을 것이다.141 토지개혁론자들은 비록 '임금노예'를 비판하긴 했지만, '보편화된' 생산수단의 소유권 자체가 토지 소유의 불평등이라는 특정한 문제만큼이나 중요한 문제라는 점을 알지 못했다. 이들의 '실천 전략의 핵심'은 "모든 이들에게 자신이 살아 있는 동안은 자기 생존을 위해 충분한 토지를 자유롭게 경작할 수 있는 권리를 부여해야 한다"라는 것이었다.142 경작할 토지만 적정하게 분배된다면, 각자 자신에게 맞는 실질적인 경제적 자립을 유지할 수 있는 합리적인 대안을 확보할 수 있다고 그들은 보았다. 1844년, 조지 헨리 에반스는 〈노동자의 주장〉을 재창간하면서 (당시에 그는 전국개혁연합에 몸담고 있었다) '평등한 토지 소유권'에 대한 3편의 연작 에세이를 기고했다. 첫 에세이의 내용이다.

"만약 모든 사람이 토지를 자유롭게 사용할 수 있는 권리를 갖는다면, 노동자는 고용주에게 종속될 이유가 없다. … 노동자는 자기 노동의 가치를 온전히 누릴 수 있게 된다. 언제라도 자신을 위해 노동할 수 있기 때문이다." [143]

'임금노동자를 자영농'에 빗대어 말한 이유는 '공화적 공동체'를 건설하는 데 활용될 수 있는 대안이 광범하게 존재한다는 점을 말하고자 했기 때문일 것이다.[144] 사실 전국개혁연합 소속 활동가 중 일부는 워키들이 초기에 주장한, 토지가 아닌 산업적 생산수단 혹은 '자산'들에 대한 평등한 통제권을 부정하기도 했었다. 뉴욕에서 활동했던 한 지도급 인사는 다음과 같이 말했다.

"뉴욕 노동자 정당은 (스키드모어의 오류를 인정하면서) 토지에 대한 권리 대신 일정한 나이가 되면 일정한 양의 자산을 평등하게 제공해야 한다는 제안을 내놓았다. 나는 재고 끝에 이 제안에 반대했다. 그리고 공유토지, 즉 이에 대한 등가물이 아닌 공유토지 자체가 시민의 소유가 돼야 함을 주장했다."[145]

그는 틀림없이 스키드모어의 주장을 염두에 두고 있었을 것이다. 스키드모어는 "나는 시민들의 자산 '가치(value)', 즉 그것이 토지이든, 선박

이든, 상품이든, 그 어떤 것이든 간에 우리 모두에게 평등하게 분배돼야 한다는 사실을 빼놓고는 평등이란 말을 이해할 수 없다"라고 강조했다.[146] 스키드모어나 다른 워키들은 토지가 아닌 (다양한 형식의) 자산/가치를 분배하는 것이 자산을 모아 협동조합을 설립하고 이를 통해 불평등한 의존성이 아닌 평등한 독립성에 기반해서 공장 시스템을 운영하는 것을 가능하게 한다고 믿었다. 토시는 모든 잉여노동을 흡수할 수 없다는 점, 즉 자본주의 사회에서 보편적인 공화적 자유를 실현하는 데 농본주의적 대안은 부적절하다는 데 모두 암묵적으로 동의하고 있었다.

전국개혁연합은 이에 대해서는 공식적으로 반대 입장을 표명하고 있었다. 이 연합은 농본주의적 자기충만(agrarian self-sufficiency)이라는 노동의 구체적인 '형식(form)'이 자유노동의 일반 형태라고 주장했다.[147] 조지 헨리 에반스도 "토지가 자유로워야 한다. … (왜냐하면) 고용된 노동자의 대다수는 지금 자립적인 삶 대신 예속적인 노동자의 삶을 점차 받아들이려 하고 있기 때문이다"라며 같은 입장을 취했다.[148] 여기서부터 임금노동에 대한 공화주의 비판은 어떻게 자본주의 생산양식 자체가 자유로운 생산양식이 될 수 있는지에 대한 생각으로부터 후퇴하기 시작했다. 남북전쟁이 끝날 무렵까지 근대 자본주의 체제가 발전하고 있는 공화주의 국가에서 보편적인 공화적 자유에 대한 열망은 소농을 지향하는 농본주의적 자립으로 회귀했고, '공화주의적 공동체' 역시 소생산자 공화국으로 축소됐다. 이런 시각은 19세기 말 무렵 가장 인기 있던 《진보와 빈곤》의 저자인 헨리 조지(Henry George)에게서도 발견된다.

그러나 이런 류(類)의 사상을 더 심층적으로 추적할 필요는 없다.[149] 우리는 자유노동에 대한 공화주의 사유의 발전과정에서 나타난 다른 길을 따라가 볼 것이다. 그 길은 남북전쟁이 끝난 후 다시 자본주의 세계의 심장부 – 1827년, 윌리엄 헤이튼이 인간을 노예로 만드는 곳이라고 비난했던 채석장에서, 제조 공장에서, 주물 공장에서, 그 외의 대규모 공장들에서 부활하기 시작했다.[150] 여기서 우리는 임금노동을 폐지하고자 하는, 그리고 생산수단 자체에 대한 통제력을 확보함으로써 노예와 자유의 역설을 해소하고자 하는 수많은 시도들을 보게 될 것이다.

4장

노동공화주의와
협력적 공화 체제

"임금노동 체제와 공화주의 체제 사이에는 불가피한,
되돌릴 수 없는 갈등이 존재한다."[1]
– 조지 맥닐

1865년 1월 9일. 윌리엄 실비스(William H. Sylvis)는 국제 주물 노동조합(IMIU, Iron-Molders'International Union)의 총회 연설차 시카고로 갔다. 미국 대륙에서 행해진, 단일 직종 노조로는 최대 규모 회의로 기록된 이 총회에서 당시 위원장이었던 실비스는 두 시간에 걸쳐 역사적인 연설을 했다.[2] 남북전쟁이 끝나기 몇 달이 남아 있었던 때였고, 하원도 아직 13차 헌법 개정안을 비준하지 않은 때였다. 13차 개정 헌법의 주된 골자는 노예제와 '비자발적 예종'을 폐지하는 것이었다. 그러나 실비스는 역사는 이미 노예제라는 그림자를 걷어 내는 작업을 시작했다고 확신했다. 역사적인 "사회혁명이 비록 하늘에 핏자국을 남겨 놓긴 했지만, 이 혁명의 해(年)는 이제까지 한 번도 보지 못한 사회혁명의 증거로 남을 것이다."[3] 실비스는 이 '사회혁명'을 '계급의 대충돌'로 묘사했다. 대충돌은 남부 지역의 노예노동이 아니라 북부 지역의 자본주의 노사관계에서 발원했다고 보았다.

"북부 대부분의 지역에서 새로 출현한 이 계급적 노사관계는 주인(master)과 노예(slave) 관계에 다름 아니다. 모두는 자유로워야 한다는 이상, 관계는 평등해야 한다는 정신과는 완전히 동떨어져 있다."[4]

실비스는 남북전쟁은 '불철저한' 정치혁명에 불과하다고 보았다. 왜냐하면 공화주의 정부라면 이런 식의 노예제를 허용해서는 안 되기 때문이다. 이제 사회혁명이 수반돼야 하거니와 이는 공화적 통치 체제와 노예제 간의 (외적) 불일치가 정치제도와 사회제도 간의 내적 불화로 전환됐다는 것을 의미한다고 그는 보았다.[*]

"한갓 정치혁명만으로 국민인 우리가 얻을 수 있는 게 있겠습니까?" 실비스는 청중을 향해 물은 뒤 이어서 말했다.

"미국 법률에 규정돼 있는 공화적 제도라고 하는 게 모두 이렇습니다. … 한 줌밖에 안 되는 소수에게 국가의 부가 집중되는 것을 방치하고 있습니다. 우리 국민 대다수는 노예처럼 죽도록 일하고도 극심한 빈곤을 벗어날 수 없습니다. 아직도 토지 소유주들에게 전적으로 종속돼 있습니다. … 나는 다시 묻고 싶습니다. 이런 제도들이 계속 존속되고 다른 모든 것을 잃는다면 우리가 얻을 게 있겠습니까?"[5]

'죽도록 일하는 다수 국민'을 '극심한 종속'의 사슬에서 벗어나게 할

---

[*] 실비스는 정치혁명과 사회혁명을 뚜렷이 구분했다. 정치혁명이 권력의 이동이라면, 사회혁명은 공화주의 이상을 사회에 구현하는 삶의 변혁이다. 이 점에서 고대식 노예제를 폐지했지만 임금노동이라는 새로운 노예제를 허용했다는 점에서 남북전쟁은 한낱 정치변혁에 불과하다. 임금노예제의 완전한 폐지를 위한 사회혁명은 아직 시작도 못한 것이라는 게 실비스의 주장이다.

기치를 들고 임금노동에 대한 공화주의적 비판이 다시 부상하기 시작했다. 양키 리바이어던**의 심장부에서 울려 퍼진 실비스의 연설은 곧 다가올 공화주의 비판의 서막을 암시하는 것이었다. 남북전쟁에서 북군의 승리가 거의 확실해지면서 전국 차원에서 이념 투쟁의 공간이 열리기 시작하자 실비스를 비롯한 변혁적 노동 운동가들은 그 틈을 파고들었다. 실비스는 다소 서두른 감이 없지 않았다. 최초로 전국 단위의 직종별 노동조합(주물 노동조합)을 조직하는 데는 성공했지만, 전국 단위 노총 조직을 결성하는 데는 실패하고 말았다. 1866년 실비스는 전국노동연합(the National Labor Union)과 전국노동당(the National Labor Party) 건설에 앞장섰지만 다수의 지지를 끌어내지 못한 채 실패했고, 그 뒤를 이은 산업노동평의회(the Industrial Congress)도 무산됐다.[6] 실비스를 비롯한 이들의 공헌은 초기 공화주의의 비판적 이론을 지적인 차원에서 다시 활성화한 것이지만, 가장 중요한 것은 모든 노동자의 경제적 자립을 보장할 수 있는 해법으로 '협력의 원칙과 개념'을 제시한 점이다.[7]

1869년, 전국 단위 노총과 노동자 정당을 조직하고자 하는 최초의 시도가 무산된 후, 의류 산업 노동자들로 구성된 소규모 단체가 노동기사단이라는 비밀결사체를 조직했다. 재단사이자 노동운동가였던 우리아 스티븐스(Uriah Stephens)가 이를 주도했다.[8] 전국노동연합의 이념에 따라 노동기사단은 자신의 강령에 "산업의 모든 부문에 종사하는 노

** Yankee Leviathan, 리차드 벤셀(Richard Bensel)이 1991년에 펴낸 저술의 제목에서 따온 말이다. 벤셀은 1859-1877년의 남북전쟁과 재건기의 역사를 다루면서 실패한 사회혁명을 다루고 있다. 양키 리바이어던은 남북전쟁에서 승리한 북부 지역의 정치세력을 조롱하는 말이다.

동자 전체를 조직할 것과 산업적 가치, 도덕적 가치, 사회적 가치 – 부(wealth)나 이익이 아닌 가치(worth) – 를 개인과 국가의 위대함을 가늠하는 가장 진정한 기준으로 삼을 것”을 명시했다. 노동기사단은 남북전쟁 후 최초의 전국 단위 노동조합으로 거의 모든 노동자에게 가입을 허용한 개방적 조직이었다. 미숙련 노동자는 물론이고 흑인, 여성 노동자에게도 가입이 개방됐다. 그러나 중국인만은 제외됐다.[10] 설립 후 약 10년 동안은 비밀조직으로 운영했는데, 그 이유는 명단이 공개될 경우 블랙리스트에 오르거나 핑커톤(핑커톤 회사는 기업주의 사주를 받아 노동조합을 공격하는 용역폭력 회사로 그 당시에 악명이 자자했다. – 옮긴이)의 와해 공작에 희생될 수 있었고 살해당할 위험도 컸기 때문이다.[11] 노동기사단은 빠르게 성장해 1880년에는 조합원이 3만 명에 이르렀다. 이런 괄목할 만한 성장을 바탕으로 노동기사단은 공개적인 대중조직으로 전환한다. 1880년대 초반에는 파업 등 쟁의행위를 성공적으로 주도하면서 전국에서 탄탄한 지지를 얻기도 했다. 1886년 공식적인 조합원 규모는 70만에 육박했고, 비공식적인 조합원까지를 고려하면 100만 명이 넘는 거대 조직으로 발전했다.[12] 이런 정도의 거대한 단일 노동조합은 유례가 없었다. 그러나 1880년대 말부터 내부 분열이 심화하고 외부 탄압이 거세지면서 급속히 쇠락하게 된다.[13] 노동기사단은 전국적인 영향력을 확보한 정치 세력으로 활동했으나, 1890년대 중반에 이르러서는 사무엘 곰퍼스(Samuel Gompers)가 이끄는 미국 노동총연맹(AFL, American Federation of Labor)이 성장하면서 결국 막을 내리고 만다.[14] 그러나 노동기사단은 적어도 10년 넘는 기간 동안 19세기 미국 노동운동에 있어 가장 강력한 노동자 조직이었으며 당시의 노동운동을 주도하는 핵심주체였다.[15] 가장 주목해야 할 점은 노동기사단이라는 조직과 이를 주도한 지도자가 모두 공화주의자였다는 사실이다. 이들은 스스로를 남북전쟁 이후의 정치 환경이 불을 지핀 공화주의라는 이념을 수호하는 자라는 자기 인식이 있었다.[16] 노동공화주의자로 불리는 그룹은 대부분 노동기사단을 중심으로 활동하고 있었지만, 모두가 같은 조직에 속해 있었던 것이 아니며, 당시의 노동현안에 대해서도 의견이 달랐다. 그러나 공통점은 공화주의 이념을 공유하고 이를 바탕으로 임금노동제를 비판했으며, 임금노동을 대체할 대안적 원리로 협력을 제시하고 있었다는 점이다. 이들은 모두 19세기 독립적 노동계급이론이라는 지적 전통의 세례를 받은 사람이라 할 수 있다.[17] 윌리암 실비스(William H. Sylvis, 1828-1869)는 마차 제조업자의 아들로 태어나 주물노동자가 됐고, 주물산업 노동조합을 설립했으며 이후에는 전국 단위의 노동조직 건설에 헌신했다.[18] 아이라 스튜어드(1837-1883)는 노예폐지론자의 후예로 기계공으로 일하면서 노동운동 이론을 독학했다. 당시 8시간 노동제 쟁취 투쟁에 헌신한 열정적 활동가였으며 보스턴 8시간 노동제 연맹(Boston's Eight Hour League)을 설립했고, 이후에는 매사추세츠 주 정부의 노동통계국 신설에도 크게 기여했다.[19] 스튜어드의 동료였던 조지 맥닐(1836-1907) 역시 노동기사단을 주도한 지도급 인사 중 하나였다. 보스턴 지역 노동운동을 이끌었으며, 당시 노동기사단을 비롯한 노동조합운동의 역사를 서술한 이론가이기도 했다.[20] 노동기사단이 해체되고 난 후에는 곰퍼스의 노동총연맹(AFL)에 합류해 활동을 이어갔다. 또 다른 중심 인물은 테런스 파우덜리(Terence Powderly)다. 아일랜드 이민자 출신 2세대로 기계공이었던 파우덜리는 노동기사단의 전성기였던 1879년부터 1893년까지 위원장(General Master Workman)을 지냈다. 1878년에서 1884년까지는 펜실베이니아 주 스트랜턴 시의 시장을 지냈고, 1890년대에는 연방정부 이민국과 노동국에서 관료로 일했다.[21]

노동공화주의는 이들과 같은 걸출한 지도자들에 의해 주도되긴 했지만, 그렇다고 소수가 제창한 '불온한 주장(Cranky Notions)'[22]에만 머문 것은 아니다. 앞으로 보겠지만, 노동공화주의의 핵심 사상은 노동기사단의 기관지인 〈노동연대〉를 통해 공유됐으며, 그만큼 노동기사단의 경험과 활동을 자양분 삼아 발전한 사상이 바로 노동공화주의였다. 그 경험이란 자본주의 임금노동자의 급속한 성장, 조직화된 노동에 대한 사법적·정치적 탄압, 노동기사단이 주도한 파업과 보이콧, 불안정한 소득과 일상, 새로운 생산양식을 말한다. 어떤 의미에서 노동기사단은 이런 시대적 환경 때문에 공화주의라는 지적 전통에 대해 자신들만의 고유한 생각을 명확히 정립할 수 있었는지도 모른다. 당시의 많은 판례는 노동친화적 법률을 후퇴시켰고, 노동조합 활동도 억압했다. 보수적 사법부의 판례는 드러나는 방식이나 혹은 헌법 조항을 은밀하게 동원하면서 노동운동을 탄압했다.[23] "공화주의 헌법과 전통에 입각한 권리를 명확히 하고 확보하는 투쟁[24]"이야말로 남북전쟁 이후의 피할 수 없는 정치적 현실이기도 했다. 노동공화주의자들은 노동자를 조직하기 위해 대중적 담론의 차원에서뿐만 아니라 헌법의 해석에 있어서도 자유노동에 대한 이데올로기적 입장을 명확히 해야 했다.[25] 노동기사단은 출신도 다른 다양한 문화를 가진 이질적인 노동대중을 조직해야 했기에 공화적 이념과 주장을 이해시킬 수 있는 공통적이고 보편적인 언어가 필요했다.

남북전쟁 종전은 노동공화주의자에게 이전의 노동운동가보다 한 가지 유리한 환경을 조성했다. 노동운동이 임금노동자의 요구를 흑인 노예의 요구보다 앞세운다 해도 쉽게 비난할 수 없게 됐기 때문이다. 남북전쟁이 자유노동이라는 사상을 환기시켰고, 노동공화주의자들은 이제 자유노동이라는 혁명적 공화주의의 횃불을 치켜든 진정한 선구자임을 표방할 수 있었다. 이를 테면, 맥닐은 "공화주의 통치 체제와 임금노동제는 필연적이고 불가피한 상충관계에 있다"[26]라고 강조했는데, 그가 말한 '필연적이고 불가피한 상충'은 남북전쟁의 역사적 소임이었던 노예제 철폐와 임금노동제 철폐의 정당성을 연결하기 위해 의도적으로 선택한 수사였다. '불가피한 상충'은 남북전쟁 당시 국무장관이었던 윌리엄 세우드(William H. Seward)가 노예 소유제도는 공화주의 통치 체제와 양립할 수 없다고 주장하면서 처음 사용한 말이다.[27] 세우드의 말을 빌려 맥닐이 주장하고자 했던 것은 (남북전쟁으로 노예제도는 철폐됐지만 – 옮긴이) 아직 공화적 공동체의 자유는 실현되지 못했다는 사실이었다.

그러나 아직 노동공화주의는 이론과 철학적 틀을 갖춘 체계화된 사상은 아니었다. 대부분의 책이나 팸플릿, 소설, 연설문, 에세이, 사설 등을 통해 파편적으로 전개되고 있을 뿐이었다. 전후 상황은 자유와 노예제의 새로운 규명이라는 도전적 과제를 제시하고 있었고, 그 과제에 대한 부분적 응답들이 서로 맞물려가며 노동공화주의를 형성하고 있는 상태였다. 노동공화주의자들은 자유와 노예제의 관계라는, 퍼즐처럼 얽힌 지적(知的) 혼란에 대한 자신의 입장을 정립하는 과정에서 의도치 않게 개념을 재정의하기도 했고, 관련된 개념들에 대한 의미 있는 변형을 시도하기도 했다. 따라서 노동공화주의의 개념적 요소에 대한 심층적 분석으로 들어가기 전에 우선 전반적인 윤곽을 살피는 것이 도움이 될 것 같다.

'거짓 자유의 관념에서 벗어나기': 노동공화주의 총론

남북전쟁은 이념들이 서로 각축하는 공간을 만들었다. 그 자극적 공간 속에서 노동공화주의자들은 무엇보다 먼저 기본원칙으로 돌아가고자 했다. 우선 자유방임적 공화주의(laissez-faire republicanism)를 명시적으로 거부했다. 이들이 주장하는 당시 유행하던 자유 개념은 거짓이었고, 아직도 노예제는 계속되고 있었기 때문이다. 노동기사단 기관지 〈노동연대〉에 실린 12개의 시리즈 강연 중 한 조합원이 '노동헌장'이라는 제목으로 기고한 내용을 보자.

"자유가 의미하는 바는 시민 각자가 누릴 수 있는 도덕적 가능성이자 경제적 가능성이다. 모든 시민은 안심하고 자기 일을 수행할 수 있어야 하며 그 누구의 통제에서도 자유로워야 한다. 자유란 바로 결사의 자유다. 생산 영역에서 맺는 노사관계는 평등하고 균형 잡힌 것이어야 한다. … 지배계급이 자유를 보장해 줄 수 있다는 거짓된 자유 관

념을 버려야 한다…" [28]

〈노동연대〉의 독자들은 읽는 즉시 알아차렸을 것이다. '지배계급'의 '거짓 자유'가 무엇인지를. 그 지배계급은 정치 협잡과 반노동적 사법 체제 뒤에 숨어 있는 자들이라는 것을. 이 맥락에서 '노동헌장'의 저자는 다시 강조했다.

"저들 지배계급이 자신은 자유를 사랑하고 존중한다고 말한다면, 그 걸 믿을 수 있겠는가. 저들은 이런 비참한 노동조건에서 노동자를 해 방하는 데 어떤 일도 하지 않았다. … 그런데 그들이 어떻게 자유를 믿고 갈망한다고 할 수 있겠는가. 그것은 자신들이 가진 주제넘은 권 력을 스스로 완벽하게 부정하는 것이다." [29]

지배계급의 '주제넘은 권력'은 바로 사유재산권과 자유계약의 원리에 서 나오는 것이었고, 그 배후에는 법적인 독립이라는 관념이 있었다. 그 '거짓 관념'이란 공화주의 언어로 말한다면, 사유재산권과 계약의 자유가 노동자를 '지배계급의 통제'로부터 벗어날 수 없게 만든다는 사실이다.

그러나 기본원칙으로 돌아가는 것이 단순한 반복은 아니다. 임금노 동은 노예에 불과하고, 협동조합적 생산이 자유라는 식으로 단순히 '말'만 늘어놓아서는 그 원칙은 실현될 수 없다. 이론과 논증이 필요하 다. 따라서 노동공화주의 기획이 반드시 담아야 할 것은 공화적 자유, 그리고 지배에 대한 명확한 의미다. 종전 후 미국은 산업자본주의의 발전이라는 새로운 사회적 조건이 형성되었고 노예해방 이후의 사회라는 이데올로기적 환경도 조성됐다. 노동공화주의자들은 기계화되고 사회적 방식으로 노동하는 산업자본주의 생산양식에서 과연 자유노동이 의미하는 바가 무엇인지에 대한 해답을 제시해야 했다. 그 해답을 찾는 유일한 길은 노동공화주의라는 지적 전통을 철저히 고수하는 한편, 공화적 자유와 지배 개념이 갖는 모호성을 분석하는 것이었다. 새로운 해답을 찾지 못한다면, 임금노동제라는 변형된 노예제에 대한 노동공화주의적 비판은 힘을 잃고 이미 낡아버린 농본주의로 후퇴할 수밖에 없다. 시드니의 이론이 노동공화주의자들에게 매력적인 분명한 이유가 여기에 있었다. 서론에서 언급한 시드니의 《통치론》을 다시 보자. 1882년 6월 〈노동연대〉에 실린 글이다.

"노예제 – 육중한 쇠사슬, 극한 노동, 노예주의 악랄한 행동은 물론 노예를 더욱 비참하게 만드는 요인들이다. 그러나 자기 주인이 후덕하고 신사적인 자라 해서 자신이 노예가 아닌 것은 아니다. 잔인한 주인을 섬기는 노예와 똑같은 노예다. 주인의 명령에 '반드시' 복종해야 하거나 주인의 의지에 종속되는 상황에 놓인 자라면 모두 노예다." [30]

시드니의 노예 개념이 중요한 이유는 역사적 '사례'로서의 노예제와 종속이라는 조건을 구별한 데 있다. 즉 타인에 대한 종속이 경제적 종속인지, 법적 구속인지, 실제로 그 종속과 구속이 행해지고 있는지의 문제는 실상 그가 정말 노예인지의 문제와는 별개라는 점이다. 시드니의 이 개념은 노예와 유사한 종속 형식을 갖는 임금노동을 비판적으로 사유할 수 있는 중요한 개념적 장을 열었다. 종속의 조건 혹은 형식의 차원에서 노예의 의미를 새롭게 개념화하는 것은 다른 측면에서는 '거 짓 자유' 관념에 대한 전복적 비판이다. 이는 자유에 대한 당시의 지배 적 생각이 잘못돼 있다는 비판이며, 동시에 자유노동이라는 명목이 실 제로는 임금노동제로 인해 도입된 새로운 형식의 종속을 은폐하고 있 다는 비판이기도 했다.

따라서 노동공화주의자들은 단지 기본원칙만을 회복한 것이 아니 다. 더 중요한 것은 노예의 개념과 자유의 개념에 새로운 정의를 기입 했다는 점이다. 임금노동자가 처한 이중의 억압, 곧 구조적 지배와 사 적 지배의 개념을 이론화함으로써 현대판 노예를 명확히 이해할 수 있 는 기초를 제공했기 때문이다. 노동공화주의가 말하는 지배란 구조적 인 지배다. 개별 노동자는 생산수단을 소유하지 못하기 때문에 특정 고 용주에게 의존해야 하거나 어떤 직업이라도 가져야 한다. 동시에 그 지 배는 개별적인 사적 지배이기도 하다. 노동계약이 고용주에게는 노동 자를 지배할 수 있는 막강한 자의적 권력을 보장하기 때문이다. 임금노 동자는 어쩔 수 없이 자기 노동력을 팔 수밖에 없다. 살기 위해서는 노 동계약을 맺어야 한다. 결국 노동자는 고용주의 의지에 종속될 수밖에 없다. 백이면 백, 노동공화주의의 비판은 단지 불평등이라는 지배/종 속의 효과를 기소하는 데 그치지 않았다. 핵심 주장은 노동계약에 기 초한 자본주의 사회는 새로운 것이 아니라 과거의 노예제를 현대판 노 예제로 바꾼 것에 불과하다는 것이었다.

다음 절에서는 임금노예제에 대한 분석을 통해 노동공화주의자들이 제시한 공화적 자유의 새로운 '의미'와 '가치'를 다룰 것이다. 이들이 제시한 해법도 중요하다. "임금노동제를 하루 빨리 철폐하고 협동조합 체제로 대체하자"[31]라는 노동공화주의의 해법은 당시의 소생산자 시스템을 변혁하기 위한 핵심적 사안이었다. 당시의 '노동공화국(Republic of Labor)'[32] 은 지금으로 말하면 협력적 공화국 정도로 부를 수 있을 것이다. 협력적 공화국이란 개별 생산자들의 단순한 연합이 아니라 자유로운 생산자 협동조합과 소비자 협동조합이 유기적으로 연계된 체제다. 노동공화주의자들은 협동조합에 기초한 경제적 자립을 자유로운 생산 시스템의 조건으로만 보지는 않았다. 일에서 벗어난 시간, 즉 삶의 시간을 확장하는 데 필요한 조건으로 생각했다. 삶을 위한 자유시간은 '일에서의 자유이자 일로부터의 자유'를 보장하는 중요한 조건이다. 이들은 경제적 자립 개념을 출발점으로 삼아 공화적 자유의 개념을 발전시켰거니와 그 공화적 자유는 바로 개인의 개성과 소질을 계발하고 삶을 향유할 수 있는 필요조건이다. 이들은 옛 공화국의 영광을 회복하려 하거나 정치적 참여의 미덕을 그리 강조하지 않는다. 정치 영역과 같은 인간 삶의 특정한 영역만을 우선시하지도 않는다. 노동공화주의자들이 가장 소중하게 여겼던 가치는 바로 자기 수양과 완성을 위한 개인들의 평등한 기회였다.

정치적 자유, 타락한 부

1890년, 노동기사단 위원장 테렌스 파우덜리는 한 회합에서 다음과 같은 질문을 던졌다.

"영국 왕에 대한 기소장이 '왕들의 신성한 권리'를 찬탈하고 비록 생각이 짧아도 자신의 자유를 자랑스러워하는 사람들을 노예로 만드는 지금의 권력기구들에게도 똑같은 정도로 적용된다면 어떨까요? 그 권력기구들은 그 자유를 혁명이 우리에게 유산으로 남긴 것이라고 했습니다. … 그런데 우리는 정말 우리가 상상하던 자유민이 됐습니까?"[33]

파우덜리 식의 연설은 노동기사단의 모임에서는 늘 있었다. 조합원들의 친목을 다지는 이들의 정기적 회합은 자신만의 독자적인 정치문화를 함양하는 곳이기도 했다.[34] 그 모임에서 파우덜리는 아주 오래된 공화주의 의제 하나를 곰곰 생각하고 있었다. 부패라는 의제다. 근대 자본주의의 임금노동제는 공화적 자유의 기반을 침식할 수밖에 없다. 극단적인 경제적 불평등을 유발할 뿐만 아니라, 이는 곧 정치적 불평등으로 전이되게 마련이기 때문이다. 부유한 계층은 막강한 정치적 권력을 행사한다. 특히 법 집행이라는 사법행정을 좌우한다. 그래서 "법원은 정의를 판단하는 곳이 아닌, 부동산을 관리하는 행정기구에 불과하다"라는 조롱이 있을 정도였다.[35] 파우덜리의 동료였던 맥닐도 "우리가 인간다운 삶을 축복처럼 누리기 위해서는 반드시 부의 부당한 축적에 대해, 사악한 재산 증식에 대해 경계해야 한다"[36]라면서 부의 불평등 문제를 자주 강조했다.

부당한 재산 축적에 대한 경계는 단지 사치에 대한 도덕적 훈계가 아니다. 불평등을 심화해 시민의 자립성 자체를 무너뜨리는 만큼 중대한 사안이기 때문이다. 자본가가 국가 행정을 장악한다면, 자유로운 노동자의 법적 자율성은 허구로 전락한다. "우리 모두는 지금 고용주의 손아귀에 사로잡혀 있다. … 철도 왕국과 면화 농장 영주의 노예들일 뿐이다"[37]라며 맥닐은 개탄했다. 17세기 영국 공화주의자나 18세기 미국 독립혁명가들도 강조한 것처럼, 노동기사단 기관지의 편집위원들 역시 정치적 독립성을 상실하면 곧바로 부유한 산업 부르주아지의 지배가 강화된다는 점, 즉 정치적 독립의 상실은 경제적 종속으로 이어진다는 사실을 항상 경고했다.

"자본주의 기업은 … 서서히 그러나 확실하게 노동자의 자유와 인간성을 파괴하고 있다. 자본가들은 헌법과 재산법, 그리고 그들이 쌓아 올린 막대한 부를 이용해 법률과 판사를 자기가 원하는 대로 '사들이고' 결국은 공동체 자체를 매수한다."[38]

법률 적용 자체가 불공정한 마당이므로 설사 합법적으로 맺어진 노동계약이라도 노동자의 독립성을 보장하리란 생각은 애초부터 어불성설이다.

미국 혁명의 이념적 전통을 계승하고자 했던 노동공화주의자들은 유럽 국가의 폭정의 역사를 자신들의 반면교사로 삼았다.[39] 유명 저널리스트이자 노동기사단의 일원이기도 했던 존 스윈턴(John Swinston)은 암암리에 퍼져 가고 있던 '미국식 보나파르티즘'을 경계해야 한다고 경고했다.[40] 노동기사단 디트로이트 지부는 '기업 과두제'가 "폭력적인 철권통치를 앞세워 노동자를 노예로 전락시키려 한다"라고 비판했고,[41] 파업을 강제로 진압한 경찰에 대항해 필라델피아 노동자 수천 명이 감행한 가두시위를 지지했다.[42] 시카고 지부는 시카고 시 의회가 경찰이 노동자의 결사의 자유를 억압하는 것을 방치하고 있다고 폭로하면서, 시 의회가 "헌법에 보장된 시민의 권리를 결정하고 보호"해야 할 자신의 권리와 역할을 경찰에 넘겨줬다고 비난했다. "해리슨(Harrison), 당시 시카고 시장이 경찰의 불법적인 진압을 승인했는데, 만약 이런 일이 런던에서 벌어졌다면 빅토리아 왕조가 전복됐을 것"이라고 비판하기도 했다.[43] 입법적 통제에 대한 무능, 법원의 자의적 결정, 경찰과 용역 깡패를 동원한 폭력 진압은 시민을 동등하게 보호하는 법이 존재하지 않는다는 점을 의미했다. 두 개의 법이 서로 다른 두 개의 계급을 차등해 다루고 있을 뿐이다. 보이콧은 금지됐지만 블랙리스트는 허용됐고, 노동조합 조직은 불법이지만 고용주 단체의 설립은 외려 촉진됐다. 또한 파업은 금지됐지만, 고용주는 마음대로 직장을 폐쇄할 수 있었다.[44]

부패한 정치와 억압적 정책이 당시에는 매우 중요한 정치적 사안이었음에 틀림없다. 그러나 이 이슈 자체만으로는 자본주의 시스템을 비판하는 다른 그룹들과 노동공화주의자들이 구별되지는 않는다. 당시에도 많은 이들이 극단적인 부의 불균형이 정치적 자유를 타락시킨다는 사실을 비판했다. 그러나 이 사안이 노동계약과 자본주의 대공장의 문제와 어떻게 연관되는지를 분석하고자 했던 사람은 소수에 불과했다. 여타 비판과는 다르게 노동공화주의자들은 설사 법이 제정되고 공정하게 집행된다 해도 그 법은 노동자를 고용주의 지배에 더 예속시키는 방식으로 작동할 수밖에 없다는 점을 주장했다. 이들은 근대적 임금노예제 문제를 구조적 차원과 개별적 혹은 사적 차원에서 분석하고 서로 중첩된 세 가지 명제를 제시했다. 첫째, 지배는 노동계약에 앞서 선험적으로 존재한다. 둘째, 지배는 노동계약이 맺어지는 과정 자체에 이미 내재한다. 셋째, 지배는 자본주의 작업장의 내부에 깊이 내장돼 있다. 이 '지배의 세 가지 계기'에 대한 명제는 노동공화주의를 당시의 자유방임적 공화주의와 구별하는 중요한 지점이다. 방임적 공화주의자의 기본 전제를 반박하기 때문이거니와 그들의 전제는 다음 세 가지다. 1) 노동력은 여타 상품과 동일한 상품이다. 2) 노동자는 고용주의 자의적 지배로부터 충분히 벗어날 수 있다. 3) 이를 위해서는 자기 노동력에 대한 재산권적 권리와 노동계약의 자유가 보장돼야 한다. 이제 지배의 세 가지 계기를 각각 살펴보자.

임금노예제의 첫 번째 계기 : 구조적 지배와 '자유처럼 보이는 것'

노동공화주의의 일관된 수상 중 하나는 자발적 노동계약이라고 해서 반드시 자유로운 계약은 아니라는 점이다. 노동자는 "(그 계약을) 수용한다. 그러나 합의한 것은 아니다. 굴복한 것일 뿐 동의한 것은 아니다."[45] 조지 맥닐의 말이다. 한 '비판자(Meddlesome)'가 말한 것처럼, "자유계약은 자유롭지 않다. 다만 자유로워 보일 뿐이다."[46] 노동계약은 '겉보기만 자유계약'이다. 노동자는 법적으로는 자기 노동을 팔거나 혹은 팔지 않을 자유가 있다. 그러나 실상은 팔지 않으면 안 된다. 익명의 노동기사단 조합원은 다음과 같이 증언했다.

"노동자는 노예다. … 미국에서는 심지어 아이들과 여자들도 새벽부터 밤까지 노동해야 한다. '궁핍하기 때문'이다. 남들은 풍족하게 살지 몰라도…."[47]

어떤 면에서 보면 이 말은 초기 워키스나 전국개혁연합의 주장과 다르지 않다. 그들도 "임금노동자를 노예로 내모는 절박한 상황"[48]을 비판했기 때문이다. 그러나 노동공화주의자들은 임금노예 현상을 노동력이라는 상품에 대한 분석을 통해 정교하게 탐구했다. 노동력 소유자인 임금노동자는 자신의 노동력을 팔 수밖에 없는 처지에 내몰린다. 시장에 노동력이라는 상품을 파는 행위를 스스로 보류할 재간이 없기 때문이다. "설사 노동력에 대한 수요가 줄거나 아예 없어진다 해도, 노동자가 살기 위해서는 자기 노동력을 팔아야만 한다. 고용주와는 다르다. 상황이 나아지리라 기대하며 기다릴 처지가 아니다."[49] 그는 먹어야 산다. 결국 시장에서 임금을 얼마를 쳐 주든지 상관없이 그는 노동력을 팔아야 한다.

이는 노동계약 자체를 부정하는 주장은 아니다. 외려 상품으로서의 노동력이 갖는 사회적 성격이 무엇인지를 밝히는 논증이다. 노동자는 노동력만을 자기 신체에서 따로 떼어서 팔 수 없다. 노동력을 팔지 않으려면 다른 경제적 대안이 있어야 한다. 다른 수단이 없다면 노동자가 가지고 있는 자기 노동력에 대한 권리는 가짜 권리다. "반(反)노예제라는 '개념'은 모두가 자기 뜻대로 오고 갈 수 있는 권리를 의미한다. 노동운동은 권리를 행사할 능력이 없다면 그 추상적이기만 한 권리가 무슨 가치가 있는지를 질문에 부쳐야 한다."[50] 고용주와 단체 교섭을 수행하고 더 나은 임금 교섭을 위해 조합원의 생계를 조합비로 지원하는 노동조합의 기능을 중시하는 이유는 바로 노동시장에 대한 이러한 관점에서 나온 것이다. 조지 맥닐은 노동기사단 총회에서 다음과 같이 말했다.

"사실은 이렇습니다. 노동자와 고용주가 맺는 노동계약 중 자유계약이란 것은 없습니다. 굶주린 자가 어떻게 부자와 계약을 할 수 있겠습니까. 자기 노동력을 팔지 않으면 굶어야 하는 노동자에겐 계약 같은 것은 없습니다. 적어도 한두 달도 못 버티고 굶주릴 수밖에…. 노동자라면 그에겐 이예 계약할 수 있는 조건 자체가 갖춰지지 못한 것입니다. … 임금노동자에게 노동조합이란 마치 시민에게 공화주의 정부와 같은 의미입니다."[51]

계약을 맺지 않을 자유를 갖기 위해서라면 노동자는 특별한 성격을 지닌 노동력이라는 상품을 완전히 통제할 수 있어야 한다. 다른 종류의 상품을 소유한 자들이 그것을 재산처럼 통제할 수 있는 것처럼 말이다. 노동자들이 계약을 맺지 않을 자유를 누리려면 어느 정도 '경제적' 자립성을 가져야 한다. 경제적 자립성이란 일정한 기간만이라도 시장에 자기 상품을 팔지 않아도 되는 상태를 말한다. 그래야 노동력을 거래할 때 제값을 받을 수 있다.

노동공화주의자들의 관심은 비단 노동계약의 '진정한 자유'에만 제한돼 있었던 것은 아니다. 그 까닭은 적어도 대규모 노동시장에서 진정으로 자유로운 노동계약은 불가능하기 때문이다.[52] 노동조합은 노동력 판매에 대한 시장의 압박을 잠시나마 완화할 수는 있을 것이다. 하지만 노동자가 처해 있는 근본적인 시장의 강제력을 제거하지는 못한다. 노동조합의 도움으로 노동자는 자기 노동력 판매를 일정 정도 유보할 수는 있을 것이다. 그러나 그 유보는 오래 지속되지 못한다. 노동력을 파는 것 이외에 생계를 유지할 수 있는 수단이 없기 때문이다. 이 지점에서 권력과 종속에 대한 노동공화주의적 분석은 노동력이라는 상품을 가진 노동자를 재산 소유자로 비유하는, 낡은 지배적 관념 자체를 기각한다. 다음은 〈노동연대〉에 실린 기사다.

"기계제 생산을 필두로 하는 자본주의 생산양식이 확산하면서 오늘날 임금노동자 대부분은 이와 같은 처지로 전락했다. 지금 노동자의 조건을 50년 전 직공과 비교해서는 안 된다. 그 당시의 독립적인 자영장인의 조건과 비교해야 한다." [53]

당시의 임금노동자가 이전과 비교해 교섭력이 얼마나 높아졌는지 또 소득은 얼마나 늘어났는지를 묻는 것은 질문 자체가 타당하지 않다는 것이다. 왜냐하면 이 질문은 권력 관계의 근본적 변화를 포착하지 못하기 때문이다. 자기 생산수단을 가지고 일하는 독립 생산자는 자기 노동력을 팔지 않고도 자신의 생계를 꾸려나갈 수 있다. 그는 돈이 좀 더 필요하거나 물건을 좀 더 사야 할 때만 자기 노동력을 판다. 기본적인 자기 생계는 자기 노동으로 생산한 상품을 직접 소비하거나 팔아서 유지할 수 있기 때문이다. 이처럼 독립 생산자(독립 자영자)는 자기 노동력 자체를 상품으로 팔지 않아도 자신과 가족의 생계를 책임질 수 있기에 노동력을 강제로 팔 필요는 없다. 여기서 말하고자 하는 핵심은 독립 자영자가 경제적 수입과 무관하게 자유롭다는 것이 아니다. 독립 자영자는 자신의 생계를 위해 군이 노동시장에 나갈 필요는 없다는 점이 핵심이다. 노동시장에 나가지 않아도 되는 대안을 가지고 있다는 것은, 설사 노동계약 체결이 필요하다 해도 그는 경제적으로 독립된 행위자이 므로 계약의 종속적인 상대방이 아니라 합의의 주체가 된다는 점을 의 미한다. 정말 이런 상황이 만들어진다면, 노동계약은 자본주의 경제의 생산 활동을 조직하는 핵심이 아닌 주변적인 제도가 될 것이다. 스튜어 드는 이를 다음과 같이 함축적으로 요약했다. "노동자가 진정으로 충 분한 계약의 자유를 누릴 수 있다면, … 노동자는 정말 자유롭기에 더 는 노동계약이 필요하지 않을 것이다."[54]

그러나 지금의 재산분배 상황은 임금노동자 대부분에게 자기 노동력 을 파는 것 이외의 다른 대안을 허용하지 않고 있다. 노동자는 계약을 맺어야 하는 '필연'에 구속돼 있다. 자신의 생존을 위해서는 '자신과 구 별되는 계급인 자본가가 주는 임금에 의존할 수밖에 없기' 때문이다.[55] 〈노동연대〉에 연재된 강연 중 '자본주의의 개념들'이라는 기사를 쓴 저 자는 다음과 같이 말했다.

"토지, 작업 도구, 원료와 같은 생산수단은 아직은 소수의 특권계층 만 가질 수 있는 비싼 것들이다. 노동자는 고용주에게 자신을 팔지 않 고서는 생존할 수 없다. 노예해방 선언이 인류를 노예에서 구원했다고 함부로 말해선 안 된다. 감지하기 힘들 만큼 교묘한 형식으로 존재하기 에 오히려 더 끔찍해진 노예제 – 바로 임금노예제 – 가 아직 철폐되지 않고 남아 있기 때문이다."[56]

그는 이런 임금종속성은 자연스러운 것이 아니라, 인간이 만든 법 에 의해 생겨난 인위적 종속의 한 형식임을 지적했다. 다시 말하면, 사 람이 노동해야 하는 것은 문제가 아니다. 문제는 "노동자가 노동하기 위해서는 고용주 혹은 보스에게 자기 자신을 통째로 내어주어야 한다는 것이다." 현행 사유재산제도를 보호하는 법은 타인을 위해 노동해야 하는 것 말고는 다른 대안을 박탈하는 자의적인 법일 뿐이다. 그 자체가 자산 소유 계급과 그들의 이익만을 보장하는 국가에 의해 행사되는 지배의 한 형식이다. 어떤 개별 고용주가 누구를 노동자로 지배하는지를 법으로 규정하지 않고 있다는 점은 중요하지 않다. 현재의 재산 소유 상황은 노동자로 하여금 어떤 '보스나 고용주'에게라도 그 밑에 들어가지 않으면 안 되는 상황을 만들었다는 사실이 중요하다. 이런 형식의 종속이 비참한 이유는 노동계약에 대한 개별 노동자의 동의라는 행위가 자기 자신을 적대하게 한다는 사실, 곧 그는 스스로 '자기 자신을 통째로 고용주에게 넘겨줘야 한다'는 사실, 그럼에도 불구하고 고용주 개인은 자기 자신이 직접 그 노동자에게 뭔가를 강제하지 않았다는 사실 때문이다.

노동공화주의자들은 임금노동자가 과거의 노예보다 상대적으로 자유롭다는 사실을 부정하지 않으면서도, 이러한 구조 자체가 지배의 한 형식이라는 점을 파악했다. 협동조합 이론가였던 헨리 샤프(Henry Sharpe)가 상기시키고자 했던 것도 바로 이것이다.

"노예제에서 노예는 자기 외부에 (가시적으로 — 옮긴이) 존재하는 권력에 종속된다. 그는 강제로 일해야 한다. 그는 자기 등짝을 갈겨대는 채찍을 피하는 것 말고는 삶에 대한 관심이랄 게 없다. 반면 임금노동자에게는 약간의 보상, 아니 많은 보상이 있는 게 사실이다. 관심사도 많고 간섭에서 벗어날 길이 없는 것도 아니다. 그러나 노동자가 처한 현실은 아직도 종속적이다. 그들은 노동을 해야 살 수 있기 때문이다."[57]

'많은 보상'을 받을 수도 있다. 노동자에게는 자기가 스스로 고용주가 될 수 있는 길이 열려 있기도 하다. 문제는 대부분 그럴 수 없는 현실이다. 자본주의하에서 '모든' 노동자가 자산 소유자가 되는 것은 불가능하다.[58] 그들은 "자기 자신을 주인에게 바칠" 자유만 있을 뿐이다. 자신을 바치지 않을 수 있는 자유는 없다.

노동공화주의자들이 이 현상을 '구조적 지배'라고 명명하진 않았지만, 이들의 분석 중 자본가 개인에 의한 사적 지배와 구별해 설명하기 위해 구조적 지배라고 부르겠다. 이 지배가 '구조적'인 이유는 사유재산제라는 구조적 토대에서 발생하는 지배의 한 형식이기 때문이며, 동시에 그 지배가 노동자들에게 어떤 특정한 개별 고용주만을 위해 노동하도록 강요하는 것도 아니기 때문이다. 이때 '구조'란 어떤 '행위자(agent)'를 말하는 것이 아니지만 그렇다고 해서 지배적인 행위자의 존재를 배제하지 않는다. 구조적 지배 속에는 다수의 지배적 행위자가 존재한다. 이들은 대다수를 무산자로 만드는 불평등한 재산분배 상태를 옹호하는 자들이다.[59] 불평등을 양산하는 수많은 제도와 장치들이 노동자를 자기 노동력을 파는 것 말고는 다른 대안이 없는 처지로 내모는 것이다.

그러나 노동공화주의자들은 구조적 지배와 사적 지배가 개념적으로는 구별되지만 실제로는 두 형식의 지배가 동시에 행해진다는 점에 주목했다. 임금노예제의 전모는 이 구조적 지배가 특정한 개별 고용주의 지배권 — 즉 노동계약에서 노동조건을 결정하는 권력과 이후 작업장을 전적으로 지휘·감독하는 권력 — 과 어떻게 연결되는지를 분석할 때 비로소 총체적으로 밝혀진다.

임금노예제의 두 번째 계기: 노동의 여러 가지 의미

임금노예제의 구조적 측면은 다소 추상적이고 비인격적(impersonal)으로 나타나지만, 고용주가 노동자의 궁핍한 처지를 이용해 착취하는 과정을 보면 구체적이고 인격적인(personal) 형식으로 드러난다. 다음 예는 고용주가 구조에 종속된 노동자의 처지를 어떻게 이용하고 착취하는지를 잘 보여 준다.

"노동계약을 맺는 두 당사자는 실제로 불평등하기에 일방적으로 강요된 노동조건은 불가피한 것이다. 다른 상품 판매자와 달리 노동자는 먼 곳까지 가서 자기 노동력을 팔 수 있는 게 아니다. 좀 더 나은 거래조건을 얻을 수 있을 때까지 초연한 척 기다릴 수도 없다. … 일방적으로 결정된 임금을 수용해야 하는 것은 말할 것도 없고 고용주가 지시하는 작업 방식에 따라 노동해야 하는 게 노동자다. 그 작업조건들은 노동자의 건강은 안중에도 없으며 노동력은 계속 고갈되고 만다."[60]

고용주가 노동자의 상황은 고려하지 않은 채 가능한 한 많은 가치를 자기 마음대로 빼먹을 수 있는 한, 이는 노예제와 다르지 않다.

"어떤 사람이 강제로 자기 노동을 타인을 위해 강제로 해야 하는 처지에 놓인다면, 그는 노예다. 그가 물건처럼 소유되든지 임금에 속박돼 있든지 상관없이 그는 노예일 뿐이다."[61]

이 주장은 어떤 면에서는 초기 워키들의 주장을 반복하는 것에 지나지 않는다. 워키들도 경제적 종속은 어떤 사람을 타인을 위해 강제로 노동하게 하고 그 대가로 그가 생산한 것 중 일부를 자기 마음대로 갈취하는 것이라고 보았기 때문이다. 여기서 중요한 논점은 경제적 종속이 사회가 자신을 재생산하는 중요한 방식이라는 점이다. 즉 경제적 종속은 한 개인이 선택적으로 거부할 수 있는 것이 아니라 한 사회에서 놀고먹는 계급을 가능하게 하는 시스템의 한 형식이다.

그러나 노동공화주의자들은 '자산의 사적 소유'라는 지배의 언어를 통해 이 논의를 한 단계 더 진전시켰다. 노동력이라는 자산을 소유한 노동자도 자기 노동력에 대한 통제권을 갖는다. 그러나 이는 완전하지 않으며 명목적일 뿐이다. 노동자는 어떤 조건이라도 노동계약을 수용할 수밖에 없으며, 이를 수용하는 순간 자기 노동의 결실에 대한 통제권을 잃게 된다.

"우리는 지독한 노역과 허기를 겨우 면하는 정도의 임금을 맞바꾼다. 불경기마다 일자리를 위협하는 실업의 공포 때문에 어쩔 수 없다. … 먹고살기엔 턱없이 부족한, 그러나 약정된 기아 임금을 대가로 우리 노동의 결실과 가치에 대한 권리를 모두 포기하는 데 우리가 앞장서는 꼴이다."[62]

고용주는 기아와 실업의 기능을 활용하는 방법을 제대로 알고 있고, 이를 통해 노동계약에 대한 자신의 지배력을 확대해 나간다는 점을 노동공화주의자들은 정확히 지적했다. 한 노동기사단 조합원의 분석이다.

"고용주들은 일시적으로 자신에게 빈곤이 가중된다 해도 앞으로 노동자의 의존도가 높아지는 것이 확실하기에 (불경기를) 꺼리지 않는다. 그런 자신들의 '대담함'을 비난한다 해도 개의치 않는다. 그런 자본가들, 현명하고 앞을 내다보는 그들은 노동자에 대한 확고한 지배력을 확보하고 있다."[63]

경제적 궁핍이 심해질수록 노동자들 사이에 경쟁이 심화한다. 그러면 고용주에 대한 노동자의 의존도는 더 높아지기 마련이다. 노동자의 의존도가 높아질수록 고용주는 노동계약에 자기 뜻을 모두 관철할 수 있고, 노동자는 거기에 동의할 수밖에 없게 된다. 미국 LA에 사는 노동자는 이렇게 말했다. "어떤 궤변을 늘어놓는다 해도 노동자는 그런 종속된 삶이 노예와 다를 바 없다고 생각할 것이다. 이 사회는 노동자에게 노동을 끔찍한 것으로 만들고 있다. 생계를 유지할 수 있는 다른 수단이 노동자에게서 점점 사라져 가는 사회가 되고 있다."[64] 실업보다는 나을지 몰라도 노동계약이 강요하는 낮은 임금과 장시간 노동은 경제적 독립성을 얼마라도 갖춘 사람이라면 절대 받아들일 수 없는 수준의 것이었다. 지금까지 살펴본 것처럼, 노조 활동할 권리, 단체행동권, 노동보호입법 ─ 현금 아닌 상품권으로 임금 지급 금지, 재소자 강제노동 금지, 아동노동 금지, 노동시간 상한제 등 ─ 이 필요한 이유는, 노동계약을 맺을 때 고용주가 열악한 조건을 자의적으로 정하는 것을 막을 수 있기 때문이다.[65] 그러나 노동권을 보호하는 입법만으로 임금노동자가 고용주에게 의존해야 하는 상황을 없앨 수는 없다. 노동계약에 대한 고용주의 자의적 지배를 어느 정도 제한할 수 있을 뿐이다. 좀 더 일반화해서 말한다면, 노동계약에 대한 노동공화주의적 분석은 왜 고용주가 노동자의 의존성을 높이려고 하는지를 이해하는 데 보탬이 된다. 노동계약을 통해 노동조건을 약정하는 과정에서 구조적 지배가 사적 지배로 전환되면서, 고용주는 우월적인 권력을 자의적으로 행사할 수 있게 되고, 이를 통해 노동자로부터 많은 양보를 얻어 내는 것이다.

임금노예제의 세 번째 계기: 임금 지불자의 변덕스러움

노동계약을 좌우하는 고용주의 능력은 작업장에서는 몰상식한 지배 행태로 이어진다. 노동계약 후 작업장으로 들어간 노동자를 대하는 고용주의 몰상식한 행태에 대한 설명은 당시 노동공화주의자들이 분석한 것에만 전적으로 의존해도 될 만큼 충분하다. 여기서 주목할 것은 종속이라는 개념이 매우 '고전적인 공화주의의 특징'을 반영한다는 점이다. 종속이란 한 개인이 타인의 의지와 권력 밑으로 들어간다는 것을 의미하기 때문이다. 노동공화주의자들이 가장 개탄한 것은 노동계약에 규정된 장시간 노동이나 기아 임금이 아니다. 노동계약으로 규정되지 않은 나머지, 곧 '그 밖의 모든 것'이라는 잔여 사항이다. 최초 계약에는 명시적으로 약정되지 않은 수많은 노동조건이 있을 수밖에 없다. 이 잔여에 대한 '침묵'은 노동자에게는 강요된 침묵, 고용주에게는 자유로운 발언권을 의미한다. 법적 권리로 보나 관행으로 볼 때, 보통은 일단 노동계약이 맺어지고 나면 노동자들은 고용주의 명령에 고분고분 따라야 한다고 생각하기 마련이다.

다음의 네 가지 사례를 보자. 서로 유사한 내용을 담고 있는 고충에서 일부만을 발췌한 것인데도 굴종과 종속에 대한 공화주의적 비판이 차고 넘친다.

"복종이 강요되지 않는 사업장이 한 군데라도 있는가? 게다가 강요된 것은 우리가 수행하는 노동의 질을 높이라는 요구가 아니다. 하인이 주인 대하듯, 임금을 주는 고용주의 비위에 맞추라는 요구다." [66]

"우리 공장에는 사대주의라는 종교가 있다. 비굴하게 아첨을 떠는 자는 고용주로부터 작위를 받는 식이다. 어떤 노동자가 자립적이고 정의로우며 확고한 신념을 가지고 있다면, 그의 보스는 그를 가장 위험한 적으로 본다. 왜냐하면 그런 노동자는 자기 뜻대로 할 수 없기 때문이다. 그런 노동자에겐 모욕을 줘봐야 소용없다는 것을 고용주도 안다. 그러나 만약 어떤 노동자가 굽실거리고 자기 비위를 잘 맞춘다면, 고용주는 그를 모범적인 노동자로 치켜세운다. 모두가 그처럼 행동하라고 강요하면서 말이다." [67]

"자유란 타인의 눈치를 보지 않고 타인의 변덕이나 기분에 좌우되지 않으면서, 자기 능력을 발휘해 필요한 것을 충족할 수 있을 때 있는 것이다. 작업을 책임지며 수행할 자율권이 없다면 자유도 없는 것이다. 노동자가 자기 고용주나 보스를 위해 일하는 한, 그는 자유롭지 않다. 고용주는 이렇게만 말한다. '너는 내게 복종해야 한다. 왜냐하면, 네가 하는 일에 대한 책임은 내가 지기 때문이다. 작업을 지시하는 권한은 내게만 있다.'" [68]

"임금노예제의 폐해는 이런 것이다. … 경멸하길 일삼고 혐오를 불러

일으키는 고용주에게 예속돼 있기에 그의 명령에 복종해야 하고 그의 비위를 맞추어야 하는 것. 자기보다 못한 지능을 가지고 있는 게 분명하지만, 자기 생각 자체를 없애야 하는 것. 그래서 반드시 보스, 고용주, 주인의 머리에서 나올 법한 것만 걸러서 생각해야 하는 것."[69]

이 말들은 몇 개의 낱말을 바꿔보면 미국 식민지 개척자들이나 초기 영국의 의회주의자들이 식민통치자와 절대군주가 누렸던 자의적 권력을 비난하는 데 사용했던 그 개탄의 언어와 유사하다. 그 동일한 언어들이 지금 자유노동계약이라는 세계를 기술하고 있다. 이 개탄의 언어는 새로 출현해 이미 보편화되고 있는 권력관계를 지시하고 있거니와 그들이 느낀 고통은 옛날 치안판사의 자의적 권력 아래 예속돼 있었던 사람들이 느꼈던 것보다 훨씬 더 지접적이고 일상적이며 반복적이다. 노동자는 매일 고용주를 위해 일하면서 인생을 살아가기 때문이다.

중요한 것은 작업장 지배에 대한 비판이 단순히 몇몇 고용주의 못된 버릇이나 악행을 고발하는 것의 문제가 아니라는 점이다. 여기서 말한 '고용주의 변덕'이란 바로 노동력을 사고파는 노동계약의 객관적 속성 자체를 의미하기 때문이다. 노동계약은 고용주가 계약 당시 자기 권력을 얼마나 행사했는지와는 무관하게 고용주에 대한 노동자의 종속을 '필연적으로' 내포한다. 노동기사단의 한 조합원이 말했듯이 "노동계약에서 노동자는 고용주가 제시한 조건을 받을 것이냐 말 것이냐를 선택하는 것을 제외하곤 계약 자체를 논의할 수 있는 당사자가 못 된다. 노동력을 샀다는 것은 노동자의 정신적·육체적·사회적·도덕적 존재 자체에 대한 지배권을 사들였다는 뜻이다. 노동계약은 바로 그 지배권을 규정하는 것이다."[70] "노동자가 자기 노동력을 파는 것에 '동의'한 것이고, 이는 고용주의 모든 명령에 복종하기로 '동의'한 것이며, 따라서 고용주의 말에 복종해야 한다"라고 말한다면, 이는 '동의'라는 개념을 조롱하는 것이다. 실제 계약은 정확하게는 그 반대다. 종속에 대한 강요된 합의일 뿐이다.

실제로 노동공화주의자들이 노동계약에서 가장 중요하게 생각한 대목은 노동자가 고용기간 동안 자기 의지나 의사를 포기하고 유보하기로 동의했다는 점이다. 계약에 명시한 조건을 위반하지만 않는다면, 고용주는 그가 하고 싶은 모든 것을 맘대로 할 수 있다. 자유방임적 공화주의와 구별되는 노동공화주의의 특징이 바로 이 지점이다. 물건 거래 계약에서 판매자는 그 상품에 대한 소유권과 통제권을 구매자에게 넘긴다. 그러나 노동력이라는 특별한 상품은 파는 이의 신체와 분리될 수 없는 특징이 있다. 따라서 노동계약은 노동하는 동안만큼은 판매자(노동자)가 자기 의지에 대한 통제권을 스스로 포기하는 약정임을 의미한다. 이처럼 노동계약은 그 속에 종속을 내장한 수단이라는 점을 조지 맥닐은 다음과 같이 강조했다.

"노동은 여타 상품과 다른 상품이다. 노동력을 파는 자는 자기 자신을 팔 수밖에 없기 때문이다. 지금의 임금노동 시스템은 공화주의 제도와 불화할 수밖에 없다. … 사람은 자기 자신이 아니라 자기 노동으로 생산한 상품을 팔아야 한다. 자기의 시간, 자기 기술, 인내와 노력이라는 자기 상품을 팔 수 있는 권리를 회복하지 못하는 한, 그에게 자유란 없다."[71]

노동계약은 필연적으로 '자기 자신을 판매'하는 계약이 되고 만다. 만약 노동력 구매자인 고용주가 판매자인 노동자를 자기 마음대로 할 수 없다고 한다면, 그는 노동력을 사지 않을 것이다. 따라서 노동계약의 불가피한 속성은 노동자는 노동하는 동안에는 빈드시 고용주의 의지에 구속될 수밖에 없다는 점이다. 모든 공화주의자들이 동의하는 것처럼, 타인의 의지에 구속되는 것이 바로 노예다.

"여기에 노동시장이 있다. 그것은 다름 아닌 노예를 사고파는 시장이다. 노동은 다양한 정신적·육체적 에너지의 활동이다. 그것을 파는 사람과 분리될 수 없는 것이다. 노동력 판매는 작업시간 동안, 이 육체적·정신적 활동을 넘기는 것이다. 그 시간만큼은 노동에 대한 지배가 발생하는 것이다."[72]

이제 왜 노동계약이 노동자를 고용주의 '변덕'에 비위를 맞추며 살아가게 하는지가 명확해진다. 고용주가 잔인하게 굴거나 혹은 조금 잘 해주거나 하는 것과 상관없이, 노동자가 고용주의 자의적 지배력 아래 놓여 있다면 그것은 종속이다. 그 지배력을 법이 보장해주고 있다.

이에 더해 노동공화주의자들은 인자하고 선한 고용주 밑에 있는 노동자라도 노예와 같은 종속 상태에 있다는 사실과 함께, 고용주는 항상 매우 악랄한 방식으로 자기지배력을 행사한다는 사실을 덧붙였다. 고용주의 최종목표는 덜 주면서도 가능한 한 더 많은 것을 착취하는 것이다. 다시 말하면 고용주는 지배 자체를 위해 의도적으로 비합리적인 행태를 취하는 것은 아니다. 적어도 모든 고용주가 그런 것은 아니다. 그러나 그들은 지배라는 관계 자체로부터 물질적 이득을 보기 때문에 항상 노동자의 의사에 반하는 방식으로 지배력을 행사하는 데 골몰하게 된다는 것이다. 1883년 미국 상원의 노사관계 청문회에서 한 상원의원이 증인에게 "작업장에서 대개 감독자와 노동자는 어떤 관계에 있나?"라고 물었다. 증인으로 나선 노동기사단 사무총장 존 맥럴랜드(John McLelland)은 "감독자들 대부분은 고압적이다. 한쪽에는 명령하고, 다른 쪽에는 복종한다"라고 답했다.[73] 감독자의 이런 예들은 무수했다. 점심시간 맘대로 없애기,[74] 노동 관련 기사를 보거나 정치적 견해를 표명하면 해고,[75] 성희롱,[76] 제멋대로 징계하거나 임금 삭감하기,[77] 불결하고 위험한 작업장 방치[78] 등이 대표적이다. 그 당시의 파업은 대개 감독자가 제멋대로 저지르는 악행에 대항해 벌어졌다. 이는 작업 활동에 대해 노동자들이 좀 더 많은 자율권을 요구하는 것이기도 하다.[79] 노동자들은 자기 노동의 결실을 빼앗기는 것은 물론, 노동과정에 대한 자율권도 박탈됐다.

노동계약에 대한 노동공화주의적 분석은 그들이 기계제를 어떻게 바라보는지를 이해하는 데도 보탬이 된다. 나중에 자세히 보겠지만, 노동공화주의자들은 당시의 러다이트(1800년대 중반까지 이어졌던 기계파괴 운동 - 옮긴이)와는 입장이 달랐다. 기계파괴주의자들은 새로운 기술 자체를 적대시했다. 그러나 노동공화주의자들이 거부한 것은 기술 자체가 아니라 고용주가 노동자를 지배하는 도구로 활용되는 방식으로서의 기계와 기술이다. 노동자들이 자발적으로 탈 없이 고용주의 명령에 고분고분하게 구는 순간, 기계들은 무시무시한 현대판 노예제를 작업장에 완성하고 만다. 고용주가 명령하는 데로 아무런 저항 없이 복종하는 기계는 노동자에겐 악몽이다. 노동자들은 기계에 대해 불만을 드러내기 시작했다.

"노동자는 평소보다 더 많은 일을 하게 됐다. 고용주들은 노동자의 생산능력을 마치 기계에 비금가도록 끌어올리려 했기 때문이다." 따라서 "모든 기계는 인간 노동의 산물임에도 불구하고 그것은 노동자를 강탈하고 노예로 만드는 데 사용되고 만다."[80] 미국 상원에서 노동기사단 조합원이 한 아래 증언을 보면 기계가 어떻게 노동자를 고용주의 노예로 만드는지를 알게 된다.

"작업장을 둘러보면 노동자는 단지 자기가 작업하고 있는 기계의 한 부품에 지나지 않는다는 것을 알게 된다. 노동자는 라벨링된다. 태그가 붙기도 한다. 마치 기계 부품에 붙는 것처럼 말이다. 그리고 고용주나 공장주의 이익을 늘리기 위해 사용되는 기계와 똑같이 취급된다. … 노동자는 강요된 노예제 시스템 아래에 있다고 느낄 수밖에 없다."[81]

기계는 작업과정을 단순화해 생산성을 높이는 물건만이 아니다. 노동과정을 잘게 쪼개 노동자의 생각을 단순화하고 동시에 저항을 사전에 제거하는 지배기구다. 다른 조합원도 이렇게 말했다. "이제 고용주의 지배와 영향력을 어떻게 얘기해야 할지 모르겠다. 그러나 그것은 막강하고 작업장의 모든 것을 지배하는 힘이다. 노동자의 의사도 언제부터인가 자기 것이 아니라 자기 보스의 것이 됐다."[82] 이는 "임금노동 시스템은 … 고용주를 군림하는 자로 만든다. 노동자는 그 밑의 노예가 된다."[83]라는 노동공화주의적 분석을 뒷받침하는 중요한 사례들이다.

자기 활동에 대한 자율권을 박탈당한 노동자는 이제 자기 행동을 고용주가 만든 비인간적 기준에 자발적으로 맞추는 순응적 존재가 됐다.

　이제 호흡을 가다듬고 노동공화주의가 자유에 대한 이론을 어떻게 발전시켜왔는지, 그 여정에 다시 주목해보자. 초기 영국 공화주의자인 앨저논 시드니의 상반된 말을 되짚어보자. 노동기사단은 시드니에게서 미국 노동운동에 대한 커다란 영감을 받았다. 그러나 계약에 대해서는 "만약 내 하인이 일하는 것을 두고 나와 의견이 다르다면, 그 결정권은 나에게 있다. 하인은 나를 위해서 내가 원하는 방식에 따라 일을 해야 한다. 그가 하는 일이 썩 맘에 들지 않는다고 내가 판단하면, 그는 떠나야 한다. 내가 내 하인을 이렇게 내보내도 내겐 잘못이 없다"[84]고 주장했다. 이 글만 따로 떼어 본다면 공화주의자인 시드니는 사실은 노동공화주의자에게는 최악의 적인 셈이다. 당시 노동기사단이 주도한 방직노동자 파업이 있었다. 그때 고용주를 대변하는 언론들이 쏟아낸 불만은 "노동기사단에서 방적 공장에 대한 소유권을 내놓으라고 요구하면서 경영에 개입하고 있다"라는 것이었다. 고용주들은 이 파업이 성공할 경우 "고용주는 껍데기 소유주로 전락할 것이다. 공장에 대한 실질적인 통제권은 노동기사단에게 넘어가고 말기 때문이다"라며 걱정했다.[85] 실제로 "경영에 개입할 수 있는 노동자의 권리를 입법해 달라는 요구에 반대하거나 노동자가 함부로 고용주의 합법적 권리를 침해해서는 안 된다"[86]라고 생각했던 19세기 이론가들도 있었거니와 이들 대부분은 노동기사단이 아니라 시드니의 후예를 자처하는 자들이었다. 노동계약과 작업장이 지배의 원천이라는 주장이 곧바로 공화적 자유의 확장으로 연결되는 것은 아니다. 공화적 자유를 주장하기 위해서는 먼저 노동계약의 동학(dynamics)과 사적 소유제의 광범한 폐해를 면밀하게 분석하는 것이 필요하다. 이에 대한 가장 빼어난 분석은 노동의 상품화와 이로 인한 작업장 지배에 대한 비판일 것이다. 노동공화주의자들은 임금노동은 임금노예라는 주장을 일관되게 펼쳐 나가는 한편, 상식처럼 받아들여졌던 당시의 잘못된 인식은 물론 공화적 자유를 대안적이지만 매우 좁게 해석하는 인식에도 맞서 싸워나가야 했다.

"자본주의 산업 시스템에 공화주의 원칙을 기입하라"

"우리의 통치자, 정치가, 이론가들은 자본주의 산업 시스템에 공화주의 원칙을 적용하는 것을 기피하고 있다. 공화주의의 근본 원칙이 무엇인지 잊었거나 거부하고 있는 것이 틀림없다."[87]

노동공화주의자들이 강조해 온 이 주장의 의미를 명확히 해야 한다. 이 주장은 노예제와 자유의 역설이 아직 해결되지 않고 있음을 이야기한다. 임금노동자는 아직도 노예와 비슷한 종속에 처해 있었다. 국가의 공식적 기구는 모두 부패해 있고, 시민들의 법적 자주성을 침식해 들어갔다. 법에 의한 지배 원칙이 공표됐지만, 서로 연관된 세 가지 형태의 지배는 아직 그대로 남아 있었다. 첫째, 재산이 전혀 없는 노동자는 노동계약을 맺기도 전에, 이미 구조에 의해 종속돼 있다. 둘째, 노동계약을 맺는 과정에서 노동자는 다시 고용주의 사적 지배 아래 놓인다. 셋째, 작업장에 들어가는 순간 또다시 종속된다. 노동공화주의 비판의 논리적 핵심은 노동계약이 작업을 배분하고 통제하는 근거가 되는 한 노예적 지배와 종속은 사라지지 않는다는 점이다.

그렇다면 "자본주의 산업 시스템에 공화주의 원칙을 기입하는 것"이란 무엇을 의미하는가. 자본주의를 단순히 비판만 한다고 해서 이 질문에 답할 수는 없다. '자본주의 산업 시스템'이란 노동자와 고용주의 관계, 즉 노사관계만이 아니라 '노동자들 사이'의 관계 변화와 일 자체의 본질적 변화가 포함된 개념이다. 이 시스템의 본질적 성격은 '집합적'이다. 겉보기에 이 시스템은 개인의 노력, 사적 이윤, '경쟁'[88] 등에 기초한 원자화된 시스템으로 보인다. 그러나 노동공화주의자들은 실제로는 집합적 협력에 기초해 재조직된 시스템이라는 점에 주목했다. 작업의 재조직화는 '고용주들의 합병'에서 잘 드러나거니와 이 합병 기업은 이윤 창출을 위해 가급적 적게 주면서도 더 많은 노동력을 착취하는 것을 목적으로 하는 근대적 조직이다.[89] 고용주들 간 합병이 늘어나는 것은 우연이 아니다. 자기 이익 추구라는 가치에 기초한 사회라면 당연히 나타나는 결과다. "미국은 변화의 최전선에 있다. 미국은 경쟁을 부추기는 선도자다. 극단적 경쟁이 일어날 때까지 경쟁을 밀어붙여 결국은 경쟁 자체를 파괴하는 지경에 이르게 한다."[90] 경쟁은 당장에는 소수 자본가의 이익을 증가시킬 수 있지만, 반드시 그런 것만은 아니다.

"합병이라는 경향이 잘못이라고는 말할 수는 없다. 기업이라는 조직의 생리가 본래 그런 것이다. … (그러나 – 옮긴이) 소수가 서로 결합해 다수를 희생시키면서 자신들만의 부를 쌓을 수 있는 시스템이라면 이는 곧 그 소수에 대항해 다수가 자신을 보호하고 동시에 지금은 알 수 없는 자신들의 자주성과 행복을 지킬 수 있는 그런 시스템이기도 하다."[91]

경쟁은 독점, 카르텔 또는 여러 형태의 대규모 주식회사를 만들어 냈다.[92] 개인주의를 전제하는 경쟁이 자기와는 반대로, 거꾸로 선 것이다.*

이제 혁신적인 개인 기업은 고립되어 그 세계에서는 구경꾼에 불과한 존재가 되고 있다. 파우덜리는 "우리는 미국적인 개인 기업을 존중하며 이에 대한 자부심도 크다. 그러나 합병 기업이나 독점 기업과의 경쟁에 내몰리는 순간 개인 기업들은 사업의 '기회조차' 얻지 못한다"[93]라고 주장했다. 개인 기업이 거대한 독점 기업들과 경쟁에서 살아남기란 불가능에 가까워진다.

이제 자본주의 생산의 사회기술적 측면을 살펴보자. 노동자들은 공장으로 모여든다. 이들은 일련의 통일된 작업과정에 편입된다. 작업과정과 방식은 관리자의 획일적인 감독에 따라 통제된다.[94] 여기서 노동공화주의자들은 노동조직 방식의 사회적 성격에 주목했다. 자본주의 생산양식에서 노동은 불가피하게 사회적으로 조직된다. 노동자들에겐 계획에 따라 조직된 협력(conscious cooperation)이 요구되며 그에 따라 통합된 작업을 수행하게 된다.

작업방식의 획일적 통합은 노동자가 자신의 노동 활동을 스스로 통제하는 자율권을 갖는 시절은 이미 지나갔다는 것을 의미한다. 이제 옛날의 소생산자 사회로 되돌아가는 것은 불가능해졌다. 파우덜리는

---

* 경쟁이 치열해지면 낙오 기업이 생긴다. 막대한 자금력을 갖는 거대 회사가 낙오 기업들을 합병하면서 시장을 독점하는 독점기업으로 성장한다. 리오 휴버만은 독점은 경쟁이 나은 결과라고 말한 바 있다.

이렇게 말했다.

"한때는 도시를 통과하는 철도가 여러 개 놓이는 것이 좋은 징조라고 생각했었다. 싸고 편리하게 철도를 이용할 수 있으리라는 기대 때문이다. 그러나 오늘날 그 희망은 사라졌다. 서로 얽힌 이해관계가 도시와 성장 사이를 가로막아 선다."[95]

파우덜리의 관심사는 단지 높은 요금 문제가 아니었다. 경쟁이 사실상 독점으로 전환되는 방식에 더 주목했다. 당시 신화처럼 회자되던 링컨주의자들의 서사는, 노동자도 자기 노동을 팔아 번 돈으로 필요한 토지나 생산수단을 살 수 있다는 것이었다. 파우덜리는 링컨식 서사를 비틀어 한 노동자의 이야기를 지어냈다. 그 노동자는 자신이 저축한 50달러를 주고 땅을 샀다. 자기의 능력과는 상관없이 그 지역이 변하면서 그 땅은 수천 배가 뛰어 2만 5,000달러짜리 땅이 됐다는 이야기다.[96] "노동이 … 땅의 가치를 높였다고, 순전히 성실함 하나로 막대한 부를 쌓았다고 그 노동자는 자랑하듯 말할 것이다. 그러나 성실함만으로 그가 부자가 된 것은 아니다. 그를 부자로 만든 것은 바로 협력이다. 그러나 협력에 참여한 모든 자에게 협력으로 만들어진 가치가 공정하게 돌아가는 것은 아니다"[97]라고 파우덜리는 덧붙였다. 여기서 '노동'이라는 개념은 '협력'이라는 개념에 새로운 방식으로 연계된다. 노동이란 단순히 어떤 상품을 만드는 구체적이고 특정한 과정이 아니다. 구두공이 구두를 만드는 것이나 재단사가 셔츠를 만드는 과정처럼 개별화된 단순한 과정이 아니다. 노동은 추상적이고 집합적이며 '협력의 과정'이다. 여러 가지 활동들, 이를테면 철로를 깔고, 농산물을 재배하고, 철을 주조하는 활동이 모여 50달러짜리 땅떼기를 2만 5,000달러의 재산으로 만든 것이다. 그 재산을 만드는 데 공헌한 수많은 개별 활동의 가치들을 고려한다면, 그 재산은 하나의 '집합적 산물'이다.[98]

여기서 노동공화주의자들이 풀어야 할 퍼즐이 하나 있다. 어떻게 독립성이라는 관념을 근대 노동의 불가피한 본질인 집합성 혹은 협력성에 부합하는 개념으로 만들 수 있는가, 라는 난제다. 자유노동이라는 비전은 노동자가 자유로운 시민–노동자로서 진정한 자기 결정권을 행사할 수 있다는 것을 전제한다. 이 비전만 놓고 본다면, 노동공화주의자들은 탐탁지 않은 대안 중 하나를 선택해야 할지 모른다. 향수 어린 옛 장인들의 길드 시절로 돌아가든지, 아니면 공화주의 이론을 포기하든지 말이다. 설사 임금노동에 대한 노동공화주의자들의 분석이 정확하다고 해도, 이 분석 자체만으로는 공화주의적 전망을 제시하는 데는 불충분하다.

"할 수 있다면 어서 임금노동제를 폐지하라. 그리고 협동조합 체제로 대체하라" : 협력과 독립성

임금노동제 폐지라는 역사적이고 도전적 과제에 대해 노동공화주의자들은 일관된 주장을 펼쳤다. 그것은 자본주의 생산 체제에서 딜레마에 빠진 공화적 자유를 보편적으로 회복하기 위해서는 협동조합 생산체제가 원칙이 돼야 한다는 점이다.[99] 독립적인 생산자와 소비자 협동조합을 주축으로 구성된 협동조합 체제만이 자본주의 노동시장이 불가피하게 야기하는 종속 문제를 해결하는 방안이라는 것이다. 협동조합 체제는 노동자가 집단적으로 소유하고 관리하는 체제다. 노동기사단 선언문을 비롯해 모든 연설과 팸플릿에서 반복적으로 표방된 바와 같이 그 기본방향은 "임금노동 체제를 가능한 한 빨리 폐지하고 협동조합 체제로 대체"[100]하는 것이다. '협력'은 노동기사단의 비전을 담은 핵심이다. 노동기사단 기관지는 '협력'이라는 표제의 특별 기고를 여러 차례 실었다. 각국에서 시도되고 있는 협동조합 체제를 분석하고 협동조합 규약, 협동조합 역사, 협동조합 운영 전략, 조합원의 반응 등을 요약해 보도했으며,[101] 협동조합 설립을 위해 별도의 기금을 마련하기도 했다. 협동조합 운동가로 유명한 존 사무엘(John Samuel)은 당시 가장 널리 읽혔던 '협동조합 설립 매뉴얼'을 작성한 주역이다.[102]

노동공화주의자들은 협력 원칙을 공화주의적 딜레마를 해결할 수 있는 가장 선진적인 해법으로 봤다. 그 이유는 두 가지인데, 하나는 자본주의 생산양식에서 노동은 그 자체로 협력적 속성을 지닌다는 '사실' 때문이다. 그동안은 협력이라는 속성이 아직 원칙으로 정식화되지는 못했다. 사적 소유 원칙과 계약 자유 원칙은 어떤 의미에서 보면 자본주의 경제 체제의 현실과는 갈등하는 것들이었다. 한마디로 요약하면 "협력은 개별적 존재인 인간이 스스로를 확장하는 힘이며, 이 힘은 새로운 이익 창출을 위해 개개인 서로가 연합하게 하는 의식적 역량으로 발전하기 마련이다. 그러나 이러한 개별성의 발현이 개인주의라는 이름에 의해 가로막히고 있다."[103] 협력은 하나의 대안적 원칙으로, 도덕적이고 사회적인 실재(reality)인 공화적 산업 체제에 가장 잘 부합하는 원리다. 젤리(Jelly)에 따르면, "협력이란 사업체 규모가 크건 작건, 작업과정이 단순하건 복잡하건, 모든 생산방식에 동일하게 적용될 수 있는 원칙"이다. 왜냐하면 협력이란 누가 노동을 관리하는가, 노동의 산출물을 누구에게 분배하는가의 문제일 뿐이며, 사업장의 규모와는 상관없기 때문이다.[104] 협력 원칙이 보편적으로 적용될 수 있는 이유는 크건 작건 모든 사업장에서 이뤄지는 생산의 공통점은 고립된 노동이 아닌 계획적으로 조직된 노동에 의해 이뤄진다는 사실 때문이다.

둘째, 협력은 단순히 자본주의적 생산의 사실적 측면만을 가리키는 것이 아니다. 임금노동 체제를 특징짓는 '경쟁' 원칙을 대체할 수 있는 대안적 원칙이라는 점이 중요하다. 협력 원칙은 생산수단과 자원에 대한 소유권과 통제권을 공유하는 원칙이다. 협력은 임금노예제 단계에서 이윤을 공유하는 체제로 진화하는 것을 가능하게 하는 원칙이다. 이윤공유 체제에서는 모두가 동등한 주체로 인정되는 동시에 모두가 더 나아지는 주체가 되며 이를 통해 '협동조합 체제'라는 보편적인 시스템으로 나아가게 된다.[105] 유의해야 할 점은 모든 부채와 배당을 충당하고 남은 이윤이 공유되는 이윤 공유 체제와 노동자의 소유권과 경영권의 공유를 실현하는 '진정한' 협동조합 체제가 항상 명확히 구별되는 것은 아니라는 점이다.[106] 협력은 조직의 원칙으로서 다양한 의미를 내포하는 넓은 개념이다.[107] 그러나 핵심은 생산자 연합에 속한 노동자는 모두 조합원 자격을 통해 생산수단에 접근할 수 있는 권리를 갖는다는 사실이다.

미국 협동조합 운동에 커다란 영향을 미친 로치데일이 처음 강조한 협력 개념과 달리 노동공화주의자는 소비 협동조합이 아닌 '생산자' 협동조합에 방점을 두었다.[108] 소비 협동조합의 주된 목적은 소비자의 집합적 힘을 행사해서 중간상인들의 이윤을 없애고 필수품 가격을 낮추는 데 있다. 노동공화주의자들 역시 여러 곳에 소비 협동조합을 결성하기는 했지만, 더 중요한 강조점은 협력 원칙을 생산에 적용해야 한다는 것이었다. 그렇지 못하면 임금노예제를 제어할 수 없기 때문이다. 소유권과 통제권의 공유는 노동자에게 생계 유지를 위해 노동력을 팔아야만 하는 처지로 내모는 구조적 지배를 막을 수 있는 길이다. 노동 산출물에 대한 통제력을 높일 뿐만 아니라 타인을 위해 강제로 노동해야 하는 예속에서 해방될 수 있다. 실비스가 강조했듯, "협력은 고용주의 위협이나 지배, 모욕 따위에 어쩔 수 없이 굴복하게 만드는 궁핍에서 노동자를 자유롭게 한다."[109] 더 중요한 것은, 소유권 자체가 아니라 통제권을 공유하는 협동조합 체제만이 작업장에 팽배한 고용주의 사적인 지배를 제거할 수 있다는 점이다. 이 체제에서 노동자는 자신의 집합적 권위에만 복종할 뿐이다.

협동조합 체제의 핵심을 일과 노동에 대한 통제권의 회복으로 규정한 것이 바로 노동공화주의의 가장 큰 공헌이다. 자본주의에서 노동은 협력적 속성을 지닌다. 농민들도 자기 노동에 대한 통제권이 있는 것은 사실이지만, 그렇다고 농민계층 모델로 돌아가서는 안 된다. 반대로 자유로운 노동자의 생산 통제는 자신들의 공동 작업에 대한 동등하고 집합적인 통제를 의미한다. 작업통제권은 단지 '열악한 노동자'의 상태를 면하려는 것이 아니라 '자주적인 노동자'가 되는 데 필요한 필수요소다. 협동조합 체제를 단순한 이윤 공유가 아니라 진취적인 노동자 자주 관리의 한 형식으로 정의하는 이유도 여기에 있다. '협동조합 체제'가 '임금노동제'보다 우월한 이유는 "각자가 스스로 자산가(proprietor)로서 주인을 위해서가 아니라 자신을 위해서 노동하는 자임을 자각하며 육체노동과 정신노동이 똑같이 중요한 것임을 알게 하기 때문이다"[110]라고 노동기사단의 한 조합원은 말했다. 파우딜리도 1880년 노동기사단 총회에서 행한 첫 연설에서 똑같은 주장을 펼쳤다. "노동자가 자주성을 회복하는 길은 … 각자가 모두 주인이 되고, 자기에 대해 스스로 고용주가 되게 하는 협동조합 시스템을 구축하는 것뿐이다."[111]

이상적으로 말하자면, 협력은 작업장에서의 노동자와 경영자의 관계를 전복함으로써 노동자의 자주성을 보장한다. 그러나 "임금노예제를 타도하고 우리가 스스로 우리의 보스가 되자"[112]라는 구호가 경영 전략과 같은 기술적 전문성이나 경영자 역할의 필요성을 부정하는 것은 아니다.[113] 협력 원칙의 핵심은 경영자의 역할은 "공장을 운영하고 관리자나 감독자를 뽑는 과정"에서 노동자에게 책임 있게 행동하는 것이다.[114] 협력 개념이 부정하는 경영 전문성은 바로 "노동자는 선천적으로 열등해서 사업 경영에서 발생하는 다양한 문제를 해결할 수 있는 능력이 없다"라는 잘못된 편견이다. 협력을 이해할 때 반드시 유념해야 할 중요한 대목이다. 노동공화주의의 비판은 단순히 노동자에게 작업장을 통제할 수 있는 법적 권리나 도덕적 권위가 없다는 사실을 드러내는 데 그치지 않는다. 반대로 노동자는 항상 작업장을 유능하게 통제할 수 있다는 주장도 부정한다. 협력이 자주성과 연결되기 위해서는 우선 소극적 측면에서는 노동자가 고용주의 지배에서 벗어나 있어야 한다. 그러나 보다 적극적 측면에서는 노동자가 작업장을 스스로 관리할 수 있는 능력을 보유해야 하고, 일상을 통해 그 능력을 자유롭게 발전시키고 학습해야 한다는 전제조건도 충족돼야 한다. 이 두 측면은 동전의 양면과 같다. 즉 종속이 잘못인 이유는 바로 노동자가 스스로 판단할 수 있는 독립적인 자치 능력을 가지고 있기 때문이다. "노예가 '된다는 것'은 무엇인가?" 노동기사단 디트로이트 지부는 기관지 〈레이버 리프(Labor Leaf)〉를 통해 스스로 제기한 이 질문에 대해, "스스로 자기를 관리할 수 있는 역량을 갖추고 있으면서도 타인의 의지에 복종하는 것, 그것이 노예다"라고 답했다.[115] 협력은 모든 노동자가 자치 능력을 갖추고 있을 때 비로소 매력적인 대안이 된다. '자본주의 기업의 리더'만이 경제 문제를 해결하고 올바르게 결정할 수 있는 유일한 존재라는, 그 유명한 윌리엄 그레이엄 섬너의 주장과는 정반대다.[116]

기업을 당장 협동조합으로 전환할 만한 힘이 없는 작업장에서는 작업 현장의 통제권을 확보하고 행사하는 방식을 통해 협력을 실천하는 예가 늘어나고 있었다. 로드아일랜드 원스쿡에 위치한 한 공장에서는, 노동강도가 위험할 정도로 높아지자 노동기사단이 단체행동을 감행해 경영진을 퇴진시키고 노동기사단 지도부가 작업 속도 적정화, 협업 독려, 최종 산출물 품질 관리 등 작업장 전반을 직접 지휘했다.[117] 로드아일랜드 리버사이드 방직 공장에서도 유사한 사례가 있었다. 공장주가 노동자들이 사용하던 의자를 모두 없애기로 결정하자 방직 노동자들은 파업에 돌입했다. 노동기사단은 이를 "지난 몇 주간 당했던 사소한 폭정의 역사"라 불렀다.[118] 결국 의자를 되찾아 온 것은 물론 몇 가지 양보를 더 받아내는 데 성공했다. 특히 집합적 통제권을 부분적으로나마 행사함에 따라 임금노동 관계에서의 고용주에 대한 종속을 어느 정도는 완화할 수 있었다. 루이지애나 주의 디보독스 파업 역시 같은 맥락의 의미를 지닌 사건이다. 사탕수수 노동자들은 노동기사단이 조직한 파업을 통해 디보독스 농장주들의 탄압에 맞서는 동안 감독자에게 항상 복종할 필요가 없고, 나아가 그들 스스로 농장을 관리할 수도 있겠다는 생각을 어렴풋이나마 했을 것이다.[119]

협력 원칙과 자치를 위한 적극적 조건인 자주성을 논리적으로 연계해 구성한 모델은 바로 각 지역의 노동기사단 지부에서 조직한 협동조합 모델이다. 일부 노동기사단 지부는 중앙의 지원이나 가이드라인 없이도 자기 사업장을 협동조합 조직으로 바꾸는 쾌거를 이루기도 했다. 노동기사단 지부가 발행한 기관지는 새로 조직된 협동조합 소식으로 가득 차곤 했는데, 그 분야도 신문, 면방직 공장, 통 제작소, 신발 공장, 유리세공업, 광산, 식료품점, 농장 등으로 다방면에 걸쳐 있었다.[120] 노동기사단은 초기 협동조합 운동에서는 배제됐던 소수자 그룹(미숙련 노동자, 흑인 노동자, 여성 노동자 등)에게도 협동조합 아이디어를 전파했다.[121] 여성 노동자들이 주축이 된 협동조합이 만들어지는가 하면, 심지어는 주부들까지도 협동조합 모델을 활용해 공동가사(shared housework)나 공동구매제를 고안해 냈다.[122] 노동자들은 이제 명령을 받지 않아도 된다는 사실을 자각하기 시작했다. 비교적 짧은 기간 동안 비약적 성공을 일궈냈거니와 – 노동자들의 자각을 고려하면 그리 놀랄 일도 아니다 – 약 500개의 생산자 협동조합이 조직됐고 소비 협동조합

도 수천 개로 늘어났다. 이들이 고용한 노동자만 수만 명이 넘었다.[123]

노동기사단은 협력이라는 아이디어를 보편적 개념으로 발전시킨 것은 물론 협력의 외연을 더욱 확장해 나갔다. 전국 단위의 노동자 조직은 협동조합이 단지 지역 단위에 국한될 필요가 없다는 생각을 가능케 했다. 즉 전국 규모의 조정된 경제 체제로서의 협동조합 체제가 가능하다는 것이었다. 노동기사단은 협동조합을 단순한 국지적 실험이 아닌 '보편적인 협력적 생산 시스템' 혹은 '통합된 협력적 경제 체제'로 발전시켜 나가야 한다고 보았다. 〈노동연대〉에 실린 다음 글은 이를 잘 나타낸다.

"협동조합은 그 형태나 기능이 어떠하든, 그 자체만으로는 노동자를 임금노동이라는 조건에서 해방시키지 못한다. … 통합된 협력경제 체제란 생산과 분배 전체를 종합하는 생산-분배 체제로, 생산에 관여한 모든 주체의 이익을 위해 봉사하는 경제 체제다. 통합된 협력경제 체제는 실질적으로 거시적인 산업 체제가 될 수 있거니와 이 산업 체제에 속한 모든 노동자는 스스로 자신을 고용하는 자이며 동시에 자신이 생산한 것을 소비하는 소비자가 된다. 따라서 협력에 기초한 산업 체제 모델은 임금노동 시장과 자본시장에 의존하지 않는, 지속가능한 경제 체제로 발전해 나갈 수 있다."[124]

협동조합에 기초한 생산과 소비를 '산업 체제'의 차원에서 파악하는 것이야말로 초기 오언이나 푸리에 추종자들이 주창한 '고립된 유토피아'와 뚜렷이 대비되는 관점이다. 오언과 푸리에는 사회와는 뚝 떨어진,

분리된 유토피아 공동체가 가능하다고 봤다. 그러나 노동기사단은 중앙집중적 모델에 대한 비전을 가지고 있었다. 초기 협동조합주의자들이 상정한 것은 기껏해야 도시 단위의 시장 정도였지만, 노동공화주의자들은 달랐다. 노동공화주의자들이 소규모 협동조합을 지속적으로 조직한 근본적인 취지도 이들을 대규모 연합조직으로 확장시켜 지속가능한 공화주의적인 체제로 발전시키는 데 있었다.

"협력이 노동 문제를 해결하는 유일한 열쇠라고 믿는, 각 산업 분야에 종사하는 동지들이 자신의 육체적 능력과 도덕적 힘, 재정적 능력을 모두 결집해, 체제 속의 또 하나의 체제, 곧 자신의 필요를 모두 충족하는 소비를 가능하게 하는 생산 체제를 건설하는 전선의 선두에 선다면, 그래서 그런 체제 건설에 성공한다면 우리는 더 이상 우리 자신의 삶을 타인에게 의존하지 않아도 된다."[125]

지역 단위의 소규모 협동조합은 당장에라도 조직될 수 있고, 이를 통해 조합원들이 임금노동에서 좀 더 자유로워질 수 있다. 그러나 이 협동조합은 사회로부터 고립된 조직이어서는 안 되며, 그 사회 자체의 변혁을 목표로 하는 협동조합이어야 한다. 지역 단위의 작은 협동조합은 더 큰, 전국 규모의 통합된 협력경제 체제의 가능성을 확장하는 모범이 돼야 한다. 〈노동연대〉는 이에 대해 다음과 같이 강조했다.

"협동조합은 한 국가를 이루는 국민 대다수에 대해 영향력을 확보해야 한다. 정부가 협동조합의 이상에 부합하는 정책을 수립하도록 견인해야 한다. 우리는 우리의 주장이 옳음을 증명할 수 있는 성공적인 협동조합 실험을 지속해서 발전시켜야 한다."[126]

　지역에 산재하는 개별 협동조합이 그 자체로 하나의 세계가 되는 것
은 바람직하지 않다. 협동조합은 임금노동제를 대체하는 거대한 협력
체제라는 영감을 부여하는 전범이 돼야 한다. 노동공화주의자들은 이
협력경제 체제는 계획적으로 조직된 전국 단위를 기반으로 할 때만 지
속가능할 수 있다는 점을 알고 있었다. 따라서 전국의 지역별 협동조합
이 번성할 수 있는 경제 여건을 조성하는 데 필요한 법률 체제를 정비
하는 등 제도적 토대를 만드는 것이 중요하다고 보았다. 파우덜리는 이
를 위해 필요한 요구를 좀 더 구체화했다. "정의롭고 인간적인 토지 소
유제, 기계와 같은 생산수단, 철도, 전신에 대한 공공적 통제, 공공에
부합하는 화폐 시스템"[127]을 가장 중요한 강령[128]으로 제시했다. 〈노동
연대〉는 다양한 노동자 그룹이 연합해 정부 보증 신용을 공여받고 정
부의 물가정책과 임금정책에 의해 지원되는 협동조합을 설립해야 한다
는 제안도 내놓았다. 토지와 공공서비스의 국유화, 생산자 협동조합에
신용을 제공하는 인민은행 설치, 노동보호 입법 등 사유재산제와 공
적 규제를 획기적으로 개혁할 수 있는 조치들을 명확히 제시했다.[129] 달
리 말하면, 협력생산 체제는 임금노동자의 구조적 종속을 혁파하는 유
일한 길이었다. 왜냐하면 생산과 분배의 구조적 기반을 변혁할 수 있기
때문이다. 구조적 기반의 혁신이야말로 협동조합을 주축으로 하는 통
합된 협력경제 체제를 새롭게 구축하고 지속가능하게 하는 조건이라는
것이다.

노동공화주의자들의 가장 의욕적인 제안은 앞으로 지속적 확장이 가능한, 평등한 협력경제 체제를 구축하자는 것이다. 협력경제 체제는 공공신용 시스템을 갖춰야 하는데, 핵심은 노동시간에 따라 현금처럼 쓸 수 있는 노동화폐를 발행하는 것이다. 노동화폐는 협동조합에서 생산된 상품을 거래하는 데만 사용된다.[130] 노동헌장의 지자, 헨리 샤프는 '경제 헌법' 제정을 제안하기도 했다. 경제 헌법은 '생산자 연합' 조항을 두고 있는데, 이 조항의 취지는 모든 주와 연방의 생산자들, 이후에는 전 세계의 생산자들이 준수해야 할 공동행동 규범을 제시하는 것이다. 또한 '연방 기금'을 설치하고 생산자들에게 필요한 토지와 생산수단을 제공하는 시스템으로 활용할 것을 규정했다. 정보를 공유하고 각자의 활동을 조정하는 역할도 담당한다.[131] 헨리 샤프는 나아가 "노동기사단 조직은 주 정부만큼이나 다양한 기관을 설립하고 운영할 수 있는 체계적 조직으로 성장했다"라고 주장하기도 했다.[132] 물론 협력적 공화 체제(the cooperative commonwealth)라는 고도의 통합 체제에 대한 비전도 주목할 만하지만, 노동기사단이 생산한 물건만 소비하고 다른 상품은 보이콧하는 정서와 시스템은 부분적이기는 해도 경제활동에 대한 중앙집중적 조정을 실현한 것이라 할 수 있다. 중앙집중적 조정을 위한 노력은 협동조합 설립을 대대적으로 지원하는 방식으로 이뤄졌다. 중앙집중적 조정 시스템과 밀접히 관련된, 매우 논쟁적인 이슈 중 하나가 전국 규모의 협동조합 펀드를 조성하는 방안이다. 노동기사단이 직접 운영하는 이 전국펀드는 협동조합이 다른 기업과 경쟁할 수 있도록 자본 형성을 지원하고자 하는 것이다. 초기에는 자발적으로 조성되고 이후에는 강제적립으로 전환되는 이 전국 펀드는 수십만이 넘는 노동기사단 조합원을 활용해 기존의 신용시장을 이용하거나 주식을 팔아서는 조성할 수 없는, 대규모 자본을 축적하는 빼어난 방식이다. 실제로 전국 펀드는 설립 초기에는 제대로 운영되지 못했다. 그러나 이 시기에 전국 펀드로 결집한 모든 협동계좌가 의미하는 바는, 협동조합의 비약적 성장은 노동기사단이 재정적 독립을 스스로 이루고 동시에 구매를 지원하고 조정할 수 있는 능력이 있었기 때문에 가능했다는 사실이다.[133]

이 연합 펀드는 결국 실패로 돌아갔다. 부분적으로는 노동기사단 운동의 쇠락이 원인이었지만, 더 근본적으로는 협력에 대한 입장이 서로 달랐기 때문이다. 노동기사단 중 일부 분파는 중앙집중적 조정 혹은 강제적 협력은 협력이 추구하는 해방이라는 근본적 취지를 위협할 수 있다고 보았다. 이 견해는 협동조합 펀드 논쟁이 진행될수록 더 큰 지지를 얻게 됐다. 다른 분파도 지역 단위로 분산된 협동조합이면 충분하다는 인식을 보였다. 노동공화주의자들이 보기에 중앙집중화 문제는 아직은 풀리지 않은 숙제였다. 그러나 좀 더 넓은 이데올로기 논쟁의 측면에서 보면, 이 논쟁은 방법론에 관한 것일 뿐 최종목표나 취지에 대한 이견은 아니었다. 협동조합 체제는 고용주의 속박에서 벗어날 수 있는 체제이자 모든 노동자의 '자치 역량'을 구현할 수 있는 길이라는 점에 모두가 동의하고 있었기 때문이다.

노동공화주의의 협력 개념은 초기 공화주의가 제시한 사회에 대한 가정을 뛰어넘어 중요한 개념적 전환을 이뤄 냈다. 당시는 개인 생산자가 경제적 자립성의 전범으로 여겨지던 시절이었다. 이제는 초기에 형성된 관습적 생각에서 개인의 자유라는 규범적 핵심을 분리하는 것이 가능해졌다. 익명의 노동공화주의자는 "개혁은 과거의 비효율적 생산 방식으로 돌아가는 것이 아니다. 만약 노동자가 소규모 자영업을 더는 기대할 수 없다면, 자연스럽게 자영업에 상응하는 경제적 등가물을 얻으려 하는 게 당연하다."[134] 협동조합의 이상은 소생산자라는 개체화된 개념과 개인의 자유노동을 구별해 내야 한다. 그 이상이 의미하는 바는 자유노동이란 노동자들이 맺는 관계 속에서, 그리고 그 관계를 통해서만 형성될 수 있는 가치라는 점이다. 이러한 노동자 간의 사회적 관계가 없다면 자유노동은 존재할 수 없다. 즉 자유노동은 노동자의 사회적 관계라는 실재에 선행하는 것이 아니다. 자립성 혹은 '비지배(non-domination)'는 노동자가 다른 노동자의 노동과 상관없이 혹은 상호조정이 불필요한 상태에서 자기 노동만을 수행하는 것을 의미하지 않는다. 그보다는 함께 수행하는 노동에 대해 각자가 서로에 대해 동등한 통제권을 갖는 것이 바로 자립성이다. 자유란 집합적으로 조정된 상호의존성이 그 핵심이다. 타인과의 분리를 법을 통해 보장받는 것이 자유가 아니다. 따라서 "자립성은 ─ 설사 그가 자영농이라 하더라도 ─ 생산과 분배 과정에 대한 집합적 통제를 통해서만 확보될 수 있다"라는 진리를 협동조합의 제1원칙으로 삼아야 한다. 협동조합은 이 원칙을 확장해 노동을 사적 활동이 아닌, 공적 활동으로 규정해야 한다. 이를 통해 주권이라는 개념 자체에 도달해야 한다. "국가에 시민이 있듯이, 경제에도 시민이 있어야 한다."[135] 따라서 정치학은 다시 쓰여야 한다. 노동자들의 상호작용을 규율하고 조정하는 일상적 관계가 이제는 정치의 중요한 영역이다. 노동공화주의자는 "공화주의 정부뿐만 아니라 노동에서의 공화주의"[136]를 주창해 왔다. 이는 정치적 개념인 공화주의가 임금 인상 정도를 위한 단순한 수단이 아님을 강조하는 것이기도 하다.

자립의 가치: 자유노동과 자유시간

자립성의 의미가 진전되면서 자립성의 가치에 대한 새로운 시각도 따라서 발전했다. 협력적 생산을 주장한다고 해서 이것이 노동에 대한 무조건적 찬양을 의미하는 것은 아니다. 물론 노동공화주의자들은 노동하지 않는 부유층을 경멸했다. "임금노동 체제가 폐지되고 협동조합 체제라는 등가물로 대체된다면, 막대한 비생산자(non-producers) 군단이 사라질 것이다. 더 나은 인간적인 조건이 성취될 것이다."[137] 그러나 노동이 아닌 여가의 가치를 노동공화주의자들은 매우 중시했다. 여기서 말하는 여가는 타인의 노동을 착취해서 먹고사는 부유층이 추구한 여가와는 다르다. 협력적 생산 체제의 개념 속에는 더 많은 자유시간에 대한 열망이 포함된다. 이 체제는 단순히 자유롭고 유능한 생산자의 대안적 공동체로 제안된 것은 아니다. 이 생산자들이 누리는 자립성 역시 과거 노예 소유로 누릴 수 있었던 여가라는 귀족주의 이상과도 대조된다. 그러나 자기 노동에 대한 통제권을 확보하는 것뿐만 아니라 더 많은 자유시간을 확보할 수 있는 첫 단추는 노동에 대한 집합적 통제다. 자립성의 가치가 위대한 이유는 노동하는 과정에서 자기의 역량을 발전시킬 수 있기 때문이며 동시에 노동으로부터 더 많은 자유를 확보할 수 있는 조건이기 때문이다. 노동기사단이 궁극적으로 지향했던 목표는 "노동자가 자신의 지적·도덕적·사회적 역량을 스스로 함양할 수 있는, 보장된 자유시간이다. 이를 통해 노동자는 진전된 문명의 혜택을 누릴 수 있게 된다."[138]

노동·공화주의자들은 이 논리를 통해 노예제와 자유의 역설을 완전히 해소했다고 자신했다. 그 역설은 생산과 소비의 역설이기도 하다. 노예와 같이 종속적인 노동계급이 존재하는 사회의 가장 큰 해악은 자유로운 생산의 신성함을 부정하는 것이며 동시에 자유로운 소비라는 혜택도 부정하는 것이다. 실비스는 이 오래된 고전적 딜레마는 자유민과 노예로 분리된 계급사회에서 비롯된 것이며, 이를 해소할 해법으로 생산자와 소비자의 통일을 제시했다. 실비스는 "우리는 과거 시대의 잠에서 깨어나야 한다. 생산자, 소비자, 여가 문화를 창조하는 자, 이를 즐기는 자는 분리되지 않는 하나의 존재여야 한다"[139] 라고 주장했다. 그렇다면 왜 자유노동은 '적은 노동'이어야 하는가. 왜 자유노동만으로는 불충분한가.

자유시간이 개인의 역량을 함양하는 데 필수적인 이유는 기계제 생산과 밀접히 관련돼 있다. 다양한 자치 역량을 함양하기 위해서는 사업장에서의 작업은 고도로 루틴화돼야 한다.[140] 일터는 노동보다는 삶에 더욱 가치가 있는 장소여야 한다. 그곳은 노동자 모두가 스스로 성장해나가는 데 필요한 네트워크가 있는 망이어야 한다. "우리는 모두 시민이며, 누구에게는 이웃이고 친구이며, 형제이자, 자식이며 남편이자 아버지이며, 동료다. 우리 자신은 역할에 따라 여러 사람으로 개별화되지만 동시에 통일된 한 사람이다."[141] 자유시간과 소비를 위한 여유는 인격을 완성하는 데 필수적이다. 일은 물론 중요한 것이다. 그러나 유일한 것이 아니다. 노동의 부담은 경감될 수 있고, 여유시간은 늘어날 수 있다. 기계제 생산이 약속한 장점이 모두 실현된다면 말이다.

생산성 향상은 혹할 만큼 매력적인 것이 사실이다. 그래서 노동공화주의자들은 높아진 생산성이 노동자의 삶을 향상하기보다 오히려 그 삶을 파괴하는 방식으로 사용될 위험이 있다는 점을 늘 경계했다. 노동기사단의 목표를 제시한 '노동헌장'에는 다음 내용이 명시돼 있다.[142] "우리의 목표는 날마다 더 늘어날 수밖에 없는 삶의 필요를, 가능한 한 적은 노력으로 충족하는 것이다. 우리는 이 목표를 경제 체제의 변화를 통해 성취할 수 있다."[143] 이는 물질적 풍요에 대한 요구 자체를 부패한 '사치'로 치부하는 금욕적 공화주의를 부정하는 것이지만,[144] 동시에 더 많은 물질적 부의 향유 자체에 배타적 가치를 부여하는 후기 소비주의와도 구별되는 것이다. 노동공화주의는 생산성 향상을 물질적 소비를 늘리는 기회일 뿐만 아니라 자유시간을 확보할 수 있는 계기로 보았다. 이것이 바로 노동자들이 꿈꾸는 세계가 희망적일 수 있는 근거다. 그 세계는 "노동자는 자기 노동이 창출한 국부의 증가분 중 정당한 자기 몫을 받으며, 동시에 그 시대가 허용하는 여가 중 자신이 기여한 정당한 몫을 누리는 세상이다."[145] 생산성이 향상될수록 노동의 매력은 감소되며 자유시간을 향유할 수 있는 가능성과 요구는 더욱 높아진다.

그러나 당시는 장시간 노동과 저임금이 만연돼 있었다. 노동공화주의자들은 장시간 노동과 저임금을 기술의 문제가 아니라 정치의 문제로 보았다. 노동자는 생산수단에 대한 통제권이 없었다. 따라서 노동절약적 기술을 노동시간을 줄이고 사회적 활동을 늘리며 나아가 자신의 삶을 풍요롭게 하는 계기로 활용할 권한을 갖고 있지 못했다. 이 문제를 풀 해법이 바로 협력이다. 파우덜리는 노동기사단 총회에서 이 문제를 명확히 정의했다.

"기계는 인간의 노예가 돼야 합니다. 노동자가 기계에 붙어 예속돼서는 안 됩니다. 협력적 생산은 노동자가 자신이 조작하는 기계를 통제할 수 있는 시스템입니다. 협력적 생산은 언젠가 지금의 시스템을 대체하게 될 것입니다."[146]

파우덜리의 핵심은 노동자가 기계제 생산의 혜택을 누리기 위해서는 기계제 생산으로 창출하는 부를 노동자가 통제해야 한다는 점이었다. 이때 얻는 가장 큰 혜택은 더 적은 노동시간으로 더 많은 부를 획득하는 것이다. 다음은 한 노동자의 주장이다.

"이 속도로 일을 한다면, 세 시간 반 정도의 노동으로도 10시간 노동 분만큼을 만큼을 생산하는 데 충분하다. 만약 우리가 스스로 고용주가 될 수 있다면, 우리는 우리가 생산한 모든 부를 당연히 우리 몫으로 돌릴 수 있을 것이다. 그러나 지금의 임금노동 시스템은 고용주가 생산된 모든 부를 빨아 먹게 한다. 노동자에게 돌아오는 것은 배고픔을 겨우 면할 수 있는 몇 푼 정도다."[147]

협력적 생산과 자유시간의 친연성은 협력적 생산이 노동자로 하여금 자신이 창출한 부를 '흡수'할 수 있게 하기 때문이다.

노동공화주의자들은 협력과 자유시간의 논리적 인과를 정치경제학의 언어로 재정립했다. 그 이유는 정치경제학이 당시에 가장 권위적인 담론으로 성장하고 있었기 때문이다. 주류 정치경제학은 그러나 협력과 자유시간의 병행은 불가능한 것으로 보고 있었다. 가령 19세기 노동운동의 가장 중요한 과제이자 요구였던 8시간 노동제를 살펴보자. 노동공화주의자들에게는 특히 노동시간에 대한 노동자의 통제권을 확보하는 첫 단계이기 때문에 더욱 중요했다.[148] '8시간 노동제를 위한 보스턴 연대'를 조직한 스튜어드가 주장해 유명해진 구호는 "노동시간 단축이 곧 임금 인상"[149]이라는, 역설로 보이는 명제다. 당시 주류 경제학자들은 이를 불가능한 주장으로 일축했다. 임금은 어쩔 수 없이 일정한 수준으로 제한될 수밖에 없다는 임금기금 가설*이 주된 근거였다. 또한 시간당 임금이 주어져 있다면 노동시간 단축은 임금총액을 감소시킨다고 주장하기도 했는데, 이는 매우 단순하고 순진하기까지 하다. 게다가 노동시간이 줄어들면 생산량이 줄어들고 전반적인 부의 양도 하락하며, 반대로 임금이 증가하면 이윤이 감소하고 이는 부를 생산하고자 하는 동기를 하락시켜 다시 부의 수준이 떨어진다는 것이 주류 경제학자들의 주된 주장이었다.[150] 스튜어드는 이에 대해 많은 비판을 쏟아내다시피 했는데, 그중에는 임금 인상이 총수요를 늘린다는 식의 다소 소극적 대안도 포함돼 있었다.[151] 그러나 가장 흥미로운 주장은 노동시간과 임금에 대한 논쟁을 협력의 정치경제학과 관련짓고 있다는 점이다.

---

* 임금으로 제공될 돈의 총량이 기금처럼 정해져 있다는 가설. 고용이 늘어나면 임금이 낮아지고, 임금이 늘어나면 고용이 줄어야 한다는 주장의 근거로 제시된 것이나 지금은 임금기금 가설을 주장하는 이는 없다.

스튜어드를 비롯한 노동기사단 이론가[152]들에게 노동시간 상한을 제한하는 입법은 협력원칙과 연계되는 것이 당연했다. 스튜어드도 "8시간 노동제는 노동자에게 필요한 여유시간을 허용할 것이며, 노동자들은 다양한 문제를 생각할 여유를 가질 수 있다"라고 강조했다.[153] 노동자들은 이 성찰의 시간을 통해 자신의 요구를 스스로 바꾸게 될 것이다. 그리고 임금 인상을 요구하는 데서 시작하기는 하지만 점점 '노동의 공화주의화' 자체에 대한 요구로 나아가게 될 것이라는 게 그의 주장의 요지였다.[154]

"8시간 노동제라는 실험에서 시작해 … 6시간 노동제에 대한 요구로 이어질 것이며, 궁극적으로는 하루 6시간 노동이 정착되면서 모든 산업은 자연스럽게 협력경제로 전환될 것이다"[155]라고 스튜어드는 주장했다. 노동시간 단축은 한편으로는 노동자로 하여금 더 많은 임금과 궁극적으로는 협력적 통제권을 확보하는 것을 가능하게 한다는 것과 다른 한편으로는 단축된 노동시간이 소비의 증가로 이어지게 하는 유일한 길은 오직 협력이라는 점도 강조했다. 스튜어드는 다음에서 그 이유를 명확히 하고 있다.

"우리는 종종 이런 질문을 받는다. 8시간 노동으로도 10시간 노동분만큼을 생산할 수 있는지. 우리의 대답은 이렇다. 아마도 하루 만에 당장 하기는 어려울 것이다. 어쩌면 일 년이 걸려도 마찬가지일 수 있다. 시간이 걸리는 것은 사실이다. 그러나 기술이 거듭해서 발달한다면 우리는 그보다 더 많은 양을 생산할 수 있을 것이다. 여기서 더 중요한 것은 우리가 할 수 있는지, 없는지는 우리에게 던질 질문이 아니라는 것이다. 우리의 질문은 우리가 생산하는 만큼, 그 생산된 것을 우리가 가질 수 있는지 여부다."[156]

달리 말하면, 협력은 노동자가 생산한 모든 것 혹은 적어도 정당한 몫을 통제할 수 있는지에 달려 있다. 협력은 더 적은 시간으로 현행 임금노동 시스템이 장시간 노동으로 생산하는 것보다 더 많은 양을 생산할 수 있는 유일한 길이다. 노동시간이 줄어들수록 임금은 높아진다는 것은, 이 점에서 타당하다.

협력적 생산 체제로 전환하면 '높은 임금'이라는 기준은 사실상 낡은 것이 된다. 왜냐하면 노동자들은 개별 고용주에게 임금 인상을 더 이상 요구할 필요가 없기 때문이다. 협력적 생산 체제의 핵심은 '임금 인상에서 이윤 참여'로 '요구의 형식'을 '전환'하는 것이다.[157] 실비스의 말로 바꾸면, 요구의 변화란 원칙의 변화다. "우리는 단순히 공정임금만을 확보하는 데 그쳐서는 안 된다. 실비스는 노동의 모든 이익에 대한 통제를 보장해야 한다"[158]라는 점을 강조했다. 노동기사단의 지원으로 수행된 사회적 부에 대한 정기적 조사에서는 이미 노동생산성이 사회 구성원 모두의 필요를 채우고도 남을 정도로 충분히 높았으며, 노동시간이 줄어든다 해도 달라지지 않는다는 사실이 확인되기도 했다.[159] 외려 놀라운 것은 주류 경제학자들이 여가의 증가와 소비량의 증가가 동시에 달성될 수 없다고 잘못 주장한 것이었다.

노동공화주의자들은 당시 주류 경제학의 오류는 우연한 사회적 현상을 필연적인 당위로 받아들이고, 그로부터 사회적 법칙을 도출하는 데서 비롯된다고 보았다. 다음은 〈노동연대〉에 실린 '정치경제학 개요'

라는 제하의 글에서 발췌한 것이다.

"주류 정치경제학은 부의 생산, 분배, 소비를 결정하는 법칙 중 일부
만을 아주 제한된 수준으로 다루고 있을 뿐이다. 그러나 우리는 앞서
언급한 그 주제에 대해 그들의 주장을 전복할 수 있는 풍부한 근거와
실례를 넘치도록 가지고 있다."[160]

'앞서 언급한 주제'란 인간 자유의 본질과 그 자유를 제한하는(혹은
사전에 규정하는) 사유재산제의 역할에 관한 것이다.[161] 주류경제학이 전
제하는 제한된 조건에서는 노동시간 단축이 임금을 증가시킬 수 없다
는 점은 노동공화주의자들도 이미 알고 있었다. 그 조건은 노동계약이
진정으로 자유로운 계약이라는 가정이다. 주류경제학은 시장에서 일
어나는, 진정한 자유의사에 기초한 자발적 계약만을 분석의 대상으로
삼고 있었다. 그러나 노동계약이 자유계약이라는 가정에 대한 증명은
생략한 채 이를 전제하는 분석의 오류를 범하고 있었다. 노동계약은 자
유계약이 아니다. 따라서 주류경제학이 발견한 법칙은 교환/거래 시스
템의 일반법칙이 아니라 지배 시스템의 법칙일 뿐이다.
    주류경제학의 법칙과 달리 노동공화주의자들이 말하는 협력적 생
산 체제의 경제법칙은 임금노예제가 아니라 보편적인 자립원칙에 기반
을 둔 원리다. 이 법칙은 공화적 자유의 완전한 실현과 이를 통한 노동
가치의 완전한 실현을 전제한다. 노동공화주의 정치경제학의 주된 목
표는 협력적 경제 체제가 자본주의 경제 체제와 구별되는 또 하나의 유

효한, 가치 생산 및 교환의 시스템임을 증명하는 것이었다. 정치경제학의 노동공화주의적 용법은 이전의 공화주의자들과 이 점에서 차이가 있다. 앞선 장에서 살펴본 초기 워키들의 정치경제학은 주로 노동가치설에 기반해 노동자 지배의 정당성을 과학적으로 설명하고자 했다. 노동공화주의자들 역시 노동가치설의 장점을 수용한다는 것은 앞서 살펴본 바와 같다. 그러나 여기에 더해 협력경제가 어떻게 작동할 수 있는지를 노동가치설을 통해 입증했다. 노동시간 단축이 반드시 부(富)나 번영의 축소를 가져오는 것은 아니라는 사실을 증명했다. 번영의 축소란 자유시간을 누릴 수 있는 능력의 축소를 말한다. 또한 협력적 경제 체제의 원리를 규명하고 협력의 논리가 노동자의 자립을 어떻게 가능하게 하는지를 밝혔다. 자립을 가능케 하는 동력은 노동과정에 대해 자율적 통제권을 확보하는 것이며 동시에 일에 종속되지 않는 기회와 여유를 가질 기회를 늘리는 것이다.

노동공화주의 관점에서 노동가치설은 노동자에게 가용할 수 있는 여유시간을 늘리는 데 협력이 필수불가결하다는 점을 입증하는 이론적 근거다. 협력의 개념적 특징은 노동자가 스스로 창출한 가치를 통제하는 데 있다. 노동자의 생산성이 이미 충분히 높다는 사실은 모든 노동자와 그 가족에게 필요한 재화를 생산하는 데 그리 많은 시간이 필요치 않다는 것을 의미한다. 그만큼 더 많은 시간을 자유시간으로 활용할 수 있다. 나아가 스튜어드는 임금 인상 투쟁에서 협력 시스템 확보 투쟁으로 전환돼야 함을 강조했거니와 이는 임금 인상만이 아니라 궁극적으로 계급 관계의 변혁을 가져올 수 있기 때문이다. 그는 다음과 같이 말했다.

"임금 인상은 (협력적 생산 체제로 가는) 장도(長途)를 위한 첫 걸음이다. 그 길은 노동의 과실의 평등한 분배로 완성된다. 노동자가 노동자이자 자본가가 되는 날까지 임금 인상은 계속될 것이다."[162]

임금노동 체제에서 노동자는 필요한 재화를 얻기 위해서 타인을 위해 종일토록 일해야 한다. 그러나 협력생산 체제에서 노동자는 협력의 주체로서 적은 노동을 하고도 동일한 양의 필요한 재화를 얻을 수 있게 된다. 따라서 그는 생산자인 동시에 소비자가 될 것이다. 부를 창출하며 동시에 창출된 부를 향유할 수 있는 시간과 수단을 갖는 주체가 될 것이다. 이 점이 노동시간의 본질에 대한 이론인 노동가치설이 모든 노동자의 여유시간을 늘리는 데 협력생산 체제가 왜 필수적인지를 드러내는 지점이다.

이는 자립의 '가치'를 해명하는 데 필수적인 요소이기도 하다. 협력적 노동의 형식 속에 내포된 자립은 정치적 가치로서 매우 매력적이다. 경제적 지배를 부정할 뿐만 아니라 자기실현의 기회를 확장하기 때문이다. 《새로운 산업의 관념》을 쓴 저자가 자립이 자기실현의 조건임을 강조한 이유도 이 때문이다.

"인간은 자기가 진화하고 발전하는 데 적합한 환경이 필요하다. 이 환경이란 타인의 변덕 혹은 설사 선한 의지라도 그것으로부터 완전히 독립한 상태를 말한다. 그렇지 못하면 인간은 자유를 누린다고 말할 수 없다."[163]

자립이란 협력적 생산자들이 동등한 상호의존적 관계에 있는 것을 의미한다. 동시에 자립의 가장 중요한 가치는 각자의 자유로운 성장과 발전이다. 이 자유로운 발전은 작업장에서 자치능력을 행사하는 것만으로는 불충분하다. 여가를 누리며 자신의 다양한 역량을 발전시킬 자유가 있을 때 비로소 완성되는 것이다.

노예제와 자유의 패러독스에 대한 재검토

19세기 전반에 걸쳐 노동공화주의자들은 협력적 공화 체제라는 새로운 비전을 발전시켰다. 그 비전이 새로운 이유는 과거의 농본주의 체제가 아닌 새로운 경제 체제를 위한 비전이기 때문이며, 생산자 협동조합의 사회, 즉 개인은 일에서는 자율을, 삶에서는 자아실현을 완성할 수 있는 사회를 상상하는 비전이기 때문이다. 이는 정치적 이상으로서의 공화적 자유의 조건과 가치를 사유하는 새로운 방식이기도 하다. 정치사상 사가(史家)들은 이상을 현실로 실현하기 위해서는 그 이상에 의미를 더하거나 빼고 변형하는 과정이 불가피하다고 말한다.[164] 이러한 개념적 변형 과정이 없으면 정치적 이상은 그야말로 애매모호한 것으로 남을 뿐이다. 주체로 하여금 스스로 행동에 나서도록 설득하는 소임을 다하지 못한 채 추상적 관념으로 전락하고 만다. 이 장에서 우리는 노동공화주의자들이 '개념적 전환'을 위해 개입하는 독특한 양식을 살펴보았다.[165] 노동공화주의자들은 직업적 철학자가 아니라 정치적 활동가였다. 그들은 변화무쌍한 역사의 소용돌이 속에서 수십만 노동자에 대해 자신의 정치적 정당성을 설득하고자 했다. 한발 물러서서 보면, 노동공화주의 사상의 발전은 산업혁명이라는 환경의 산물이나 공화주의에 대한 계급적 해석의 결과물만은 아니다. 공화적 자유를 보편적 자유로 발전시키고 노예와 자유의 역설이라는 오래된 난제를 해소하고자 하는 시도를 통해 발전된 사상적 역작이다.

노예제-자유 역설의 관점에서 보면, 노동공화주의는 새롭고 더 보편적인 인식을 발전시켰다. 노동공화주의는 미국 예외주의의 한 측면이 아니다. 자유에 대한 사유와 정치경제학이 확립한 전통을 바탕으로 임금노동을 새로운 방식으로 규명하고자 하는 시도였다. 그 전통이 기초적 분석을 위한 아이디어를 제공했다면, 임금노동, 자본주의 생산양식, 계급 갈등, 법적·경제적 담론 등 새로운 역사적 변화는 노동공화주의적 개념과 논리를 발전시킨 자양분이었다. 노동공화주의는 노예제에 대한 공화주의적 비판이 갖는 도덕적 권위를 단순하게 차용한 사상이 아니다. 임금노동을 영구화하는 독특한 지배 형식, 즉 구조적 지배와 사적 지배에 대한 과학적 분석을 진전시켜 노예와 자유의 개념을 새롭게 심화·발전시켰다. 이에 더해 협력적 노동에 대한 적극적 담론을 개발해 공화적 자유가 자본주의 사회에서 보편적 자유가 될 수 있는 해법을 제시했다. 자본주의 사회에 대한 낭만적 거부에 그치지 않았으며, 경제적 자립의 개념을 협력적 생산의 관점에서 정립하고, 그 과정에서 자유로운 노동뿐만 아니라 자아실현을 위한 자유시간을 가능케 하는 조건으로서의 자립의 가치를 새롭게 규명했다.

정치사상 사가들은 공화주의 계열의 사상들은 "자유로운 국가 없이 자유로운 개인은 불가능하다"라는 고유한 생각을 공유하고 있다고 말한다.[166] 노동공화주의는 여기에 "자유로운 사회 없이 자유로운 개인은 불가능하다"라는 사상을 덧붙임으로써 공화주의 사유의 발전을 진전시켰다고 요약할 수 있다. 노동공화주의자들이 볼 때, '형식적인 자유 국가' – 즉 헌정주의, 대의민주주의, 법적 평등 – 를 옹호하는 당시의 모든 논리는 소수 권력자가 자유라는 혜택을 가로채 독차지하는 데 동원되는 수단으로 전락하고 있었다. 권력자들은 초기 공화주의자들이 품었던 보편적 자유에 대한 열망을 뒤집어 자기만을 위한 귀족적 특권으로 삼고자 했을 뿐이다. 공화주의 정치가 약속한 본래의 자유는 폐기됐고, 소수의 손아귀에서 지배계급만을 위한 '거짓된 이상'으로 변질됐다.[167] 자유방임적 공화주의는 이런 식으로 노예제–자유의 역설을 재구성하고 있었다.

노동공화주의자들은 자신들이 노예제와 자유의 역설이라는 거대한 역사적 드라마의 한 부분을 차지하고 있다고 자각하고 있었고,[168] 그 못지않게 당대의 상황에 대해서도 철저한 관심을 기울였다. 시대적 한계에도 불구하고 이를 뛰어넘는 공화적 자유 이론을 발전시켜 나갔다. 내적 응집성이 높은 사유를 갖추고 있긴 했지만, 당시의 노동공화주의자들은 원칙에서 출발해 논리적 유추를 거쳐 현실적인 하나의 사회 시스템을 건설해야 한다는 생각에는 이르지 못하고 있었다. 그러나 자본주의 임금노동 체제의 현실을 분석하면서, 그리고 아직은 불확실한 개념인 자유노동을 사유하면서 점차 중간단계들을 밟아 나가기 시작했다. 자본주의에서의 경제적 지배의 본질, 지배관계 분석에서의 정치경제학의 역할, 협력, 기술, 노동과 여가의 관계 등을 폭넓게 탐구해 나가면서 하나의 총체적 사상으로 발전하기에 이르렀다.

여기서 노동공화주의 프로젝트가 어떻게 보편성을 획득할 수 있는지에 대한 의문이 생긴다. 이는 프로젝트의 성공 여부를 묻는 게 아니라 진정으로 종속노동의 혁파를 추구한 기획이었는지를 묻는 것이다. 이를 제대로 검증하려면 여성과 노동에 대한 노동공화주의자들의 인식을 살펴야 한다. 여성이 여전히 남성을 위해 보상받지 못하는 노동을 제공해야 하는 처지에 있다면, 그들은 종속노동을 강요받는 계급으로 남을 수밖에 없으며, 결국 보편성에 대한 노동공화주의적 비전은 그만큼 의심할 수밖에 없다. 노동기사단에서 여성 노동자의 역할이 어떠했는지에 대한 세밀한 분석은 이 책의 범위를 넘어선다. 그러나 여성 노동에 대한 노동공화주의자의 입장을 알 수 있는 연구가 충분히 존재하는 것도 사실이다.[169] 우선 확실한 것은 노동기사단이 출현하기 진끼지는 협동이라는 이상은 매우 남성 중심적 가치였다. 여성은 남성에 종속된 존재이며 남성과는 다른 역할이 부여돼 있다는 생각이 팽배했다.[170] 그러나 실제로 남성의 경제적 자립은 여성의 가사노동 때문에 가능했다. 노동기사단이 비록 '진정한 여성성'이나 순종적 여성성 등에 대해 명확한 입장이 있었던 것은 아니지만, 동일노동 동일임금이나 여성의 실질적인 공적 역할을 강조했던 점을 고려하면 당시의 다른 조직들과 달리 꽤 진보적이었다.[171] 이를테면 노동기사단은 '동일노동 동일임금'을 최초로 주장한 조직이며, 여성의 참정권 보장을 위해 투쟁을 조직하기도 했다. 노동기사단 내부의 지도자급 지위도 여성에게 개방했고 여성 전담 부서를 두고 있었다. 실제로 여성 노동자들은 자신만의 노동기사단을 조직해 여러 협동조합과 노조 지부를 설립하고 운영했었다. 당시 저명했던 페미니스트 지도자, 마더 존스(Mother Jones)와 수잔 앤소니(Susan B. Anthony)도 노동기사단의 조합원이었다.

종속노동에 대한 비판 이론을 가사노동에까지 확대 적용한 노동기사단은 대부분이 여성인 가사노동자를 조직한 첫 노동조합이기도 하다. 가사노동을 수행하는, 남성 노동자의 배우자는 임금노동자인 남편보다 더 힘겹고 긴 노동시간을 견뎌야 하는 '시민 계층'이라는 점도 공식적으로 인정했다.[172] 여성 노동자를 위해 독서와 쓰기 교육 등 시민교육을 제공했고, 어거스트 베벨(August Bebel)의 《여성과 사회주의》와 같은 당대에 빼어난 페미니스트 작품을 낳는 산파 역할을 하기도 했다.[173] 노동기사단은 여성을 남성과 동등한, '자치능력을 갖춘 자율적 주체'로 보았다.

물론 남성중심주의 문화가 없었다고는 볼 수 없다.[174] 노동기사단 내부에서도 여성은 성차별에 시달렸고, 이는 노동기사단이 자신의 이상을 진정한 보편적 이상으로 구현하려는 노력에 찬물을 끼얹는 일이었다.[175] 그러나 주요 기관지의 기사와 파업 사례 등을 잠깐만 살펴봐도 노동기사단의 페미니즘 논리가 얼마나 견고했는지를 쉽게 이해할 수 있다. 여성은 독립적으로 행동하는 주체임을 항상 강조했고 이들이 스스로 공적인 활동을 활발히 하도록 독려하고 공시적 지지를 표명했으며 이를 자랑스럽게 생각했다. 이는 여러 기관지의 기사들에서도 보이는데, 〈여성노동자는 무엇을 하는가〉라는 기사에는 여성의 새로운 사회적 역할이 기술돼 있고, 〈노동기사단과 여성의 권리〉에는 '동일노동 동일임금'뿐만 아니라 '경제와 법에서 동등한 권리'가 여성에게 보장돼야 함을 강조하고 있다. 〈여성의 당면 요구〉는 임금노동 체제가 여성 노동자를 어떻게 억압하고 있는지를 분석했고, 〈여성 노동자를 위한 조직〉에서는 여성 노동자가 스스로 조직한 많은 파업과 협동조합의 성공을 축하하고 있다. 〈여성은 안 된다〉라는 글은 당시 여자들이 남자와 함께 밖에 나다니지 못하도록 하는 이상한 사회 풍조를 풍자하고 비판했다.[176] 성경을 여성의 관점에서 읽고 해석해 새롭게 편집해 실은 기사도 있는데, 새로 편집된 성경에는 성평등과 노동개혁이 진전돼야 한다는 내용이 포함돼 있었다.[177] 여성 스스로 자신을 조직하도록 지원하는 것, 여성에게 동등한 권리와 기회를 부여한 것은 당시의 보수적 풍조와 매우 대조적인, 주목할 만한 것이었다. 당시 고용주들은 여자가 어떻게 파업이나 보이콧에 가담하느냐며 조롱하는 게 대부분이었다.[178]

요약하자면 노동기사단은 여성이 갖는 당연한 차이에 대한 당시의 편견에서 '완전히 벗어나지는 못했지만' 여성에겐 남성을 위해 봉사하는 노동만 허용돼야 한다는 생각을 거부했고 여성도 경제적 자립성과 정치적 독립성을 누릴 자격이 있다고 확신했다. 이런 사고가 얼마나 보편적이었는지는 많은 여성이 스스로를 조직하고 교육하며 행동에 나선 사례나 남성 조합원의 성차별에 대해 대항한 사건을 보면 알 수 있다. 성평등 문제를 면밀히 연구한 노동사가는 다음과 같은 결론을 내렸다.

"노동기사단이 평등권을 주창한 것은 본질적으로 순종적 여성상이나 여성의 영역은 별도로 존재해야 한다는 당시의 통념에 대한 도전이었다. 그러나 이상적 순종성은 경제와 사회 개혁과 배치되지 않는다고도 생각했다. 이 모순은 임금노동과 공화적 자유에 대한 노동기사단의 주장과 '진정한 여성성'이라는 관습적 통념이 충돌하던 당시의 현실에서 비롯된 것이다."[179]

노동공화주의자들은 남성 백인 노동자의 특권을 옹호하지는 않았지만, 당시의 편견을 모두 극복하는 데는 실패했다. 다만 현실이라는 당대적 한계를 고려할 때 진전된 사고를 전개한 것은 사실이다. 노동기사단은 경제적 자립을 보편적 가치로 격상하기 위해 임금노동 체제를 협력생산 체제로 대체한다는 기치 아래 여성과 주부, 흑인 농장 노동자, 백인 봉제 노동자를 모두 하나의 단일 조직으로 묶어내는 노력을 기울였기 때문이다.

이제 자유를 넘어 시민적 덕성으로

노동공화주의자들은 근본적인 사회변혁을 위해 공화적 자유를 주장했지만, 공화적 자유가 항상 변혁적 비전을 내포하고 있던 것은 아니라는 점을 잊지 말아야 한다. 따라서 그 차이를 이해하는 것이 중요하다. 1장에서 본 것처럼, 고대 로마의 평민들이 요구했던 자유는 기본적으로 양보 형식의 소극적 자유다. 그들의 자유, 곧 리베르타스(libertas)는 공격적 자유가 아니라 방어적 자유였다. 극도로 자의적인 권력을 제한하는 데 궁극적 목적이 있을 뿐, 사회의 근본적 변혁을 추구하는 공격적 목표는 없었다. 물론 이러한 최소한의 자유를 방어하기 위해서 로마 평민들은 수많은 공격적 행동을 감행했다. 대표적인 것이 기원전 5세기에 일어났던 '평민 철수 투쟁(secessions)'이다. 한때는 평민 출신의 로마 군인들이 귀족 계층에 반발해 전쟁 참여를 거부하기 위해 로마를

'탈출'하기도 했었는데, 이를 근대적 파업의 맹아라고까지 볼 수 있을지는 모르겠다.*

리비우스(Livy)에 따르면, 평민들의 전쟁 참여 거부로 로마 공화국이 여러 차례 몰락할 뻔했다.[180] 로마 평민들이 얻었던 성과는 모두 방어적인 제도들이다. 호민관 대표 체제, 부채 노예제 폐지, 치안판사에 대항한 기초적인 절차적 보호권 정도다. 한 사가는 "리비우스에게 호민관은 처음부터 방패였다. 방어를 위한 무기일 뿐, 공격을 위한 검이 아니다"라고 논평하기도 했다.[181]

로마 정치이론은 본래 온건한 성격의 이론이다. 로마의 평민들은 "호민관을 선발할 수 있고 그 권력을 제어할 수 있는 정도의 자유만으로 만족했다. 엘리트 코스(cursus honorum)를 밟아가며 최고의 자리에 오르거나 자기 공동체의 운명을 결정하는 데 적극적인 역할을 맡고자 하는 데는 관심이 없었다."[182] 기존의 사회계급 사이의 법적 균형이 비지배(non-domination)를 보장한다고 보았기 때문이다. 자유에 대한 이런 소극적 사고는 전근대적인 사회 존재론을 전제한다. 사회는 공식적으로 분리된 신분과 계급으로 구성돼 있다는 것이 그것이다. 1장에서 보았

---

* secession은 로마 평민의 철수 투쟁, 즉 Secessio plebis를 말한다. 고대 로마 평민 시민들이 벌인 시위를 이르며, 극단적인 총파업과 비슷하다고 볼 수 있다. 이들의 철수 투쟁이란 평민들은 귀족의 지배를 벗어나 무리지어 도시를 떠나는 것이었다. 도시에 평민 시민들이 없으므로, 자연히 모든 가게와 공방은 문을 닫았으며, 장사 활동도 거의 끊어졌다. 이 방법은 로마 공화정 초기 신분 투쟁 과정에서 효과가 있었는데, 로마 인구의 대다수를 이루던 이들은 수적으로 우세하며 대부분의 생산을 담당했으므로 소수 상류층인 귀족들로서는 당해낼 수 없었다. 저자에 따라 철수 투쟁이 몇 번이나 일어났는지 다르게 쓰고 있다. 캐리와 스컬러드는 기원전 494년에서 기원전 287년까지 다섯 번의 철수 투쟁이 일어났다고 썼다.(위키백과, 수정해서 인용)

듯이 로마의 평민들이 왜 "로마 사회 특정 계급의 자의적 권력, 만약 견제되지 않는다면 막대한 물리적 폭력과 강제력을 가질 수 있는 특정 계급"[183]의 출현을 우려했는지 알 수 있는 대목이다. 공화적 자유가 근본적인 불평등, 엄격한 위계질서와 양립할 수 있었던 이유는 바로 평민들은 지배자의 자의적 통치로부터 자유로울 수 있는 공간만 확보하면 충분하다고 생각했기 때문이다.[184]

마키아벨리는 전승된 이 소극적 이론을 좀 더 '공격적인' 공화주의로 진전시키고자 다양한 정치이론 분야에서 새로운 구성을 시도했다. 한편으로 마키아벨리는 리비우스를 논하면서 고전적 사회 존재론을 수용한다. "모든 공화국에는 상층과 하층 계급이 존재하기 마련이다. 우리가 질문해야 할 것은 자유를 수호하기 위해 통치를 누구의 손에 맡기는 것이 최선인가라는 문제다."[185] 그러나 마키아벨리는 "상층계급은 지배하고자 하는 욕망을 품고 있으나, 하층계급은 지배받지 않고자 하는 욕망을 품고 있다"라는 점을 분명히 했다.[186] 신공화주의자들이 자주 인용하는[187] 이 구절만 따로 떼어 보면, 이는 공화적 자유의 방어적 측면을 재현하는 수사다. 잘 알고 있듯이 마키아벨리는 로마 공화정 말기에 '옵티마티(귀족파)'에 대항한 '파퓰라레스(민중파)'를 지지했다. 특권층에 대항하는 민중들의 다소 과격하고 혁명에 가까운 주장을 옹호했다.[188] 여기서 말하는 민중의 자유는 형식적 보호가 아니라 실질적인 사회경제적 권력의 획득을 의미하는 것이다.

그럼에도 불구하고 마키아벨리의 세계는 여전히 계급사회다. 자유는 상층계급에 대항해 하층계급이 확보한 어떤 것 혹은 계급 갈등의 산물

정도일 뿐, 모두에게 동등한 보편적 조건으로서의 자유를 의미하는 것은 아니다. 사회를 법적으로 자유로운 개인의 집합으로 재구성할 때만 시민 각자의 독립은 서로에게 동등하게 의존하는, 보편적이고 통일적인 의미의 독립이 된다. 이때 우리는 비로소 실비스가 말한 "자본가와 노동자가 하나"가 되는 세상을 상상할 수 있다.[189] 그러나 법적으로 동등한 개인들의 집합으로서의 사회는 구조적 지배와 사적 지배라는 새로운 관계가 만들어진 역사적 조건이기도 하다. 노동공화주의자들은 이 지배의 관계를 협력의 관계로 대체하고자 한 것이다. 이들이 주장한 자유는 정태적인 사회가 아닌 적어도 모두가 명목적으로라도 서로 동등하게 자유로운, 유동적인 사회 안에서의 자유다.

중요한 것은 노동공화주의자들은 더 나은 세상을 위해 추상적인 도덕을 호소하기보다 종속적인 노동계급의 실질적 연대를 요구했다는 점이다. 협력생산 체제라는 이론은 이 점에서 본질적으로 특정한 사회정치적 실천과 맞닿아 있다. 그 실천의 내용은 자유를 부정당한 자들은 스스로 나서서 자신을 위해 자유를 획득해야 한다는 것이다. 여기서 공화적 자유는 '방어적' 자유에서 '공격적' 자유로 탈바꿈하게 된다. 사회변혁은 사회적이고 정치적인 협력을 요구한다. 이러한 협력은 노동자가 자신의 잠재역량을 개발하고 발휘할 때 가능하다. 자유에 대한 신념만으로는 부족하다. 자유에 부합하는 시민적 덕성이 필요하다.

5장

연대와 이기
: 종속계급의 정치이론

"노동기사단이 터득한 것은 이것이다.
파편화된 개인으로서의 우리는 무력할 수밖에 없고 어떤 것도 성취할 수 없다는 것.
그렇기에 노동계급 전체를 지향해야 한다는 것.
연대, 그것이 가장 올바른 생각이다.
연대는 자기만 살려는 이기심에 입각한 모든 시스템을 쓸어버릴 것이다."
– 모드, 사슬을 끊어내며[1]

바일스비는 1826년에 이렇게 썼다. "역사란 자기 특권을 스스로 폐지한 권력이나, 피치자를 위해 자기 권력을 스스로 포기한 지배자에 관한 기록 보관소가 아니다."[2] 1년 뒤, 바일스비의 동료이자 워키였던 헤이튼은 필라델피아에서 노동자 정당을 건설하기 위해 똑같은 이유를 들었다. 노동자들은 "이제 하늘은 스스로 돕는 자를 돕는다는 것을" 알아가기 시작했다.[3] 19세기 내내 노동기사단은 자조(自助)라는 정치적 감정을 회복하고자 노력했다. 1865년 주물 노동조합 집회에서 실비스가 한 연설이다.

"모든 민주정부는 안정적 성공을 위해 대중의 지성과 시민적 덕성에 의존할 수밖에 없습니다. … 참주정은 대중의 무지 때문에 가능합니다. … 그러나 자유의 근거는 교육입니다."[4] 민주정부가 시민의식을 갖춘 교육받은 대중이 필요한 것처럼, 노동대중의 임무 역시 스스로를 조직하고 교육하는 것이다. 실비스는 이어서 다음과 같이 말했다. "대중들 스스로가 민주시민의 한 부분이 되고자 노력하지 않는다면, 그들의 상황은 달라지지 않을 것입니다. … 이 노력이 성공하기 위해 우리는 반드시 하나가 돼야 합니다."[5]

20년이 지난 후, 〈노동연대〉에 《산업의 새로운 발상》을 쓴 익명의 저자는 이렇게 주장했다.

"만약 우리에게 충고해줄 정치인이 필요하거나 세금을 부과하는 정부가 필요하다면, 혹은 생산하는 데 감독자나 보스가 있어야 한다거나 우리가 만든 상품을 거래하는 데 상인이 있어야 한다면, 우리가 가진 자유는 그리 내세울 만한 게 못 된다. 우리가 노예가 아니려면, 주인 없이 살아가는 방법을 터득해야 한다. 우리가 스스로 우리의 정부가 되자. 우리의 자본가, 우리의 고용주가 되자. 그렇지 않으면 자유는 영원한 망상일 뿐, 결코 현실이 되지 않을 것이다."[6]

초기부터 줄곧 노동공화주의자들은 민주정부는 진정한 시민을 필요로 한다는 주장과 노동자는 자신의 공동 이익을 위해 행동해야 한다는 주장을 결합해 왔다. 이 '협력적 공화 체제'라는 정치적 이상은 그 이상을 실현하기 위해 함께 행동하는 노동자들의 실천과는 뗄 수 없는 것이다. '노동의 공화주의화'를 담지하고 추진해 나갈 주체가 종속된 노동자라는 것을 밝힐 간단한 사회학이 있다. 만약 지배계급이 무산계급인 노동자의 의존성에서 이익을 얻는 것이 사실이라면, 바일스비의 말처럼 지배계급이 스스로 '자신의 특권을 자발적으로 폐지'한다거나 협력적 공화 체제를 건설하리라 기대하는 것은 비논리적이다. 유산계급의 특정한 이익은 보편적 자유가 추구하는 일반적 이익과 항상 배치된다. 헤이튼이 강조한 것처럼 종속노동자는 '자신들에게 근거해서만' 자립에 대한 희망을 품을 수 있다.

그러나 노동기사단의 확신에 찬, 득의양양하기까지 한 신조 뒤에는 깊은 불안이 숨어 있었다. 지배자들이 공공선보다 자신의 계급적 이익을 위해 이기적으로 행동한다는 사실을 보면, 어쩌면 누구도 공공선을 위해 행동할 수 없다는 회의가 들기 마련이다. 그렇다면 노동자들이 공공선을 위한 신념을 가지고 행동할 수 있다고 말할 수 있을까? 경험은 이런 우려를 더욱 확신하게 했다. 노동기사단 조합원이던 니콜라스 톰슨(Nicholas Thompson)은 남북전쟁 직후 노동조합 조직에 실패한 경험을 돌아보며 이렇게 썼다. "노동자를 조직하고자 했던 과거의 모든 활동을 돌아보면 이기심이 만연해 있었다. 연대의식도, 서로에 대한 확신도 없었다. 그저 목에 종이 달린, 양치기를 따르는 온순한 양(bell-ship) 같은 존재가 되려는 마음만 있었다. 어쩌면 그런 존재도 못 됐지만 말이다." 연대의 결여는 정치적 패배다. 노동자를 시민으로 단련시키는 연대의 대오를 형성하지 못했기 때문이다. 이어서 그는 다음과 같이 썼다.

"우리는 이기심을 없애야 한다. 각 조직에서 이기심을 모두 걷어 내야 한다. 그리고 하나로 연합해야 한다. … 굳건한 조직을 세워야 한다. … 내 동료의 행복이 곧 나의 행복임을, 내 동료의 불행이 곧 나의 불행임을 자각해야 한다. 그럴 때 비로소 우리는 노동계급 전체의 이익에 부합하는 입법을 주도할 수 있다. 임금 시스템을 개선하고 8시간 노동제를 확보할 수 있다. 우리만의 공장, 제분소, 작업장을 소유할 수 있다. 우리를 위한 철도를 건설하고 선박을 건조하며, 우리를 위한 석탄을 캐는 광산도 가질 수 있다. 지금 우리 자신을 가루가 되도록 갈아대는 이 독점과 고리들을 깰 수 있다."[8]

공화주의자들에게 '이기심'과 그로 인한 '공공의식'의 부패는 매우 고질적인 문제 중 하나였다. 이는 노동자의 집합적 행동을 무력화하는 근원이다. 이기심은 지배계급은 물론 피지배계급마저도 물들였고, 부패와 종속이 만연한 사회를 재생산했다. 그렇다고 해서 고전적 의미의 시민적 덕성만을 강조하는 것은 단순하고 비현실적이라는 점 역시 노동공화주의자들은 잘 알고 있었다. 정치적 삶이란 개인의 동기라는 '현실적' 감정에 근거하기 때문이다. 이 도전적 과제를 해결하기 위해 노동기사단과 노동공화주의자들은 시민적 덕성에 대한 새로운 사유를 발전시켜야 한다고 생각했다. 이기심과 배치되지 않으면서도 동시에 이기심에 동화되지 않은, 새로운 시민적 덕성의 개념을 고안해야 했다.

시민적 덕성에 대한 새로운 사고방식은 이러한 실천적 요구에서 나왔다. 노동공화주의자들은 고민의 출발점을 이상적 공화국이 아닌 비(非)이상적인 자본주의 사회로 잡았다. 자본주의의 사회적 조건에 대한 분석을 통해 이익과 덕성을 연결할 수 있는 고리를 탐색했다. 그 연결고리는 산업사회의 종속노동자들이 공유하는 특정한 이익이 보편적인 공화적 자유에 대한 일반적 이익과 잠정적으로 일치한다는 사실이다. 그러나 동시에 노동자들이 공동의 이익을 위해 시민처럼 행동하는 데는 많은 제약이 따른다는 현실 역시 무시할 수 없었다. 공동의 이익은 집합적 행동을 위한 '현실적' 근거임에 틀림없지만, 그렇다고 해서 자발적인 집합적 행동이 기계적으로 일어나는 것은 아니기 때문이다. 노동공화주의자들은 시민적 덕성이란 적절한 방식의 집합적 행동에 필요한 연대를 습관화한 것이라는 결론을 도출했다. 이를 위해 개별 노동자들이 연대의 습관을 터득하는 데 필요한 제도와 교육과정이 무엇인지도 꾸준히 탐색해 나갔다. 결국 연대의 정치학은 사회변혁을 위한 집합적 행동에 나설 수 있도록 자기를 조직하고 자발적 학습을 실천하는 것을 핵심으로 삼는 윤리다.

연대의 정치학이 왜 새롭고 중요한 것인지를 이해하기 위해서는 먼저 시민적 덕성에 대한 학문적 논의가 지닌 몇 가지 특징을 살펴야 한다. 간략한 스케치 정도로 설명하겠지만, 연대의 정치학을 이해하는 데는 충분하다. 시민적 덕성에 대한 현재의 논의는 크게 세 가지 가정 위에 있다. 1) 시민적 덕성은 주로 민주적 제도를 보전하는 조건에 관한 것이라는 가정이다. 2) 시민적 덕성을 함양하는 것은 주로 국가에 의한 강제적 사회화 과정에 내포된다는 가정이다. 3) 시민적 덕성과 거래적 타성은 불가피한 변증법적 관계에 놓여 있다는 가정이다. 다음 절에서 이를 설명하되, 후반부에서는 시민적 덕성에 대한 노동공화주의적 접근이 이 가정을 어떻게 반박하는지, 현재의 사회에서 시민적 덕성의 역할을 사고하는 새로운 방식이 무엇인지를 살피겠다.

시민적 덕성의 이론과 역사

정치사상사에서 시민적 덕성은 공화적 자유보다 더 논쟁적인 개념이다. 그 이유는 덕성의 정치학은 항상 기존 전통과 제도를 주입하는 강압적 사회화와 밀접히 연관돼 있기 때문이다. 동시에 그 사회적 강제는 근대 개인주의나 근대 상업주의와는 외견상 부합하지 않는 것처럼 보이기 때문이다. 시민적 덕성에 대한 이런 우려를 서로 관련된 세 가지 요소로 분해해 보면 다음과 같다 1) 덕성의 정치학은 본질적으로 보수적이다. 2) 어떤 형식으로든 사회적 강제가 필수적이다. 3) 시민적 덕성은 근대 상업주의에는 부합하지 않는다.

첫 번째와 두 번째 우려에 대해: 강제적 사회화와 자유로운 사회 보전의 문제

일반적으로 시민적 덕성은 '자율적 시민이 공유해야 하는 태도의 속성'으로, 가장 중요한 태도는 '공공선을 사익에 우선하는 자발적 의지'다.[9] 시민적 덕성의 가장 중요한 기능은 자유를 보장하는 제도(free institutions)를 실패와 부패로부터 보호하는 것이다. 시민적 공화주의 관점에서는 "개인과 공동체를 연대시키는 결속이 미리 존재해야 한다. 이런 선험적 결속이 없다면 '시민'은 자신의 도구적 목적을 위해서만 공동체의 일에 참여하게 되며, 그 타산적 목적은 사적 자아와만 관련이 있을 뿐 공적 자아와는 무관하다."[10] 공동체의 정체성은 개인으로부터 독립해 미리 존재하거니와 개인의 정체성을 구속하며 국가는 이를 보존하는 것이다. 순전히 자신의 이익 추구를 위해 국가 혹은 사회에 결속한다는 타산적/도구적 결속은 근대 상업주의나 자유주의에 의해 촉진된 것으로, 국가와 사회를 유지하는 타당한 기반이 될 수 없다.[11] 만약 시민 스스로가 자유를 보장하는 제도의 고유한 취지를 보존하지 않는다면, 제도 자체는 제대로 기능하지 못한다. 시민적 덕성의 기능은 제도를 유지하고 보존하는 것이다. 따라서 공화주의자들은 방임자로 남고자 하는 자유주의 국가가 스스로 자기 기반을 침식시킨다고 주장한다.

시민적 덕성이 주로 국가의 민주적 제도를 보전하는 것과 관련된다는 주장은 강제적 사회화에 관한 두 번째 가정으로 이어진다. 공공심(public spiritedness) 그 자체는 변질되기 쉬운, 허약한 것이다. 그런 만큼 공화주의자들은 국가가 시민들에게 바람직한 자질과 윤리를 강제로 주조하고 발전시킬 필요가 있다고 생각했다. 스키너에 의하면 "공화주의 이론가들에게 국가의 기능과 관련한 가장 심오한 문제는 어떻게 사적 이익을 추구하는 개인이 자연스럽게 공공을 위한 행위를 하도록 유도할 수 있는가의 문제다."[12] 공화주의 이론가들은 "법의 강행적 권능을 신뢰하고 있거니와 그것은 시민으로 하여금 사적 이익만을 추구하는 습관에서 벗어나도록 강제하며 시민의 의무를 다할 수 있도록 유인한다"라고 확신했다.[13] 자유는 자유를 보장하는 제도를 필요로 한다. 그러나 이 제도 역시 시민적 덕성을 갖춘 시민을 요구한다. 시민적 덕성은 국가의 강제적 정책의 산물이다. 아드리안 올드필드(Adrian Oldfield)는 근대 공화주의에 대한 연구에서 국가 기능에 대한 이러한 입장을 가장 냉철한 방식으로 잘 드러냈다.

"진정한 시민 정신에 부합하는 도덕적 자질은 저절로 생겨나는 것이 아니다. 그것은 권위적인 방식으로 함양되는 것이다. 이는 태도는 주조

돼야 한다는 것을 의미한다."14

공화주의 전통에 대한 다른 해석자들 역시 다소 완화된 언어를 사용하기는 했지만 이러한 입장을 기본적으로 공유하고 있었다. 국가가 일정한 목표를 추구하려면 어떤 가치나 태도를 제약할 필요도 있지만, 국가가 나서서 증진해야 할 가치와 태도 역시 존재한다는 것이 공화주의의 전통적 주장이다.15 국가는 시민들의 목표와 자질과 관련된 문제에 대해 방임적이어서는 안 된다.16 시민적 덕성을 만드는 일은 한 공동체의 관습과 전통을 만들어가는 강제적 사회화 과정이며, 동시에 그 공동체의 공공선에 대한 적극적 관심을 높여 나가는 일이기도 하다.

일부 학자들이 시민적 덕성의 정치학을 억압 혹은 억압까지는 아니어도 뿌리 깊은 보수적 경향성과 밀접한 관련이 있다고 주장하는 것은 그리 놀라운 일이 아니다. '예의'17, '화합'18, '시민교육'19, '공유된 전통과 국가적 결집'20을 중시하는 일련의 정치이론은 확고하고 자기성찰적인 정치적 삶에 목표를 두기보다 기존의 제도를 적극적으로 보존하고 전통적 관습을 존중하는 속성이 강하다.21 가령 19세기 초, 미국 정치학계의 주요 인물인 벤자민 러시(Benjamin Rush)는 "나는 인간을 공화주의적 기계로 개조하는 게 가능하다"라고 봤다. 이어서 "'개조'를 위해서는 공화국의 모든 인간은 공적 자산이라는 점, 즉 그의 시간과 재능, 젊음, 인간성, 연륜, 삶 자체가 모두 공화국의 것이라는 인식이 필요하다"22라고 주장했다. 돈 헤르조(Don Herzog)도 "공화주의 전통은 개인주의 자체에 대해 적대적인 요소를 품고 있다. 덕성을 갖춘 시민이 마치 로봇처럼 보이는 게 불쾌하게 느껴질지는 모르지만 말이다"23라며 러시의 주장을 지지했다. 헤르조와 같은 비평가들은 여기에 더해 실천을 위한 제안을 덧붙였는데, 공화주의는 개인주의에 대한 적대적 전통을 가지고 있는 만큼, 공화국의 시민 모두는 개인적 권리를 스스로 삼가고 시민적 의무에 자발적으로 참여해야 한다는 것이 주요 골자다. 시민적 의무란 공직에 참여해야 하는 의무, 투표에 참여해야 하는 의무, 필수적 시민 교육에 참여해야 하는 의무, 시민적 삶에 필요한 경제적 규율과 조정을 수용하는 의무, 심지어 종교에 대한 지원까지 포함한다.[24]

문제가 되는 것은 공화적 시민을 기계로 보는 관점이다. 시민적 덕성을 갖출 능력이 없다고 여겨지는 사람들은 시민에서 처음부터 배제되는 부당한 결과를 낳기 때문이다. 공화적 공동체의 역사가 공동체 내에 존재하는 노예계층을 시민에서 제외하거나 '열등한' 부류의 피정복민을 식민화하거나 지배하는 경향이 동시에 나타난 이유가 여기에 있다.[25] 역사학자 데이비드 로디거(David Roediger)는 이런 식의 사고로 인해 19세기 백인 노동자들은 자유노동이라는 보편적 권리를 마치 인종적 특권처럼 여기고 있었다는 점을 지적했다. 즉 "흑인에 대한 억압은 노예제가 아니라 그들이 갖는 노예근성(slavishness) 때문에 생긴 자연스런 결과라는 가정에 쉽게 이르렀으며, 결국 백인 노동자들의 혁명에 대한 자부심은 공화주의적 인종주의를 낳고 말았다."[26] 그들이 품었던, 자유노동이라는 보편적 이상은 이름뿐인 것으로 전락했고, 자유는 시민적 덕성을 갖춘 일부에게만 합당하다는 배타적 특수주의(particularism) 이론이 퍼져 나갔다.

이러한 공화주의의 난점을 비판하는 자유주의자들에 대해 공화주의자들은 외려 자유주의야말로 자신들의 체제를 어떻게 지속해 나갈 것인가, 에 대한 이론적 대안이 없다고 맞받아쳤다. 존 포칵(Jonh. G. A. Pocock)은 그들의 자유주의 체제는 자신들이 두려워하는 독재로 전락할 것이라고 주장했다.[27] 그러나 여기서 이 논쟁을 더 밀고 나갈 필요는 없는 것 같다. 논쟁의 윤곽이 이미 명확해졌기 때문이다. 역사에 대한 관점과 정치이론이 서로 다르다 해도 공화주의자와 자유주의자는 두 개의 공통된 가정을 공유하고 있다. 하나는 시민적 덕성은 주로 체제 보전적 기능을 수행한다는 가정이며, 다른 하나는 시민적 덕성은 국가의 억압적 사회화를 통해서 함양될 수 있다는 가정이다. 다른 점이 있다면, 이것이 선한 것인가 아니면 악한 것인가에 대한 판단뿐이며, 역사를 통해 우리가 도출할 수 있는 결론이 무엇인가에 대한 것일 뿐이다.

세 번째 우려: 시민적 덕성과 근대 상업주의의 변증법적 관계

노동공화주의자들은 사실 이 두 가지 쟁점 – 인종차별적 태도와 억압적 사회화 – 에 대한 학문적 논쟁에서는 별다른 역할을 하지 못했다. 그러나 이들이 주목받게 된 계기는 세 번째 쟁점인 시민적 덕성과 근대 상업주의의 관계에 대한 논쟁이다. 포칵은 "시민적 덕성과 근대 상업주의 간 변증법은 근대성과의 불화"라는 유명한 주장을 통해 역사학적 논쟁의 개념들을 정립했다.[28] 고대인들에게 덕성은 오직 무기의 소유, 경작지 소유, 그리고 준(準)영구적인 군사적 동원이라는 조건에서만 길러질 수 있는 것이었다. 농업 위주의 경제와 경작권 상속 제도는 하나의 전형적 인간상을 정립했는데, "인간은 정치 활동을 매개로 자신의 존재를 확인하고 자신의 덕성을 함양하는 존재"라는 게 주된 내용이다.[29] 근대 산업과 금융이 발달하면서 자산 형태의 유동화가 촉진됐고, 이는 모든 에너지를 돈벌이와 일시적 계약에 근거한 사회적 관계에 집중토록 유도했다. 장기적인 사회적 결속은 더는 중요하지 않게 됐다. 자신만의 독자적 사유보다는 대중의 견해에 따라 판단하는 경향이 증가했고, 이로 인해 "관점의 혼란, 예속의 증가, 개인의 자율성 상실이 점점 더 가속됐다. 빠른 변화, 비합리적 변화의 세계가 만들어졌다."[30] 이런 근대적 시기를 거치는 동안 덕성의 정치는 현실의 정치로 대체됐다. 이제 정치적 행위는 자기 이익을 위한 자유로운 행동에 근거한 '좀 더 근대적이고 좀 더 현실적인 감각'에 따른 행위로 변했고, 이는 '고전 정치학의 개념적 종말'을 의미하는 것이었다.[31] 이 서사(敍事)에 남아 있는 유일한 학문적 논쟁은 근대 상업주의가 언제 고전적인 시민적 덕성을 추월할 것인가의 문제일 뿐이었다.[32] 자유주의자들의 주장도 유사하다. 그들은 대대적 성공을 눈앞에 두고 있는 자본주의를 위한 정치적 담론을 지금까지도 재구축해 오고 있다.[33] 그 담론은 의무의 정치학이 아닌 효용의 정치학이고, 검약의 정치학이 아닌 풍요의 정치학이다.[34] '고대의 흉포함에 대항해 인도주의적 인내를 방어'하는 정치학이라고도 했다.[35] 그러나 이런 퇴행적 서사에 담긴 가치와는 상관없이 그 정치학은 본질적으로 시민적 덕성과 경제적 이윤, 영광, 평화 사이에 획기적인 갈등선을 긋고 있다.

마이클 샌델은 노동공화주의자들이야말로 이 서사에 가장 부합하는 이론을 전개했으며 이를 입증할 증거도 충분하다고 주장했다. 노동시간 상한제 도입이 필요함을 주장한 파우덜리가 대표적 예다.

"주권에 있어서 '지성과 덕성'은 정의를 슬기롭게 구현하는 데 필수 불가결한 것이다. 우리의 모든 제도는 주권은 인민에게 속한다는 이론 위에 서 있다. 주권을 영속적으로 보존하기 위해 의회가 해야 할 가장 긴요한 일은 올바르고 정의로운 규율을 입법하는 것이다. 이 입법들은 주권과 관련된 권리와 의무를 지혜롭게 행사하는 데 필요한 지식을 함양할 수 있도록 모든 수단을 제공하는 것이어야 한다."[36]

파우덜리 외에도 많은 이론가[37]들이 정치를 학습할 수 있는 여유시간이 없다면 노동자들은 이러한 '지성과 덕성'을 함양할 수도, 이를 올바르게 실천할 수 없다고 주장했다. 샌델은 이 주장이 노동공화주의자들이 '시민의식의 정치경제학'[38]을 발전시킨 근거로 해석했다. 샌델의 관점에서 볼 때, 8시간 노동제 혹은 그와 유사한 노동시간 상한제를 주장한 노동공화주의자는 노동자가 역량 있는 시민이 될 수 있도록 경제적 기회를 창출해야 함을 강조한 것이다. 역량 있는 시민이란 자기 직업뿐만 아니라 정치적 삶에 대해서도 스스로 열과 성을 다하는 존재를 말한다. 이런 관점에서 보면, '시민적 르네상스의 가장 위대한 마지막 장면'[39]은 이익에 기반한 정치적 동기의 비전을 담은 미국 헌법의 제정이 아니라 노동기사단의 패배다. 노동기사단은 자본 우월적 자유주의에 대항해 고전적인 시민적 덕성을 끝까지 주창한 마지막 운동이다.[40] 그들의 각성으로 고전적 덕성은 일과 노동에 중심을 둔, 이전과는 완벽하게 구별되는 시민적 덕성의 개념으로 대체될 수 있었다. 주디스 슈클라(Judith Shklar)는 이 개념의 역사적 발전을 이렇게 요약했다. "경제적 자립, 자기 주도적 '노동'이라는 비전은 민주시민의 윤리적 기반이 됐고, 이는 과거의 낡은 공공의식을 대체했다. … 우리는 노동하는 한에서만 시민이다."[41]

그러나 슈클라의 해석은 근거가 충분하지만, 노동공화주의자들이 부의 생산과 축적을 부정하지 않았다는 사실 때문에 비롯되는 매우 큰 곤경이 하나 있다. 노동공화주의자들이 여가와 소비를 중시한 이유는 단순히 정치적 활동을 위한 조건이기 때문이 아니라 자아실현을 위한 기회이기 때문이다. 물론 공직자를 감시하기 위해서는 적극적이고 올바른 시민의식이 필요하다고 믿고 있었지만, 노동공화주의자들은 공직에 나서는 것을 그리 자랑스럽게 여기지는 않았다. 일과 소비의 장(場) 역시 생활을 위해 필요한 것이지만, 그보다는 그 자체가 자유를 경험하는 중요한 장소라는 점을 더 중시했다. 샌델과 같은 시민적 공화주의자들의 주장과는 달리, 정치적 '참여' 역시 그 자체가 모두 선한 것은 아니며, 노동공화주의적 개혁에 도움이 될 만한 참여만이 가치 있는 정치적 참여라고 보았다.

노동공화주의자들의 여가와 소비에 대한 입장은 이 점에서 샌델이나 포칵과 같은 현대 공화주의자들의 주장과는 배치된다고 볼 수 있다. 그렇다면 노동공화주의자들은 부르주아적 삶의 가치를 긍정하는 언어를 계승해 사용한다고 볼 수도 있겠다. 그러나 만약 노동공화주의가 사치에 대한 고전적인 경멸보다는 중산층의 품위를 더 중시한 이론임을 인정한다면, 시민적 덕성과 근대 상업주의 간 관계를 해석하는 데 있어 또 다른 학문적 패러다임을 상상하는 것도 가능하다. 이러한 노동공화주의자들의 '자유주의적 시초'라는 관점에서 보면, 시민적 덕성과 근대 상업주의는 역사적으로 배치되지 않는다. 오히려 공화주의자들의 언어는 자유주의 사상과 실천을 배태한 '맹아'였다. 카츠넬슨과 칼리바스가 지적하듯, "우리가 아는 자유주의는 바로 공화주의의 정신으로부터 나온 것이다. 18세기와 19세기 초 정치, 경제, 사회혁명에 공화주의를 적용하는 시도 속에서 자유주의가 탄생했다."[42] 이런 주장의 한 버전은 자유계약을 지지하기 위해 탄생한 자유방임적 공화주의로 이미 2장에서 살폈다. 그러나 공화주의가 자유주의 탄생의 기원이라는 해석은 시민적 덕성이라는 개념의 역사적 발전과정에도 적용될 수 있다. 많은 학자는 퍼거슨(Adam Ferguson)이나 스미스와 같은 사상가들도 공화주의적 언어를 사용하고 있다고 말한다. 다만 그 목적은 자유계약을 지지하기 위함이 아니라 시장과 경쟁, 그리고 시장과 경쟁에 요구되는 덕성이 무엇인지를 밝히고 새로운 가치를 부여하기 위함이었다. 물론 시장과 경쟁이 유발하는 위험을 경계하려는 목적도 있었다.[43] 폴리스(정치의 장 - 옮긴이)보다 시장(경제의 장 - 옮긴이)에서 더 적대적인 경쟁이 일어나고 있으며, 그만큼 시장은 덕성의 발현이 더욱 필요한 곳이 됐다. 많은 학자는 '자유주의적 시초'라는 해석적 패러다임을 증명할 수 있는 다양한 예시를 제시하고 있다.[44] 가령 영국 정치사상가인 아이작 크램니크(Isaac Kramnick)는 17~8세기 영국에서 중간계급이 덕성이라는 새로운 개념으로 자기 정체성을 정립하려 했다는 점을 밝혔다. 이때 덕성의 개념은 '부패한 정치적 인간'에 대비되는 개념으로 '덕성을 갖췄다는 것은 생산적인 경제적 인간'이라는 의미다.[45] 조이스 애플비(Joyce Appleby)가 지적

하듯, 이 개념은 미국의 초기 산업화 과정에도 깊숙이 침투해 있었다.[46]

그러나 이러한 해석적 패러다임은 노동공화주의 이론과는 부합하지 않는다. 물론 노동공화주의자들 역시 19세기 말 중산층의 도덕적 개혁 프로젝트에 스며들어 있던 언어를 사용하고 있었다. 스튜어드는 "기업에 고용돼 하루 14시간을 노동해야 하는 직공과 노동자들은 스스로 생각하고 행동할 기회를 박탈된 상태이기에[47] 사유와 실천의 습관을 적절히 형성하지 못하고 있다"[48]라고 봤다. 그러나 스튜어드는 '사유와 실천의 습관'이 노동자에게는 부정된다는 점을 명확히 함으로써 고전적 공화주의자와는 달리 공적 삶에서의 덕성에만 초점을 두지도, 이를 지나치게 강조하지도 않았다.

"새벽 4시 반에 그들의 노동은 시작된다. 저녁 7시 반이 넘도록 그들의 노동은 쉼이 없다. 노동자들이 신문이나 책을 읽을 시간이 있겠는가. 누구를 만날 수도 없고, 누가 찾아오지도 않는다. 씻을 시간도 없다. 꽃을 가꾼다고? 가족과 산책할 여유도 없다."[49]

몸을 씻고 꽃을 가꾸는 일, 가족과 산책하는 일은 공공선을 위한 이타적 행동 같은 대단한 일은 아니다. 하지만 사회적 존재로서, 스미스가 말한 비가시적 빈곤(invisibility of poverty), 곧 감추고 싶은 궁색함이 드러나는 것을 두려워하는 보통 사람이라면 갖추어야 할 최소한의 품격과 매너를 위해 필요한 것이다.[50] 이는 출중한 외모를 지니기 위해서가 아니라 다른 사람들에게 그저 보통 사람으로 보일 수 있는 정도의 예의다. 스튜어드의 말은 크램니크가 말한 중산층이 되고자 하는 열망을 포함하기도 한다. 또한 그는 상류계층처럼 하류계층도 부패할 가능성을 우려했고, 독실한 자기관리와 절제라는 개인적 덕성의 중요함을 강조하면서 '저질 오락이나 탐닉하는' 노동자들의 생활방식은 도덕적으로 옳지 않다고 생각했다. 노동시간 단축이 주는 가장 큰 혜택은 "불결한 습관을 갖고 있거나 무지하고 예의 없는 노동자들에게 개인으로서의 자아와 공동체의 일원으로서의 자아를 성찰할 수 있는 시간과 기회를 제공하는 것"임을 강조했다.[51] 파우덜리도 금주를 지나칠 정도로 강조했다.[52] 알코올 중독은 성격을 파탄시킬 뿐만 아니라 가족의 화목도 깨뜨리기 때문이다. 이는 노동기사단이 부르주아적 도덕성이라는 개념을 활용해 시민적 덕성 개념을 전개한 뚜렷한 증거이기도 하다.

실제로 몇몇 역사학자들은 이러한 중산층의 관점에서 노동공화주의를 해석하기도 했다.[53] 로렌스 글리크맨(Lawrence Glickman)이 대표적이다. 그는 8시간 노동제와 노동생산물 전체를 노동자의 몫으로 돌려야 한다는 일부 '생산지상주의' 공화주의자의 주장은 개인적 여가와 이를 즐길 수 있는 필요한 소득을 요구하는 자유주의적 '소비지상주의'의 요구와 다르지 않다고 주장했다.[54] 노동개혁가들도 시민적 덕성을 소비와 여가에 관련된 덕성으로 사고하고 있었다.[55] 스튜어드와 실비스의 뒤를 이은 지도자들도 - 가령 조지 맥닐, 조지 건톤(George Gunton), 심지어 사무엘 곰퍼스까지 - 임금노동에 대한 공화주의적 비판을 수정해 중산층의 가치(소비주의 - 옮긴이)와 통합하려는 움직임을 보였다. 그들은 작업장 통제권 자체에 대한 요구에서 후퇴하기 시작했고, 능동적인 시민 행동을 위한 경제적 기반이라는 사상을 물질적 풍요를 위한 아이디어로 변질시켰다. 시민적 덕성은 올바른 시민 행동을 위한 자질이 아니라 소비에 필요한 능력 정도로 전락했다. 이 그룹들은 중산층의 품위를 노동계급의 목표로 삼았다. 당연히 가난에서 벗어날 수 있는 능력을 갖추지 못한 노동자들은 경멸의 대상이 됐다.[56] 중산층의 덕성은 한편으로는 근면과 규율을, 다른 한편으로는 금주, 온화함, 가족 돌보기, 노동조합에 대한 신의, 국가에 대한 충성을 강조하는 이데올로기다.[57] 여기서 우리는 '자유주의적 시초'의 고전적 사례를 발견하게 된다. 이 사례는 시민적 덕성에 대한 공화주의적 개념이 점차 자유주의적 덕성으로 발전하는 매개가 됐다. 사적인 삶, 주관적인 욕구에 대한 충족이 참여와 공공선의 관점을 능가하게 됐다.

그러나 노동공화주의자들은 비록 자유주의적 덕성을 부분적으로 지지한 것은 사실이지만, 르네상스의 마지막 행위자도, 소비주의 사회를 연 개척자도 아니다. 시민적 덕성이라는 언어를 차용한 것은 사실이지만, 정치적 삶에 우월성을 부여하지 않았다. 또한 노동공화주의적 덕성의 개념은 노동자를 부르주아 사회에 적합한 구성원으로 만들려는 데 목적이 있지 않았다. 기존의 시장논리와는 결이 다른 개념이었다.

향수와 동화를 넘어: 협력적 공화 체제 구현을 위하여

지금까지의 해석은 시민적 덕성과 연대 개념 사이의 연관성을 파악하지 못할 뿐만 아니라 협력적 공화 체제에서의 시민적 덕성의 역할이 무엇인지를 밝히지 못하는 문제를 안고 있다. 노동공화주의 관점에서의 시민적 덕성 개념을 이해하기 위해서는 이들이 제기한 문제를 먼저 명확히 해야 한다. 이미 살펴본 것처럼, 노동공화주의자들은 산업사회와 상업주의가 가져올 수 있는 기회와 혜택을 거부했고, '자유주의적 시초' 테제가 전제하는 자유주의적 사회라는 개념과 자유주의 이데올로기도 부정했다. 그들이 추구했던 것은 산업사회와 상업주의를 변혁하는 것이었다. 산업사회와 상업주의의 경제적 논리와 사회적 규범을 새로운 것으로 대체하려는 것이다. 노동공화주의는 고전적 시민 국가의 미덕으로 회귀하고자 하는 낭만적 프로젝트가 아니다. 사회정치적 변혁을 추구하는, '다가올 자유'를 위한 미래지향적 프로젝트였다. 그러나 협력적 공화 체제를 건설하는 일은 쉽지 않다. 노동공화주의 사상을 형성하는 데 불리한 조건인 사회적 지배, 국가의 억압, 반(反)공화주의적 정치문화를 모두 극복하지 않고서는 불가능한 일이었다.

시민적 덕성이라는 문제와 관련한 노동공화주의자들의 답은 '종속계급을 위한 정치이론'이었다. 이 이론은 초기 공화주의 사상을 전복하는 새로운 주장이었다. 그 핵심은 가장 윤리적으로 행동할 수 있는 계급은 자산을 소유한 지배계급이 아니라 아직 그들의 자유가 실현되지 않은 종속적인 노동자 계급이라는 점에 있다. 그러나 이를 주장함에 있어 노동공화주의자들이 직면한 난관은 외부의 억압과 종속계급 내부의 이질적 분화였다. 스튜어드가 가장 우려한 것은 노동계급의 자기파괴적 모순이다.

"생각해보자. 기계공 여러분들, 당신들은 무지한 노동자와 여러분 자신 사이에 존재하는 사회적 차이를 느끼고 있을 것이다. 선거 때가 다가오면 무지한, 보통 노동자들은 자본가들 편으로 돌아서서 여러분들과 정반대로 투표한다. 그리고 선거가 끝나고 나면 여러분은 약삭빠른 자본가들의 편에 서서 '그 무지한, 보통' 노동자들을 멀리하고 경멸한다."[58]

협력적 공화 체제를 건설할 수 있는 집합적 힘을 가진 그룹이 실상은 하나의 단일한 그룹으로 행동하지 못하고 있었다. 노동공화주의자들은 시민적 덕성에 대한 새로운 인식론을 찾아야 했다. 새로운 덕성이란 연대의 한 형식으로, 법이라는 강제적 기구를 통해서가 아니라 스스로 조직하고 교육하는 방식을 통해서 발전되는 윤리를 말한다.

그러나 연대의 윤리는 '이기심'에 대한 비판을 담고 있고 동시에 노동자의 이상과 열정을 고양하는 시도들도 내포하지만, 이 프로젝트가 개별 노동자의 이기적 요구와 배치된다는 점을 노동공화주의자들은 이해하지 못하고 있었다. 특히 연대의 윤리가 경제적 자립에 대한 노동자의 근본적인 요구와 충돌할 수 있다는 점을 포착하지 못했다. 그러나 이러한 한계에도 불구하고 이들은 시민적 덕성 개념을 연대의 윤리의 습관화에 중점을 두어 새롭게 정초하고자 노력했다. 여기서 연대란 집합적으로 행동하고자 하는 의지를 말한다. 타인과의 적대적인 경쟁이 아니라 사회적·정치적 활동을 통한 타인과의 협동을 통해서만 자신의 이익을 극대화할 수 있다는 전제 위에 있는 집합적 연대가 그 핵심이다. 앞으로 보겠지만, 시민적 덕성에 대한 이러한 사고는 우리가 지금까지 살펴본 세 가지 가정 ─ 즉 덕성의 정치학은 본질적으로 보수적이라는 점, 강제적 주입이 불가피하다는 점, 시민적 덕성은 근대 상업주의와는 배치된다는 점 ─ 을 가로지르는 것이다. 노동공화주의자들은 자유주의 제도의 보전이 아니라 근본적인 개혁을 추구했다. 덕성은 강제로 주입되는 것이 아니라 스스로 함양해야 함을 일깨우고자 했다. 따라서 개별 노동자의 경제적 요구와 윤리적 행동 사이에는 근본적인 갈등이 없다고 보았다.

시민적 덕성과 연대

'종속계급의 정치이론'에서 다시 시작해보자. 여기서 시작하면 노동공화주의자들이 주장하는 시민적 덕성이 개인이 개별적으로 공공의 영역에 선한 방식으로 참여하는 문제가 아니라 특정한 계급 구성원의 연대적 행위라는 방식임을 좀 더 뚜렷하게 알게 된다.

'공화국을 황폐하게 하는 원인': 종속계급의 정치이론

종속계급 정치이론의 기원은 초기 미국 공화주의자들에게까지 거슬러 올라간다. 18세기 말, 윌리엄 매닝은 "공화국을 폐허로 만드는 원인은 … 항상 자의적인 처분, 소수의 연합, 다수에 대한 무시"라고 주장하며, 빚에 허덕이는 농민과 '공장 노동자'들을 옹호했다.[59] 매닝은 '다수인 이들의' 종속성을 숙주로 기생하는 '소수'의 부유층은 노동력과 상품 가격을 되도록 낮추는 데만 골몰하고 있다고 꼬집었다.[60] 공급량 줄이기, 결핍 상태 만들기 등 수천 가지 방법을 동원해 "농민과 노동자를 곤경에 빠뜨리며 다수를 소수 부유층에 의존토록 강요하고 있다"라고 말했다.[61] 경제적 의존성은 바로 '다수'를 놀고먹는 '소수'의 자의적 권력에 종속시키는 근원이다. 매닝은 이어서 "화폐의 독점과 희소성을 통해 소수가 얻는 이득 … 그것은 다수를 빈곤과 곤경에 빠뜨린다. 다수로 하여금 소수에게 자비를 구하고 복종하게 하는 것이다"라고 주장했다.[62] 매닝의 주장처럼, 소수의 지배계급은 다수를 경제적으로 자신들에게 의존케 하는 것이 그들에게 커다란 이익이 된다는 점을 이미 알고 있었다.

매닝에 의하면, 경제적 조건은 우월감과 같은 정서나 감정을 낳는다. 즉 소수의 부유층은 '노동으로부터의 자유'라는 보기 드문 사치를 즐기므로 자신은 '우월한 존재'라고 느끼며 "노동하는 자를 경멸한다"라는 것이다.[63] 매닝이 보기에 이런 불평등한 의존성을 추구하는 소수 부유층은 공화주의에 대해서는 적개심을 품는다.[64]

그 소수는 "자기가 다른 사람과 똑같은 수준의 사람이라는 것을 인정하지 못하는 자들이다. 법률이 (그들이 말하는) 저열한 다수를 평등하고 공정하게 대표해야 한다는 것 역시 참지 못한다. 그들은 평민들은 통치에 관여할 수 없는 귀족정을 갈망하고 추구하는 자들이다."[65]

놀고먹는 소수는 정치적 평등은 물론 이기심을 넘어서려는 시민적 덕성에 대해서도 전혀 관심이 없다는 점을 매닝은 강조했다.

반면 "노동자는 늘 노동만 해야 한다. 놀고먹는 자들이 늘어날수록 더 커지는 공백을 노동자들이 메우고 있다. … 고된 노동을 더 많이 해야 하기에 노동자의 생명은 단축될 수밖에 없다. 이로 인해 노동자들은 놀고먹는 부유층을 부러워하기도 하지만, 동시에 자기의 현실인 부담스러운 노동이 왜 부당한지를 알게 된다."[66]

이제 노동자들은 착취에서 벗어나야 하며 필요 이상의 장시간 노동을 거부하고 싶어 한다. 자신의 종속성을 강화하는 사회적 조건에도 눈을 뜨게 된다. 종속 노동에 처한 모든 노동자는 이제 자립성을 확보해야 한다는 데 관심을 두게 된다. 소수의 지배에서 벗어나야 한다는 일차적 요구는 경제적 평등을 성취해야 한다는 보편적 요구로 발전한다. 그러나 노동 대중의 가장 큰 한계는 그들의 무지다. 매닝이 자신만의 독립 언론을 보유한 '노동자 사회(Sociaty of Labourers)[67]의 건설을 제안한 이유가 여기에 있다.[68] 독립 언론이 노동자를 교육하고 공직자들의 행위를 낱낱이 밝히는 역할을 한다면, '노동자 사회'는 공화주의적 제도를 건설하고 조직하는 중요한 수단이 된다.

매닝은 당시에는 잘 알려지진 않았지만, 종속계급을 위한 정치이론의 초석을 놓은 인물이었다. 매닝의 이론은 이후 수십 년 동안 가장 대중적 지지를 얻은 이론으로 성장했다.[69] 노동공화주의자들이 주장하는 것처럼, 소수의 지배계층은 지배하고자 하는 반면, 종속노동을 수행하는 노동계급은 경제적 자립의 보편화를 요구했다.[70] 이제 모든 공화주의적 제도는 소수계층이 아닌 모두의 경제적 자립을 보장하는 제도여야 한다는 점이 모든 공화주의자들의 공통된 요구가 됐다. 또한 노동자의 장기적 이익과 공화국 전체의 이익이 합치된다는 사실은 공화주의적 개혁을 완성할 수 있는 주체가 바로 노동자임을 의미했다. 그러나 무지 등 당시의 상황이 노동자가 역량 있는 주체로서 그에 걸맞은 행동양식을 발전시키는 데 걸림돌이 되고 있었다.

이러한 일반적 인식은 1820년대까지 좀 더 구체화되면서 발전했다. 가령 바일스비와 스키드모어는 부유층의 선의를 바라며 그들의 자산을 재분배해 달라고 요청하는 박애주의적 견해를 신랄하게 비판했다. 바일스비는 초기 공화주의 사상가들이 자신들의 공화주의적 기획에 반대하거나 관심조차 없는 자들에게 '기대려고 하는' 태도를 개탄했다.[71] 이 장의 맨 앞에서 인용한 것과 같이 그는 "역사란 자기 특권을 스스로 폐지한 권력이나 피치자를 위해 자기 권리를 스스로 포기한 압제자에 관한 기록 보관소가 아니다"라는 점을 강조했다.[72] '역사의 다음 장을 설계'하기 위해서는 '대중들의 자각과 반성, 사회적 토론'이 필요하다고 역설했다.[73] 이는 공적 영역에서 일반적인 '시민적' 활동을 수행하라는 뜻이 아니다. 공화주의 제도에 특별히 관심을 두는 시민의 분파를 주체로 세워야 한다는 말이다. "부의 원천이 노동임에도 불구하고 자기가 생산한 부를 향유하지 못하는 노동자를 위해 우리는 지금부터 준비해야 한다"라고 바일스비는 환기했다.[74] 비록 '노동자 사회'나 노동자의 민주적 언론[75]이 매닝의 눈에는 잠시 빛났다 사라지는 것이었을지 모른다. 그러나 바일스비의 시대엔 노동자 정당이나 독립적인 노동 언론의 존재는 훨씬 더 큰 의미로 부각됐다. 노동자 신문 1세대에 해당하는 〈노동자 자유 신문〉(필라델피아)이나 〈노동자의 대변인〉(뉴욕)이 대표적인 예다. 하이튼과 같은 인물들은 노동자들이 "모두의 연대와 자조(自助)는 노동자 자신으로부터 비롯된다"라는 점을 깨닫기 시작했으므로 이제 '일하는 모든 자의 연합'을 결성해야 한다고 주장했다."[76] 이들은 계급적 이익과 시민적 윤리가 조화될 수 있음을 확신했다.

1865년 윌리엄 실비스는 "이것은 인민을 위해 행해진 것이 아니다. 인민들이 자신을 위해 스스로 완성한 것이다. 그들은 자신의 개성과 조건에 따라 스스로를 위해 행동했다"[77]라고 말했거니와, 이 명제는 이후

공화주의 사상의 핵심으로 확고히 자리 잡게 된다. 실비스의 인용문은 1840년 공화주의 선언에서 발췌된 것으로 '군주의 행위에 대한 인민의 통제'[78]를 천명한 것이며 동시에 그 자체가 자기학습의 과정임을 확인한 것이기도 하다. 실비스는 이 '정치적'인 공화적 문구를 인용해 노동자의 정치적 역량 강화가 필수적임을 역설했다.

"우리가 다른 사람과 평등한 사회적 지위를 가져서는 안 되는 이유가 있습니까? 노동은 모든 정치 체제, 사회 체제, 산업구조를 떠받치는 근본입니다. 노동은 모든 부의 원천입니다. 노동은 사물에 원기를 불어넣어 상품으로 만듭니다. 귀족들은 말합니다. 자기들만이 세상을 통치하는 신성한 권리를 가지고 있다고 합니다. 우리는 단지 '나무나 패고 물이나 긷는 자'에 불과하다고 그들은 말합니다. 그래서 우리는 항상 그들에게 종속돼야 한다고, 그들은 말합니다."[79]*

실비스와 동시대에 활동했던 스튜어드도 이렇게 말했다. "부유한 자들은 자신의 상태를 가난한 자들과 대조하지 않으려 한다. 그 이유는 이것이다. 극도로 가난한 대중이 부유한 자들의 사치와 여가를 가능하게 한다는 사실이 드러나기 때문이다."[80] 1885년, 〈노동연대〉에 노동헌장을 쓴 익명의 저자도 같은 맥락의 주장을 펼쳤다. "노동자는 정부에게 바랄 것이 없다. 정치인에게도 마찬가지다. 노동자는 자기 문제를 스스로 해결해야 한다. 우리 스스로가 자신을 해방시켜야 한다."[81]

---

* 나무나 패고 물이나 긷는 자는 성경(여호수아서)에 나오는 말로 주인을 위해 육체적 노동이나 허드렛일을 하는 비천한 자를 말한다.

종속계급의 정치이론은 노동자를 행동에 나서도록 노동자의 권력과 정서에 호소하는 수사이자 이론이다. 동시에 이 이론은 새로운 방식으로 계급적 이해관계에 대한 분석과 시민적 덕성에 대한 정치이론을 결합한다. 한편으로 이 정치이론은 개인의 사적 이익이 정치적 삶을 추동하는 불가피한 동기라는 점을 수용한다. 인간이 공공선을 위해 윤리적으로 공헌한다는 명분으로 자기의 사적 이익을 모두 억압할 수 있다고 생각하는 것은 난센스이기 때문이다. 그러나 다른 한편으로는 계급적 이해관계에 대한 '현실적인' 분석은 부분의 이익과 공통의 이익 사이에는 교집합이 있다는 믿음에 근거를 제공하기도 한다. 노동공화주의자들이 강조한 것처럼, 경제적 이익과 시민적 덕성이라는 윤리는 서로 불화하는 대상이 아니다. 적어도 원칙에서는 그러하다. 그러나 경제적 자립은 자신의 사적 이익이 개인적인 노력만으로는 확보될 수 없다는 점을 인식하지 못하는 한 달성될 수 없다. 테렌스 파우덜리도 강조했듯이, "노동계급 전체의 삶이 함께 개선되지 않는 한, 일부라도 영구적으로 나아질 수는 없다."[82] 그러나 문제는 이 사실이 항상 명확하고 즉각적으로 개인에게 이해되는 것이 아니라는 점이다. 이 문제의 심연에는 단순히 합리적인 이해의 문제가 아니라 실천과 행동의 문제가 있으며, 따라서 이 문제는 객관적인 사회적 처지의 문제가 아니라 주관적인 인식 지향의 문제다. 노동자가 사회구조 속에서 위치한 처지가 곧바로 노동자를 '덕성에 합당한' 윤리적으로 행동하는 존재로 만드는 것은 아니기 때문이다. 사회적 처지는 윤리적으로 행동할 이유를 제공할 뿐이다. 여기가 바로 특정한 정치적 윤리가 문제가 되는 지점이다. 이 문제는 노동자의 욕망, 지식, 그리고 조직의 목표를 공유하고 목표 달성에 매진하는 데 필요한 역량을 포함한다. 이 분석이 올바르다면, 노동자는 왜 자신의 이익을 위한 행동에 아직도 나서지 못하고 있는가? 이는 덕성이라는 주관적 자질이 임금노동 시스템이라는 사회적 조건에서 자동으로 발현되는 것은 아니라는 점을 말해준다. 윤리와 덕성은 함양돼야 하는 무엇이다.

"본다면 욕망할 것이다. … 욕망한다면 싸울 것이다": 욕구와 불만

이전의 고전주의 사상가들과 마찬가지로 노동공화주의자들도 덕성의 함양은 습관과 욕망의 주조에서 시작한다고 보았다.[83] 그러나 고전주의자들에게 덕성의 함양은 공화국의 안정을 도모하기 위해 타락한 이기심과 파괴적 분파주의를 제거하는 것과 관련돼 있다. 반면, 노동공화주의자들은 욕망을 주조하는 것의 주된 목적은 '분파적' 불만을 '생산하는' 일이라는 주장을 통해 이 고전주의 관념을 전복했다. 스튜어드는 "지금 노동자들은 아무도 임금 인상을 요구하지 않고 있다. … 그러나 존 스튜어트 밀이 말한 것처럼, '자기 생각이나 자기가 필요로 하는 것이 변한다면' 더 많은 임금을 경쟁적으로 요구하게 될 것이다."[84] 스튜어드는 이런 '필요'의 변화를 만들기 위해서는 "노동자가 자신의 처지와 생활여건이 얼마나 조악하고 천한지를 피부에 와닿도록 느끼게 해야 한다"라고 보았다.[85] 이 말은 마치 가난한 노동자에게 수치심을 느끼게 해서 도덕 함양 프로그램을 받아들이게 해야 한다는 중산층 개혁가들의 말처럼 들릴지 모른다. 그러나 스튜어드의 생각은 그보다 훨씬 더 발본적이다. "노동대중은 자신의 처지에 불만을 깨닫도록 해야 한다. 노동자에게 밖으로 나가 주변을 계속 보게 해야 한다. 부자들이 여가를 즐기는 동안 어떤 옷을 입고 어떤 식으로 행동하는지, 그들의 주변은 어떠한지, 부자들의 영향력이 얼마나 대단한지를 노동자들이 직접 봐야 한다."[86] 스튜어드의 제자 맥닐은 더 직설적으로 다음과 같이 말했다. "더 많은 임금과 더 적은 노동시간의 필요성을 선전해서 그들이 지금 누리는 소소하고 누추한 만족에서 그들을 끊어내는 것이다. 동시에 스스로 더 나은 생각을 하고 자신의 요구를 투쟁으로 조직할 수 있도록 노동자의 수준을 한층 더 끌어 올리는 것이 필요하다."[87]

스튜어드와 맥닐이 주장하고자 한 핵심은 그 시대의 근본적 불평등이 노동자의 욕망과 요구라는 인식에 각인돼야 한다는 점이다. 장시간 노동은 "노동자에게서 모든 열망을 도둑질해갔다. '육체적' 욕구 충족 말고는 어떤 것도 요구하지 못하게 만들었다."[88] 디트로이트 출신의 노동기사단 조합원은 장시간 노동에 대한 불만을 이렇게 토로했다.

"장시간 노동은 최악이다. 남자건 여자건 아이이건, 하루 노동이 끝나고 나면 생각이 필요한 어떤 것도 할 힘이 없기 때문이다. 그들은 시시한 오락물이나 탐닉할 수밖에 없다. 쓰레기 같은 소설 나부랭이를 읽거나, 영화관이나 댄스장에 갈 것이다. 이런 하찮은 오락 말고는 할 수 있는 게 없다."[89]

과로에 찌든 노동자에게 무엇을 더 바라는 것은 무리다. 그들은 장시간 노동 때문에 여유를 즐길 시간이 없고 그 상태에 길들어 있기 때문이다. 약간의 여유시간이라도 있는 노동자라면 자기 상황을 타인과 비교하게 될 것이다. 더 나은 집과 옷, 음식에 대한 자기 욕구를 좀 더 공개적으로 표출할 것이다. 이를 위해서는 이제 더 높은 임금과 더 짧은 시간의 노동이 필요해진다. "노동시간 단축이 어떤 다른 조치들보다 사람들의 사고와 습관에 직접적인 영향을 미치"는 이유가 여기에 있다.[90] 더 많은 것을 요구하기 시작하면 노동자는 사회가 자신의 요구 충족을 방해한다는 사실을 더 많이 접하게 될 것이고, 이는 불만을 생산할 것이다.

노동공화주의자들은 노동자의 새로운 요구는 물질적 욕구뿐만 아니라 문화적 열망을 포함하는 넓은 것이라고 봤다. 나아가 노동자는 속물적 자본가에 대항하는 문화와 윤리의 창조자이자 수호자가 될 것이라는, 다소 낭만적인 믿음도 가지고 있었다. 이를테면 노동기사단 조합원이 노동기사단에 관해 쓴 유일한 소설인 《사슬을 끊어내며》에는 모드와 해리라는 인물이 등장한다. 노동기사단원인 둘은 리어왕 연극을 연출하면서 완전히 몰입한 채 즐기고 있다. "둘은 리어왕을 읽고 또 읽었다. 서로 토론하고 연구했다. 단어 하나하나를 완벽히 이해했으며 장면과 동작 하나하나가 지니는 의미도 완전하게 파악했다. … 집으로 돌아와서도 그들은 피곤하지 않았고 오히려 숭고한 영혼이 충만해 있음을 느꼈다."[91] 이들의 태도는 천박한 고용주나 부패한 정치인들의 고리타분함이나 자신의 지위를 드러내려는 천박한 위선과 크게 대조된다. 그들은 《리어왕》을 자기들끼리 놈이나 거는 소재 정도로 소비했을 뿐이다. "고용주나 정치인들의 영혼은 예술적으로는 죽어 있다. 그들의 시간은 멍청하고 무의미한 대화로만 가득하다."[92] 이 소설은 물론 투박하기도 하거니와 지나치게 계몽적이다. 그러나 바로 그 이유로 인해 노동기사단의 요구와 의식 함양에 대한 통찰을 가장 흥미롭게 전할 수 있는지도 모르겠다. 여기서 노동기사단이 추구했던 이상적인 여가의 상을 볼 수 있거니와 여가란 새롭고도 세련된 선호를 발전시키고 즐기는 데 필요한 시간이다.

더 많은 여유, 그로 인한 자유의 가치에 눈을 뜨면 노동자들은 점점 더 작업장에서 자신을 옥죄고 있는 고용주의 지배에 대항해 나갈 것이다. 비로소 자기 시간에 대해 완전한 주권을 가지고 관리할 수 있는 삶이 얼마나 소중한 것인가도 알게 될 것이다. 노동자들은 이제 완전한 공화적 자유를 욕망하게 되고 '노동자와 자본가가 하나가 되는' 협력적 생산 체제를 요구하게 될 것이다.[93] 이제 노동자들은 협력의 정신을 반영하는 새로운 문화를 추구하게 될 것이다.

"이제 인간은 더 높은 수준의 동기에 의해 자극될 것이다. 개인들의 연합이라는 욕구에서 비롯되는 동기에 못지않은, 공적 연합을 위한 동기가 부여될 것이다. 왜냐하면 이는 모두에게 이롭기 때문이다. 우리 도시에 대규모 시민공원이 필요하다는 수요가 있다면, 어느 정도는 투자자나 투기꾼이 조장한 것일 수도 있지만, 그보다는 모두가 즐길 수 있는 공적 자산에 대한 공통의 열망이 만들어 낸 수요인 것이 확실하다."[94]

시민공원이나 이와 유사한 것은 모두 그 자체가 '공적인 집합물'이다. 따라서 공공재 혹은 공적 자산으로 건설되고 소비돼야 한다. 이는 협력이라는 공화주의 가치에 동의하는 사람들이 가진 독특한 열망을 재현하는 것이기도 하다. 이제 더 많은 임금과 더 적은 노동시간에서 시작한 노동자의 요구는 자립 자체에 대한 요구로 발전할 것이다.

종속성을 없애고자 한 노동공화주의자들은 시민적 덕성에 대한 논의의 출발점을 열망과 열정이라는 명백히 사적인 세계로 잡았다. 이들은 지배 관계가 요구라는 개념으로 내재화되는 방식을 폭로하고자 했다. 욕구를 자각한 노동자는 그 사회가 자신의 요구를 얼마나 억압하고 있는지를 알게 되며, 따라서 사회변혁을 요구하고 나서게 될 것이다. 노동공화주의자들은 고전적 공화주의자들과는 달리 조화보다는 부조화를 추구했다. 즉 덕성을 갖춘 노동자란 자신의 처지와 종속에 불만을 품은 존재라는 것이다. 스튜어드는 이를 "보아야 욕망할 수 있다. … 욕망해야 싸울 수 있다"[95]라는 촌철살인으로 요약했다.

"그들은 자기 스스로를 위해 읽는다": 자기주도학습과 지식의 생산

이제 어떻게 이 불만을 해방의 기획으로 향하게 할 것인가. 노동공화주의자들은 욕망의 해방에서 욕망의 교육으로 한 걸음 더 나아갔다. 자본주의 시스템은 채워지지 않는 욕망을 생산하며 동시에 무시와 편견도 생산했다. 장시간 노동에 처한 자들은 대부분 문맹이거나 정보에 접근할 수단이 거의 없었다. 이로 인해 공화주의 체제와는 거리가 먼, 과거 '군주정'에나 어울릴법한 '배운 자들이 지배하는 귀족정'이 만들어지고 있었다.[96] 자본주의 경제 체제가 시민적 덕성의 함양과 배치될 수밖에 없는 이유가 여기에 있다. 파우덜리가 한 말을 되새겨 보자. "지성과 덕성은 주권의 두 가지 필수 덕목이다." 그래서 그는 "의회가 시급히 해결해야 할 과제는, 주권에 수반되는 권리와 의무를 올바르게 행사하는 데 필요한 지식을 얻을 수 있도록 모든 수단을 제공하는, 과학적이고 공정한 규율을 입법하는 것"이라고 주장했다.[97] 그중 가장 중요한 법안은 '8시간 노동제'다.[98]

그러나 8시간 노동제는 지식과 교육에 대한 요구로 가는 출발점에 불과하다. 정치를 학습할 수 있는 시간적 여유는 시민적 덕성을 함양하는 데 필요조건이기는 하지만, 충분조건은 아니다. 여유시간이 있다 해도 적정한 교육에 도달하려면 갈 길이 멀기 때문이다. 정치지도자들도 이 문제에 관심을 표명하긴 했지만, 공화주의적 해결방안에 대해서는 대부분 반대하고 있었다. 노동시간과 여가 문제가 정치경제학의 주요 관심사로 대두되기 시작하면서 노동공화주의자들은 기존의 연구나 관점을 반박하고 나섰다.

"과거의 쓰라린 경험이 증명하듯이 정치경제학의 주요 문제는 오로지 정치인이나 행정가 혹은 법률가만의 문제가 아니다. 노동시간과 여가 문제는 지금, 그리고 영원히 우리의 과업으로 남을 것이다. 이 과업은 우리만의 고유한 언어와 과학으로 수행해야 한다."[99]

주류 법학이나 경제학은 '임금노예제'라는 현행 시스템을 유지하는 데 무게중심을 둔 교과서적인 지식만을 제공하고 있었다. 게다가 노동자 조직에 대해 신문 보도는 늘 불공정했고, 가짜뉴스의 진원지였다.[100] 노동기사단 사무총장이었던 로버트 레이튼(Robert Layton)은 "정보를 신문에 의존하면 기만당하기 십상"이라고 경고했다. 그는 〈피츠버그 데일리 디스패치(Pittsburg Daily Dispatch)〉의 예를 들었는데, 그 신문은 왜곡

인용은 말할 것도 없고, 하지도 않은 인터뷰를 가짜로 만들어 내보내기도 했다.[101] 스튜어드는 이런 일들이 실수나 우연이 아님을 강조했다. "자본은 이미 언론과 정당을 모두 장악하고 있다. 사업체를 기민하게 활용해 무딘 귀를 가진 무지한 대중에게 자본에 유리한 유행어를 퍼뜨리는 데 돈을 퍼붓기도 한다. 명석하지만 가진 게 없는 노동자들은 물정 모르는 소수자로 전락할 수밖에 없다."[102] 모두 그렇게 의심하고 있었다.

"자본가들은 수백만 달러를 뿌려서 뉴스 매체를 사들이고, 가짜뉴스로 사실을 날조하며 갖가지 수단을 동원해 여론을 조작했다. 금융과 유통, 생산은 물론이고 뉴스 채널마저도 이미 독점자본의 손에 넘어가 있다."[103]

요약하며, 노동자가 시민적 주권의 기본 요소인 '지성'을 함양하거나 교육을 받을 수 있는 시간을 확보한다 해도, 올바른 교육에 필요한 자료가 태부족이다. 실비스가 말한 '배운 자들이 지배하는 귀족정'이 재생산되는 이유는 교육 기회의 박탈보다는 현존하는 지식의 소스들이 제공하는 잘못된 정보와 왜곡된 해석 때문이었다.

이처럼 왜곡된 교육이 일반화되는 상황을 노동공화주의자들의 언어로 재구성한다면, 지식의 지배적 형식이 노동자로 하여금 "자기 주변의 세계를 올바르게 인식할 수 없게 한다"라는 명제로 요약될 수 있다.[104] 현존하는 지식의 형태는 연대의 윤리와 덕성을 권장하기보다는 경쟁과 분열을 조장한다. 숙련 정도, 지지정당, 지역, 종교 따위로 노동자들을 분열시킨다. 이런 정치 시스템이 주류 경제학과 이들이 선전하는 원천

지식과 교육을 통해 강화되고 있다. 이는 "교육을 통해 이 문제를 각성하지 못한다면, 선거 때마다 노동자는 외려 자본가와 한편이 돼 자신의 해방을 위한 정책에 반대표를 던지는 아이러니가 계속될 수밖에 없다"라는 의미다.[105] 단일대오를 형성하기 위한 전국적인 노동조합 조직이나 노동자 정당을 건설하는 데 실패한 1860년대와 1870년대의 경험을 반추하면서, 파우덜리는 다음과 같이 말했다.

"분파주의와 편견이 당시 노동자들에게는 너무 깊었다. 이전까지는 한 번도 경험하지 못한 새로운 교육이 필요했다. 그 교육만이 당시 그들이 지지하고 있었던 부르주아 정당에 대항해 싸워야 한다는 철학적 관점을 획득하게 하는 유일한 수단이었다."[106]

아무도 노동자 교육에 나서지 않는다면, 노동자가 스스로 나서야 한다. 여기서 우리는 노동공화주의자들, 특히 노동기사단이 공화주의 문화를 형성하고 발전시키는 데 이론만이 아닌 실천의 측면에서도 크게 공헌했음을 발견하게 된다. 전통적으로 '시민교육'은 '국가에 의한, 국가를 위한 교육'으로 여겨져 왔다. 이런 인식은 초기 제퍼슨 시대에까지 거슬러 올라간다. 그러나 노동공화주의자들은 '국가교육'이 아닌 '자기주도학습(self-education)'이라는 정반대 전략을 추구했다. 국가의 역할은 교육시간의 상한을 정하거나 공립학교 운영에 필요한 일정한 규율 정도를 만드는 것에 국한돼야 한다. 노동자-시민들이 직접 주체가 돼 시민적 교육기관을 설립하고 실제 사용할 교육 콘텐츠를 스스로 만들어야 한다. 노동자-시민에 의한 교육제도의 가장 오래되고 중요한 초석은 독립적인 노동 언론이다. 1790년대로 거슬러 올라가면 우리는 윌리엄 매닝과 같은 인물을 만날 수 있다. 그는 노동자들이 손쉽게 읽을 수 있는 매거진을 노동자 정당이 발간해야 한다고 주장했다. 이 매체의 주된 목적은 '다수'에게 '지식이라는 수단을 제공'하는 것은 물론 '소수'의 권모술수를 '폭로하고 공격하는' 것이다.[107] 1820~30년대, 노동자 정당은 최초의 노동자 신문을 발간했고, 남북전쟁 이후 노동자의 독립 저널리즘은 질적 성장기를 맞는다. 이를테면 1880년대에 노동기사단은 공식적 기관지인 〈노동연대〉를 발간했고, 각 지부 역시 협동조합 형태로 운영되는 지역신문을 발행했다. 시카고 지부의 〈노동기사단(Knights of Labor)〉이나 디트로이트의 〈레이버 리프(Labor Leaf)〉는 대표적인 지역신문이다.[108] 여행 전문 신문인 〈존 스윈턴 페이퍼(John Swinton's Paper)〉와 같은 자매지도 노동자에게 우호적인 기사를 싣곤 했다.

　노동자 신문은 주류매체에서는 찾아볼 수 없는 지식과 정치적 경험을 제공했다. 뉴스는 물론 문학과 대안적 문화, 노동자 조직에 필요한 조언, 공식적인 공지사항 등 내용도 다채로웠지만, 무엇보다 중요한 것은 징치경제학과 협력에 대한 교육 기사였다. 〈노동연대〉는 '협력(Co-operation)'에 대한 별도 섹션을 마련해 시리즈 기사를 정기적으로 내보냈고, 저명한 협동조합 사상가들의 이론을 발췌해 싣기도 했다. 생산자 협동조합과 소비자 협동조합의 활발한 활동을 기사화했으며, 특별 지상강좌를 열기도 했다. '정치경제학 스케치'나 '노동헌장', '새로운 산업적 발상'[109] 등이 대표적 강좌다. 이 강좌는 자본주의의 근본적 문제를 진지하게 토론했으며, 페르디난드 라쌀레(Ferdinand Lassalle)나 존 스튜어트 밀과 같은 주요 사상가의 이론과 노동가치설 등 중요한 정치경제학 개념도 상세히 다뤘다. 〈노동연대〉는 노동자와 관련된 경제 데이터를 수집하고 이를 분석한 기사를 제공하기도 했는데 이는 사실상 근대적인 노동통계국의 역할이기도 했다. 노동기사단 뉴욕 지부 출신으로 노동기사단의 초대 통계국장을 지낸 테오도어 쿠노(Theodore Cuno)는 통계의 중요성을 다음과 같이 강조했다.

"우리는 노동대중이 처한 현실을 정확히 알려야 한다. 그래야만 전반적인 노동 문제는 물론 노동자에게 돌아가야 할 정당하고 충분한 보상에 대해서도 합리적인 여론을 형성할 수 있다. 신뢰할만한 통계 없이는, 임금노동자가 자기가 생산한 가치의 3분의 2 이상을 빼앗기고 있다는 사실을 알리는 데서 한 발짝도 나아가지 못할 것이다. 통계 전문가가 제대로 역할을 해야 한다. 그들만이 우리에게 노동과 관련된 정확한 정보를 줄 수 있다."[110]

〈노동연대〉는 독자들의 '건강한 여론을 조성하기 위해' 기본적인 정보는 물론 심화된 이론 교육도 함께 제공했다.

노동자 신문은 정보를 제공하는 데 그치지 않고 노동자의 정치역량을 강화하는 데 더 많은 공을 들였다. 주류 언론들은 시도조차 하지 못한 새로운 방식을 노동자 신문은 과감하게 도입했다. 예를 들면, 노동자 신문은 시민들에게 논쟁과 토론을 위한 포럼의 장을 제공했다. 독자들은 편지로 의견을 내는 방식으로 토론에 참여했다. 지역신문은 물론 중앙 기관지 각호에는 지부나 개별 조합원들이 제기한 질문과 발언, 의견에 대해 다양한 조언과 해답이 실렸다. 노동자 신문이 추구한 교육은 단순한 사실이나 정보, 혹은 이론을 제공하는 것이 아니라 노동자의 '자치 역량'을 함양하는 교육이었다. 협력적 공화국의 가장 중요한 요소가 자치 역량임에도 불구하고 당시에는 이에 대한 관심이 거의 없었다. 그래서 한 노동기사단 조합원의 말은 의미심장하다. "이제 사람들이 스스로를 위해 읽기 시작했다. 그들은 노동자 신문을 읽는 중이다."[111]

노동자 신문은 자기주도학습과 교육을 위한 수많은 시도 중 하나의 예에 불과하다. 실비스의 말을 들어보자. "우리는 우리를 위한 교육 공간을 만들어야 합니다. 도서관과 강의실을 짓고, 우리가 기획하고 관리하는 그런 공간을 만들어야 합니다. 그리고 그 공간을 활용할 수 있는 여유시간을 확보해야 합니다."[112] 독서클럽, 강좌, 스터디그룹, 토론장, 대출이 가능한 도서관 등을 갖춘 다양한 시설이 노동기사단 각 지부에서 활발하게 건설됐다.[113] 파우덜리는 특히 '노동자들의 문예회관과 독서클럽 건설'[114]에 주목했고, '노동하는 자 역시 고용하는 자와 마찬가지로 사회, 경제, 정치적 문제를 학습할 권리, 즉 평등한 학습권을 행사하고 있다'[115]라는 것을 보여주는 예라고 평가했다. 노동기사단의 독서클럽에 대한 구체적인 연구는 아직 없지만, 노동자 신문의 광고 등 다양한 자료를 보면 정치경제학, 협동조합의 원칙, 노동자 독립 언론, 문학 등을 폭넓게 다루고 있었다는 점을 쉽게 알 수 있다. "지식을 어디서 어떻게 얻을 수 있을까요"라는 〈노동연대〉에 실린 광고에는 영국 맨체스터에서 발간되는 〈협동조합 뉴스페이퍼 소사이어티〉의 간행물 구독에 대한 정보가 담겨 있었다.[116] 노동기사단의 영웅으로 추앙받던 모드(Maud)의 소설 《사슬을 끊어내며》에도 수많은 독서 모임이 있었음을 알 수 있는 많은 근거가 있다. 소설에는 "우리는 애덤 스미스와 맬서스, 리카르도를 읽었다. 칼라일의 《과거와 현재》를 탐독했다. 헨리 조지와 허버트 스펜서의 책도 읽었다. 라쌀레의 정치 팸플릿 중 몇 개는 번역을 하기도 했다"[117]라는 얘기가 나온다. '여성 문제', 경제 문제에 관한 팸플릿, 노동기사단이나 학자들이 쓴 노동의 역사 등도 독서클럽이 다룬 주된 주제였다.[118]

연설과 강연도 빼놓을 수 없는 교육 방식이었다. 1882년 11월, 〈노동연대〉는 공개강좌를 열었다. 이는 노동기사단 조합원들이 다른 로컬 지부를 대상으로 강연하는 프로그램으로 강연 주제를 서로 제안하기도 했다. 〈노동연대〉는 공개강좌를 다루는 특별 세션을 마련하고 "미국 임금노동자에게는 노동 문제에 대한 교육이 필요하며 특히 협력이 가장 중요한 주제"임을 공지했다.[119] 첫 번째 강좌에서는 '협력: 장점과 혜택'과 '노동기사단의 임무'[120]를 주로 다뤘으며 해마다 강좌 수를 늘려나갔다. 노동기사단 운동이 성장함에 따라 강좌의 주제도 다양해졌고 강좌 수도 그만큼 늘어났다. 리오노라 배리(Leonora Barry)는 노동기사단에서 가장 인기 있는 여성 강사였는데, 여성 인권은 물론 노동 관련 문제에 대해 백여 차례 이상 강연하기도 했다.[121] 노동기사단 조합원이 아닌 저명인사들도 강연에 참여했다. 당시 토지개혁가로 명성을 날린 헨리 조지(Henry George)와 1886년 투어 강연에 참여한 영국 사회주의자인 에드워드 애블링(Edward Aveling)과 엘리노 마르크스(Eleanor Marx, 칼 마르크스의 딸)가 대표적인 인사다.[122]

자기주도학습에 대한 노동기사단의 다양한 실험 중 주목해야 할 게

두 가지 더 있다. 첫째, 독립이라는 문제에 교육의 중점을 누었다는 점이다. 독립은 타인의 의지에 대한 물질적 의존이 없는 상태를 말한다. 그러나 개별적 주체의 비의존적 상태를 넘어 자신의 고유한 역량을 계발하는 데 필요한 조건으로서의 독립이 그 본질이다. 이 독립에 대한 사상은 노동자 스스로가 자신의 독립 언론을 통해 직접 발언한 메시지 안에서 성장했다. 노동자들은 자기가 할 연설을 스스로 준비했고, 팸플릿을 썼으며, 자신들의 도서관을 짓고 독서클럽을 운영했다. 스스로 생각하는 것이 '타인의 의지로부터 자유로워지기'의 중요한 요소다. 스스로 읽고 생각하고 토론하는 것이 교육다운 교육이다. 둘째, 자기주도 학습에 기초한 교육은 독립의 표현임과 동시에 노동자들의 실제 요구이기도 했다. 당시 대부분의 교육 기관들은 언론의 자유가 있었음에도 '지성을 함양하기보다는 편견을 강화'하는 데만 골몰하고 있었다.[123] 노동자의 고유한 교육기관은 대안적 지식을 제공하고 학습을 자극했으며, 이를 통해 노동자는 '자신을 둘러싼 환경에 대한 과학적 이해'를 높이고[124] 정치적 주체로서의 역량을 함양해 나갈 수 있었다.

경쟁인가 연대인가: 자기조직화의 필요

그러나 경쟁문화는 주류 언론이나 선전가들이 의도적으로 조장한 산물로만 볼 수는 없다. 경쟁은 노동시장이라는 제도적 조건에 의해 객관적으로 형성되기 때문이다. 노동공화주의자들은 경쟁문화에 대한 대항문화로서 연대문화를 조성해야 한다고 보았다. 연대문화를 통해 협력이라는 덕성을 함양할 수 있기 때문이다. 자본주의의 다른 이름인

'경쟁' 시스템은, 개인은 자기만의 노력으로 자신의 이익을 실현할 수 있다는 관념을 퍼뜨려 노동자들끼리 서로 싸우게 만든다. 그러나 이러한 시장의 에토스(ethos)에 대항하는 논리를 전개하면서도 노동공화주의자들은 자기 이익(self-interest)이라는 관념 자체를 부정하지는 않았다. 그보다는 시장의 경쟁문화가 노동자의 자기 이익과 배치될 수밖에 없는, 작동 방식 자체를 문제에 부쳤다. 즉 경쟁이 부추기는 이기심은 오히려 자기 이익과 충돌한다는 것이다. 이기심과 자기 이익의 개념적 구분은 매우 중요하다. 두 관념은 근대 상업주의에 대한 공화주의 사유의 발전과정에서 특정한 계기를 형성했기 때문이다. 핵심은 개인을 타락시키는 것은 부의 생산이나 축적 활동 자체가 아니라 역사적 단계에서 발생하는 특정한 노동시장의 독특한 문화라는 점이다. 이것이 바로 낭만적인 반(反)자본주의자나 금욕주의적인 시민적 휴머니즘과 노동공화주의가 구별되는 지점이다. 노동공화주의자들은 노동자 모두가 그 혜택을 누릴 수 있다면, 부의 생산과 축적, 여가를 즐기는 문화를 적극적으로 추구하는 것이 필요하다고 보았다.

노동공화주의자들은 경쟁문화가 반영하는 진실을 파악하고 있었다. 노동자들이 공동의 이익을 함께 추구할 수 있는 제도적 장치가 마련돼 있지 않다면, 노동자 사이의 경쟁은 합리적일 수 있다. 파우덜리는 "세상의 공공선을 위한 생산에 관심을 두고 있는 사람이라면 모두가 동일한 이해관계에 놓여 있다는 사실을 깨달아야 한다"[125]라고 강조했다. 노동자들의 이해관계가 일치하는 이유는, 협동 없이는 독립성을 확보할 길이 없는 사회적 조건을 노동자 모두가 공유하고 있기 때문이다. 개인은 타인의 이익을 동시에 추구하지 않고서는 절대 자기 자신의 이익을 완전하게 확보할 수 없다. "개인 차원에서 성공을 거두기 위해서라도 그 노력은 반드시 타인과 연합된 노력이어야 한다."[126]* 물론 몇몇 부류의 노동자는 여러 방식으로 임금노동에서 벗어날 수 있을지도 모른다. 그러나 이는 다른 노동자들을 뒤처지게 만드는 조건에서만 가능한 것이며, (설사 임금노동을 벗어난다 해도) 그는 자신이 얻은 새로운 사회적 지위가 얼마나 불안정한 것인지를 알게 될 것이다. 만약 노동자 각자가 자유노동에 대한 열망을 근본적으로 공유한다면, "노동계급의 일부는 노동계급 전체가 개선되지 않는 한 자기들만의 영구적인 개선을 얻을 수 없다"라는 파우덜리의 말이 현실이 될 수 있다.[127] 따라서 노동공화주의자들은 자신의 이익이라는 이름으로 연대라는 원칙을 세워야 한다고 주장하면서, 자기희생이라는 윤리를 연대의 명분으로 삼아서는 안 된다고 강조했다. "우리가 기억해야 할 것은 자신의 이익이라는 엄연한 법칙으로 가장 비참한 지위에 내몰린 노동자를 곧추세워야 한다"[128]라고 스튜어드는 강조했다.

그렇다면 '이기심'이라는 정서에 대한 노동공화주의자의 비판을 어떻게 해석해야 하는가.[129] 노동공화주의적 해석은, 이기심이란 시민적 덕성의 차원에 존재하는 자기 이익과 상반된 것이라는 고전 공화주의자의 입장과 유사한 것으로 보인다. 그러나 다음 인용에서 잘 드러나는

---

* '완전하게'에 방점을 두어 이해할 필요가 있다. 완전히 추구할 수는 없지만 상대적으로 더 많은 이익을 확보할 수 있다면, 개인은 협동보다는 사적 이익 추구를 채택할 가능성이 높기 때문이다.

것처럼, 노동공화주의자들은 이기심과 자기 이익을 세심하게 구별했다. "협력이란 윤리의 과학에 기초해 있다. 협력은 안정의 윤리, 존중의 윤리, 우애의 윤리를 내포하는 개념이다. 협력은 동시에 자기 이익이라는 관념의 산물이다."[130] '이기심'은 타인을 뒤처지게 만든다 해도 나의 조건을 유리하게 개선할 수 있다면 이를 행하고자 하는 의지를 말한다. 반면 '자기 이익'은 타인과 함께하지 않으면 성취가 불가능한, 확고한 독립을 추구하는 속에서의 자신의 이익이다. 이기심은 타인의 자유를 고려하지 않은 채 자신만의 자유를 추구하고자 하는 의지이며, 자본주의 시장에서의 일반적인 문화의 개인적 표현이다. 그러나 유의해야 할 것은 노동공화주의자들이 '안정의 윤리, 존중의 윤리, 우애의 윤리'를 표방하고 있다고 해서 사적 이익을 억누르고 공적 이익을 앞세워야 하는 멸사봉공식 윤리 – 마치 조국을 위해 자기를 희생할 준비가 돼 있는 고대의 전사—시민(citizen-warrior)의 윤리 – 를 의미하는 것은 아니다. 반대로 자본주의 시장의 문화를 거부하는 것이다. 시장 문화는 개인에게 매우 협소한 독립 관념을 주입하며 이로 인해 자신에게 좋은 것과 다른 모든 이에게 좋은 것을 상반된 것으로 보게 한다. 실비스는 버팔로에서 행한 연설에서 다음과 같이 말했다.

"저는 주체적 독립이라는 미국의 위대한 이상으로 충만한 사람입니다. 우리 민족의 자질로서 자립을 높이 찬양합니다. 그러나 자본가들에게서는 이런 가치가 보이지 않습니다. 그들은 머지않아 우리 모두를 공멸하게 할 것입니다."[131]

실비스는 '독립이라는 미국의 위대한 이상'을 좁게 이해한다면, 이것이 바로 시장이 말하는 이기심이라고 말한다. 각자는 모두 타인을 고용하는 고용주나 사업가가 되기를 바랄 수 있다. 그러나 그런 독립은 타인을 희생시켜 얻은 독립일뿐이다.

이기심이라는 풍도는 사방에 침투해 있으며 단기적인 계산만 하게 한다. 노동대중 중 일부 숙련공이나 특정 부문에 종사하는 노동자에게만 유리한 결과를 낳는다. 그러나 궁극적으로는 모든 노동자가 직면해 있는 의존성을 극복하는 데 필요한, 집합적 행동 능력을 잠식하고 만다. 이기심은 노조 지부들의 무분별한 파업이나 다른 미숙련 노동자의 파업을 막는 행위에서도 나타난다. 숙련 노동자들은 늘 대중들로부터 커다란 비난을 받았다. 미숙련 노동자를 조직하기를 주저했고, 이들의 파업이나 집단행동은 지원하지 않았기 때문이다. 노동공화주의자들은 이런 숙련 노동자의 이기심은 자본주의 산업사회의 논리 – 즉 숙련은 언제라도 미숙련으로 전락할 수 있다. – 를 근본적으로 이해하지 못하는 데서 비롯된 것이라고 봤다. 파우덜리는 "증기와 전기는 한 직종이나 부문에 종사하는 노동자들의 독립적 파워를 영구적으로 파괴했다. 자기들만의 이익을 위해 이기적으로 행동하는 숙련 노동자들을, 나는 지지할 수 없다"라고 했다.[132] 노동기사단과 숙련공 노동조합 사이에는 애증이 교차하는 우려의 역사가 있다. 상호인정과 상호배타 사이를 오갔기 때문이다. 그러나 노동기사단은 무엇보다도 미숙련 노동자에 대한 개방성과 폭넓은 노동연대를 표방하는 대중적 조직이었다.[133] 무가치한 이기심의 또 하나의 사례는 선거에서 소수 노동자의 단기적 이익을 약속하거나 특정 부문의 노동자를 보호하는 공약을 제시하는 주류 정당을 지지하는 정치적 성향에서도 나타났다. 실비스는 투표권을 허투루 행사하는 잘못된 성향을 극복하기 위한 유일한 방법은 조직화라고 보았다. "조직 혹은 노동조합의 조직화가 바로 우리의 경쟁력과 독립을 확보해 나아가는 첫 걸음이다"[134]라고 그는 강조했다. 선거 국면에서의 공허한 당파주의, 협소한 숙련 중심주의, 파업 방해 등 '이기적' 행동은 집합적 개선을 지향하는 윤리적 행동인 '자기 이익을 위한' 행동과 구별된다는 것이다.

노동공화주의자들은 협력적 행동이 개별적인 자기 이익에 부합한다면, 협력을 위한 지향성을 '자기 이익'이라 칭하지 않았다는 점에 주목해야 한다. 그 까닭은 이 행동이 순전히 타산적인 태도만은 아니기 때문이다. 이들은 이를 자기 이익이 아닌 '연대'라고 불렀다. 연대도 물론 어떤 타산성에 근거를 두고 있다. 그러나 연대는 근본적으로 자발성에 기초한 습관으로 자신의 이익과 다른 모든 노동자의 보편적 이익이 일치해야 한다고 생각하는 성품이다. "어떤 습관이나 품성은 특별한 함양이 필요하다. 성숙한 함양이 없이는 개인의 성장도, 사회의 발전도 가능하지 않다. 이런 습관과 성품이 인간을 자립적 존재로 만드는 무엇이다."[135] 다시 강조하건데, 이 습관과 성품은 독립에 대한 시민적 관심과 충돌하기보다는 외려 독립을 가능케 하는 관계를 구성하는 필수요소다. 실비스는 한 연설에서 다음과 같이 말했다.

"우리의 조직이 이뤄낸 성과는 조직 구성원들에게서 시작돼 널리 확산되고 보편화된 인식 자체입니다. 그 인식은 바로 형제애라는 감정이 우리 속에 항상 존재한다는 것입니다. 또한 서로의 안녕과 복지에 대한 관심으로 그동안 우리 안에 팽배했던 이기심이라는 낡은 감정을 해체하고 있다는 것입니다. 남자다운 독립심으로 비웃음의 대상인 소극적이고 비굴한 태도를 대체하고 있다는 것입니다."[136]*

연대는 모두가 역량 있는 주체로서 힘을 가지고 있다는 것을 일깨움으로써 의존적 사고에서 벗어나게 한다. 연대는 각자가 힘을 행사하는 것이 자신과 함께 공동으로 그 힘을 행사하는 타인과 필연적으로 연계되는 방식을 보여줌으로써 또한 의존적 사고를 탈피하게 한다. 그러나 이 연대가 발전할 수 있는 유일한 길은 분리된 개별 노동자가 전체 노동자의 이익 확보를 위해 조직화에 나서는 것이다. 그렇지 않으면 공동이익에 대한 추상적인 동일시에 머물고 만다. 조직화는 경쟁을 지양하고 협력을 추상적인 관념이 아닌 실천적 정서와 윤리로 고양해 나간다.

따라서 연대는 하나의 덕성으로, 특정한 조직회의 실천과 연계된 윤리다. 바로 노동자의 사회적·정치적 목적을 위해 노동자로서 스스로를 조직하는 것이 연대의 핵심이다. 1820~30년대의 노동자 정당이 표방한 초기 선언문에서 1880~90년대 전성기였던 노동기사단의 주장과 실천에 이르기까지 노동공화주의의 문화적 논리의 일관된 핵심은 조직화였다. 노동기사단 설립자인 스티븐스는 〈노동연대〉에서 다음과 같이 쓰고 있다.

---

* 독립심을 남자다움(manly)의 표상으로 보고 있다는 점에서 당시의 남성중심적 문화와 사고에서 탈피하지 못하는 한계를 드러내기도 한다.

"우리의 형제애를 바탕으로 해야 할 일은 … 조직되지 않은 분야를 개척해 들어가는 것이다. … 세계의 모든 노동자를 형제애라는 보편적 기치 아래 동질적이고 밀도 높은 연맹으로 묶어 세우는 것이다. 공동의 규범을 지키고, 공동의 방식으로 일하며, 공동의 목표를 달성하기 위한 조직을 만들어야 한다."[137]

보편적인 형제애 아래서는 "종교적 믿음이나 정당, 민족은 모두 겉모습에 불과할 뿐이다"라고 스티븐스는 말했다.[138] 노동자의 요구를 조직하고 정치적 역량을 함양할 수 있는 노동자 조직을 통해 노동공화주의자들은 보다 능동적인 시민성에 대한 공화주의적 이상을 아우르고 새롭게 구성했다. 이들에게 참여란 기존의 자유주의 제도들을 유지하는 게 아니다. 지금의 정치제도와 사유재산제도를 개혁하기 위해 갈등적으로 개입하는 것이다. 이것이 연대의 완전한 의미다.

노동공화주의자들이 자주 언급한 '형제애라는 감정'은 홀로 생기는 것이 아니기에 불가피하게 '조직적'이다. 형제애는 주류에 대항하는 문화 활동을 통해 형성되고 유지되는 것, 즉 '함께 직조되는 것'이다. 가령 노동기사단의 문화를 과감하게 재구축한 로버트 위어(Robert Weir)는, 연대는 스포츠나 여가 활동을 포함해 모든 일상의 삶에 깊이 뿌리내려야 함을 강조했다. 그는 "노동기사단은 여가를 사소한 것으로 여겨서도 안 되고, 사유화해서도 안 된다. 노동기사단은 여가라는 의제를 사회적으로 제기하고 시민공원, 공공건물, 공공을 위한 장소를 확보하는 싸움을 전개해야 한다"라고 주장했다.[139] 실제로 노동기사단은 피크닉이나 스포츠 활동, 엠블렘과 노래 등을 통해 내부의 풍요로운 상징적 세계를 발전시켰다.[140] 다소 논쟁적인 대목은 노동기사단의 비밀 의례인데, 완전히는 아니어도 1880년대 중반 노동기사단의 빠른 성장기에 이르러서는 거의 사라졌다.[141]*

  노동기사단의 이러한 활동은 경쟁주의와 불공정이 팽배했던 당시 사회에서 연대라는 윤리를 함양하기 위한 문화적 대응이었다. 연대의 핵심인 자기 조직화는 협력의 밀도를 높이거니와 협력적 공화국이 실현되면 밀도 높은 협력은 더욱 일반화될 것이다. 물론 조직화는 문화적 활동을 통해 형성되고 공유된 감정과 정서의 산물이기도 하다. 그러나 조직화의 핵심은 노동자가 주체로서 실제 행동하는 일, 그 자체다. 노동기사단은 19세기 말의 노사갈등의 혼란스러운 과정에서 주도적인 역할

---

* 노동기사단은 1869년에 비밀조직으로 출범했나. 이후 10년이 지나서는 공개조직으로 전환했다. 주정부와 민병대, '농장주, 자본가들의 탄압이 극심한 시기였기 때문이다. 이와는 별도로 노동기사단 운동을 계급운동이 아닌 문화운동의 관점에서 파악하는 견해도 있다. 노동기사단의 비밀의례는 〈Adelphon Kruptos〉라는 매뉴얼로 정식화돼 있었다. 그리스어인 아델폰 크롭토스(Adelphon Kruptos)는 라틴어로 번역하면 프라테르니타스 오컬타(Fraternitas Occulta)로, 숨겨진 형제애(Hidden Brotherhood)라는 뜻이다. 이 매뉴얼은 총회나 지부회의에서 따라야 할 의식을 구체화하고 있는데, 엄격하고 신비주의적인 의례 절차를 규정하고 있다. 예를 들면, 총회장 내부는 붉은색 장막이 쳐지며 노동기사단원 신분이 확인된 자들만 입장할 수 있다. 의사결정에 사용되는 투표함은 총회장 정중앙에 반듯하게 놓여야 한다. 총회의 시작을 알리기 전에 의장은 성스러운 장갑을 끼고 긴 창(고대식 창)을 들고 연단에 서서 개회를 선포해야 한다. 개회 선포에 앞서 의장은 "우리와 함께 할 자격이 없는 사람들은 지금 여기서 모두 퇴장하기 바랍니다"라고 말해야 하며, 성원이 확인되면 휘장이 쳐진다. 휘장이 내려오고 나면 누구도 나가거나 들어올 수 없다. 노동기사단 감독관은 참석과 성원을 보고해야 한다. 총회 의장의 역할도 낭독되는데, 불편부당한 회의 주재, 의결사항의 성실한 집행의무 등 의장의 역할에 대한 규정을 낭독한다. 의장이 발언할 때는 오른손 손바닥을 왼손바닥 위에 포개야 하며 손은 팔꿈치 높이로 들어야 한다. 신입 회원에 대해서는 추천인의 설명, 신입회원 신원 확인, 비밀 누설 금지 서약과 낭독 등 내용과 절차를 상세하게 규정하고 있다. 이외에도 총회 등 회의와 관련된 절차, 낭독해야 할 문구, 순서 등이 정교하게 짜여 있다. 〈Adelphon Kruptos: The Secret Ritual of the Knights of Labor〉 Samuel Wagar 참조.

을 수행하긴 했지만, 노동자의 열망인 자기 운명을 스스로 결정하는 주체의 지위까지는 확보하지 못했다. 그러나 수많은 보이콧과 파업, 조직화 운동을 이끌었고 노동정책과 입법 활동을 지원했으며 공직선거에 자신들의 후보를 출마시키는 활동도 빠뜨리지 않았다. 노동기사단의 이러한 다양한 실험과 시도는 여러 곳에 기록돼 있다.[142] 그 역사적 경험에서 중요한 것은 보이콧과 같은 활동에서 노동자들은 집합적 행동의 가치를 좀 더 명확히 이해할 수 있었다는 점이다. 집합적 힘을 경험하는 것은 그 자체로 개별 노동자의 힘이 협력을 통한 조직화로 배가된다는 것을 훈련하는 것이다. 샤프는 "파편화된 개인으로는 노동기사단의 조합원들이 힘을 발휘할 수 없다. 원자화된 개인이 결합해 강력한 조직이 될 때 비로소 힘을 얻게 된다"라고 했다.[143] 집합적 행동은 교육 캠페인 확장, 동질감의 형성과 발전, 일상적인 경제적 실천에 대한 확신, 나아가 장기적 목표를 위해 단기적 이익을 희생하고자 하는 의지를 요구한다. 보이콧과 파업은 연대를 실천하고자 하는 개인의 의지를 시험하는 장이기도 하다. 무노동 무임금이라는 손해가 발생하며 파업 대오에서 이탈하고자 하는 유혹에 빠지기도 하고, 때론 노동기사단의 생산품을 좀 더 비싼 값에 구매해야 하기 때문이다. 이처럼 보이콧과 파업에는 참가자의 희생이 따른다. 연대라는 시민적 덕성의 실천은 늘 희생이 동반된다.

연대는 또한 노동자를 분열시키고 선거에서는 노동자 전체의 이익에 반대하는 투표 행위를 유발하는 '당파적 편견'을 분쇄하는 실천이어야 한다. 한 노동기사단 조합원은 고대와 고전기의 정치적 부패가 유사함을 지적하면서 "로마의 권력자들은 자신을 보호하고 상대를 괴멸하기 위해 상대편 얼간이들을 첩자로 활용했다. 미국의 독점자본가 역시 자신을 지키고 선거에서 상대를 괴멸하기 위해 상대편 멍청이들을 속여서 자기 쪽에 투표하게 했다"라고 말했다.[144] 이런 분파적 행동을 분쇄하는 유일한 길은 노동자의 요구를 명확히 하고 이를 실현하기 위해 성심을 다하는 대안적 조직을 만드는 일이다.[145] 1880년대 정치적 활동이 정점을 이뤘던 시기에 한 노동기사단 조합원은 다음과 같이 선언했다.

"노동기사단의 목표 중 하나는 … 조합원에게 투표권을 지혜롭게 행사하는 법을 가르치는 것이다. 이는 조합원의 이익을 보호하는 길이며 주류 정당이나 독점자본가 혹은 고용주의 과도한 영향력에서 벗어나는 길이다."[146]

여기에는 주류 정당의 선거 구도에 말리지 않고 노동기사단 후보나 노동기사단이 지지하는 정당 후보에게 투표하는 것을 포함한다. 그러나 이런 노력은 사실상 큰 결실을 거두지는 못했다.[147] 다만 여기서 주목해야 할 점은 시민적 덕성의 함양은 실천과 분리되지 않는다는 점이다. 시민적 덕성은 실천을 조직하는 행동으로 표현되고 그 속에서 발전하기 때문이다.

정치가 시민적 덕성을 실천하는 전형적인 장(場)이라면, 노동공화주의자들은 이를 경제의 영역에서도 시도해야 한다고 봤다. 연대라는 윤리는 협동조합을 형성하고 유지하는 데 필수적 요건이다.

"정치는 자본주의 산업 시스템을 재구조화할 수 없다. 산업 시스템의 재편성만이 빈곤을 철폐하고 모두에게 평등한 기회를 부여할 수 있다. 협력만이 유일한 길이다. 소외된 자는 협력을 통해서만 발전된 문명이 가져온 이익과 영예에 대해 자신의 정당한 몫을 확보할 수 있다."[148]

잘 알려진 것처럼, 정치의 역할이 정확히 무엇이어야 하는가에 대한 노동공화주의자들의 입장은 통일돼 있지 않았다.[149] 노동기사단 역시 정치적 입장이 상황마다 달랐다. 그러나 한 가지 일관된 생각은 협력 원칙에 대한 이해와 실천이 없는 한, 국가를 통제한다 해도 절대 독립적 생산자 중심의 경제가 저절로 만들어지는 것은 아니라는 점이었다. 〈노동연대〉의 기사는 이를 잘 드러낸다.

> "우리 사회의 모든 노동자를 조직하는 것, 하나의 중추적 조직으로 노동자를 묶어내는 것, 결국에는 노동조합으로 연합하는 것은 '진전되면 진전될수록' 바람직하다. 그러나 협력 원칙은 더 확고해야 하며, 선거, 대의제도, 입법 등 정치적 삶에서뿐만 아니라 산업 자체에서도 철저히 지켜져야 한다. 노동대중은 반드시 '자신을 위한 산업 체제를 만들고 보유해야' 한다."[150]

노동대중이 "자신을 위한 산업 체제를 만들고 보유하기 위해서는" 기업 경영에 자발적으로 참여하고 개입해야 한다. 단순한 직장인의 자세와는 달라야 한다. 그렇지 않으면 똑같은 경쟁 논리가 노동자들이 건설하고자 하는 정치경제 체제를 잠식시키고 말 것이다.

협동조합은 자발적 결사체이기 때문에 시민적 덕성을 갖춘 조합원을 요구한다. 노동기사단 소속 조합원은 다음과 같이 강조했다.

"협력 … 이 말은 '자발적으로' 함께 노동한다는 각별한 의미를 지닌 말이다. 징집된 군인이나 죄수들의 노동은 함께 노동하긴 해도 자발성이 없기에 협력이라 할 수 없다. 협력은 노예에 대한 안티테제다."[51]

협동조합은 자유노동의 한 형식이다. 조합원의 자발적 참여를 전제하기에 임금노동이나 노예제와 정반대의 것이다. 자발적으로 조직된 협동조합의 성패는 이를 공동기업으로 발전시켜 나가고자 하는 개별 조합원들의 필사적 의지에 달려 있다. 과거의 전통적인 노동-자본의 관계는 더 이상 문제가 안 된다. 조합원의 단기적 이익이 아니라 장기적 관점에서 공동기업으로서의 건강성을 높이는 데 조합원이 자발적으로 헌신하는가, 조합원의 이익을 얼마나 평등하게 도모하는가에 따라 그 성패가 좌우된다.

이를 통해 노동공화주의자들은 민주적인 '정치' 체제에 대한 공화주의적 개념을 '사회경제' 체제에 새롭게 적용했다. 민주적인 정치 체제가 유지되기 위해 시민적 덕성을 갖춘 시민이 요구되는 것처럼, 협동조합 경제 체제에서도 마찬가지다. 협동조합은 개인의 독립의 완성이라는, 민주적인 정치 체제와 동일한 기본 목표를 공유하고 있기 때문이다. 그러나 협동조합은 고용주의 억압이나 노동시장의 규율에 의존하는 자본주의 시스템과는 다르다. 시장에서 경쟁하는 데 필요한 자본을 축적하고 다양한 협동조합 벤처가 함께 번창하기 위해서는 새로운 시각이 필요하다. 협동조합을 단지 많은 돈을 벌 수 있는 일시적 형식의 기업으로 생각해서는 안 된다. 다른 협동조합에 어떤 일이 벌어지는지도 면밀히 관찰해야 한다. 협동조합이 성장할수록 증가하는 반대자들의 적대 행위에도 맞서야 한다. 1885년에 발생한 전국배관공 노조(the National Association of Master Plumbers)의 방해 사례가 대표적이다. 이 노조는 배관 재료 생산공장에게 배관 협동조합에 물건을 넣지 말도록 압력을 행사했다. 존 스윈턴(John Swinton)은 "한 부문에서 자본주의 기업의 패권을 위협할 정도의 강한 협동조합이 있다 해도, 전체 자본가는 협동조합을 능가하는 막강한 힘을 가지고 있다는 점을 잊지 말아야 한다"라고 강조했다.[152] 협동조합이 내부의 불평등을 해소하고 착취적인 자본주의 기업으로 전락하는 것을 막기 위해서는 조합원들 모두가 협력의 원칙과 규범을 자발적으로 철저하게 지켜야 한다.

이러한 이유로 노동공화주의자들은 협동조합의 성패는 궁극적으로 조합원의 윤리적 자질에 달려 있다고 보았다.

"자기 동료를 사랑하는 사람, 교육의 힘을 믿는 사람, 아니 그가 위대한 동료들과 어떻게 관계하고 있는지, 그리고 그 속에서 자기가 얼마나 중요한 사람인지를 이해하는 사람이라면 협업(cooperative work)의 세계로 들어갈 것이다. 협업의 목적은 당장 손에 쥘 현금이 아니라 그보다 훨씬 수준 높은, 윤리적이면서 동시에 지속가능한 성취를 달성하는 것이다. 이는 자신만이 아니라 자신을 둘러싼 외부와 타인에게 관심을 기울일 때 가능하다. 윤리적 역량과 지적 역량 모두를 자각해야 하며, 동시에 생산수단의 관리를 실제로 경험할 때 비로소 달성할 수 있는 것이다."[153] '윤리적이고 지적인 역량에 대한 자각'이 없다면 협업은 기껏해야 외적인 부담일 뿐이며, 단순히 개인의 타산적 이익을 위한 또 하나의 소스에 그치고 만다.

그러나 윤리와 협력에 대한 노동공화주의적 사고는 지나치게 의욕적인 것임에 틀림없다. 자본을 축적하는 일, 자본력이 높은 우량 기업과 경쟁하는 일, 법적 탄압과 불법적인 방해공작에 맞서는 일은 모두가 녹록하지 않으며[154] 협동조합의 장기적 발전을 가로막는 현실적 장애물이었다.[155] 그러나 노동공화주의자들은 협동조합 실패의 원인을 자기 자신에게서 찾고자 했다. 외적인 장애물이 아니라 스스로의 마인드가 더 중요한 실패의 요인이라는 뜻이다. 〈노동연대〉의 협력 관련 기사에는 다음과 같은 글이 실렸다.

> "실패는 목표 달성이 불가능하거나 협력 자체가 부재할 때 발생한다. … 진정한 협동조합주의자, 곧 '자발적' 연합체인 협동조합의 구성원이 되기 위해서는 먼저 구성원 모두가 품위 있는 사람이 돼야 한다. 신망이 두텁고 정직하며 성실해야 한다. 각자는 자신이 한 약속에 엄격해야 하며 반드시 지켜야 한다. 처벌이 두려워서가 아니다. 모두는 평균보다 훨씬 더 높은 수준의 윤리를 함양해야 한다."[156]

'가장 품위 있는 사람'이나 '평균보다 훨씬 높은 수준의 윤리'라는 문구는 노동공화주의적 사유가 노동자에게 지우는 부담을 강조한다. 이는 노동자는 한편으로는 임금노예지만 다른 한편으로는 바로 그 이유 때문에 경제적 변혁을 이끌 유일한 주체라는 사유에서 비롯된 자연스러운 귀결이다. 이런 억압적 조건에서, 노동자가 아니라면 누가 진정한 '윤리적 품격'을 사회적으로 가장 효과적인 방식으로 실천하고자 하겠는가. 그러나 노동자 스스로가 이 윤리를 습관화하기 위해서는 모든 억압과 방해, 그리고 특별한 무엇을 요구하는 현실의 한계를 넘어서야 한다. 이 습관이 바로 시민적 덕성이다. 이는 집합적 행동을 방해하는 것들, 혹은 그로부터 이탈하고 싶은 유혹에 맞서 싸우며 훈련되는 탁월함 혹은 고양된 도덕심의 한 형식이다.

시민적 덕성의 허약함: 연대와 배제

윤리에 대한 이런 사유가 갖는 위험은 쉽게 보인다. 협력적 공화 체제의 성공 여부가 행위 주체, 즉 종속된 노동계급의 시민적 덕성에 달려 있다면, 이제 종속 문제는 임금노동자가 스스로 책임져야 하는 문제가 된다. 다음을 살펴보자.

"우리가 만약 이 책임을 거부하거나 무시한다면, 그래서 지금처럼 그대로 놔둔다면, 독점자본가들의 먹이가 되는 건 당연하다. 우리는 농장주의 농노나 자본가의 노예가 될 것이며 악법의 희생물이 될 수밖에 없다. … 우리 건국의 아버지는 그들이 할 수 있는 모든 것을 했고, … 아직 완성되지 않은 상부구조를 후손들이 해야 할 일로 남겨두었다. (우리가 이를 거부하거나 무시한다면 – 옮긴이) 이들이 애국심으로 건설해서 물려준 이 유산에 (우리는 – 옮긴이) 어떤 공헌도 못한 채 (희생될 것이다. – 옮긴이)"[157]

스티븐스는 이 문장에서 노예제의 정당성을 말하는 게 아니다. 다만 "우리는 자본가의 노예가 될 수밖에 없다"라는 스티븐스의 말은 노예로 취급돼도 당연한 경우가 있다는 것을 의미한다. 종속상태를 극복할 수 있는 유일한 사람은 피지배자 자신이며, 지배에서 벗어나기 위해 특별하고 비범하기까지 한 실력 행사가 요구된다면 노예근성을 가진 자에게 예속은 당연할 수밖에 없다. 달리 해석하면, 노예가 스스로 자유를 누릴 권리가 있다고 생각하고 자유를 위해 행동하기 전까지는 그는 노예일 수밖에 없다는 말이기도 하다. 그들이 시민적 덕성을 실천하지 못한다면 이는 그들 스스로가 자유를 추구할 능력도, 인식도, 의지도 없다는 것을 증명하는 셈이다.

노예 문제를 노예가 책임져야 할 문제로 볼 수도 있지만, 노예근성을 인종이나 종족의 차이에서 파악하는 것은 진보적이라 할 수 없다. 노동공화주의자들도 동유럽이나 남유럽 이민자들, 특히 중국인에 대해서는 이런 인종차별적 시각을 가지고 있었다. 예를 들면, 〈노동연대〉에 실린 '헝가리 출신 농노'라는 긴 기사에서는 "이들은 매우 저열한 타락의 늪에 빠져 있다"라고 비난했다. 헝가리 사람들은 '기름으로 범벅된 끈적끈적한' 소시지만 줘도 충분히 행복해하는 인간들이며, 단순한 생존을 넘어 자립을 요구하는 '미국인이나 다른 백인'과 비교하면 그들의 생활습관은 너무도 천박하다는 내용이었다.[158] 당시 헝가리 출신 임시 노동자들은 자기의 삶을 그들의 고용주에 전적으로 의존할 수밖에 없었고 교섭할 능력도 전무했다. 그러나 〈노동연대〉 편집자는 (이 사실은 외면한 채 - 옮긴이) 헝가리 출신들은 어떤 저항도 하지 않았다고 쓰면서 이는 헝가리 민족의 노예근성을 드러내는 것이라고 비난했다. 중국 출신 노동자를 조직하려 했던 뉴욕 지부를 제외하면 모든 노동기사단은 중국 이주자에 대해서도 매우 적대적이었다. 심지어 중국 노동자들의 미국 입국을 금지하는 법안에 찬성하기도 했다.[159] 노동기사단은 당시 늘어나는 '막노동자(coolie)'와의 경쟁을 피하기 위해 이들을 조직 내로 흡수하려 하긴 했지만, 중국인들만은 제외했다. 심지어 중국인들은 '미개한' 인종이라는 생각이 널리 퍼져 있었다. 한 노동기사단 조합원은 "중국인들은 이교도 분위기와 독재라는 토양에서 자라난 사람들이다. … 그들은 중앙집권적 권위에 의해 통제되는 사람들이다. … 둔감하며 잔인하고, 복종적이며 쉽게 길들여지는 속성은 이런 훈육의 결과다"라고 했다.[160] 중국 출신 노동자들이 어떻게 강제 노역자가 되는지를 분석한 파우덜리마저도 "그들의 생활습관, 종교, 관습, 행동들 모두가" 공화주의 기풍과는 양립할 수 없는 것이라고 거들 정도였다.[161] 〈노동연대〉는 '중국과 헝가리 출신 이주노동자의 싸구려 삶'이 미국 노동자를 위협한다는 기사를 내보내기도 했다. 미국 노동자가 '돼지우리 같은 기숙사에 살면서 허접쓰레기로 배를 채우고도 피둥피둥해지는, 풍찬노숙의 이주노동자와의 경쟁에 내몰리기 때문'이라는 주장이었다.[162] 아이러니하게도 이 충격적인 기사는 노동기사단 디트로이트 지부가 '유색인종'을 대표하는 '유색인종 노동조합'을 받아들이기로 했다고 선전하는 기사 바로 밑에 실려 있었다. 그만큼 노동기사단의 인식은 안타까울 정도로 이중적이었다.[163]

중국과 헝가리 출신 노동자에 대한 기사는 자유와 시민적 덕성에 방점을 두는 공화주의 전통에 배타적 경향이 내재해 있다는 점을 드러내는 단적인 예다. 노예제를 옹호한 초기 공화주의에 대한 데이비드 로디거의 해석을 떠올려보자. 그는 이렇게 말했다. "흑인 억압은 노예제가 아니라 흑인들의 '노예근성'의 결과일 뿐이다. 백인의 우월함은 공화주의적 인종주의라는 새로운 길을 개척했다."[164] 자유는 시민적 덕성을 전제한다. 그러나 노동시장의 제일 밑바닥에 있는 무리를 보면, 다른 사람들과 달리 시민적 덕성이라곤 찾을래야 찾을 수 없다는 걸 알게 된다. 그 이유는 인종적 차이에서 비롯되는 것이다. 그들의 열등한 노예근성 때문이라고 말하며 밑바닥의 이주노동자가 감당해야 할 사회적 차별에 대해서는 비판하지 않는다. 이처럼 공화주의는 배타성을 내재하고 있는 듯하다.

그러나 이런 식의 해석은 일면적이라는 오류가 있다.[165] 일면적 해석으로는 노동공화주의자들이 시민적 덕성이라는 개념을 통해 무엇을 묻고자 했는지, 시민적 덕성의 새로운 측면은 무엇이었는지를 포착하지 못하며, 이는 배타성에 대한 잘못된 이해로 이어진다. 앞서 보았듯이, 노동공화주의자들은 노동자 자신이 변혁의 주체가 돼야 하며, 변혁적 주체가 되기 위해 먼저 스스로를 변혁해야 한다고 생각했다. 변혁적 주체는 협력적 공화 체제를 구현하기 위한 선행조건이기 때문이다. 시민적 덕성에 대한 이들의 인식은 공화적 자유에 적대적이었던 당시의 혹독한 현실에서 비롯된 것인 만큼, 요구 수준이 매우 높다. 인종적인 혹은 문화적인 결속을 요구하는 것이 아니다. 수준 높은 시민적 덕성을 요구하거니와 한편으로는 많은 정치적 방해와 문화적 장애를 극복해야 했기 때문이고, 다른 한편으로는 자신들의 사회분석에 기초해 노동해방은 노동자가 스스로 쟁취해야 한다고 인식했기 때문이다. 이를 위해 가장 중요하면서 선행돼야 할 일은 연대의 길을 찾는 것, 그리고 그

연대를 지속가능케 하는 시민적 덕성의 길을 찾는 것이다. 연대에 호소하는 이유는 공화적 자유의 보편화를 위해서다. 공화적 자유를 인종적 혹은 문화적 특권으로 삼고자 하는 의도를 숨기려는 가짜 보편화의 방편으로 연대를 오해해서는 안 된다. 이런 특권주의는 시민적 덕성이라는 매우 의욕적인 개념 안에 항상 존재하는 위험요소일 뿐, 논리적으로 귀결되는 직접적 결과는 아니다. 노동공화주의의 이론적 과제는 사회적 종속이라는 조건에 처한 종속계급으로 하여금 정치적 변혁에 나서게 하는 것이다. 이 과제가 곤혹스럽다고 해서 보편적 연대를 위한 노력을 배반한다면 그야말로 커다란 위험이다. 시민적 덕성의 개념을 낡고 협소한 것으로 치부한 채 거부하는 것은 성급한 처사다. 여기서 우리는 노동공화주의에 투영돼 있는 딜레마를 보아야 한다. 이 딜레마는 불평등과 부자유에 대항해 투쟁하는 것을 출발점으로 삼는 모든 정치이론에는 늘 있는 문제다. 또한 노동공화주의를 본질적으로 배타주의 이론으로 치부하는 일면적 독해는 이 이론이 갖는 탁월한 정치적 '포용성'을 놓치는 것이기도 하다.

시민적 덕성의 정치학 재검토

노동공화주의의 시민적 덕성에 대한 사유는 자아와 사회의 변혁이라는 실천적 문제에 대한 응답이지만, 여기에는 새로운 것과 위험한 것이 함께 존재한다. 곧 노동공화주의의 정치적 비전은 고무적이지만 동시에 허약하다. 노동공화주의가 성취한 개념적 진전은 지배계급이 아니라 피지배계급을 시민적 덕성의 담지자로 본 것이다. 자산가인 지배계급이 추구하는 안정이라는 이익보다 피지배계급이 열망하는 자유노동에 대한 부분이익(partial interest)이 공화국의 일반이익(general interest)과 정확히 일치한다는 것이다. 이는 다시 시민적 덕성에 대한 믿음으로 이어지거니와 덕성은 종속된 피지배계급 스스로가 자기 교육과 자기 조직화를 통해 함양할 수 있는 윤리다. 노동공화주의자들은 노동자들의 자각과 자기 교육, 문화적 변혁을 통한 시민화를 주장했다. 여기에 국가의 전면적이고 강제적인 개입 ─ 즉 종교 생활이나 교육에 대한 공적인 개입 ─ 은 불필요하다고 보았다. 또한 시민적 덕성이라는 노동공화주의적 개념은 부의 생산이나 축적과도 배치되지 않는 개념이다. 오히려 노동공화주의자들은 경제활동의 근본 토대를 재구축함으로써 평등한 독립이라는 조건을 만들고 그 속에서 경제활동의 결실을 모두가 향유할 수 있는 체제를 추구했다.

노동공화주의자들은 고전적 공화주의 입장 ─ 자유는 시민적 덕성을 요구하며 그 덕성은 함양될 수 있는 윤리다. ─ 을 지지했다. 그러나 이들은 더 나아가 현대 공화주의 이론의 가정을 가로지르는 방식으로 시민적 덕성의 기본좌표를 변혁했다. 노동공화주의 이론의 세계에서 시민적 덕성의 정치학은 기존 제도의 개선이 아닌 사회 자체의 변혁을, 강제적 사회화가 아닌 자기 주도적 교육을 위한 이론으로 발전했으며, 무엇보다 시민적 윤리와 이익의 조화를 추구했다. 노동공화주의적 아이디어들이 새로운 문화적 실천과 사회정치적 조직을 통해 표방됐다는 점도 중요하다. 노동자 언론과 독서토론방, 순회강연, 협동조합 팸플릿, 지부 의회, 전국 단위의 중앙위원회 등은 모두 변혁적인 '시민적 덕성의 온상'이었다.[166] 이 매체들은 단순한 '지식 함양'이 아닌 '인격 형성'의 측면에서 노동자 교육에 크게 공헌했다. 인격 형성이라는 개념은 고전적인 이상의 강제적 형성과 구별되며 기존 사회제도의 고수가 아닌 변화에 궁극적 목표를 두고 있었기 때문에, 당시에 유행했던 많은 자유주의적 비판 이론과 충돌하지 않으면서도 시민적 덕성의 정치학이라는 새로운 모델을 제시할 수 있었다는 점은 강조할 필요가 있다. 적어도 덕성의 정치학이 '필연적으로' 억압적 동질화나 사적 권리 침해를 초래할 것이라는 우려는 근거가 없다. 노동공화주의적 기획의 넓은 목표는 권리를 요구하되, 그것이 부정돼 온 곳에서부터 출발하기 때문이다.

노동공화주의자들이 노동자에게 요구하는 것은 예외적일 정도로 의욕적인 것이 사실이다. 노동기사단의 어떤 조합원은 이렇게 말했다. "노동자는 오직 연대의 규범을 배우고 따를 때만 비로소 자기 운명의 결정권자가 될 수 있다." 연대의 규범이란 노동자가 자기 자신과 동료에 대해 '자기부정과 인내, 결심과 실행을 비롯해 활력 넘치는 시민적 덕성을 함양해 나가기로 서약'하는 것을 포함한다.[167] 물론 앞서 본 것처럼, 노동공화주의의 시민적 덕성의 정치학은 구조적으로 역설적이다. 종속계급이 '자신의 운명에 대한 결정권자'인 한, 그들의 예속에 대한 근원적인 책임 역시 그들 자신에게 있기 때문이다. 그들은 부자유한 존재이지만 동시에 부자유는 자기 책임이며, 독립성을 결여하고 있음에도 변혁을 위한 주체라는 역설이 존재한다. '자기부정과 인내, 결심과 실행'이라는 매우 엄격한 윤리를 철저히 지키려는 사람이라면, 이를 무시하거나 부정하는 동료를 볼 때 느끼는 배신감 또한 매우 클 것이다. 시민적 덕성에 대한 이런 엄격한 사유는 인종차별적 편견으로 쉽게 변질돼 무너져 내릴 수도 있다. 만약 그렇다면, 이론의 허약성은 지역이나 문화에 대한 편견보다 더 큰 원인이 된다. 허약한 이론은 인종차별 혹은 민족차별과는 상관없이 지지자들로 하여금 타인에 대한 관용을 쉽게 거둬들이게 만든다. 이런 이론의 허약함 때문에 일부 노동공화주의자들은 추상적 존재인 인간을 사랑할지는 몰라도 구체적 실존인 사람에겐 쉽게 실망하는 자가 되고 말았다.

그러나 시민적 덕성의 사회심리학적 허약성과 그 윤리에 활력과 영감과 보편성을 더해주는 어떤 속성은 서로 분리된 것이 아니라는 점에 주목해야 한다. 무엇보다 노동자가 작업장을 경영할 수 있는 능력을 갖추고 있는 것은 물론 자기를 스스로 해방할 수 있는 주체라는 사실을 믿지 않는다면, 노동자에게 높은 수준의 시민적 덕성을 요구하는 것은 비논리다. 모두가 잊지 말아야 할 것은, 수많은 소외노동자 그룹들이 – 여성, 흑인, 미숙련노동자, 이주 노동자 – 시민적 덕성의 윤리론을 통해 스스로 활력 있는 주체로 성장해 나갔으며 그들의 손으로 직접 역사적 과업을 성취했다는 사실이다. 그들은 자신들만의 조직과 노동조합을 건설했다. 집필과 강연을 활발히 전개했고, 파업을 감행했으며 협동조합을 만들기도 했다. 미국 역사에서 노동공화주의자들만큼이나 수십 년 동안 이질적인 소외그룹들을 연대의 단일대오로 묶어내는 데 성공한 조직은 없다. 자신이 처한 상황을 바꿔 낼 수 있다는 확신과 자신들의 집합적 힘을 통해서 사회변혁을 성취할 수 있다는 신념 자체가 위대한 것이었다.[168] 신념의 창출 없이 어떤 그룹을 주체로 호명하는 것은 불가능하다. 따라서 노동공화주의자들의 비전이 지나치게 의욕적이라고 비판하는 것은 종속계급인 노동자가 근본적인 사회 부조리를 변혁할 능력이 종속계급인 노동자에게 있다는 명제 자체를 부정하는 것에 불과할 뿐이다.

윤리론이 중요한 이유는 평등과 사회변혁을 지향하는 이론이라고 여기는 '모든' 정치이론을 새롭게 조명하는 하나의 방식이기 때문이며, 이는 노동공화주의자들의 시민적 덕성론에서 배워야 할 교훈이기도 하다. 노동공화주의의 목표는 공화적 자유의 보편화이며 사회질서를 근본적으로 변혁해 소외된 타자를 포용하는 것이었다. 이는 단순한 이상이 아니라 진정으로 공화주의 이상을 실현코자 하는 사회운동이 채택해야 할 정치적 문화를 새롭게 사유하는 방식이다. 노동기사단은 많은 오류를 범한 것이 사실이다. 대중적 지지를 더 나은 방식으로 관리했어야 했고, 자신의 원칙을 좀 더 일관되게 지켜 나가야 했다. 그러나 이러한 정치적 실패가 노동기사단이 공헌한 정치적 사유의 새로움과 중요성을 기각하는 것은 아니다. 그들이 공화적 자유를 위해 수행한 많은 것들은 바로 시민적 덕성을 위한 것이었다. 공화적 자유를 재창조하고, 새로운 보편성을 부여함으로써 노동기사단은 하나의 정치적 언어로 아직도 생생하게 살아 있다.

아직도 멀기만 한 자유

우리는 역사적 거리 때문에 쉽게 현혹되곤 한다. 노동공화주의자들은 매력적이면서도 풍부한 영감을 주는 사상적 그룹이다. 그러나 이들의 당시 관심사는 지금 우리의 관심사는 아니다. 적어도 현대 자본주의 사회에서는 노동자의 임금을 쿠폰 따위로 주는 고용주는 없으며, 도시 전역에 계엄 선포를 허용하는 법원도 없다. 노동운동 지도자들 역시 테러를 걱정할 필요가 없으며 파업 천막에서 농성하는 노동자들이 기관총으로 살육당할 일도 없다.[1] 국가권력은 설사 노동자들이 도시를 장악한다 해도 이를 진압한다고 탱크를 보내지는 않을 것이다.[2] 게다가 빈민가 공동주택 거주자나 옥수수 농장 노동자들의 비참한 가난도 이제는 먼 과거의 일일 뿐이다. 노동법과 복지제도, 첨단기술, 수많은 값싼 물건이 의미하는 것은 아무리 가난한 사람이라도 19세기 말의 노동자보다는 풍족한 삶을 누린다는 사실이다. 실제로 우리는 19세기처럼 살지 않고 있다는 점에서 일종의 도덕적 우월감마저 가지고 있다.

오늘의 노동과 지배

설사 19세기 노동자들과 우리 사이에 커다란 역사적 간극이 존재한다 해도, 그리고 우리가 사회적 진보를 이룬 게 분명하다 해도, 여전히 우리는 노동공화주의자들에게서 많은 것을 배워야 한다. 스키너가 강조한 것처럼, 역사의 재구축 과제는 실로 '고고학적'이다. 현재라는 시간을 탈(脫)자연화하기 위해서 우리는 잃어버린 사유 방식을 되찾아야 한다.

"지성사가들은 현재 우리 삶의 방식에 구현된 가치들과 이를 사유하는 우리의 방식이 다양한 가능 세계를 두고 서로 다른 이전 시대들이 취했던 일련의 선택지들을 얼마나 반영하고 있는지 이해하는 데 도움을 줄 수 있다. 이를 자각할 때 우리는 그 가치들에 대한 지배적인 해석의 손아귀에서 벗어날 수 있다."[3]

노동공화주의자들이 탈자연화시킨 '그 가치들에 대한 지배적인 해석'이 무엇인지 이해하는 것은 어렵지 않다. 노동자가 자신의 노동에 대한 집합적 통제권을 행사하기 위해 시도하는 수많은 노력 ― 단체협약이나 노동조합 혹은 협동조합 조직화를 통한 노력들 ― 을 비판하기 위해 최근 담론들이 가장 자주 들먹이는 것이 자유다. 이들이 말하는 경제적 자유란 규제 완화, 세금 인하, 자신이 원하는 노동계약을 맺을 노동자의 권리*, 고용주들이 자기 마음대로 사업을 운영하는 데 필요한 자유 등과 동의어로 이해되고 있다. 그러나 놀라운 발견은 이와 정반대의 방향으로 해석되는 자유로 인해 수많은 사람이 잠시라도 생의 에너지를 얻는다는 사실이다. 이런 놀라움은 자각과 자기반성으로 발전할 수 있다. 현재의 경제 시스템을 제대로 비판하는 언어는 적어도 자유를 '제외한' 다른 가치에서 찾아야 한다고 섣부르게 가정하기 전에 잠시 숨을 고를 멈춤의 시간을 준다. 자유란 단순한 변론의 언어가 아니라 비판의 언어 그 자체다.

그러나 19세기와의 접속은 그리 단순하지 않다. 좀 더 깊은 의미가 있다. 비록 물질적인 풍요는 진전됐지만, 우리가 그 과거를 완전히 극복했다고 쉽게 가정하는 도덕적 태만은 반드시 질문에 붙여야 한다. 사실 19세기 노동공화주의가 제기했던 문제들은 여전히 풀리지 않은 채 우리 주변에 남아 있다. 작업장 권력 문제, 통제 문제에 대한 여러 논쟁들은 우리가 경험하는 경제나 정치적 삶의 일부이기 때문이다. 노동계약의 본질이 해방적인 것인지 아니면 억압적인 것인지, 그리고 광범위하게 확산되는 경제적 불평등과 노동계약은 어떻게 연관되는지에 대한 문제는 지금도 논쟁거리다. 논쟁의 대상이 되는 갈등적 징후들은 여러 면에서 19세기의 그것과는 다르지만, 이를 추동하는 윤리의 문제는 동일하다.

---

* 일할 권리 법안(right to work law)에 따라 유니온숍 조항이 체결된 작업장에서도 노동조합에 가입하지 않을 권리를 말한다. 최근 미시건 주를 비롯해 많은 주에서 허용되고 있다. 노동조합의 단결강제와 개별 노동자의 일할 자유를 둘러싸고 많은 논란이 야기되고 있다.

예를 들어보자. 우리 시대의 노동자들도 고용주가 반대하는 정치적 견해를 드러내면 해고된다.[4] 고용주들은 작업장 권력을 휘둘러 노동자를 어떤 집회에 강제로 동원하기도 하고, 특정한 정치적 메시지를 강제로 듣게 하거나 배포하게 하며, 노동자의 투표에 영향을 미치기도 하고, 특정한 정치적 행사에 기부를 강요하기도 한다.[5] 이런 일들이야말로 19세기 노동공화주의자들의 우려가 지금도 계속되고 있다는 살아 있는 증거이다. 경제적으로 고용주에 종속된 상태는 정치적 불평등을 유발하며 결국은 우리에게 법적으로 주어진 정치적 자유마저 위협한다. 노동공화주의자들은 정치적 평등을 보장하는 유일한 길은 부의 분배를 상대적으로나마 평등하게 하고 작업장에서의 지배를 제거하는 것이라고 보았다. 이럴 때에만 노동자들은 자신의 정치적 견해로 인해 경제적 처벌을 받지 않는다는 확신을 가질 수 있다. 《공화주의에 반하는 부》의 저자인 헨리 로이드(Henry D. Lloyd)는 "경제적 자유를 대신할 수 있는 대체물은 없다. … 경제적 자유 없이는 정치적 자유는 점차 쪼그라들어 결국 아무것도 아닌 것이 되고 말 것이다"[6]라고 썼다. 우리 사회에서 정치적 자유가 '완전히 아무것도 아닌 것'으로 전락한 것은 아니지만, 노동공화주의자들의 우려가 아직도 진행형임을 로이드의 주장은 잘 보여준다. 우리는 '경제적 자유'를 보장하는 것이 어설픈 선거제도 개혁보다 시민 각자의 정치적 자유를 더 철저한 방식으로 확장하는 것임에 주목해야 한다.

좀 더 깊이 관련된 문제는 통상 '정치적' 문제로 인식되지 않는 이슈를 두고 벌어지는 갈등이다. 채용과 해고, 작업장에 대한 지휘와 감독,

혹은 일과 후 사생활 감시를 둘러싸고 많은 비판이 제기되고 있다. 최근 기업들은 갖가지 이유로 노동자를 해고하고 있는데, 노동자들이 페이스북에 올린 댓글을 문제 삼는가 하면,[7] 성적 지향이나[8] 너무 섹시하다,[9] 혹은 섹시함이 전혀 없다는 이유[10]로 해고하기도 했다. 노동조합을 조직하거나 지지하면 해고했고,[11] '충성도가 떨어진다'거나 순종적으로 보이지 않는다는 것도 해고 사유가 됐다.[12] 최근 제기되고 있는 '자의적인' 권력 남용에 대한 소송 대부분은 작업장의 일상적인 노사관계 문제와 관련돼 있다. 노동자들의 소송 대상도 다양하거니와, 위험한 작업을 수행하거나 고온의 작업장에서 일하도록 강요받는 문제,[13] 근무시간 중 화장실 사용을 금지하거나 점심시간을 주지 않는 일, 교대시간이 끝난 후 강제로 남아 있어야 하는 일,[14] 휴게시간에 책 읽는 것을 금지하거나 냉난방기를 트는 일을 금지하는 것,[15] 불시에 하는 임의적인 약물 검사, 모욕 행위, 업무와 상관없는 일을 강요하는 것[16] 등이 그 예다. 그러나 두루 아는 것처럼, 거의 모든 소송에서 법은 사용자의 손을 들어준다. 노동자와 협의 없이 행사할 수 있는 고용주의 경영권을 인정해 준다. 노동공화주의자들이 간파한 것처럼, 고용주는 자기 권한을 악의적이거나 잔인한 방식으로 행사하지 않을 수도 있다. 화장실을 자유롭게 사용하도록 허용할 수도 있고, 냉난방 시스템을 잘 갖추거나 작업장 안전규정을 준수할 수도 있다. 그러나 그들이 이런 선한 행동을 하는가 하지 않는가, 라는 논쟁은 공화적 자유의 핵심을 벗어나는 문제다. 문제의 핵심은 고용주들만이 이런저런 문제들에 대해 노동자의 의사와 상관없이 결정할 수 있는 '권력'을 가지고 있다는 사실이다. 바로 자의적인 권력이 노동자의 자유를 침해하는 근본요인이다.

　어쩌면 위에 예시된 문제들을 건건이 들여다보고 어떤 결정이 자의적인가 혹은 부당한가에 대한 개별적 판단을 내릴 수도 있겠다. 거칠게 말하면 노동법의 역할이 이런 것이다. 그러나 노동공화주의는 이 사례들이 누가 누구의 의지에 종속돼 있는가라는 하나의 문제의 서로 다른 개별적 측면임을 알게 한다. 이 지점에서 과거는 지금도 계속되고 있다. 과거와 똑같은 문제가 여전히 우리의 작업장을 병들게 하고 있다. '점심시간 폐지' 문제만 보아도 이미 백여 년 전 조지 맥닐이 문제로 제기한 것인데, 지금도 그대로다.[17] 고용주들이 노동자의 일과 후 생활을 감시하거나 사생활을 캐묻는 일은 - 요즘 버전으로 말하면 페이스북에 올린 글이나 사생활을 감시하는 일이다. - 1800년대 직조 노동자들의 집단적 저항을 불러일으키기도 했다.[18] 그러나 반복되는 과거에 대해 그때나 지금이나 여전히 똑같은 고충이 있다는 정도만을 설명하는 것은 무의미하다. 배후에 놓인 공통적인 핵심은 바로 경제 투쟁은 단순히 임금과 노동시간이 아니라 권력과 통제에 관한 것이라는 사실을 포착해내야 한다. 노동공화주의 관점은 이 공통적인 핵심 문제를 정확히 정의해 드러내고 있으며, 이를 토대로 우리는 불평등한 권력관계라는 근본적인 구조로 돌아가 문제를 새롭게 파악할 수 있게 된다. 자기만의 정치적 견해를 가질 수 있는 자유, 화장실을 사용할 수 있는 자유, 여가 활동을 즐길 권리, 안전한 작업장에서 노동할 수 있는 권리, 그밖에 작업장과 관련된 안전보건 문제를 제기할 수 있는 권리 등은 왜 경제적 지배가 권력의 문제인지를 드러내는 중요한 사안들이다.

더구나 노동공화주의자들이 일깨운 것처럼, 노동계약은 아무리 그 내용을 세심하고 정교하게 규율한다 해도 고용주에게 잔여에 대한 재량과 통제권이라는 사자의 몫과 같은 권리를 통째로 내어 준다. 핵심은 노동계약은 노동자가 노동할 수 있는 능력을 사용자에게 파는 계약이고, 계약과 함께 노동력이라는 자산에 대한 통제권이 사용자에게로 넘어간다는 데 있다. 사용자가 노동자의 능력을 사용한다는 것은 어떤 경우에도 노동자는 사용자에게 종속됨을 의미한다. 설사 노동자의 교섭 능력이 좀 더 높아지거나 임금 인상과 적당한 노동시간이 확보된다 해도 노동계약 자체는 작업장에서 이뤄지는 중요한 사안들에 대한 궁극적인 의사결정을 모두 포괄할 수는 없다. 계약당사자인 노동자와 사용자가 평등하다 해도, 일단 노동계약이 맺어지고 나면 그 평등은 곧 사라지고 만다.[19] 모든 계약은 불완전할 수밖에 없다. 게다가 노동력이라는 상품은 파는 자의 의지와는 분리될 수 없는 상품이기 때문에 노동계약에는 항상 지배의 문제가 내포된다. 물론 현대의 작업장에도 선한 고용주가 있고, 악덕 사업주도 존재한다. 그러나 두 경우 모두 노동자가 사용자의 의지에 종속되는 것은 마찬가지다.

　　만약 우리 사회에서 노동계약의 역할이 중요하지 않다면, 노동공화주의자들의 비판은 그리 큰 문제가 아닐 수 있다. 그러나 현실은 그렇지 않다. 비록 2008년 금융위기 이후 경제활동인구가 다소 줄긴 했지만, 역사의 긴 호흡에서 본다면 아주 일시적인 현상일 뿐이며 노동인구는 여전히 증가 추세에 있다.[20] 여기서 다시 노동공화주의의 주장은 분명해진다. 구조적 지배라는 형식으로 인해 사용자의 작업장 지배가 더욱 강화되고 있다는 주장은 (노동관계에 편입되는 인구가 지속적으로 증가하면서 - 옮긴이) 보편적인 사실을 반영하기 때문이다. 광범위한 대다수는 고용주에게 노동력을 파는 방법 말고는 생존을 위한 다른 대안이 없다.[21] 법은 극도로 불평등한 소유권 제도를 보장하고 있다. 따라서 노동하지 않고도 자잘한 다른 소득을 얻을 수 있지만, 노동력을 팔지 않고 생활을 유지할 수 있는 자는 극소수일 뿐이다. 오래전 노동기사단 조합원이 말했듯이, "노동자는 고용주 혹은 자신의 보스에게 자기 자신을 통째로 내놓지 않고서는 생계를 유지할 수 없다."[22] 관대하거나 적어도 그리 심하게 간섭하지 않는 고용주들이 있다. 그러나 반대로 노동자들이 무얼 하는지를 분 단위로 감시하는 고용주들도 부지기수다. 이들은 노동자가 하루에 자기 자리를 몇 번이나 뜨는지, 정해진 휴게시간 외에 쉬는 시간이 얼마나 되는지, 업무와 관련 없는 행동을 몇 초나 하는지 따위를 하루 종일 감시한다.[23] 어떤 고용주라 해도 구조적 지배는 고용주 개인의 사적(私的) 지배로 전환되고, 사적 지배는 그 노동자가 자기 사업을 할 만큼의 자산이 없는 경우라면, 구조적 지배를 재생산한다. 생산수단에 대한 통제권이 불평등하게 배분돼 있는 지금과 같은 상황에서는, 노동력을 팔아야 하는 상황에서 빠져나올 방법은 전무하다. 노동공화주의의 임금노동 비판은 경제적 지배에서 구조적 요소와 개인적 요소가 밀접히 연관돼 있다는 핵심을 잘 드러낸다.

비판만이 아니라 노동공화주의자들의 대안도 현대적 맥락에서 매우 매력적이다. 오늘날 법원과 행정부는 작업장 권력을 둘러싼 갈등을 다루는 주요 기구다. 미국의 경우에는 산업안전보건청과 전국노사관계

위원회, 형사법원을 비롯한 각종 법원에서 분쟁 사건을 심사하고 행정 명령이나 판결을 내린다. 상기해야 할 점은 노동공화주의자들은 물론, 행정부나 법원의 진보적 조치와 판결을 지지했고 실제로 8시간 노동제나 노동감시국 설치를 주도하기도 했지만, 국가적 규제를 경제적 지배 관계를 개혁하는 주된 방안으로 보지 않았다는 사실이다. 규제 제도나 행정 조치는 작업장에 대한 협력적 통제와 소유로 나아가는 데 일시적인 조치이거나 차선책으로 보았고, 정부 내 노동감시국 설치 역시 자율적으로 규율되며 협력적으로 관리되는 기업 설립을 위한 보완물이거나 절충안일 뿐이었다.[24]

노동공화주의자들이 자율적 통제권이 상대적으로 높은 협동조합을 법원이나 정부의 규제 정책보다 더 우월한 방안으로 생각한 이유는 현실적인 고려 때문이기도 하다. 규제 정책은 매우 더디며 판결 하나 나오는 데만 수년이 걸리는 경우가 태반이다. 설사 규제 정책이 시행되거나 판결이 내려져도 이미 그 문제로 인해 노동자들이 입은 손해나 해악은 회복될 수 없는 경우가 대부분이다. 더구나 규제 정책이나 판결이 다루는 범위가 매우 제한적이며 경제권력에 의해 쉽게 좌우되기도 한다. 경제권력의 불평등한 배분은 부와 생산수단에 대한 불평등한 통제권으로 인해 필연적으로 발생한다. 아무리 좋은 노동법이라 해도 어설픈 제도이기 십상이고 작업장에서 노동자와 고용주 사이에 발생하는 복잡하고 수많은 갈등을 빠르고 효과적으로 해소하는 데는 역부족이다.[25] 그러나 협동조합적 대안을 선호하는 데는 더 심층적인 이유가 있다. 협동조합은 작업장 자체에서 발생할 수밖에 없는 갈등과 긴장의 근본적인 원천을 제거한다는 점이다. 노동자가 자기 자신을 고용하는 고용주라면, 그들이 작업환경과 경영에 대해 상대적으로 동등한 권리를 가지고 있다면, 작업장의 수많은 문제는 저절로 해결되기 때문이다. 가령 가급적 임금을 낮추고 열악한 근로조건으로 가능한 한 오랫동안 노동자를 사용하고자 하는 고용주와 이를 반대하는 노동자 사이의 갈등은 쉽게 해소될 수 없는 것이다. 노동자가 스스로 고용주가 될 때 비로소 이 이해갈등은 사라질 수 있다. 물론 모든 갈등이 일거에 사라지는 것은 아니다. 그러나 협동조합은 개별 노동자들을 평등한 존재로 만들 뿐만 아니라 생산수단에 대한 평등한 통제권을 합리적으로 사용하는 방안을 둘러싼 이견을 해소한다. 이를테면, 자신들에게 비위생적이거나 위험한 작업조건을 만드는 데 동의하는 노동자는 없을 것이다.[26]

이는 수많은 규제 정책이 더는 필요 없게 되는 방법 중 하나의 예시일 뿐이다. 노동자가 경영권을 직접 행사하거나 혹은 자신들이 통제할 수 있는 경영자를 통해 행사할 수 있다면, 노동시간, 작업조건, 안전보건 평가, 새로운 기술 도입 등과 같은 중요한 이슈들에 대해 정부 정책보다 훨씬 더 자신의 상황에 부합하는 결정을 내릴 수 있게 된다. 또한 법적 소송이나 규제 도입을 둘러싼 갈등과 비용을 고려한다면, (협동조합적 방식은 - 옮긴이) 노동자를 제때 보호할 수 있을 뿐만 아니라 사회적 비용도 줄일 수 있다. 나아가 협력적 통제는 법원 소송이나 행정심판을 제기하기에는 작아 보이지만, 그러나 매우 중요한, 지금도 수없이 발생하는 직장 내 괴롭힘 문제도 쉽게 해결할 수 있다.[27] 협력적인 사업 운영에 대한 요구는 과거에도 그러했지만 현재에도 동일한 의미를 지니고 있다. 이는 바로 더 '높은' 자율성에 대한 요청이며 동시에 노동자를 억압하는 고용주와 정부에 대한 저항이자 부정이라는 사실이다.

협동조합을 좀 더 자율적인 기업으로 보는 견해들이 '더 많은 경제적 자유'인가 아니면 '더 강한 규제'인가, 라는 양쪽 극단 사이에서 갈피를 잡지 못하고 있는 지금의 상황에서, 노동공화주의는 매력적인 핵심을 짚어준다. 협력적 소유와 통제라는 관념은 어떤 종류의 지배도 부정하는 것이며 지배가 제거될 때 비로소 노동자들은 협동조합 안에서 더 많은 자유를 향유할 수 있다는 점을 강조하는 사상이다. 더 많은 자유는, 노동자 각자가 자신이 스스로 고용주가 돼서 경영하는 작업장을 설립할 수 있다는 인식, 적어도 노동계약에 의한 노동보다 더 많은 통제권을 행사한다는 인식이 설 때 자연스럽게 발생하는 결과다. 노동공화주의자들이 확보한 더 중요한 인식은 노동자들은 기업을 경영하고 통제할 수 있는 능력을 갖추고 있다는 확신이다. 그러나 노동자가 작업장을 집합적으로 관리할 수 있는 능력을 가지고 있다는 확신은 현대정치에 의해 침해돼 상실된 지 오래다. 더 강력한 노동법적 규제가 필요하다는 주장을 부추기는 배후에는, 노동자는 희생자라거나 적어도 종속이라는 불가피한 조건에 사로잡혀 있다는 가정 – 이미 낡아빠진 일종의 "국가는 후견인"이라는 가정 – 이 자리하고 있다.[28] 노동자는 단지 종속계급일 뿐이며, 고용주와 좀 더 공정하고 평등한 관계를 위해서는 법이라는 외적 보호가 필요한 존재로 가정된다. 그러나 협력적 생산의 목표는 법을 이용해 노동자의 불가피한 종속성을 해소하고 일정한 균형을 달성하는 데 있지 않다. 노동시장의 사회적 불평등 문제를 민주적 법률 제정을 위한 정치적 평등 문제로 치환하는 것이 아니다. 궁극적인 목표는 노동자의 자기 결정 능력에 기초해 종속성의 원천 그 자체를 제거하는 것이다.

이는 민주적 법률의 필요성을 부정하는 것은 물론 아니다. 민주적 법률은 사적 권력이 정당하게 행사될 수 있는 범위를 제한하기에 시민적 자유와 평등의 표상이기도 하다. 그러나 노동공화주의자들은 노동자의 자립을 보장할 수 있는, 일상에서 자신의 의지를 독립적으로 행사할 수 있는 노동자의 능력을 존중하는 제도적 형식이 무엇인지를 좀 더 깊게 사유해야 함을 강조했다. 개별 시민의 독립성을 보장할 수 있는 지역 단위의 경제적 조건이 국가 단위에서 민주적 입법을 온전하게 하는 전제라는 점도 명확히 했다. 또 한 가지 주목해야 할 점은 당시 노동자는 협력을 소유권과 통제권에 대한 법률 개정의 문제일 뿐만 아니라 문화 변혁의 문제로 보았다는 사실이다. 노동자들은 협력적 작업장에서 발현되는 존중, 권위, 상호성이라는 다양한 비공식적 규범이야말로 기존의 작업장에 편재하던 위계적 문화보다 노동자 모두의 자립에 잘 부합하는 공화적 문화라고 보았다. 이는 논리적 주장이라기보다는 소망에 가깝지만 합리적 근거가 없는 것이 아니다. 비공식적 규범은 자기 발전을 통해 스스로의 규범력을 확대하는 경향이 있기 때문이다.

노동공화주의의 매력 포인트 중 또 하나는 휴식의 가치를 강조한 점이다. 노동시간 단축은 현대 노동정치에서는 주변적인 의제에 머물고만 있다. 그러나 이는 노동공화주의가 품고 있는 사회적 비전을 구성하는 중요하고도 매력적인 요소다. 테크놀로지에 대한 최근 논쟁들은 신

기술이 좀 더 나은 노동조건을 어떻게 창출할 수 있을지에 좀 더 주목해야 한다. 기계는 인간을 대체할 뿐, 인간의 노동을 좀 더 나은 방식으로 개선하지 못한다는 생각은 이미 낡은 것임을 노동공화주의자들은 환기시킨다. 기술혁신이 모두가 진정한 휴식을 누릴 수 있는 사회를 창출하지 못하거나 노동강도를 높이고 비자발적 실업을 늘린다면, 기술혁신은 단순한 기술적인 문제가 아니라 정치적인 문제다. 누가 노동절약적인 혁신 테크놀로지를 소유하고 통제해야 하는가, 그리고 기술혁신이 가져올 혜택을 누가 누려야 하는가가 문제의 핵심이기 때문이다.

노동공화주의를 발전시키기 위해 좀 더 논의가 필요한 쟁점들이 남아 있다. 이는 당시에도 그러했고 지금도 여전히 유효한 협력적 공화 체제의 일반적 논리에 관한 질문들이다. 노동자가 통제권뿐만 아니라 소유권까지 보유해야 하는가? 아니면 소유권이 노동자의 통제권을 지나치게 제한하지만 않는다면 소유권을 직접 보유하지 않아도 되는가? 주류 노동자가 소수의 비주류 노동자를 지배하는 문제는 어떻게 보아야 하는가? 그 밖에 비공식적인 지배형식은 어떻게 다루어야 하는가? 효율성의 문제와 혁신을 위한 인센티브 문제에 대한 해법은 무엇인가? 어떻게 하면 신용이나 그 밖의 자산에 대한 접근을 모든 노동자에게 균등하게 허용할 수 있는가? 기업들 사이의 조정은 어떻게 이뤄질 수 있는가? 만약 시장을 통해 조정돼야 한다면, 시장에 의존하는 것을 효율성의 원리로 보아야 하는가 아니면 지배의 한 형식으로 보아야 하는가? 노동하지 않거나 혹은 기업이 도산하는 등의 이유로 노동할 수 없게 된 자들의 사회보장적 권리는 어떻게 보호해야 하는가?

이 모든 질문에 답하는 것은 이 책의 범위를 넘어선다. 짧게나마 몇 가지 핵심을 언급하고자 한다. 우선 노동공화주의가 남긴 유산에 대해 나의 주장을 명확히 하고 싶다. 19세기 노동공화주의자들이 현재의 우리에게 경제 개혁을 위한 명확한 로드맵이나 완성된 원칙과 세칙을 충분히 제시하고 있는 것은 아니다. 여전히 더 깊은 고민이 필요하다. 그러나 이들은 자유와 시민적 덕성의 의미에 대해, 우리가 가지고 있는 가정을 변형시키는 방식이 아니라 좀 더 직접적인 방식으로 말해주고 있다. 우리는 항상 그런 것은 아니지만 노동공화주의자들의 문제 제기가 지금 우리 자신의 문제 제기와 '근본적으로는' 다르지 않다고 생각한다. 우리는 종종 과거 세대와 비교해 우리 자신이 도덕적으로 우월하다고 생각하고 있기에 자유와 시민적 덕성 문제 역시 과거의 수많은 잘못 중 하나일 뿐이고 우리는 이를 극복해 왔다고 쉽게 생각하고 만다. 그러나 지배 문제는 여전히 작업장은 물론 경제 전체에 깊이 뿌리박힌 미해결 과제로 남아 있다. 이 문제에 대응하기 위해서는 복잡하기 이를 데 없는 규제나 감독으로 노동계약의 주변만을 얼쩡대는 방식이 아니라, 지배 관계의 핵심을 변혁하고 모두가 자신의 일상을 어느 정도라도 통제할 수 있는 평등한 통제권을 확보하는 방식이 요청된다. 이를 위해서는 심오한 비전이 필요하다. 이는 분명 어려운 과제다. 모두가 노동자의 능력에 대해 일정 수준 이상의 믿음을 가져야 하기 때문이다. 그러나 (새로운 해법을 얻을 수 있다면 - 옮긴이) 믿음의 도약은 시도할 충분한 가치가 있다.

노동공화주의와 그 이후

노동공화주의의 현대적 의의를 제시하기 위해 나는 이 책에서 역사적 고찰에 집중하고자 했다. 이 책에서 나는 노동공화주의자들이 추구한 정치적 이상과 실천을 살피고 이것이 긴 역사를 갖는 지성사에 어떻게 공헌해 왔는지를 규명하고자 했다. 첫째, 신공화주의자들은 노예제와 자유의 관계의 복잡성 문제를 다소 소홀히 다뤄왔다는 점을 드러내고자 했다. 자유는 기원적으로 노예제와 반대되는 것이라는 설명만으로는 부족하다. 또한 고전적인 자유는 노예제를 '전제'하고 있었다. 무엇보다 노예제와 자유의 패러독스는 19세기 노동공화주의자들에겐 가장 중요한 문제였다. 왜냐하면 이 역설은 단순히 고대 도시국가의 문제가 아니라 19세기 당대의 문제였기 때문이다. 즉 근대적인 공화적 자유가 고대의 전통적 노예제와 '함께 새롭게 나타났기' 때문이다. 이 역설을 풀고자 하는 노력의 산물로 자유노동이라는 관념이 발전할 수 있었다. 노동공화주의자들이 공화적 자유는 모두에게 보편적인 조건이어야 한다고 주장했을 때, 이들은 이미 "그 기원을 넘어서기" 시작하고 있었다.[29]

둘째, 자유의 개념이 변천하는 과정은 공화주의자들로 하여금 단순히 노예제만을 문제 삼는 과정이 아니라 당시의 발전하는 자본주의 사회에서 공화적 자유를 어떻게 보편적 자유로 만들 수 있을 것인가에 대한 이론적 설명을 탐색하는 과정이기도 했다. 자유방임적 공화주의자들은 임금노동이야말로 자유노동을 위한 보편적 조건이라고 주장했다. 노동공화주의자들은 이 주장에 대항하기 위해 예속 문제에 대한 공화주의적 분석을 치밀하게 전개했고, 지배의 두 차원, 즉 구조적 차원과 개별적 차원을 규명하기에 이르렀다. 구조적 지배와 사적 지배가 노동자가 고용주와 맺는 노동계약을 통해 동시에 재생산되고 있다는 점도 밝혔다. 이러한 새로운 형식의 지배와 자본주의 생산의 집합적 성격을 직시하고 자립이라는 개념을 새롭게 발전시켰다. 자립이란 소자산제나 임금노동이 아닌 생산자 협동조합의 자율관리와 등치되는 개념이다. 그 과정에서 의도하지 않은 성과도 거두었으니 공화적 자유의 의미를 변형시키는 것은 물론 그 가치를 더 명확히 정립한 것이다. 노동공화주의가 말하는 자립은 자유노동을 스스로 발전시키는 조건일 뿐만 아니라 더 많은 휴식과 여가를 가능케 하기에 가치가 있는 것이다.

시민적 덕성의 재개념화도 협력에 대한 새로운 사유에서 도출됐다. 노동공화주의자들은 시민적 덕성의 개념을 연대의 정치 개념으로 발전시켰다. 연대의 정치란 속박으로 고통받는 모든 이들이 예속의 사슬을 끊어내는 주체가 되는 정치를 말한다. 달리 말하면, 노예제와 자유의 패러독스는 공화적 자유의 보편성과 관련된 복잡한 지적 퍼즐 정도에 불과한 것이 아니다. 협력적 공화 체제의 가장 실질적인 이해당사자는 누구인가? 그래서 이를 실제 구현하기 위해 시민답게 행동하는 주체는 누구인가? 답은 예속된 계급 자신이다. 단 이들이 집합적 행동을 감행할 수 있는 역량 있는 주체로 전환될 때 비로소 실천적 주체가 된다.

학자들은 공화주의의 사상적 발전에 노동공화주의들이 얼마나 기여했는지에 대해 크게 주목하지 않았다. 19세기의 중요성을 간과하거나 19세기를 자유주의의 원조 시대로만 생각했기 때문이다. 어쩌면 자신이 탐구해야 하는 범위를 지나치게 좁게 설정한 탓일 수도 있다. 무엇보다 스키너나 페팃과 같은 신공화주의자들은 공화적 자유 이론이 '소극적' 자유 이론이라는 점을 주장하는 데 지나치게 에너지를 쏟았다. 마키아벨리까지 거슬러 올라가는 근대 자유 이론의 창시자들이 공화적 자유를 소극적 자유로 해석하는 것을 규명하는 데 너무 많은 공을 들였다.[30] 반면 공화적 자유의 보편성이 무엇인지, 그에 수반되는 조건은 무엇인지 등 중요한 문제에는 관심을 쏟지 않았다. 현대적 자유주의와의 논쟁에 매몰돼 있었기 때문이다. 현대적 자유주의란 소극적 자유와 적극적 자유에 관한 논문으로 유명한 벌린(Isaiah Berlin)에 의해 정립된 개념이다. 이 논문에서 벌린은 자유론이 응답해야 하는 현대정치의 가장 핵심적인 사실은 '다원주의'라고 보았다. 다원주의가 무엇인지에 대한 논쟁은 중요하긴 하나 여기서는 논점이 아니다.[31] 어떻게 해석하든, 모두에게 동일하게 적용되는 단일한 가치 척도나 좋은 삶의 개념은 존재하지 않는다는 사실이 다원주의적 발견의 주된 내용이다. 따라서 자유주의자들은 각자가 자유롭게 자신의 목적을 자신이 선호하는 방식에 따라 추구할 수 있어야 한다고 말한다. 무엇보다 다원주의적 사실은 자유의 '개념화'에 지대한 영향을 미쳤다. 자유는 필연적으로 '소극적'이거니와 간섭이나 지배가 부재한 상태로 정의된다. 자유는 특정한 목적의 달성 혹은 인간의 능력으로 정의되는 '적극적'인 것이 아니다.[32] 만약 능력과 목적이 다양하고 이것들이 각기 주장되기에 이른다면, 자유는 의미론적으로 어떤 특정한 능력의 행사 혹은 어떤 특정한 목적의 성취와 동일시될 수 없게 된다. 적극적인 개념은 항상 필연적으로 동의하지 않는 자에 대한 과도한 강요 – 그들에게 자유로울 것을 '강요하는 것' – 를 유발하기 마련이다. 이 불가피한 결과는 자유라는 이름의 강요가 자유 개념 자체를 모순에 빠뜨리는 것과 같다. 현대 공화주의자들은 대체로 이 논쟁에서 제기된 개념을 받아들이면서 자신의 자유 개념이 소극적 자유라 주장하기도 하고, 간혹 특정한 방식의 적극적 자유 개념이 현대의 다원주의적 사실에 더 잘 부합한다고 주장하는 이도 있다.[33]

이 논쟁은 중요하다. 하지만 자유에 대한 역사적 고찰의 핵심을 잘못된 방식으로 협소하게 하는 오류가 있다. 이 책 전반을 통해 보았듯이, 현대정치에서 또 하나의 중요한 현실은 다원주의 못지않게 평등을 위한 투쟁이라는 현실이며, 이는 정치적 이상은 모두에게 동등하게 적용되는 '보편성'을 지녀야 한다는 사상적 요구를 포함한다. 평등을 위한 투쟁은 공화적 자유가 자기 속에 내재된 노예제와 관련된 '배타성'을 극복할 수 있는지에 주목하고 있다. 나는 학자들이 최근 논쟁들에만 매몰된 채 자신들의 역사적 탐구의 범위를 제한했으며, 노예제와 자유의 역설과 같은 문제를 온전히 파악하는 것을 방해했다는 의심을 지울 수 없다. 그러나 19세기에 주목해 보면, 모두의 평등을 위한 투쟁은 공화주의 사유의 발전과 변혁에 부정할 수 없는 중심적 역할을 수행했다. 풀리지 않은 퍼즐의 핵심은 공화적 자유가 소극적 자유인지, 적극적 자유인지의 문제가 아니라 공화적 자유를 어떻게 보편적 자유로 만들 수 있는가의 문제다. 새로운 행위 주체들이 공화주의라는 지적 전통을 이해하고 주류 이론의 지배적인 해석 자체를 비판하고 나설 때 (공화적 자유의 보편화 문제는 – 옮긴이) 비로소 하나의 사상사적 문제가 된다. 그동안 학자들은 자신의 협소한 의제에 지나치게 골몰한 나머지 19세기 공화주의 사상의 역사적 외침이 자신의 고유한 언어를 획득할 수 없도록 훼방을 놓은 것만 같다.

마르크스와 공화주의

이 책 첫머리에서 나는 공화주의의 부활에 대한 마르크스주의자들의 비판이 이 프로젝트를 추동한 동기라고 말했다. 지금쯤이면 독자들은 이 책이 본래 취지와는 반대로 향하고 있는 것은 아닌지 – 장편의 마르크스주의적 복화술은 아닌지 의구심이 들지 모르겠다. 임금노예, 노동계약, 무산자 계급, 노동해방, 협력적 생산 체제는 마르크스의 이름으로 이야기하지 않았을 뿐, 정확히 마르크스적인 것 아닌가. 기록된 역사적 사실도 이런 의구심을 더한다. 노동기사단을 주도한 파우덜리 같은 지도자들은 사회주의자[34]였고, 일부는 마르크스가 창립한 국제노동자연합의 정식 회원이기도 했으며, 대다수는 마르크스의 저작을 공부한 사람들이었다.[35] 이들은 공식적인 '마르크스주의자'들은 아니었을지라도 거의 차이가 없는 반려자들이었다.[36] 그러나 주의해야 할 것은 현대의 가정을 지성사나 정치사에 소급해서 읽어서는 안 된다는 점이다. 노동공화주의자들의 가장 흥미로운 특성은 대부분 자신을 마르크스주의자로 생각하지 않았다는 사실이다. 노동공화주의자들은 자신의 핵심적 사상은 공화주의 전통을 계승하고 여기에 정치경제학과 협동조합 이론을 적용해 확장했다고 인식하고 있었다. 마르크스만이 임금노동을 비판하고 집합적인 대안을 마련한 유일한 사상가는 아니다. 노동공화주의자들은 마르크스의 아이디어들이 단지 마르크스가 생각해 낸 그만의 독특한 사상이 아니라는 점을 일깨워 준다. 이 책에서 말하지는 않았지만, 오히려 그 반대가 더 진실에 가깝다. 마르크스 역시 공화주의 사상을 계승하고 발전시킨, 19세기를 살았던 사상가 중 한 명이다.[37]

이는 여전히 마르크스주의적 관심사들을 면밀히 파악해야 하는 이유가 있다는 것을 말해주기도 하고, 특히 노동공화주의의 현대적 의의를 살피는 데 있어서는 더욱 그러하다. 한 가지 우려는 노동가치설의 용법에 관한 것이다. 앞서 살펴본 것처럼, 노동공화주의자들은 협력을 생산자들이 '자신의 노동의 결실'을 온전히 향유하게 하는 핵심원리로 보았다.[38] 이 주장은 분석적이면서 동시에 도덕적이다. 경제적 종속의 결과를 설명하거나 노동자들이 강제로 노동을 하면서도 실제로는 자신이 생산한 대부분의 가치에 대한 통제권이 없다는 사실을 규명한다는 점에서 노동가치설은 분석적이다. 노동자가 고용주에게 예속되거나, 궁핍함에 어쩔 수 없이 자기 노동력을 팔 수밖에 없는 처지로 내모는 경제 제도여서는 안 된다는 점을 밝힌 점에서 노동가치설은 도덕적이다.

그러나 노동공화주의자들의 노동가치설 용법은 매우 양면적이다. '모든 가치'에 대한 요구와 '가치 중 정당한 몫'에 대한 요구 사이에서 동요하고 있기에 혼란스럽다. '모든' 가치란 어떤 방식으로 계산되든지, 노동자가 생산한 가치 전체를 말한다. 반면 '정당한' 몫이란 미리 정해지는 것이 아니라 수행된 노동의 양에 비례해서 달라지는 소비수준을 말한다. 라쌀레파들과의 격렬한 논쟁에서 마르크스가 강조한 것처럼, 생산과 소비를 연관 짓는 방법(전체 가치와 정당한 가치 - 옮긴이)과 관련해서는 두 가지 쟁점이 있다. 하나는 분석적인 쟁점이다. 사회적 조건이라는 배경 전체 - 사회 인프라와 국가, 언어와 교육을 모두 포함하는 - 는 노동자가 생산에 참여해 공헌하기 위해서는 미리 제공돼야 한다. 그러나 노동자에게 자신이 생산한 모든 가치를 분배하고 나면 사회적 조건에 투자할 몫이 없어지고 결국 이후에는 노동이 불가능해진다. 결국 세금이나 공공지출 시스템은 노동자가 통제할 수 있는 가치의 양을 생산된 가치 전체보다 줄인다. 그러나 다른 한편으로, 노동자가 생산된 가치 중 '정당한' 몫을 요구한다면, 가치 개념은 객관적인 비율로서의 과학적인 의미를 잃게 된다. 노동자 각자의 노동은 사회적 과정에 배태된 일부이거니와 이를 정확히 계산해 낼 수 있는 과학적인 방법 없이는 정당한 몫을 산정할 수 없다는 비판이 가능하기 때문이다. '전체가치'와 '정당가치'는 개념적으로 본다면, 개별 노동자가 창출한, 정량적으로 정확히 측정할 수 있는 가치를 의미한다. 생산이라는 사회적 과정의 부분으로서 개별 노동자의 공헌을 추산하는 개념은 아니다. 노동자 각자의 공헌이 다른 생산과정에 이미 참여하고 있는 수많은 노동자의 노동과 사회 전체의 인프라를 전제로 하고 있다면, 노동자의 공헌이 단순히 자기만의 노동으로 부가한 가치에만 합당한 것이라고 배타적으로 볼 이유는 없다.

실제로 개별 노동자가 공헌한 몫을 정량적으로 측정할 수 있다 하더라도, 윤리의 문제는 여전히 남는다. 노동의 전체가치 혹은 정당한 몫에 대한 요구는 소비를 직접적으로 생산 전체에 연계시킨다. 이는 욕구 충족을 위해 필요한 상품을 구매할 수 있는 능력이 우리가 행한 노동의 양과 엄밀하게 비례해야 한다는 말과 같다. 그러나 어떤 사람이 수행한 노동의 양이 그의 구매능력(소비할 자격 – 옮긴이)을 결정해야 한다는 점을 수용한다 해도, 소비를 노동자의 능력과 '배타적으로' 연계시키는 사회의 도덕성은 수용하기 곤란하다. "능력에 따라 일하고 필요에 따라 분배받는다"라는 마르크스의 공식은 원론적으로 논쟁의 대상이 될 수 있으나 적어도 중요한 진리 하나를 담고 있다. 이는 노동 능력이나 심지어 노동할 의사가 없다 하더라도 모든 사람에겐 반드시 충족돼야 할 기본적인 욕구가 있다는 사실이다. 사회는 개인의 기본적인 욕구를 충족시켜야 할 책무가 있다. 수많은 사회보장제도는 이 기능을 수행한다. 보편적인 기본소득, 건강보험, 국민연금과 무상교육, 대중교통, 공공의료 등이 대표적인 예다. 그러나 만약 구매능력이 개인의 일할 의사와 능력에 의해 전적으로 결정돼야 한다면, 사회보장제도의 재원을 마련하는 세제 시스템을 어떻게 구성해야 하는지가 불분명해진다. 사회보장제도는 타인의 노동의 정당한 가치 혹은 전체 가치를 부당하게 착취하는 것처럼 보인다. 그러나 사회보장제도는 복잡하고 효율적인 노동분업 체계의 한 구성원으로서 모든 이가 그 혜택을 누릴 수 있는 공공재 혹은 기본적 권리로 보는 것이 더 타당하다.

노동공화주의의 기본 취지를 부정하지 않으면서도 이런 비판은 비판대로 수용할 수 있다. 노동가치설에 대한 노동공화주의자의 주된 관심이 노동시장에 고유하게 존재하는 여러 유형의 사회적 지배를 파악하고 협동조합 시스템 이론을 발전시키는 데 있었다는 점을 상기해보자. 노동공화주의자들의 실수는 어떤 의미에서는 소유권과 통제권을 구별하지 못한 데 있다. 작업장에 대한 통제권 문제는 적어도 자신이 창출한 가치에 대한 소유권을 주장하는 문제와는 별개다. 실제로 기본소득이나 공공의료 서비스처럼 필수적인 재화를 조건 없이 제공하는 사회보장 시스템이라면 제반 형식의 경제적 지배를 철폐하고자 하는 노동공화주의적 기획에 도움이 된다. 만약 어떤 사람의 소득 능력이 국가가 제공하는 기본소득에 미치지 못한다 해도, 혹은 취업자건 실업자건 공공의료 서비스의 혜택을 받을 수 있다면, 고용주의 의지에 종속되는 정도는 상대적으로 덜할 것이다. 이는 개별 고용주가 아닌 민주적 다수에 의해 운영되는 협동조합의 경우에도 마찬가지다. 현대 이론가 중 몇몇은 이러한 공화주의적 입장에서 보편적인 기본소득을 주장하고 있다.[39] 좀 더 넓게 보면, 인간의 기본적 욕구는 반드시 충족돼야 한다는 윤리적 주장은 생산한 가치 중 '전체' 혹은 '정당한 몫'을 통제해야 한다는 주장과 별개의 것일 수 있다. 그러나 이 문제를 분리한다 해도 노동공화주의의 기본적 취지가 훼손되는 것은 아니다. 기본적 욕구 충족을 보장하는 사회보장제도와 노동과정에 대한 협력적 통제를 결합한다면, 노동에서의 자유와 노동으로부터의 자유 모두를 (자유노동과 노동해방 – 옮긴이) 실현할 수 있는 노동공화주의 프로젝트를 진전시킬 수 있는 좋은 방안이 될 수 있기 때문이다. 이는 또한 단순한 소비자가 아니라 생산의 주체로서의 노동자의 위상을 확보하는 길이며 동시에 소득재분배나 공공재 분배에만 초점을 둔 개혁 프로젝트 이상의 것을 달성할 수 있는 이점도 있을 것이다.

　노동공화주의 프로젝트에 대한 마르크스주의자들의 비판은 도덕적인 측면보다는 정치적인 측면이 강하다. 여기서 문제가 되는 것은 주의주의(voluntarism)다. 초기 사회주의에 대한 마르크스의 가장 유명한 비판은 두 가지다. 하나는 초기 사회주의는 부유한 자의 박애 정신에 의존하는 사상이라는 점이며, 다른 하나는 역사의 변화가 계급갈등이 아닌 전반적인 사회 계몽에 의해 결정된다는 그들의 역사관이다. '유토피아 사회주의자'로 불리는 이들은 지배계급에 저항하는 데 국가의 공권력을 사용할 필요가 없다고 보았고, 역사의 변혁을 중앙에서 관리해야 한다는 점도 부정했다.[40] 앞서 살펴본 것처럼, 노동공화주의자들은 가진 자의 박애 정신에 호소하는 것을 명시적으로 거부했고, 노동자가 스스로 자신의 예속을 극복할 수 있는 역량 있는 주체임을 확신하고 있었다. 물론 이에 대해서는 입장이 다소 애매하고 내부에서도 이견이 있었지만, 노동공화주의자들도 일종의 주의주의 입장에 서 있었다. 이들은 각 단위의 행동과 실천에 대한 중앙집권적 통제, 특히 국가 혹은 노동기사단과 같은 전국적 조직의 통제기구를 통한 통제는 협동조합 프로젝트와는 어울리지 않는다고 생각하는 경향이 있었다. 협동조합이 조합원에게 강제된 의무적 납부나 국민에 대한 세금으로 자본을 형성한다면, 협동조합은 자율적 조합이라는 기본 성격을 잃기 때문이다.[41] 기존의 소유권 제도에 대해 발본적인 비판을 수행했음에도 불구하고, 노동공화주의자들은 - 늘 그런 것은 아니지만 - 기존의 자산 소유자들의 재산권을 침해하는 것을 꺼렸다는 점도 매우 의외다. 특히 토지 소유권은 건드리지 않고 그대로 놔둬야 한다고 주장했다.[42] 이는 노동공화주의자들이 평소 가지고 있었던, 국가는 결코 민주적으로 운영될 수 없으며, 따라서 신뢰할 대상이 아니라는 회의적 시각과는 동떨어져 있다. 이런 인식은 국가 주도의 재분배 없이도 노동자 자신이 자본을 축적할 역량이 있다는 지나치게 낙관적인 생각에서 비롯된 것일 수 있다. 그러나 국가에 대한 이런 모호한 입장은 협동조합이 어떻게 조직되고 운영돼야 하는지에 대한 일종의 주의주의 관점에서 비롯된 것이기도 하다.[43] 이런 주의주의는 사회 변화와 경제적 재생산이 현실적으로는 쉽지 않다는 식의 사고를 부추기도 한다. 특히 오늘날에는 협동조합이 상승과 하락을 반복하는 시장 경제의 파고에 유연하게 적응할 수 있을지는 차치하고라도, 상대적으로 열악한 노동자들이 작은 틈새시장이 아닌 메이저 시장에서 경쟁력을 갖춘 협동조합을 조직할 만큼 충분한 자본을 축적할 수 있다고 생각하기가 쉽지 않다. 19세기 말에 설립된 협동조합에 대한 연구가 잘 보여주는 것처럼, 협동조합이 성공할 수 있었던 배경에는 노동기사단의 전폭적인 지지가 있었다. 특히 협동조합이 전성기를 구가한 때는 노동기사단이 국가 내의 국가처럼 협동조합을 지원했을 때다.[44]

초기 자본을 형성하는 것, 원활한 활동에 필요한 법률적 조건을 창출하는 것, 협동조합들의 네트워크를 지속하는 데 필요한 신뢰를 구축하는 일은 모두 국가권력에 대한 통제력과 함께 상당한 자산을 확보할 때나 가능한 일이다. 국가는 앞으로도 세금을 징수하고 법을 제정하며 각종 정책을 집행할 것이다. 설사 노동을 규제해야 할 이유가 모두 사라진다 해도 마찬가지다. 중앙집권화와 일정한 강제력은 피할 수 없는 것이다. 정치사회학적 관점에서도 그러하고, 노동공화주의자들이 순수한 의지와 자발적 노력을 성공적으로 수행한다 해도, 자산 소유 계급에 대해 효과적으로 대항할 수 있을 것이라고 생각했다면 오산이다. 항상 그러했던 것은 아니지만 상당수의 노동공화주의자들도 이를 알고 있었다.[45] 게다가 경제학의 기술적 측면에서도 자본의 흐름, 복지에 대한 요구, 생산 결정, 노동과정 규율 등에 대한 일정한 조정과 규율은 과거에도 불가피했고 지금도 그러하다.

노동공화주의자들이 자신의 주장 속에 담겨 있는 모호성을 해결하는 데 실패했다는 점을 밝히기 위해 시장가격 제도나 국가의 계획 중 어떤 것이 상대적으로 우월한가라는 논쟁까지 끌어들일 필요는 없다. 협력적 공화 체제는 한 계급이 전체 경제를 장악하는 시스템에 대한 (비판적 대안이자 ─ 옮긴이) 중대한 도전이었다. 협력적 공화 체제를 어떻게 유지해야 하는가는 별론으로 하고, 먼저 이를 창출하기 위해서라도 중앙집권적 조정이 필요하다. 협력적 생산 체제가 국가의 규제를 줄여나간다 해도, 국가권력을 활용하고 통제하는 것은 공화주의 프로젝트에서는 그만큼 필수 불가결한 것이다. 기본소득이나 건강보험과 같은 사회보장 프로그램의 필요성을 수용한다면 더욱 그러하다. 이 또한 국가에 의해 운영돼야하기 때문이다.

공화주의 정치학

실패한 역사적 대안이 아니라 우리의 고유한 관념을 발전시키는 데 크게 공헌한 이론으로서 노동공화주의가 성취한 모든 비판도, 아직까지는 잠정적일 수밖에 없다. 과거의 세대가 형성하고 발전시킨 사상의 역사는 우리의 고유한 사상을 대신 채워주는 대체물이 아니기 때문이다. 게다가 노동공화주의자들이 수행한 정치적 도전을 이해하지 못한다면, 노동공화주의를 제대로 수용할 수 있는 길이 없다. 노동공화주의 이론을 통해 강조하고자 하는 것은 협동조합의 이상은 과거뿐만 아니라 현재에도, 그 이상을 실현하는 주체와 불가분의 관계에 있다는 사실이다. 5장에서 살펴본 것처럼, 노동공화주의자들은 이를 실현할 수 있는 중심적 세력 혹은 헤게모니를 장악해야 하는 세력은 바로 종속에 얽매여 있는 노동자 계급임을 강조했다. 그렇지 않고서는 협력적 생산 체제가 노동자의 자립을 보장할 수 없기 때문이다. 만약 어떤 이상이 다수에게 강제적으로 주입돼야 한다면, 그 다수는 자신의 의지나 독자적인 판단을 표명할 수 없게 된다. 그 이상은 그저 여타의 이상과 마찬가지로 주입된 아이디어에 불과할 뿐이다.

노동공화주의자들은 국가적 강제는 소유권과 통제권의 재분배를 위해 불가피한 것이라고 강조하면서도 정작 자신들은 왜 구체적인 행보를 취하는 것은 그토록 꺼렸는지, 적어도 이를 강조하지 않았는지, 그 이유를 짐작할 수 있다. 강제의 정당화는 그 자체로서 생명력이 없으며 정치에서 중요한 것이 무엇인지를 판단하는 우리의 감각을 협소하게 만들기 때문이다. 지금 우리 시대의 정치철학은 마치 정치가 국가를 떠나서는 생명력을 잃고 마는 듯, 종종 국가권력의 합법적 행사를 규율하는 실천적 규범을 형성하는 데만 매몰돼 있다. 우리는 왜 노동공화주의의 정치학이 강제력을 갖는 국가를 넘어 자율적 교육과 자율적 조직이라는 실천으로 확장됐는지를 이해해야 한다. 노동공화주의자들이 그러했던 것처럼 불평등과 지배라는 현실적 조건에서 출발한다면, 우리는 종속 상태에 있는 계급이 어떻게 스스로를 조직하고 교육했는지 그 과정과 그런 행동들이 기초해 있는 원칙을 성찰해야 한다. 자립이란 사람들이 얻을 수 있는 단순한 경제적 지위가 아니다. 자립이란 모두가 자신을 위해 성취해야 하는 정치적이고 사회적인 경험이다. 자립은 개인으로서 향유하는 것이지만, 집합적으로만 성취될 수 있는 것이다. 이것이 바로 자립이다.

참고문헌

간행물

John Swinton's Paper (JSP)

Journal of United Labor (JUL)

Knights of Labor (KoL)

Labor Leaf

The Liberator

Mechanics' Free Press

The Working Man's Advocate (WMA)

Young America (YA)

주요문헌

Aristotle. *Politics*, trans. C. D. C Reeve. Indianapolis: Hackett, 1998.

—— *Rhetoric*, trans. W. Rhys Roberts. New York: Courier Dover Publications, 2004.

Franklin, Benjamin. "A Modest Enquiry into the Nature and Necessity of a Paper Currency," in *The Works of Benjamin Franklin, Vol. I Autobiography, Letters and Misc. Writings 1725–1734*, ed. John Bigelow. New York: G. P. Putnam's Sons, 1904.

Brown, David. "Seditious Writings," in *The Faith of Our Fathers: An Anthology Expressing the Aspirations of the American Common Man 1790–1860*, eds. Irving Mark and Eugene L. Schwab. New York: Alfred A. Knopf, 1952.

Brownson, Orestes A. "Brownson's Defence: Defence of the Article on the Laboring Classes." Boston Quarterly Review (1840): 1–94.

Byllesby, Langdon. *Observations on the Sources and Effects of Unequal Wealth*. New York: Lewis J. Nichols, 1826.

Calhoun, John C. "Speech on the Reception of Abolition Petitions," in *Slavery Defended: The Views of the Old South*, ed. Eric L. McKitrick. New York: Columbia University Press, 1963.

Carey, Henry. *Principles of Political Economy: Part the Third; of the Causes Which Retard Increase in the Numbers of Mankind, Part the Fourth; of the Causes Which Retard Improvement in the Political Condition of Man*. Philadelphia; London: Lea & Blanchard; John Miller, 1840.

Carter, Nathaniel H., William L. Stone, and Marcus T. C. Gould. *Reports of the Proceedings and Debates of the New York Constitutional Convention 1821*. Albany: E. and E. Hosford, 1821.

Cicero. *On Duties*, trans. E. M. Atkins. Cambridge: Cambridge University Press, 1991.

—— "On the Commonwealth," in *On the Commonwealth and On the Laws*, trans. James E. G. Zetzel. Cambridge: Cambridge University Press, 2003.

—— *On the Ends of Good and Evil*, trans. H. Rackham. London: Loeb Classical Library, 1914.

—— "On the Laws," in *On the Commonwealth and On the Laws*, ed. James E. G. Zetzel. Cambridge: Cambridge University Press, 2003.

—— *The Nature of the Gods*, trans. H. Rackham. Cambridge: Harvard University Press, Loeb Classical Library, 1956.

Colquhoun, Patrick. *A Treatise on the Wealth, Power, and Resources of the British Empire*. London: Joseph Mawman, 1814.

Commons, John R. et al., eds. "Constitution of the Philadelphia Labour for Labour Association," in *A Documentary History of American Industrial Society Volume V: the Labor Movement*. Cleveland: The Arthur H. Clark Company, 1910.

Constant, Benjamin. "The Liberty of the Ancients as Compared with That of the Moderns," in *Constant: Political Writings*, ed. Biancamaria Fontana. Cambridge: Cambridge University Press, 1988.

Cooley, Thomas McIntyre. *A Treatise on the Law of Torts; or, the Wrongs Which Arise Independently of Contract*. City: Callaghan & Company, 1888.

De Voltaire, M. "Slaves," in *A Philosophical Dictionary Vol. 2*. London: W. Dugdale, 1843.

Debow, J. D. B. "The Interest in Slavery of the Southern Non-Slaveholder," in *Slavery Defended: The Views of the Old South*, ed. Eric L. McKitrick. Englewood Cliffs: Prentice-Hall, 1963.

Dew, Thomas. "Review of the Debate in the Virginia Legislature," in *Slavery Defended: The Views of the Old South*, ed. Eric L. McKitrick. Englewood Cliffs: Prentice-

Hall, 1963.

Fisk, Theophilus. *Capital Against Labor: An Address Delivered at Julien Hall, Before the Mechanics of Boston, on Wednesday Evening, May 20.* Boston: Theophilus Fisk, 1835.

Fitzhugh, George. *Cannibals All!, or, Slaves without Masters.* Cambridge: Harvard University Press, 1988.

—— "Sociology for the South," in *Slavery Defended: The Views of the Old South,* ed. Eric L. McKitrick. Englewood Cliffs: Prentice-Hall, 1963.

Gantt, T. Fulton. "Breaking the Chains: A Story of the Present Industrial Struggle," in *The Knights in Fiction: Two Labor Novels of the 1880s,* ed. Mary C. Grimes. Champaign: University of Illinois Press, 1986.

Godkin, E. L. "The Labor Crisis," The North American Review CV (1867): 177–213.

Hammond, James Henry. *Mudsill Speech.* The Congressional Globe, 1858.

Harrington, James. *The Commonwealth of Oceana and a System of Politics.* Cambridge: Cambridge University Press, 1992.

Heighton, William. *An Address Delivered before the Mechanics and Working Classes Generally, of the City and County of Philadelphia. At the Universalist Church, in Callowhill Street, on Wednesday Evening, November 21, 1827, by the "Unlettered Mechanic."* Philadelphia: The Office of the Mechanics Gazette, 1828.

—— *An Address to the Members of Trade Societies, and to the Working Classes Generally: Being an Exposition of the Relative Situation, Condition, and Future Prospects of Working People in the United States of America. Together with a Suggestion and Outlines of a Plan, by Which They May Gradually and Indefinitely Improve Their Condition.* London: Sold at the Rooms of the Co-operative Society, Reprinted from Philadelphia Edition, 1827.

—— *The Principles of Aristocratic Legislation Developed in an Address Delivered to the Working People of the District of Southwark, and Townships of Moyamensing and Passyunk.* Philadelphia: J. Coates Jr., 1828.

Jefferson, Thomas. "Autobiography," in *Writings,* Ed. Merrill D. Peterson. New York: The Library of America, 1984.

—— "Letter to Edward Coles," in *Thomas Jefferson: Political Writings,* edS. Joyce Appleby and Terence Ball. Cambridge: Cambridge University Press, 1999.

—— *Notes on the State of Virginia.* New York: Harpers & Row, 1964.

────── "To Benjamin Austin, January 9, 1816," in *Thomas Jefferson: Writings*, ed. Merrill D. Peterson. New York: The Library of America, 1984.

────── "To Dr. Edward Bancroft, Jan. 26, 1789," in *Thomas Jefferson: Political Writings*, eds. Joyce Appleby and Terence Ball. Cambridge: Cambridge University Press, 1999.

────── "To Dr. Thomas Humphreys," in *Thomas Jefferson: Political Writings*, eds. Joyce Appleby and Terence Ball. Cambridge: Cambridge University Press, 1999.

────── "To John Holmes, April 22, 1820," in *Thomas Jefferson: Political Writings*, eds. Joyce Appleby and Terence Ball. Cambridge: Cambridge University Press, 1999.

────── "To St. George Tucker, August 28, 1797," in *Thomas Jefferson: Political Writings*, eds. Joyce Appleby and Terence Ball. Cambridge: Cambridge University Press, 1999.

Jelley, Symmes M. *The Voice of Labor*. Chicago: A. B. Gehman & Co., 1887.

Kant, Immanuel. "On the Common Saying: 'This May Be True in Theory, but It Does Not Apply in Practice,'" in *Kant Political Writings*, ed. H. S. Reiss. Cambridge: Cambridge University Press, 1991.

Lincoln, Abraham. "Address to the Wisconsin State Agricultural Society," in *The Portable Abraham Lincoln* ed. Andrew Delbanco. New York: Penguin Books, 1992.

Livius, Titus. *The History of Rome, Vol. 2*, trans. B. O. Foster. London: Loeb Classical Library, 1922.

Lloyd, Henry Demarest. *Wealth against Commonwealth*. Englewood Cliffs, NJ: Prentice Hall, Inc., 1963.

Luther, Seth. *An Address to the Working Men of New England, on the State of Education, and the Condition of the Producing Classes in Europe and America* ed. The Office of the Working Man's Advocate. New York: George Evans, 1833.

Machiavelli, Niccolo. *The Discourses* trans. Leslie J. Walker. New York: Penguin Classics, 1998.

Madison, James. "Federalist No. 10," in *The Essential Federalist and Anti-Federalist Papers*, ed. David Wootton. Indianapolis: Hackett, 2009.

────── "James Madion, Note to His Speech on the Right of Suffrage," in *The Founders' Constitution*, eds. Philip B. Kurland and Ralph Lerner. Chicago: University of Chicago Press, 1821.

Manning, William. "Some Proposals for Makeing Restitution to the Original Creditors of Government." William & Mary Quarterly 46.2 (1989): 320–31.

—— "The Key of Libberty." The William and Mary Quarterly 13.2 (1956): 209–54.

Mark, Irving and Eugene L. Schwaab, eds. "The Memorial of the Non-Freeholders of Richmond, Virginian [1829]," in *The Faith of Our Fathers: An Anthology Expressing the Apsirations of the American Common Man 1790–1860*. New York: Alfred A. Knopf, 1952.

Marx, Karl. "Critique of the Gotha Programme," in *The Marx-Engels Reader Second Edition*, ed. Robert Tucker. New York: W. W. Norton, 1978.

McNeill, George E. *The Labor Movement: The Problem of To-Day*. New York: The M. W. Hazen Co., 1892.

Mechanick, A Brother. "To the MECHANICKS of PHILADELPHIA." The INDEPENDENT GAZETTEER; or the CHRONICLE of FREEDOM 11 Oct. 1783: 2.

Owen, Robert. *Two Discourses on a New System of Society as Delivered in the Hall of Representatives at Washington*. London: Whiting & Branston, 1825.

Paine, Thomas. "Agrarian Justice," in *Thomas Paine: Common Sense and Other Writings*, ed. Joyce Appleby. New York: Barnes & Noble, 2005.

—— *Rights of Man*. New York: Citadel Press, 1991.

Phillips, Wendell. *The Labor Question*. Boston: Lee and Shepard, 1884.

Pickering, John. *The Working Man's Political Economy*. Cincinnati, OH: Thomas Varney, 1847.

Powderly, Terence. *Labor: Its Rights and Wrongs*. Westport, CT: Hyperion Press, 1886.

—— *Thirty Years of Labor 1859–1889*. Columbus, OH: Excelsior Publishing House, 1889.

—— *The Path I Trod: The Autobiography of Terence v. Powderly*. New York: Columbia University Press, 1940.

Powderly, Terence, ed. "Knights of Labor Platform – Preamble and Declaration of Principles," in *Labor: Its Rights and Wrongs*. Washington DC: The Labor Publishing Company, 1886.

—— *Report of the Committee of the Senate upon the Relations between Labor and Capital, and Testimony Taken by the Committee: Volume I*. Report of the Committee of the Senate upon the Relations between Labor and Capital, and

Testimony Taken by the Committee: Volume I. Washington, DC: Government Printing Office, 1885.

—— *Report of the Special Commission on the Hours of Labor and the Condition and Prospects of the Industrial Classes*. Report of the Special Commission on the Hours of Labor and the Condition and Prospects of the Industrial Classes. Boston: Wright & Potter, State Printers, 1866.

Sallust. *Conspiracy of Catiline*, trans. Rev. John Selby Watson. New York and London: Harper & Brothers, 1899.

Sidney, Algernon. *Discourses Concerning Government Vol II*. Edinburgh: G. Hamilton and J. Balfour, 1750.

Simpson, Stephen. *The Working Man's Manual: A New Theory of Political Economy, on the Principle of Production the Source of Wealth*. Philadelphia: Thomas L. Bonsal, 1831.

Skidmore, Thomas. *The Rights of Man to Property!* New York: Alexander Ming, 1829.

Smith, Adam. *The Theory of Moral Sentiments*. Indianapolis: Liberty Fund, 1976.

Steward, Ira. "A Reduction of Hours an Increase of Wages," in *A Documentary History of American Industrial Society*, ed. T. Fly. Norman: The Arthur H. Clark Company, 1910.

—— "Poverty," in *Fourth Annual Report of the Bureau of Statistics of Labor*, ed. Massachusetts Bureau of Statistics of Labor. Vol. 173. Boston: Wright & Potter, State Printers, 1873.

—— *The Eight Hour Movement: A Reduction of Hours Is an Increase of Wages*. Boston: Boston Labor Reform Association, 1865.

—— *The Meaning of the Eight Hour Movement*. Boston: Ira Steward, 1868.

Stone, W. W. "The Knights of Labor on the Chinese Situation," Overland Monthly and Out West Magazine VII, no. 39 (March, 1886): 225–30.

Sullivan, James. *James Sullivan to Jeremy Belknap*, eds. Philip B. Kurland and Ralph Lerner. Vol. 1. Chicago: University of Chicago Press, 1986.

Sumner, William Graham. "The Absurd Effort to Make the World Over," Forum Mar. 1894: 92–102.

—— *What Social Classes Owe to Each Other*. New York: Harper & Brothers Publishers, 1883.

Sylvis, James C. "Biography of William H. Sylvis," in *The Life, Speeches, Labors and*

Essays of William H. Sylvis, ed. James C. Sylvis. Philadelphia: Claxton, Remsen & Haffelfinger, 1872.

Sylvis, William H. "Address Delivered at Buffalo, N.Y., January, 1864," in *The Life, Speeches, Labors and Essays of William H. Sylvis*, ed. James C. Sylvis. Philadelphia: Claxton, Remsen & Haffelfinger, 1872.

—— "Address Delivered at Chicago, January 9, 1865," in *The Life, Speeches, Labors and Essays of William H. Sylvis*, ed. James C. Sylvis. Philadelphia: Claxton, Remsen & Haffelfinger, 1872.

—— "Aristocracy of Intellect," in *The Life, Speeches, Labors and Essays of William H. Sylvis*, ed. James C. Sylvis. Philadelphia: Claxton, Remsen & Haffelfinger, 1872.

—— "Co-Operation," in *The Life, Speeches, Labors and Essays of William H. Sylvis*, ed. James C. Sylvis. Philadelphia: Claxton, Remsen &Haffelfinger, 1872.

—— "The Uses of Co-Operation," in *The Life, Speeches, Labors and Essays of William H. Sylvis*, ed. James C. Sylvis. Philadelphia: Claxton, Remsen & Haffelfinger, 1872.

Tiedeman, Christopher Gustavus. *A Treatise on the Limitations of the Police Power in the United States*. St. Louis, MO: The F. H. Thomas Law Book Co., 1886.

Tocqueville, Alexis de. *Democracy in America*, trans. George Lawrence. New York: HarperCollins, 2006.

Tucker, St. George. *A Dissertation on Slavery, in Blackstone's Commentaries*, eds. Philip B. Kurland and Ralph Lerner. Vol. 1. Chicago: University of Chicago Press, 1986.

Warren, Josiah. "Letter from Josiah Warren," in *A Documentary History of American Industrial Society Volume v: the Labor Movement*, eds. John R. Commons et al. Cleveland, OH: The Arthur H. Clark Company, 1910.

Whitwell, Stedman. "Description of an Architectural Model From a Design by Stedman Whitwell, Esq. for a Community upon a Principle of United Interests, as Advocated by Robert Owen, Esq.," in *Cooperative Communities: Plans and Descriptions*, ed. Kenneth E. Carpenter. New York: Arno Press, 1972.

2차 문헌 및 자료

Ackerman, Bruce. *We the People: Foundations*. Cambridge, MA: The Belknap Press of Harvard University Press, 1991.

Adair, Douglass G. *The Intellectual Origins of Jeffersonian Democracy: Republicanism, the Class Struggle, and the Virtuous Farmer.* Lanham: Lexington Books, 1964.

Adamic, Louis. *Dynamite; the Story of Class Violence in America.* New York: Chelsea House Publishers, 1971.

American Civil Liberties Union, "Legislative Briefing Kit: Wrongful Discharge," (December 31, 1998).

Appleby, Joyce. *Capitalism and a New Social Order: The Republican Vision of the 1790s.* New York: New York University Press, 1984.

—— "Republicanism in Old and New Contexts." The William and Mary Quarterly 43.1 (1986): 20–34.

—— "The 'Agrarian Myth' in the Early Republic," in *Liberalism and Republicanism in the Historical Imagination.* Cambridge, MA: Harvard University Press, 1992.

Arky, Louis H. "The Mechanics' Union of Trade Associations and the Formation of the Philadelphia Workingmen's Movement." The Pennsylvania Magazine of History and Biography 76.2 (1952): 142–76.

Barber, Alan. "Pro-Union Workers Fired in Over One-fourth of Union Election Campaigns." The Center for Economic and Policy Research (March 4, 2009).

Benedict, Les Michael. "Laissez-Faire and Liberty: A Re-Evaluation of the Meaning and Origins of Laissez-Faire Constitutionalism." Law and History Review 3.2 (1985): 293–331.

Bennett-Smith, Meredith. "Indiana AT&T Technicians File Class Action Lawsuit Citing Grim Break Conditions." The Huffington Post, (August 14, 2012).

Berlin, Isaiah. "Two Concepts of Liberty." Four Essays on Liberty. Oxford and New York: Oxford University Press, 1979.

Bertram, Chris et al.. "Let It Bleed: Libertarianism and the Workplace," Crooked Timber, (July 1, 2012).

Bestor, A. E., Jr. "The Evolution of the Socialist Vocabulary." Journal of the History of Ideas (1948): 259–302.

Bogin, Ruth. "Petitioning and the New Moral Economy of Post-Revolutionary America." The William and Mary Quarterly 45.3 (1988): 392–425.

Brest, Paul et al. *Processes of Constitutional Decisionmaking: Cases and Materials.* 4 ed. Boston: Little Brown, 2003.

Brown, Robert Maxwell. "Back Country Rebellions and the Homestead Ethic in

America, 1749–1799," in *Tradition, Conflict, and Modernization: Perspectives on the American Revolution*, eds. Richard Maxwell Brown and Don Fehrenbacher. New York: Academic Press, 1977.

Brunt, Paul A. "The Roman Mob." Past & Present 35 (1966): 3–27.

Buhle, Paul. "The Republic of Labor: the Knights in Rhode Island," in *From the Knights of Labor to the New World Order: Essay on Labor and Culture*. New York: Garland Publishing, Inc., 1997.

Burke, Martin J. *The Conundrum of Class: Public Discourse on the Social Order in America*. Chicago: University of Chicago Press, 1995.

Bushman, Richard L. "Massachusetts Farmers and the Revolution," in *Society, Freedom, and Conscience: The American Revolution in Virginia, Massachusetts, and New York*, ed. Richard M. Jellison. New York: W. W. Norton & Company, 1976.

Carter, Ian. "How Are Power and Unfreedom Related?," in *Republicanism and Political Theory*, eds. Cecil Laborde and John Maynor. Oxford: Blackwell Publishing, 2008.

Casassas, David. "Basic Income and the Republican Ideal: Rethinking Material Independence in Contemporary Societies." Basic Income Studies 2.2 (2008): 1–7.

Claeys, Gregory. "Introduction," in *The Politics of English Jacobinism: Writings of John Thelwall*, ed. Gregory Claeys. University Park: Pennsylvania State University Press, 1995.

——— "The Origins of the Rights of Labor: Republicanism, Commerce, and the Construction of Modern Social Theory in Britain, 1796–1805." The Journal of Modern History 66.2 (1994): 249–90.

Cotlar, Seth. *Tom Paine's America: The Rise and Fall of Transatlantic Radicalism in the Early Republic*. Charlottesville: University of Virginia Press, 2011.

Crowell, Chris. "Housekeeping Communication Gets More Efficient, High-Tech," Hotelmanagement.net, (October 6, 2008).

Cunliffe, Marcus. *Chattel Slavery and Wage Slavery: The Anglo-American Context, 1830–1860*. Athens: University of Georgia Press, 1979.

Currarino, Rosanne. *The Labor Question in America: Economic Democracy in the Gilded Age*. Urbana: Unitersity of Illinois Press, 2011.

Dagger, Richard. *Civic Virtues: Rights, Citizenship, and Republican Liberalism*. Oxford: Oxford University Press, 1997.

——— "Neo-Republicanism and the Civic Economy." Politics, Philosophy & Economics 5.2

(2006): 151-73.

De Ste Croix, G. E. M. "Review: Slavery." The Classical Review 7.1 (1957): 54-59.

Domhoff, G. William. "Wealth, Income, and Power" Who Rules America, accessible at http://www2.ucsc.edu/whorulesamerica/power/wealth.html.

Douglas, Dorothy W. "Ira Steward on Consumption and Unemployment." The Journal of Political Economy 40.4 (1932): 532-43.

Dubofsky, Melvyn. Industrialism and the American Worker. Arlington Heights, IL: Harlan Davidson, Inc., 1985.

Egelko, Bob. "Employers Must Pay if They Deny Lunch Breaks." The San Francisco Chronicle, (February 18 2011).

Emerson, Ramona. "13 Controversial Facebook Firings: Palace Guards, Doctors, Teachers and More." The Huffington Post, (October 17, 2011).

Epstein, Richard A. "Modern Republicanism, Or, The Flight From Substance." Yale Law Journal 97.8 (1988): 1633-50.

Ernst, Joseph A. "Shays's Rebellion in Long Perspective: The Merchants and the 'Money Question,'" in In Debt to Shays: The Bicentennial of an Agrarian Rebellion, Ed. Robert A. Gross. Boston: The Colonial Society of Massachusetts, 1993.

Fink, Leon. "From Autonomy to Abundance: Changing Beliefs about the Free Labor System in Nineteenth-Century America," in Terms of Labor: Slavery, Serfdom, and Free Labor, ed. Stanley L. Engerman. Stanford, CA: Stanford University Press, 1999.

—— "The New Labor History and the Powers of Historical Pessimism: Consensus, Hegemony and the Case of the Knights of Labor." The Journal of American History 75.1 (1988): 115-36.

—— Workingmen's Democracy: The Knights of Labor and American Politics. Urbana and Chicago: University of Illinois Press, 1985.

Finley, Moses. "Between Slavery and Freedom." Comparative Studies in Society and History 6.3 (1964): 233-249.

—— The Ancient Economy. Updated. Berkeley: University of California Press, 1999.

—— "Was Greek Civilization Based on Slave Labour?," in Slavery in Classical Antiquity: Views and Controversies, ed. M. I. Finley. Cambridge: W. Heffer & Sons Ltd., 1960.

Foner, Eric. "Abolitionism and the Labor Movement." Politics and Ideology in the Age *of the Civil War*. Oxford: Oxford University Press, 1980.

Foner, Eric. *Free Soil, Free Labor, Free Men: The Ideology of the Republican Party before the Civil War*. London, New York: Oxford University Press, 1971.

—— *Nothing but Freedom: Emancipation and Its Legacy*. Baton Rouge: Louisana State University Press, 2007.

—— *The Story of American Freedom*. New York: W. W. Norton, 1998.

—— "Workers and Slavery," in *Working for Democracy: American Workers from the Revolution to the Present*, eds. Paul Buhle and Alan Dawley. Urbana: University of Illinois Press, 1985.

Foner, Philip S. *History of the Labor Movement in the United States, Volume 1: From Colonial Times to the Founding of the American Federation of Labor*. New York: International Publishers, 1982.

Fones-Wolf, Ken. *The Boston Eight-Hour Men and the Emergence of American Trade Union Principles, 1863–1891*. Bethesda: University of Maryland Press, 1979.

Forbath, William. "Ambiguities of Free Labor: Labor and the Law in the Gilded Age." Wisconsin Law Review (1985): 767.

—— "Caste, Class, and Equal Citizenship." Michigan Law Review 98.1 (1999): 1–91.

—— *Law and the Shaping of the American Labor Movement*. Cambridge, MA: Harvard University Press, 1991.

Foxwell, H. S. "Introduction," in *The Right to the Whole Produce of Labor*, ed. H. S. Foxwell. New York: Macmillan and Co., Limited, 1899. v–cx.

—— "From the Line of MOST Resistance." American Federationist 22 (1922): 263.

Garnsey, Peter. *Ideas of Slavery from Aristotle to Augustine*. Cambridge: Cambridge University Press, 1996.

—— "Non-Slave Labour in the Roman World." Cambridge Philological Society Supplementary Volume no. 6 (1980): 34–47.

—— "Peasants in Ancient Roman Society," in *Cities, Peasants and Food in Classical Antiquity*, ed. Walter Scheidel. Cambridge: Cambridge University Press, 1998.

—— *Social Status and Legal Privilege in the Roman Empire*. Oxford: Oxford University Press, 1970.

Ghosh, Eric. "From Republican to Liberal Liberty." History of Political Thought XXIX.1 (2008): 132–67.

Gilbert, Amos. *The Life of Thomas Skidmore*, ed. Mark Lause. Chicago: Charles H.

Kerr Publishing Company, 1984.

Gillman, Howard. *The Constitution Besieged: The Rise and Demise of Lochner Era Police Powers Jurisprudence.* Durham, NC: Duke University Press, 1993.

Glendon, Mary Ann, ed. *Seedbeds of Virtue: Sources of Competence, Character, and Citizenship in American Society.* Lanham, MD: Madison Books, 1995.

Glickman, Lawrence B. *A Living Wage: American Workers and the Making of Consumer Society.* Ithaca, NY: Cornell University Press, 1997.

Goodin, Robert E. "Folie RéNewpublicaine." Annual Review of Political Science 6.1 (2003): 55−76.

Gourevitch, Alex. "Labor and Republican Liberty." Constellations 18.3 (2011): 431−54.

―― "Labor Republicanism and the Transformation of Work." Political Theory 41.4 (2013): 591−617.

―― "Review: Rosanne Currarino's the Labor Question in America: Economic Democracy in the Gilded Age." Historical Materialism 21.2 (2013): 179−90.

―― "William Manning and the Political Theory of the Dependent Classes." Modern Intellectual History 9.2 (2012): 331−60.

Greenberg, Joshua R. "'Powerful − Very Powerful Is the Parental Feeling': Fatherhood, Domestic Politics, and the New York City Working Men's Party." Early American Studies: An Interdisciplinary Journal 2.1 (2004): 192−227.

Grob, Gerald N. *Workers and Utopia: A Study of Ideological Conflict in the American Labor Movement, 1865−1900.* Evanston, IL: Northwestern University Press, 1961.

Gutman, Herbert. *Work, Culture and Society in Industrializing America.* New York: Vintage, 1976.

Hacker, Barton C. "The United States Army as a National Police Force: The Federal Policing of Labor Disputes, 1877−1898." Military Affairs 33.1 (1969): 1−11.

Hankins, James. "Exclusivist Republicanism and the Non-Monarchical Republic." Political Theory 38.4 (2010): 452−82.

Hansen, Mogens Herman. *The Athenian Democracy in the Age of Demosthenes.* Oxford: Blackwell, 1991.

Harris, David Anthony. *Socialist Origins in the United States.* Amsterdam: Van Gorcum & Co., 1966.

Hartz, Louis. *The Liberal Tradition in America.* New York: Harcourt, Brace & World, Inc., 1955.

tHenwood, Doug. *After the New Economy*. New York: The New Press, 2003.

Hess, Amanda. "How Sexy Should A Worker Be? The Plight of the Babe in the American Workplace." Slate Magazine, (July 29, 2013).

Herzog, Don. "Some Questions for Republicans." Political Theory 14.3 (1986): 473–93.

Hirschman, Albert O. *The Passions and the Interests: Political Arguments for Capitalism before Its Triumph*. Princeton, NJ: Princeton University Press, 1996.

Hofstadter, Richard. *The American Political Tradition and the Men Who Made It*. New York: Knopf, 1973.

Hopkins, Keith. *Conquerors and Slaves*. Cambridge: Cambridge University Press, 1981.

Horner, Clare Dahlberg. Producers' Co-Operatives in the United States, 1865–1890. Ph.D Dissertation. University of Pittsburgh, 1978.

Horwitz, Morton J. "Republicanism and Liberalism in American Constitutional Thought." William & Mary Law Review 29 (1987): 57–74.

—— *Transformation of American Law, 1870–1960: The Crisis of Legal Orthodoxy*. Oxford University Press, 1994.

Houston, Alan Craig. *Algernon Sidney and the Republican Heritage in England and America*. Princeton, NJ: Princeton University Press, 1991.

Hsieh, Nien-hêNew. "Rawlsian Justice and Workplace Republicanism." Social Theory and Practice 31.1 (2005): 115–42.

Hsu, Tiffany. "Amazon Warehouse Employees Overheated ahead of Holiday Season" The Los Angeles Times, (September 19 2011).

—— *The Institutes of Justinian*, trans. J. B. Moyle. Charleston, SC: BiblioBazaar, 2008.

Jameson, Michael H. "Agriculture and Slavery in Classical Athens." The Classical Journal 73.2 (1977): 122–45.

Jamieson, Dave. "Amazon Warehouse Workers Sue over Security Checkpoint Waits." The Huffington Post, (May 8, 2013).

Jones, A. H. M. "Slavery in the Ancient World," in *Slavery in Classical Antiquity: Controversies and Debates*, ed. Moses Finley. Cambridge: W. Heffer & Sons Ltd., 1960.

Jurdjevic, Mark. "Virtue, Commerce, and the Enduring Florentine Republican Moment: Reintegrating Italy Into the Atlantic Republican Debate." Journal of the History of Ideas 62.4 (2001): 721–43.

Kalyvas, Andreas and Ira Katznelson. *Liberal Beginnings*. Cambridge: Cambridge

University Press, 2008.

Kapust, Daniel. "Skinner, Pettit and Livy: The Conflict of the Orders and the Ambiguity of Republican Liberty." History of Political Thought XXV.3 (2010): 377–401.

Keyssar, Alexander. *The Right to Vote: The Contested History of Democracy in the United States.* New York: Basic Books, 2000.

King, J. E. "Utopian or Scientific? A Reconsideration of the Ricardian Socialists." History of Political Economy 15.3 (1983): 345–73.

Kramer, Larry. *The People Themselves: Popular Constitutionalism and Judicial Review.* New York: Oxford University Press, 2004.

Kramer, Matthew H. "Liberty and Domination," in *Republicanism and Political Theory,* eds. Cecile Laborde and John Maynor. Oxford: Blackwell, 2008.

Kramnick, Isaac. "Republican Revisionism Revisited." The American Historical Review 87.3 (1982): 629–64.

Krause, Sharon. "Beyond Non-Domination: Agency, Inequality, and the Meaning of Freedom." Philosophy and Social Criticism 39.2 (2013): 187–208.

Larmore, Charles. "Liberal and Republican Conceptions of Freedom," in *Republicanism: History, Theory and Practice,* ed. Daniel Weinstock. London: Routledge, 2004.

Laurie, Bruce. *Working People of Philadelphia, 1800–1850.* Philadelphia: Temple University Press, 1980.

Lause, Mark A. *Young America: Land, Labour, and the Republican Community.* Champaign: University of Illinois Press, 2005.

Lee, Daniel. "Popular Liberty, Princely Government, and the Roman Law in Hugo Grotius's De Jure Belli Ac Pacis." Journal of the History of Ideas 72.3 (2011): 371–92.

Leikin, Steven. *The Practical Utopians: American Workers and the Cooperative Movement in the Gilded Age.* Detroit: Wayne State University Press, 2004.

Levine, Susan. *Labor's True Woman: Carpet Weavers, Industrialization, and Labor Reform in the Gilded Age.* Philadelphia: Temple University Press, 1984.

—— "Labor's True Woman: Domesticity and Equal Rights in the Knights of Labor." The Journal of American History 70.2 (1983): 323–39.

—— "Liberty before Liberalism and All That: Quentin Skinner Interviewed by Richard Marshall" 3am Magazine, (February 18, 2013), accessible at http://www.3ammagazine.

com/3am/liberty-before-liberalism-all-that.

Lintott, Andrew. "Citizenship," in *A Companion to Ancient History*, ed. Andrew Erskine. West Sussex: Blackwell, 2009.

—— *Judicial Reform and Land Reform in the Roman Republic*. Cambridge: Cambridge University Press, 1992.

—— *The Constitution of the Roman Republic*. Oxford: Clarendon Press, 1999.

Little, Lyneka. "AT&T Workers Claim Lunch Break Violations." ABC News, (August 15, 2012).

Lowenthal, Esther. "The Ricardian Socialists." Studies in History, Economics and Public Law XLVI.I (1911): 5–105.

Lurie, Jonathan and Ronald LabbéNew. *The Slaughterhouse Cases: Regulation, Reconstruction, and the Fourteenth Amendment*. Lawrence: University Press of Kansas, 2003.

Macpherson, C. B. "Harrington as Realist: a Rejoinder." Past & Present 24 (1963): 82–85.

Maddox, Graham. "The Limits of Neo-Roman Liberty." History of Political Thought XXIII.3 (2002): 418–31.

Maihofer, Werner. "The Ethos of the Republic and the Reality of Politics," in *Machiavelli and Republicanism*, eds. Quentin Skinner and Maurizio Viroli Gisela Bock. Cambridge: Cambridge University Press, 1990.

Mandel, Bernard. *Labor, Free and Slave: Workingmen and the Anti-Slavery Movement in the United States*. Champaign: University of Illinois Press, 1955.

Markell, Patchen. "The Insufficiency of Non-Domination." Political Theory 36.1 (2008): 9–36.

Maynor, John and Cecil Laborde. "The Republican Contribution to Political Theory," in *Republicanism and Political Theory*, eds. Cecil Laborde and John Maynor. Oxford: Blackwell Publishing, 2008.

Maynor, John W. *Republicanism in the Modern World*. Oxford: Polity, 2003.

McCormick, John P. "Machiavelli against Republicanism: on the Cambridge School's 'Guicciardinian Moments.'" Political Theory 31.5 (2003): 615–43.

Menger, Anton. *The Right to the Whole Produce of Labour*, ed. H. S. Foxwell, trans. M. E. Tanner. London: Macmillan and Co., 1899.

Meyerson, Harold. "If Labor Dies, What's Next?" The American Prospect, (September 13 2012).

Michelman, Frank I. "Law's Republic." Yale Law Journal 97.8 (1988): 1493–537.

Millar, Fergus. *The Roman Republic in Political Thought*. Hanover: University Press of New England, 2002.

Miner, C. "The 1886 Convention of the Knights of Labor." Phylon (1960-) 44.2 (1983): 147–59.

Montgomery, David. *Beyond Equality: Labor and the Radical Republicans 1862–1872*. New York: Alfred A. Knopf, 1967.

—— *Citizen-Worker: The Experience of Workers in the United States with Democracy and the Free Market During the Nineteenth Century*. Cambridge: Cambridge University Press, 1995.

—— "Labor and the Republic in Industrial America: 1860–1920." Le Mouvement social 111.Georges Haupt parmi nous (1980): 201–15.

—— "The Working Classes of the Pre-Industrial American City, 1780–1830." Labor History IX (1968): 3–22.

—— "William H. Sylvis and the Search for Working-Class Citizenship," in *Labor Leaders in America*, ed. Warren Van Tine and Melvyn Dubofsky. Urbana and Chicago: University of Illinois Press, 1987.

Morgan, Edmund. *American Slavery, American Freedom*. New York: W. W. Norton & Co., 1975.

—— "Slavery and Freedom: The American Paradox." The Journal of American History 59.1 (1972): 5–29.

MosséNew, Claude. *The Ancient World at Work*, trans. Janet Lloyd. New York: W. W. Norton & Company, 1969.

Nelson, Eric. "Liberty: One Concept Too Many?." Political Theory 33.1 (2005): 58–78.

—— *The Greek Tradition in Republican Thought*. Cambridge: Cambridge University Press, 2004.

New, John F. H. "Harrington, a Realist?." Past & Present 24 (1963): 75–81.

—— "The Meaning of Harrington's Agrarian." Past & Present 25 (1963): 94–95.

Nicolet, Claude. *The World of the Citizen in Republican Rome*, trans. P. S. Falla. Berkeley: University of California Press, 1980.

Novak, William. "The Legal Origins of the Modern American State," in *Looking Back at Law's Century*, eds. Robert Kagan and Austin Sarat Bryant Garth. Ithaca, NY: Cornell University press, 2001.

Ober, Josiah. *Mass and Elite in Democratic Athens: Rhetoric, Ideology, and the Power of the People*. Princeton, NJ: Princeton University Press, 1990.

Oestreicher, Richard. "A Note on Knights of Labor Membership Statistics." Labor History 25.1 (1984): 102−08.

—— "Socialism and the Knights of Labor in Detroit, 1877−1886." Labor History 22.1 (1981): 5−30.

—— *Solidarity and Fragmentation: Working People and Class Consciousness in Detroit, 1875−1900*. Urbana: University of Illinois Press, 1986.

—— "Terence v. Powderly, the Knights of Labor, and Artisanal Republicanism," in *Labor Leaders in America*, ed. Warren Van Tine and Melvyn Dubofsky. Urbana and Chicago: University of Illinois Press, 1987.

Oldfield, Adrian. *Citizenship and Community: Civic Republicanism and the Modern World*. London; New York: Routledge, 1990.

Patten, Alan. "The Republican Critique of Liberalism." British Journal of Political Science 26.1 (1996): 25−44.

Patterson, Orlando. *Freedom Vol. 1: Freedom in the Making of Western Culture*. New York: Basic Books, 1991.

Pessen, Edward. *Most Uncommon Jacksonians: The Radical Leaders of the Early Labor Movement*. Albany: State University of New York Press, 1967.

—— "The Ideology of Stephen Simpson, Upperclass Champion of the Early Philadelphia Workingmen's Movement." Pennsylvania History 22.4 (1955): 328−40.

—— "The Workingmen's Movement of the Jacksonian Era." The Mississippi Valley Historical Review 43.3 (1956): 428−43.

—— "Thomas Skidmore, Agrarian Reformer in the Early American Labor Movement." New York History 35.3 (1954): 280−96.

Pettit, Philip. "A Republican Right to Basic Income?" Basic Income Studies 2.2 (2007): 1−8.

—— "Freedom in the Market." Politics, Philosophy & Economics 5.2 (2006): 131−49.

—— "Republican Freedom: Three Axioms, Four Theorems," in *Republicanism and Political Theory*, eds. Cecil Laborde and John Maynor. Oxford: Blackwell Publishing, 2008.

—— *Republicanism: A Theory of Freedom and Government*. Oxford: Oxford University Press, 1999.

Pitts, Jennifer. "Republicanism, Liberalism, and Empire in Post-Revolutionary France," in *Empire and Political Thought*, ed. Sankar Muthu. Cambridge: Cambridge University Press, 2012.

Pocock, J. G. A. "Review: Virtue and Commerce in the Eighteenth Century." Journal of Interdisciplinary History 3.1 (1972): 119–34.

—— *The Machiavellian Moment: Florentine Political Thought and the Atlantic Republican Tradition*. Princeton, NJ: Princeton University Press, 2003.

Pope, James Gray. "Labor's Constitution of Freedom." Yale Law Journal 106.4 (1997): 941–1031.

—— "The Thirteenth Amendment versus the Commerce Clause: Labor and the Shaping of American Constitutional Law, 1921–1957." Columbia Law Review 102.1 (2002): 1–122.

Rahe, Paul. "Antiquity Surpassed: the Repudiation of Classical Republicanism," in *Republicanism, Liberty, and Commercial Society*, ed. David Wootton. Stanford, CA: Stanford University Press, 1994.

Rana, Aziz. *The Two Faces of American Freedom*. Cambridge, MA: Harvard University, 2010.

Rawson, Elizabeth. "The Ciceronian Aristocracy and Its Properties," in *Studies in Roman Property*, ed. M. I. Finley. Cambridge: Syndics of the Cambridge University Press, 1976.

Resnikoff, Ned. "ACLU locked in contract dispute with employee union" MSNBC, (July 25, 2013).

Robbins, Caroline. *The Eighteenth Century Commonwealthman*. Indianapolis, IN: Liberty Fund, 2004.

Rodgers, Daniel T. *The Work Ethic in Industrial America, 1850–1920*. Chicago: University of Chicago Press, 1979.

Roediger, David R. "Ira Steward and the Anti-Slavery Origins of American Eight-Hour Theory." Labor History 27.3 (1986): 410–26.

—— *The Wages of Whiteness: Race and the Making of the American Working Class*. New York: Verso, 1999.

Rorabaugh, W. J. "'I Thought I Shall Liberate Myself From the Thraldom of Others': Apprentices, Masters, and the Revolution," in *Beyond the American Revolution: Explorations in the History of American Radicalism*, ed. Alfred F. Young. Dekalb:

Northern Illinois University Press, 1993.

Ross, Philip and Philip Taft. "American Labor Violence: Its Causes, Character, and Outcome," in *The History of Violence in America: A Report to the National Commission on the Causes and Prevention of Violence*, eds. Hugh Davis Graham and Ted Robert Gurr. 1969.

Rupprecht, Arthur Albert. *A Study of Slavery in the Late Roman Republic from the Works of Cicero*. Philadelphia: University of Pennsylvania, 1960.

Sandel, Michael J. *Democracy's Discontent: America in Search of a Public Philosophy*. Cambridge, MA: Harvard University Press, 1996.

Sawyer, Laura Phillips. "Contested Meanings of Freedom: Workingmen's Wages, the Company Store System, and the Godcharles v. Wigeman Decision." The Journal of the Gilded Age and Progressive Era 12.3 (2013): 285–319.

Schofield, Malcolm. "Cicero's Definition of Res Publica," in *Cicero the Philosopher: Twelve Papers*, ed. J. G. F. Powell. Oxford: Clarendon Press, 1995.

Schultz, Ronald. *The Republic of Labor: Philadelphia Artisans and the Politics of Class, 1720–1830*. New York: Oxford University Press, 1993.

—— "The Small-Producer Tradition and the Moral Origins of Artisan Radicalism in Philadelphia 1720–1810." Past & Present 127 (1990): 84–116.

Scott, Rebecca J. *Degrees of Freedom: Louisiana and Cuba after Slavery*. Cambridge, MA: Harvard University Press, 2009.

Sellers, Charles. *The Market Revolution: Jacksonian America, 1815–1846*. Oxford: Oxford University Press, 1994.

Shalhope, Robert E. "Thomas Jefferson's Republicanism and Antebellum Southern Thought." The Journal of Southern History 42.4 (2007): 529–56.

Shklar, Judith. *American Citizenship: The Quest for Inclusion*. Cambridge, MA: Harvard University Press, 1991.

—— *Ordinary Vices*. Cambridge, MA: Harvard University Press, 1995.

Silverman, Rachel Emma. "Tracking Sensors Invade the Workplace." The Wall Street Journal, (March 7, 2013).

Skinner, Quentin. "A Third Concept of Liberty." Proceedings of the British Academy 117.237 (2002): 237–68.

—— "Freedom as the Absence of Arbitrary Power," in *Republicanism and Political Theory*, eds. Cecil Laborde and John Maynor. Oxford: Blackwell, 2008.

———— *Liberty before Liberalism*. Cambridge; New York: Cambridge University Press, 1998.

———— "Machiavelli's Discorsi and the Pre-Humanist Origins of Republican Ideas," in *Machiavelli and Republicanism*, eds. Gisela Bock, Maurizio Viroli, and Quentin Skinner. Vol. 120. Cambridge: Cambridge University Press, 1993.

———— "The Republican Ideal of Political Liberty," in *Machiavelli and Republicanism*, eds. Gisela Bock, Maurizio Viroli, and Quentin Skinner. Cambridge: Cambridge University Press, 1990.

———— *Visions of Politics Vol. 1: Regarding Method*. Cambridge: Cambridge University Press, 2002.

Skocpol, Theda. *Protecting Soldiers and Mothers: The Political Origins of Social Policy in the United States*. Cambridge, MA: Harvard University Press, 1992.

Skydsgaard, J. E. "The Disintegration of the Roman Labour Market and the Clientela Theory," in *Studia Romana in Honorem Petri Krarup Septuagenarii*, ed. Karen Ascani. Odense: Odense University Press, 1976.

Stanley, Amy Dru. *From Bondage to Contract: Wage Labor, Marriage, and the Market in the Age of Slave Emancipation*. Cambridge: Cambridge University Press, 1998.

Starr, Chester G. "An Overdose of Slavery." The Journal of Economic History 18,1 (1958): 17–32.

Steinfeld, Robert J. "Changing Legal Conceptions of Free Labor," in *Terms of Labor: Slavery, Serfdom and Free Labor*, ed. Stanley L. Engerman. Stanford, CA: Stanford Univerity Press, 1999.

Stone, Geoffrey R. *Perilous Times: Free Speech in Wartime from the Sedition Act of 1798 to the War on Terrorism*. New York: W. W. Norton & Co., 2004.

Strauss, Eric M. "Iowa Woman Fired for Being Attractive: Looks Back and Moves On." ABC News, (August 2, 2013).

Sunstein, Cass. "Beyond the Republican Revival." Yale Law Journal 97,8 (1988): 1539–90.

Taylor, Alan. "Agrarian Independence: Northern Land Rioters after the Revolution," in *Beyond the American Revolution: Explorations in the History of American Radicalism*, ed. Alfred F. Young. DeKalb: Northern Illinois University Press, 1993.

Tise, Larry E. *Proslavery: A History of the Defense of Slavery in America, 1701–1840*. Athens: University of Georgia Press, 1987.

Tomlins, Christopher L. *The State and the Unions: Labor Relations, Law, and the Organized Labor Movement in America, 1880–1960*. Cambridge: Cambridge University Press, 1985.

Trachtenberg, Alan. *The Incorporation of America: Culture and Society in the Gilded Age*. New York: Hill and Wang, 1982.

Treggiari, Susan. "The Freedmen of Cicero." Greece & Rome 16,2 (1969): 195–204.

Urbina, Ian. "As OSHA Emphasizes Safety, Long-Term Health Risks Fester." The New York Times, (March 30, 2013).

Urbinati, Nadia. *Mill on Democracy: From the Athenian Polis to Representative Government*. Chicago: University of Chicago Press, 2002.

Vega, Tanzina. "In Ads, the Workers Rise Up … and Go to Lunch." The New York Times, (July 7 2012).

Velasco, J. D. "Fired Gay Water Polo Coach and Supporters Protest at Charter Oak Board Meeting." San Gabriel Valley Tribune, (October 7, 2011).

Viroli, Maurizio. *Republicanism*. New York: Hill and Wang, 2002.

Voss, Kim. *The Making of American Exceptionalism: The Knights of Labor and Class Formation in the Nineteenth Century*. Ithaca, NY: Cornell University Press, 1993.

Ware, Norman. *The Labor Movement in the United States, 1860–1895: A Study in Democracy*. New York: Vintage Books, 1929.

Wasserman, Todd. "Amazon Dragged Into Applebee's Latest Jokey Campaign." Mashable, (July 25, 2012).

Weir, Robert E. "'Here's to the Men WHO Lose!': The Hidden Career of Victor Drury." Labor History 36,4 (1995): 530–56.

—— "A Dubious Equality: Leonora Barry and Women in the KOL," in *The Knights Unhorsed: Internal Conflict in a Gilded Age Social Movement*. Detroit: Wayne State University Press, 2000.

—— *Beyond Labor's Veil*. University Park, PA: Penn State Press, 1996.

—— *Knights Unhorsed*. Detroit: Wayne State University Press, 2000.

Westermann, W. L. "Slavery and the Elements of Freedom," in *Slavery in Classical Antiquity: Views and Controversies*, ed. M. I. Finley. Cambridge: W. Heffer & Sons Ltd., 1960.

Wilentz, Michael Merrill and Sean. "William Manning and the Invention of American Politics," in *The Key of Liberty: The Life and Writings of William Manning, "a*

Laborer," 1747–1814, eds. Michael Merril and Sean Wilentz. Cambridge, MA:
Harvard University Press, 1993.

Wilentz, Sean. "Against Exceptionalism: Class Consciousness and the American Labor
Movement, 1790–1920." International Labor and Working Class History 26 (1984):
1–24.

—— Chants Democratic: New York City & the Rise of the American Working Class,
1788–1850. New York: Oxford University Press, 1984.

Winter, Yves. "Plebeian Politics: Machiavelli and the Ciompi Uprising." Political Theory
40.6 (2012): 736–66.

Wirszubski, Chaim. Libertas as a Political Idea at Rome during the Late Republic and
Early Principate. Cambridge: Cambridge University Press, 1968.

Wolff, Edward N. "The Asset Price Meltdown and the Wealth of the Middle Class."
published online (August 26, 2012), accessible at http://appam.confex.com/data/
extendedabstract/appam/2012/Paper_2134_extendedabstract_151_0.pdf

Wood, Ellen Meiksins. Peasant-Citizen and Slave: The Foundations of Athenian
Democracy. London: Verso, 1988.

—— "Why It Matters." London Review of Books 30.18 (2008): 3–6.

Wood, Gordon. "The Enemy Is Us: Democratic Capitalism in the Early Republic."
Journal of the Early Republic 16.2 (1996): 293–308.

—— The Creation of the American Republic, 1776–1787. Chapel Hill: University of
North Carolina Press, 1998.

Wood, Neal. Cicero's Social and Political Thought. Berkeley: University of California
Press, 1988.

Wootton, David. "Introduction: The Republican Tradition: From Commonwealth to
Common Sense," in Republicanism, Liberty, and Commercial Society, 1649–1776,
ed. David Wootton. Stanford, CA: Stanford University Press, 1994.

Worden, B. "The Commonwealth Kidney of Algernon Sidney." The Journal of British
Studies 24.1 (1985): 1–40.

Brown, David. "Seditious Writings," in The Faith of Our Fathers: An Anthology
Expressing the Aspirations of the American Common Man 1790–1860, eds. Irving
Mark and Eugene L. Schwab. New York: Alfred A. Knopf, 1952.

Brownson, Orestes A. "Brownson's Defence: Defence of the Article on the Laboring
Classes." Boston Quarterly Review (1840): 1–94.

Byllesby, Langdon. Observations on the Sources and Effects of Unequal Wealth. New York: Lewis J. Nichols, 1826.

Calhoun, John C. "Speech on the Reception of Abolition Petitions," in Slavery Defended: The Views of the Old South, ed. Eric L. McKitrick. New York: Columbia University Press, 1963.

Carey, Henry. Principles of Political Economy: Part the Third; of the Causes Which Retard Increase in the Numbers of Mankind, Part the Fourth; of the Causes Which Retard Improvement in the Political Condition of Man. Philadelphia; London: Lea & Blanchard; John Miller, 1840.

Carter, Nathaniel H., William L. Stone, and Marcus T. C. Gould. Reports of the Proceedings and Debates of the New York Constitutional Convention 1821. Albany: E. and E. Hosford, 1821.

Cicero. On Duties, trans. E. M. Atkins. Cambridge: Cambridge University Press, 1991.

────── "On the Commonwealth," in On the Commonwealth and On the Laws, trans. James E. G. Zetzel. Cambridge: Cambridge University Press, 2003.

────── On the Ends of Good and Evil, trans. H. Rackham. London: Loeb Classical Library, 1914.

────── "On the Laws," in On the Commonwealth and On the Laws, ed. James E. G. Zetzel. Cambridge: Cambridge University Press, 2003.

────── The Nature of the Gods, trans. H. Rackham. Cambridge: Harvard University Press, Loeb Classical Library, 1956.

Colquhoun, Patrick. A Treatise on the Wealth, Power, and Resources of the British Empire. London: Joseph Mawman, 1814.

Commons, John R. et al., eds. "Constitution of the Philadelphia Labour for Labour Association," in A Documentary History of American Industrial Society Volume V: the Labor Movement. Cleveland: The Arthur H. Clark Company, 1910.

Constant, Benjamin. "The Liberty of the Ancients as Compared with That of the Moderns," in Constant: Political Writings, ed. Biancamaria Fontana. Cambridge: Cambridge University Press, 1988.

Cooley, Thomas McIntyre. A Treatise on the Law of Torts; or, the Wrongs Which Arise Independently of Contract. City: Callaghan & Company, 1888.

De Voltaire, M. "Slaves," in A Philosophical Dictionary Vol. 2. London: W. Dugdale, 1843.

Debow, J. D. B. "The Interest in Slavery of the Southern Non-Slaveholder," in Slavery Defended: The Views of the Old South, ed. Eric L. McKitrick. Englewood Cliffs: Prentice-Hall, 1963.

Dew, Thomas. "Review of the Debate in the Virginia Legislature," in Slavery Defended: The Views of the Old South, ed. Eric L. McKitrick. Englewood Cliffs: Prentice-Hall, 1963.

Fisk, Theophilus. Capital Against Labor: An Address Delivered at Julien Hall, Before the Mechanics of Boston, on Wednesday Evening, May 20. Boston: Theophilus Fisk, 1835.

Fitzhugh, George. Cannibals All!, or, Slaves without Masters. Cambridge: Harvard University Press, 1988.

—— "Sociology for the South," in Slavery Defended: The Views of the Old South, ed. Eric L. McKitrick. Englewood Cliffs: Prentice-Hall, 1963.

Gantt, T. Fulton. "Breaking the Chains: A Story of the Present Industrial Struggle," in The Knights in Fiction: Two Labor Novels of the 1880s, ed. Mary C. Grimes. Champaign: University of Illinois Press, 1986.

Godkin, E. L. "The Labor Crisis." The North American Review CV (1867): 177–213.

Hammond, James Henry. Mudsill Speech. The Congressional Globe, 1858.

Harrington, James. The Commonwealth of Oceana and a System of Politics. Cambridge: Cambridge University Press, 1992.

Heighton, William. An Address Delivered before the Mechanics and Working Classes Generally, of the City and County of Philadelphia. At the Universalist Church, in Callowhill Street, on Wednesday Evening, November 21, 1827, by the "Unlettered Mechanic." Philadelphia: The Office of the Mechanics Gazette, 1828.

—— An Address to the Members of Trade Societies, and to the Working Classes Generally: Being an Exposition of the Relative Situation, Condition, and Future Prospects of Working People in the United States of America. Together with a Suggestion and Outlines of a Plan, by Which They May Gradually and Indefinitely Improve Their Condition. London: Sold at the Rooms of the Co-operative Society, Reprinted from Philadelphia Edition, 1827.

—— The Principles of Aristocratic Legislation Developed in an Address Delivered to the Working People of the District of Southwark, and Townships of Moyamensing and Passyunk. Philadelphia: J. Coates Jr., 1828.

Jefferson, Thomas. "Autobiography," in Writings. Ed. Merrill D. Peterson. New York: The Library of America, 1984.

—— "Letter to Edward Coles," in Thomas Jefferson: Political Writings, edS. Joyce Appleby and Terence Ball. Cambridge: Cambridge University Press, 1999.

—— Notes on the State of Virginia. New York: Harpers & Row, 1964.

—— "To Benjamin Austin, January 9, 1816," in Thomas Jefferson: Writings, ed. Merrill D. Peterson. New York: The Library of America, 1984.

—— "To Dr. Edward Bancroft, Jan. 26, 1789," in Thomas Jefferson: Political Writings, eds. Joyce Appleby and Terence Ball. Cambridge: Cambridge University Press, 1999.

—— "To Dr. Thomas Humphreys," in Thomas Jefferson: Political Writings, eds. Joyce Appleby and Terence Ball. Cambridge: Cambridge University Press, 1999.

—— "To John Holmes, April 22, 1820," in Thomas Jefferson: Political Writings, eds. Joyce Appleby and Terence Ball. Cambridge: Cambridge University Press, 1999.

—— "To St. George Tucker, August 28, 1797," in Thomas Jefferson: Political Writings, eds. Joyce Appleby and Terence Ball. Cambridge: Cambridge University Press, 1999.

Jelley, Symmes M. The Voice of Labor. Chicago: A. B. Gehman & Co., 1887.

Kant, Immanuel. "On the Common Saying: 'This May Be True in Theory, but It Does Not Apply in Practice,'" in Kant Political Writings, ed. H. S. Reiss. Cambridge: Cambridge University Press, 1991.

Lincoln, Abraham. "Address to the Wisconsin State Agricultural Society," in The Portable Abraham Lincoln ed. Andrew Delbanco. New York: Penguin Books, 1992.

Livius, Titus. The History of Rome, Vol. 2, trans. B. O. Foster. London: Loeb Classical Library, 1922.

Lloyd, Henry Demarest. Wealth against Commonwealth. Englewood Cliffs, NJ: Prentice Hall, Inc., 1963.

Luther, Seth. An Address to the Working Men of New England, on the State of Education, and the Condition of the Producing Classes in Europe and America ed. The Office of the Working Man's Advocate. New York: George Evans, 1833.

Machiavelli, Niccolo. The Discourses trans. Leslie J. Walker. New York: Penguin Classics, 1998.

Madison, James. "Federalist No. 10," in The Essential Federalist and Anti-Federalist Papers, ed. David Wootton. Indianapolis: Hackett, 2009.

—— "James Madion, Note to His Speech on the Right of Suffrage," in The Founders' Constitution, eds. Philip B. Kurland and Ralph Lerner. Chicago: University of Chicago Press, 1821.

Manning, William. "Some Proposals for Makeing Restitution to the Original Creditors of Government." William & Mary Quarterly 46.2 (1989): 320–31.

—— "The Key of Libberty." The William and Mary Quarterly 13.2 (1956): 209–54.

Mark, Irving and Eugene L. Schwaab, eds. "The Memorial of the Non-Freeholders of Richmond, Virginian [1829]," in The Faith of Our Fathers: An Anthology Expressing the Apsirations of the American Common Man 1790–1860. New York: Alfred A. Knopf, 1952.

Marx, Karl. "Critique of the Gotha Programme," in The Marx-Engels Reader Second Edition, ed. Robert Tucker. New York: W. W. Norton, 1978.

McNeill, George E. The Labor Movement: The Problem of To-Day. New York: The M. W. Hazen Co., 1892.

Mechanick, A Brother. "To the MECHANICKS of PHILADELPHIA." The INDEPENDENT GAZETTEER; or the CHRONICLE of FREEDOM 11 Oct. 1783: 2.

Owen, Robert. Two Discourses on a New System of Society as Delivered in the Hall of Representatives at Washington. London: Whiting & Branston, 1825.

Paine, Thomas. "Agrarian Justice," in Thomas Paine: Common Sense and Other Writings, ed. Joyce Appleby. New York: Barnes & Noble, 2005.

—— Rights of Man. New York: Citadel Press, 1991.

Phillips, Wendell. The Labor Question. Boston: Lee and Shepard, 1884.

Pickering, John. The Working Man's Political Economy. Cincinnati, OH: Thomas Varney, 1847.

Powderly, Terence. Labor: Its Rights and Wrongs. Westport, CT: Hyperion Press, 1886.

—— Thirty Years of Labor 1859–1889. Columbus, OH: Excelsior Publishing House, 1889.

—— The Path I Trod: The Autobiography of Terence v. Powderly. New York: Columbia University Press, 1940.

Powderly, Terence, ed. "Knights of Labor Platform – Preamble and Declaration of Principles," in Labor: Its Rights and Wrongs. Washington DC: The Labor Publishing Company, 1886.

——— Report of the Committee of the Senate upon the Relations between Labor and Capital, and Testimony Taken by the Committee: Volume I. Report of the Committee of the Senate upon the Relations between Labor and Capital, and Testimony Taken by the Committee: Volume I. Washington, DC: Government Printing Office, 1885.

——— Report of the Special Commission on the Hours of Labor and the Condition and Prospects of the Industrial Classes. Report of the Special Commission on the Hours of Labor and the Condition and Prospects of the Industrial Classes. Boston: Wright & Potter, State Printers, 1866.

Sallust. Conspiracy of Catiline, trans. Rev. John Selby Watson. New York and London: Harper & Brothers, 1899.

Sidney, Algernon. Discourses Concerning Government Vol II. Edinburgh: G. Hamilton and J. Balfour, 1750.

Simpson, Stephen. The Working Man's Manual: A New Theory of Political Economy, on the Principle of Production the Source of Wealth. Philadelphia: Thomas L. Bonsal, 1831.

Skidmore, Thomas. The Rights of Man to Property! New York: Alexander Ming, 1829.

Smith, Adam. The Theory of Moral Sentiments. Indianapolis: Liberty Fund, 1976.

Steward, Ira. "A Reduction of Hours an Increase of Wages," in A Documentary History of American Industrial Society, ed. T. Fly. Norman: The Arthur H. Clark Company, 1910.

——— "Poverty," in Fourth Annual Report of the Bureau of Statistics of Labor, ed. Massachusetts Bureau of Statistics of Labor. Vol. 173. Boston: Wright & Potter, State Printers, 1873.

——— The Eight Hour Movement: A Reduction of Hours Is an Increase of Wages. Boston: Boston Labor Reform Association, 1865.

——— The Meaning of the Eight Hour Movement. Boston: Ira Steward, 1868.

Stone, W. W. "The Knights of Labor on the Chinese Situation." Overland Monthly and Out West Magazine VII, no. 39 (March, 1886): 225–30.

Sullivan, James. James Sullivan to Jeremy Belknap, eds. Philip B. Kurland and Ralph Lerner. Vol. 1. Chicago: University of Chicago Press, 1986.

Sumner, William Graham. "The Absurd Effort to Make the World Over." Forum Mar. 1894: 92-102.

—— What Social Classes Owe to Each Other. New York: Harper & Brothers Publishers, 1883.

Sylvis, James C. "Biography of William H. Sylvis," in The Life, Speeches, Labors and Essays of William H. Sylvis, ed. James C. Sylvis. Philadelphia: Claxton, Remsen & Haffelfinger, 1872.

Sylvis, William H. "Address Delivered at Buffalo, N.Y., January, 1864," in The Life, Speeches, Labors and Essays of William H. Sylvis, ed. James C. Sylvis. Philadelphia: Claxton, Remsen & Haffelfinger, 1872.

—— "Address Delivered at Chicago, January 9, 1865," in The Life, Speeches, Labors and Essays of William H. Sylvis, ed. James C. Sylvis. Philadelphia: Claxton, Remsen & Haffelfinger, 1872.

—— "Aristocracy of Intellect," in The Life, Speeches, Labors and Essays of William H. Sylvis, ed. James C. Sylvis. Philadelphia: Claxton, Remsen & Haffelfinger, 1872.

—— "Co-Operation," in The Life, Speeches, Labors and Essays of William H. Sylvis, ed. James C. Sylvis. Philadelphia: Claxton, Remsen &Haffelfinger, 1872.

—— "The Uses of Co-Operation," in The Life, Speeches, Labors and Essays of William H. Sylvis, ed. James C. Sylvis. Philadelphia: Claxton, Remsen & Haffelfinger, 1872.

Tiedeman, Christopher Gustavus. A Treatise on the Limitations of the Police Power in the United States. St. Louis, MO: The F. H. Thomas Law Book Co., 1886.

Tocqueville, Alexis de. Democracy in America, trans. George Lawrence. New York: HarperCollins, 2006.

Tucker, St. George. A Dissertation on Slavery, in Blackstone's Commentaries, eds. Philip B. Kurland and Ralph Lerner. Vol. 1. Chicago: University of Chicago Press, 1986.

Warren, Josiah. "Letter from Josiah Warren," in A Documentary History of American Industrial Society Volume v: the Labor Movement, eds. John R. Commons et al. Cleveland, OH: The Arthur H. Clark Company, 1910.

Whitwell, Stedman. "Description of an Architectural Model From a Design by Stedman Whitwell, Esq. for a Community upon a Principle of United Interests, as Advocated by Robert Owen, Esq.," in Cooperative Communities: Plans and Descriptions, ed. Kenneth E. Carpenter. New York: Arno Press, 1972.

보조문헌

Ackerman, Bruce. We the People: Foundations. Cambridge, MA: The Belknap Press of Harvard University Press, 1991.

Adair, Douglass G. The Intellectual Origins of Jeffersonian Democracy: Republicanism, the Class Struggle, and the Virtuous Farmer. Lanham: Lexington Books, 1964.

Adamic, Louis. Dynamite; the Story of Class Violence in America. New York: Chelsea House Publishers, 1971.

American Civil Liberties Union, "Legislative Briefing Kit: Wrongful Discharge," (December 31, 1998).

Appleby, Joyce. Capitalism and a New Social Order: The Republican Vision of the 1790s. New York: New York University Press, 1984.

—— "Republicanism in Old and New Contexts." The William and Mary Quarterly 43.1 (1986): 20-34.

—— "The 'Agrarian Myth' in the Early Republic," in Liberalism and Republicanism in the Historical Imagination. Cambridge, MA: Harvard University Press, 1992.

Arky, Louis H. "The Mechanics' Union of Trade Associations and the Formation of the Philadelphia Workingmen's Movement." The Pennsylvania Magazine of History and Biography 76.2 (1952): 142-76.

Barber, Alan. "Pro-Union Workers Fired in Over One-fourth of Union Election Campaigns." The Center for Economic and Policy Research (March 4, 2009).

Benedict, Les Michael. "Laissez-Faire and Liberty: A Re-Evaluation of the Meaning and Origins of Laissez-Faire Constitutionalism." Law and History Review 3.2 (1985): 293-331.

Bennett-Smith, Meredith. "Indiana AT&T Technicians File Class Action Lawsuit Citing Grim Break Conditions." The Huffington Post, (August 14, 2012).

Berlin, Isaiah. "Two Concepts of Liberty." Four Essays on Liberty. Oxford and New York: Oxford University Press, 1979.

Bertram, Chris et al., "Let It Bleed: Libertarianism and the Workplace," Crooked Timber, (July 1, 2012).

Bestor, A. E., Jr. "The Evolution of the Socialist Vocabulary." Journal of the History of Ideas (1948): 259-302.

Bogin, Ruth. "Petitioning and the New Moral Economy of Post-Revolutionary America." The William and Mary Quarterly 45.3 (1988): 392-425.

Brest, Paul et al. Processes of Constitutional Decisionmaking: Cases and Materials. 4 ed. Boston: Little Brown, 2003.

Brown, Robert Maxwell. "Back Country Rebellions and the Homestead Ethic in America, 1749-1799," in Tradition, Conflict, and Modernization: Perspectives on the American Revolution, eds. Richard Maxwell Brown and Don Fehrenbacher. New York: Academic Press, 1977.

Brunt, Paul A. "The Roman Mob." Past & Present 35 (1966): 3-27.

Buhle, Paul. "The Republic of Labor: the Knights in Rhode Island," in From the Knights of Labor to the New World Order: Essay on Labor and Culture. New York: Garland Publishing, Inc., 1997.

Burke, Martin J. The Conundrum of Class: Public Discourse on the Social Order in America. Chicago: University of Chicago Press, 1995.

Bushman, Richard L. "Massachusetts Farmers and the Revolution," in Society, Freedom, and Conscience: The American Revolution in Virginia, Massachusetts, and New York, ed. Richard M. Jellison. New York: W. W. Norton & Company, 1976.

Carter, Ian. "How Are Power and Unfreedom Related?," in Republicanism and Political Theory, eds. Cecil Laborde and John Maynor. Oxford: Blackwell Publishing, 2008.

Casassas, David. "Basic Income and the Republican Ideal: Rethinking Material Independence in Contemporary Societies," Basic Income Studies 2,2 (2008): 1-7.

Claeys, Gregory. "Introduction," in The Politics of English Jacobinism: Writings of John Thelwall, ed. Gregory Claeys. University Park: Pennsylvania State University Press, 1995.

—— "The Origins of the Rights of Labor: Republicanism, Commerce, and the Construction of Modern Social Theory in Britain, 1796-1805." The Journal of Modern History 66,2 (1994): 249-90.

Cotlar, Seth. Tom Paine's America: The Rise and Fall of Transatlantic Radicalism in the Early Republic. Charlottesville: University of Virginia Press, 2011.

Crowell, Chris. "Housekeeping Communication Gets More Efficient, High-Tech," Hotelmanagement.net, (October 6, 2008).

Cunliffe, Marcus. Chattel Slavery and Wage Slavery: The Anglo-American Context, 1830-1860. Athens: University of Georgia Press, 1979.

Currarino, Rosanne. The Labor Question in America: Economic Democracy in the Gilded Age. Urbana: Unitersity of Illinois Press, 2011.

Dagger, Richard. Civic Virtues: Rights, Citizenship, and Republican Liberalism. Oxford: Oxford University Press, 1997.

―― "Neo-Republicanism and the Civic Economy." Politics, Philosophy & Economics 5.2 (2006): 151–73.

De Ste Croix, G. E. M. "Review: Slavery." The Classical Review 7.1 (1957): 54–59.

Domhoff, G. William. "Wealth, Income, and Power" Who Rules America, accessible at http://www2.ucsc.edu/whorulesamerica/power/wealth.html.

Douglas, Dorothy W. "Ira Steward on Consumption and Unemployment." The Journal of Political Economy 40.4 (1932): 532–43.

Dubofsky, Melvyn. Industrialism and the American Worker. Arlington Heights, IL: Harlan Davidson, Inc., 1985.

Egelko, Bob. "Employers Must Pay if They Deny Lunch Breaks." The San Francisco Chronicle, (February 18 2011).

Emerson, Ramona. "13 Controversial Facebook Firings: Palace Guards, Doctors, Teachers and More." The Huffington Post, (October 17, 2011).

Epstein, Richard A. "Modern Republicanism, Or, The Flight From Substance." Yale Law Journal 97.8 (1988): 1633–50.

Ernst, Joseph A. "Shays's Rebellion in Long Perspective: The Merchants and the 'Money Question,'" in In Debt to Shays: The Bicentennial of an Agrarian Rebellion, Ed. Robert A. Gross. Boston: The Colonial Society of Massachusetts, 1993.

Fink, Leon. "From Autonomy to Abundance: Changing Beliefs about the Free Labor System in Nineteenth-Century America," in Terms of Labor: Slavery, Serfdom, and Free Labor, ed. Stanley L. Engerman. Stanford, CA: Stanford University Press, 1999.

―― "The New Labor History and the Powers of Historical Pessimism: Consensus, Hegemony and the Case of the Knights of Labor." The Journal of American History 75.1 (1988): 115–36.

―― Workingmen's Democracy: The Knights of Labor and American Politics. Urbana and Chicago: University of Illinois Press, 1985.

Finley, Moses. "Between Slavery and Freedom." Comparative Studies in Society and History 6.3 (1964): 233–249.

―― The Ancient Economy. Updated. Berkeley: University of California Press, 1999.

―― "Was Greek Civilization Based on Slave Labour?," in Slavery in Classical Antiquity:

Views and Controversies, ed. M. I. Finley. Cambridge: W. Heffer & Sons Ltd., 1960.

Foner, Eric. "Abolitionism and the Labor Movement." Politics and Ideology in the Age of the Civil War. Oxford: Oxford University Press, 1980.

Foner, Eric. Free Soil, Free Labor, Free Men: The Ideology of the Republican Party before the Civil War. London, New York: Oxford University Press, 1971.

—— Nothing but Freedom: Emancipation and Its Legacy. Baton Rouge: Louisana State University Press, 2007.

—— The Story of American Freedom. New York: W. W. Norton, 1998.

—— "Workers and Slavery," in Working for Democracy: American Workers from the Revolution to the Present, eds. Paul Buhle and Alan Dawley. Urbana: University of Illinois Press, 1985.

Foner, Philip S. History of the Labor Movement in the United States, Volume 1: From Colonial Times to the Founding of the American Federation of Labor. New York: International Publishers, 1982.

Fones-Wolf, Ken. The Boston Eight-Hour Men and the Emergence of American Trade Union Principles, 1863–1891. Bethesda: University of Maryland Press, 1979.

Forbath, William. "Ambiguities of Free Labor: Labor and the Law in the Gilded Age." Wisconsin Law Review (1985): 767.

—— "Caste, Class, and Equal Citizenship." Michigan Law Review 98.1 (1999): 1–91.

—— Law and the Shaping of the American Labor Movement. Cambridge, MA: Harvard University Press, 1991.

Foxwell, H. S. "Introduction," in The Right to the Whole Produce of Labor, ed. H. S. Foxwell. New York: Macmillan and Co., Limited, 1899. v–cx.

—— "From the Line of MOST Resistance." American Federationist 22 (1922): 263.

Garnsey, Peter. Ideas of Slavery from Aristotle to Augustine. Cambridge: Cambridge University Press, 1996.

—— "Non-Slave Labour in the Roman World." Cambridge Philological Society Supplementary Volume no. 6 (1980): 34–47.

—— "Peasants in Ancient Roman Society," in Cities, Peasants and Food in Classical Antiquity, ed. Walter Scheidel. Cambridge: Cambridge University Press, 1998.

—— Social Status and Legal Privilege in the Roman Empire. Oxford: Oxford University Press, 1970.

Ghosh, Eric. "From Republican to Liberal Liberty." History of Political Thought XXIX.1 (2008): 132–67.

Gilbert, Amos. The Life of Thomas Skidmore, ed. Mark Lause. Chicago: Charles H. Kerr Publishing Company, 1984.

Gillman, Howard. The Constitution Besieged: The Rise and Demise of Lochner Era Police Powers Jurisprudence. Durham, NC: Duke University Press, 1993.

Glendon, Mary Ann, ed. Seedbeds of Virtue: Sources of Competence, Character, and Citizenship in American Society. Lanham, MD: Madison Books, 1995.

Glickman, Lawrence B. A Living Wage: American Workers and the Making of Consumer Society. Ithaca, NY: Cornell University Press, 1997.

Goodin, Robert E. "Folie RéNewpublicaine." Annual Review of Political Science 6.1 (2003): 55–76.

Gourevitch, Alex. "Labor and Republican Liberty." Constellations 18.3 (2011): 431–54.

—— "Labor Republicanism and the Transformation of Work." Political Theory 41.4 (2013): 591–617.

—— "Review: Rosanne Currarino's the Labor Question in America: Economic Democracy in the Gilded Age." Historical Materialism 21.2 (2013): 179–90.

—— "William Manning and the Political Theory of the Dependent Classes." Modern Intellectual History 9.2 (2012): 331–60.

Greenberg, Joshua R. "'Powerful – Very Powerful Is the Parental Feeling': Fatherhood, Domestic Politics, and the New York City Working Men's Party." Early American Studies: An Interdisciplinary Journal 2.1 (2004): 192–227.

Grob, Gerald N. Workers and Utopia: A Study of Ideological Conflict in the American Labor Movement, 1865–1900. Evanston, IL: Northwestern University Press, 1961.

Gutman, Herbert. Work, Culture and Society in Industrializing America. New York: Vintage, 1976.

Hacker, Barton C. "The United States Army as a National Police Force: The Federal Policing of Labor Disputes, 1877–1898." Military Affairs 33.1 (1969): 1–11.

Hankins, James. "Exclusivist Republicanism and the Non-Monarchical Republic." Political Theory 38.4 (2010): 452–82.

Hansen, Mogens Herman. The Athenian Democracy in the Age of Demosthenes. Oxford: Blackwell, 1991.

Harris, David Anthony. Socialist Origins in the United States. Amsterdam: Van Gorcum

& Co., 1966.

Hartz, Louis. The Liberal Tradition in America. New York: Harcourt, Brace & World, Inc., 1955.

tHenwood, Doug. After the New Economy. New York: The New Press, 2003.

Hess, Amanda. "How Sexy Should A Worker Be? The Plight of the Babe in the American Workplace." Slate Magazine, (July 29, 2013).

Herzog, Don. "Some Questions for Republicans." Political Theory 14.3 (1986): 473–93.

Hirschman, Albert O. The Passions and the Interests: Political Arguments for Capitalism before Its Triumph. Princeton, NJ: Princeton University Press, 1996.

Hofstadter, Richard. The American Political Tradition and the Men Who Made It. New York: Knopf, 1973.

Hopkins, Keith. Conquerors and Slaves. Cambridge: Cambridge University Press, 1981.

Horner, Clare Dahlberg. Producers' Co-Operatives in the United States, 1865–1890. Ph.D Dissertation. University of Pittsburgh, 1978.

Horwitz, Morton J. "Republicanism and Liberalism in American Constitutional Thought." William & Mary Law Review 29 (1987): 57–74.

—— Transformation of American Law, 1870–1960: The Crisis of Legal Orthodoxy. Oxford University Press, 1994.

Houston, Alan Craig. Algernon Sidney and the Republican Heritage in England and America. Princeton, NJ: Princeton University Press, 1991.

Hsieh, Nien-hêNew. "Rawlsian Justice and Workplace Republicanism." Social Theory and Practice 31.1 (2005): 115–42.

Hsu, Tiffany. "Amazon Warehouse Employees Overheated ahead of Holiday Season" The Los Angeles Times, (September 19 2011).

—— The Institutes of Justinian, trans. J. B. Moyle. Charleston, SC: BiblioBazaar, 2008.

Jameson, Michael H. "Agriculture and Slavery in Classical Athens." The Classical Journal 73.2 (1977): 122–45.

Jamieson, Dave. "Amazon Warehouse Workers Sue over Security Checkpoint Waits." The Huffington Post, (May 8, 2013).

Jones, A. H. M. "Slavery in the Ancient World," in Slavery in Classical Antiquity: Controversies and Debates, ed. Moses Finley. Cambridge: W. Heffer & Sons Ltd., 1960.

Jurdjevic, Mark. "Virtue, Commerce, and the Enduring Florentine Republican Moment:

Reintegrating Italy Into the Atlantic Republican Debate." Journal of the History of Ideas 62.4 (2001): 721–43.

Kalyvas, Andreas and Ira Katznelson. Liberal Beginnings. Cambridge: Cambridge University Press, 2008.

Kapust, Daniel. "Skinner, Pettit and Livy: The Conflict of the Orders and the Ambiguity of Republican Liberty." History of Political Thought XXV.3 (2010): 377–401.

Keyssar, Alexander. The Right to Vote: The Contested History of Democracy in the United States. New York: Basic Books, 2000.

King, J. E. "Utopian or Scientific? A Reconsideration of the Ricardian Socialists." History of Political Economy 15.3 (1983): 345–73.

Kramer, Larry. The People Themselves: Popular Constitutionalism and Judicial Review. New York: Oxford University Press, 2004.

Kramer, Matthew H. "Liberty and Domination," in Republicanism and Political Theory, eds. Cecile Laborde and John Maynor. Oxford: Blackwell, 2008.

Kramnick, Isaac. "Republican Revisionism Revisited." The American Historical Review 87.3 (1982): 629–64.

Krause, Sharon. "Beyond Non-Domination: Agency, Inequality, and the Meaning of Freedom." Philosophy and Social Criticism 39.2 (2013): 187–208.

Larmore, Charles. "Liberal and Republican Conceptions of Freedom," in Republicanism: History, Theory and Practice, ed. Daniel Weinstock. London: Routledge, 2004.

Laurie, Bruce. Working People of Philadelphia, 1800–1850. Philadelphia: Temple University Press, 1980.

Lause, Mark A. Young America: Land, Labour, and the Republican Community. Champaign: University of Illinois Press, 2005.

Lee, Daniel. "Popular Liberty, Princely Government, and the Roman Law in Hugo Grotius's De Jure Belli Ac Pacis." Journal of the History of Ideas 72.3 (2011): 371–92.

Leikin, Steven. The Practical Utopians: American Workers and the Cooperative Movement in the Gilded Age. Detroit: Wayne State University Press, 2004.

Levine, Susan. Labor's True Woman: Carpet Weavers, Industrialization, and Labor Reform in the Gilded Age. Philadelphia: Temple University Press, 1984.

—— "Labor's True Woman: Domesticity and Equal Rights in the Knights of Labor."

The Journal of American History 70.2 (1983): 323–39.

———— "Liberty before Liberalism and All That: Quentin Skinner Interviewed by Richard Marshall" 3am Magazine, (February 18, 2013), accessible at http://www.3ammagazine. com/3am/liberty-before-liberalism-all-that.

Lintott, Andrew. "Citizenship," in A Companion to Ancient History, ed. Andrew Erskine. West Sussex: Blackwell, 2009.

———— Judicial Reform and Land Reform in the Roman Republic. Cambridge: Cambridge University Press, 1992.

———— The Constitution of the Roman Republic. Oxford: Clarendon Press, 1999.

Little, Lyneka. "AT&T Workers Claim Lunch Break Violations." ABC News, (August 15, 2012).

Lowenthal, Esther. "The Ricardian Socialists." Studies in History, Economics and Public Law XLVI.I (1911): 5–105.

Lurie, Jonathan and Ronald LabbéNew. The Slaughterhouse Cases: Regulation, Reconstruction, and the Fourteenth Amendment. Lawrence: University Press of Kansas, 2003.

Macpherson, C. B. "Harrington as Realist: a Rejoinder." Past & Present 24 (1963): 82–85.

Maddox, Graham. "The Limits of Neo-Roman Liberty." History of Political Thought XXIII.3 (2002): 418–31.

Maihofer, Werner. "The Ethos of the Republic and the Reality of Politics," in Machiavelli and Republicanism, eds. Quentin Skinner and Maurizio Viroli Gisela Bock. Cambridge: Cambridge University Press, 1990.

Mandel, Bernard. Labor, Free and Slave: Workingmen and the Anti-Slavery Movement in the United States. Champaign: University of Illinois Press, 1955.

Markell, Patchen. "The Insufficiency of Non-Domination." Political Theory 36.1 (2008): 9–36.

Maynor, John and Cecil Laborde. "The Republican Contribution to Political Theory," in Republicanism and Political Theory, eds. Cecil Laborde and John Maynor. Oxford: Blackwell Publishing, 2008.

Maynor, John W. Republicanism in the Modern World. Oxford: Polity, 2003.

McCormick, John P. "Machiavelli against Republicanism: on the Cambridge School's 'Guicciardinian Moments.'" Political Theory 31.5 (2003): 615–43.

Menger, Anton. The Right to the Whole Produce of Labour, ed. H. S. Foxwell, trans. M.

E. Tanner. London: Macmillan and Co., 1899.

Meyerson, Harold. "If Labor Dies, What's Next?" The American Prospect, (September 13 2012).

Michelman, Frank I. "Law's Republic." Yale Law Journal 97.8 (1988): 1493–537.

Millar, Fergus. The Roman Republic in Political Thought. Hanover: University Press of New England, 2002.

Miner, C. "The 1886 Convention of the Knights of Labor." Phylon (1960-) 44.2 (1983): 147–59.

Montgomery, David. Beyond Equality: Labor and the Radical Republicans 1862–1872. New York: Alfred A. Knopf, 1967.

—— Citizen-Worker: The Experience of Workers in the United States with Democracy and the Free Market During the Nineteenth Century. Cambridge: Cambridge University Press, 1995.

—— "Labor and the Republic in Industrial America: 1860–1920." Le Mouvement social 111.Georges Haupt parmi nous (1980): 201–15.

—— "The Working Classes of the Pre-Industrial American City, 1780–1830." Labor History IX (1968): 3–22.

—— "William H. Sylvis and the Search for Working-Class Citizenship," in Labor Leaders in America, ed. Warren Van Tine and Melvyn Dubofsky. Urbana and Chicago: University of Illinois Press, 1987.

Morgan, Edmund. American Slavery, American Freedom. New York: W. W. Norton & Co., 1975.

—— "Slavery and Freedom: The American Paradox." The Journal of American History 59.1 (1972): 5–29.

MosséNew, Claude. The Ancient World at Work, trans. Janet Lloyd. New York: W. W. Norton & Company, 1969.

Nelson, Eric. "Liberty: One Concept Too Many?" Political Theory 33.1 (2005): 58–78.

—— The Greek Tradition in Republican Thought. Cambridge: Cambridge University Press, 2004.

New, John F. H. "Harrington, a Realist?" Past & Present 24 (1963): 75–81.

—— "The Meaning of Harrington's Agrarian." Past & Present 25 (1963): 94–95.

Nicolet, Claude. The World of the Citizen in Republican Rome, trans. P. S. Falla. Berkeley: University of California Press, 1980.

Novak, William. "The Legal Origins of the Modern American State," in Looking Back at Law's Century, eds. Robert Kagan and Austin Sarat Bryant Garth. Ithaca, NY: Cornell University press, 2001.

Ober, Josiah. Mass and Elite in Democratic Athens: Rhetoric, Ideology, and the Power of the People. Princeton, NJ: Princeton University Press, 1990.

Oestreicher, Richard. "A Note on Knights of Labor Membership Statistics." Labor History 25.1 (1984): 102-08.

—— "Socialism and the Knights of Labor in Detroit, 1877-1886." Labor History 22.1 (1981): 5-30.

—— Solidarity and Fragmentation: Working People and Class Consciousness in Detroit, 1875-1900. Urbana: University of Illinois Press, 1986.

—— "Terence v. Powderly, the Knights of Labor, and Artisanal Republicanism," in Labor Leaders in America, ed. Warren Van Tine and Melvyn Dubofsky. Urbana and Chicago: University of Illinois Press, 1987.

Oldfield, Adrian. Citizenship and Community: Civic Republicanism and the Modern World. London; New York: Routledge, 1990.

Patten, Alan. "The Republican Critique of Liberalism." British Journal of Political Science 26.1 (1996): 25-44.

Patterson, Orlando. Freedom Vol. 1: Freedom in the Making of Western Culture. New York: Basic Books, 1991.

Pessen, Edward. Most Uncommon Jacksonians: The Radical Leaders of the Early Labor Movement. Albany: State University of New York Press, 1967.

—— "The Ideology of Stephen Simpson, Upperclass Champion of the Early Philadelphia Workingmen's Movement." Pennsylvania History 22.4 (1955): 328-40.

—— "The Workingmen's Movement of the Jacksonian Era." The Mississippi Valley Historical Review 43.3 (1956): 428-43.

—— "Thomas Skidmore, Agrarian Reformer in the Early American Labor Movement." New York History 35.3 (1954): 280-96.

Pettit, Philip. "A Republican Right to Basic Income?." Basic Income Studies 2.2 (2007): 1-8.

—— "Freedom in the Market." Politics, Philosophy & Economics 5.2 (2006): 131-49.

—— "Republican Freedom: Three Axioms, Four Theorems," in Republicanism and Political Theory, eds. Cecil Laborde and John Maynor. Oxford: Blackwell

Publishing, 2008.

—— Republicanism: A Theory of Freedom and Government. Oxford: Oxford University Press, 1999.

Pitts, Jennifer. "Republicanism, Liberalism, and Empire in Post-Revolutionary France," in Empire and Political Thought, ed. Sankar Muthu. Cambridge: Cambridge University Press, 2012.

Pocock, J. G. A. "Review: Virtue and Commerce in the Eighteenth Century." Journal of Interdisciplinary History 3.1 (1972): 119–34.

—— The Machiavellian Moment: Florentine Political Thought and the Atlantic Republican Tradition. Princeton, NJ: Princeton University Press, 2003.

Pope, James Gray. "Labor's Constitution of Freedom." Yale Law Journal 106.4 (1997): 941–1031.

—— "The Thirteenth Amendment versus the Commerce Clause: Labor and the Shaping of American Constitutional Law, 1921–1957." Columbia Law Review 102.1 (2002): 1–122.

Rahe, Paul. "Antiquity Surpassed: the Repudiation of Classical Republicanism," in Republicanism, Liberty, and Commercial Society, ed. David Wootton. Stanford, CA: Stanford University Press, 1994.

Rana, Aziz. The Two Faces of American Freedom. Cambridge, MA: Harvard University, 2010.

Rawson, Elizabeth. "The Ciceronian Aristocracy and Its Properties," in Studies in Roman Property, ed. M. I. Finley. Cambridge: Syndics of the Cambridge University Press, 1976.

Resnikoff, Ned. "ACLU locked in contract dispute with employee union" MSNBC, (July 25, 2013).

Robbins, Caroline. The Eighteenth Century Commonwealthman. Indianapolis, IN: Liberty Fund, 2004.

Rodgers, Daniel T. The Work Ethic in Industrial America, 1850–1920. Chicago: University of Chicago Press, 1979.

Roediger, David R. "Ira Steward and the Anti-Slavery Origins of American Eight-Hour Theory." Labor History 27.3 (1986): 410–26.

—— The Wages of Whiteness: Race and the Making of the American Working Class. New York: Verso, 1999.

Rorabaugh, W. J. "'I Thought I Shall Liberate Myself From the Thraldom of Others': Apprentices, Masters, and the Revolution," in Beyond the American Revolution: Explorations in the History of American Radicalism, ed. Alfred F. Young. Dekalb: Northern Illinois University Press, 1993.

Ross, Philip and Philip Taft. "American Labor Violence: Its Causes, Character, and Outcome," in The History of Violence in America: A Report to the National Commission on the Causes and Prevention of Violence, eds. Hugh Davis Graham and Ted Robert Gurr. 1969.

Rupprecht, Arthur Albert. A Study of Slavery in the Late Roman Republic from the Works of Cicero. Philadelphia: University of Pennsylvania, 1960.

Sandel, Michael J. Democracy's Discontent: America in Search of a Public Philosophy. Cambridge, MA: Harvard University Press, 1996.

Sawyer, Laura Phillips. "Contested Meanings of Freedom: Workingmen's Wages, the Company Store System, and the Godcharles v. Wigeman Decision." The Journal of the Gilded Age and Progressive Era 12.3 (2013): 285–319.

Schofield, Malcolm. "Cicero's Definition of Res Publica," in Cicero the Philosopher: Twelve Papers, ed. J. G. F. Powell. Oxford: Clarendon Press, 1995.

Schultz, Ronald. The Republic of Labor: Philadelphia Artisans and the Politics of Class, 1720–1830. New York: Oxford University Press, 1993.

—— "The Small-Producer Tradition and the Moral Origins of Artisan Radicalism in Philadelphia 1720–1810." Past & Present 127 (1990): 84–116.

Scott, Rebecca J. Degrees of Freedom: Louisiana and Cuba after Slavery. Cambridge, MA: Harvard University Press, 2009.

Sellers, Charles. The Market Revolution: Jacksonian America, 1815–1846. Oxford: Oxford University Press, 1994.

Shalhope, Robert E. "Thomas Jefferson's Republicanism and Antebellum Southern Thought." The Journal of Southern History 42.4 (2007): 529–56.

Shklar, Judith. American Citizenship: The Quest for Inclusion. Cambridge, MA: Harvard University Press, 1991.

—— Ordinary Vices. Cambridge, MA: Harvard University Press, 1995.

Silverman, Rachel Emma. "Tracking Sensors Invade the Workplace." The Wall Street Journal, (March 7, 2013).

Skinner, Quentin. "A Third Concept of Liberty." Proceedings of the British Academy

117,237 (2002): 237–68.

—— "Freedom as the Absence of Arbitrary Power," in Republicanism and Political Theory, eds. Cecil Laborde and John Maynor. Oxford: Blackwell, 2008.

—— Liberty before Liberalism. Cambridge; New York: Cambridge University Press, 1998.

—— "Machiavelli's Discorsi and the Pre-Humanist Origins of Republican Ideas," in Machiavelli and Republicanism, eds. Gisela Bock, Maurizio Viroli, and Quentin Skinner. Vol. 120. Cambridge: Cambridge University Press, 1993.

—— "The Republican Ideal of Political Liberty," in Machiavelli and Republicanism, eds. Gisela Bock, Maurizio Viroli, and Quentin Skinner. Cambridge: Cambridge University Press, 1990.

—— Visions of Politics Vol. 1: Regarding Method. Cambridge: Cambridge University Press, 2002.

Skocpol, Theda. Protecting Soldiers and Mothers: The Political Origins of Social Policy in the United States. Cambridge, MA: Harvard University Press, 1992.

Skydsgaard, J. E. "The Disintegration of the Roman Labour Market and the Clientela Theory," in Studia Romana in Honorem Petri Krarup Septuagenarii, ed. Karen Ascani. Odense: Odense University Press, 1976.

Stanley, Amy Dru. From Bondage to Contract: Wage Labor, Marriage, and the Market in the Age of Slave Emancipation. Cambridge: Cambridge University Press, 1998.

Starr, Chester G. "An Overdose of Slavery." The Journal of Economic History 18,1 (1958): 17–32.

Steinfeld, Robert J. "Changing Legal Conceptions of Free Labor," in Terms of Labor: Slavery, Serfdom and Free Labor, ed. Stanley L. Engerman. Stanford, CA: Stanford Univerity Press, 1999.

Stone, Geoffrey R. Perilous Times: Free Speech in Wartime from the Sedition Act of 1798 to the War on Terrorism. New York: W. W. Norton & Co., 2004.

Strauss, Eric M. "Iowa Woman Fired for Being Attractive: Looks Back and Moves On." ABC News, (August 2, 2013).

Sunstein, Cass. "Beyond the Republican Revival." Yale Law Journal 97,8 (1988): 1539–90.

Taylor, Alan. "Agrarian Independence: Northern Land Rioters after the Revolution," in Beyond the American Revolution: Explorations in the History of American Radicalism, ed. Alfred F. Young. DeKalb: Northern Illinois University Press,

1993.

Tise, Larry E. Proslavery: A History of the Defense of Slavery in America, 1701–1840. Athens: University of Georgia Press, 1987.

Tomlins, Christopher L. The State and the Unions: Labor Relations, Law, and the Organized Labor Movement in America, 1880–1960. Cambridge: Cambridge University Press, 1985.

Trachtenberg, Alan. The Incorporation of America: Culture and Society in the Gilded Age. New York: Hill and Wang, 1982.

Treggiari, Susan. "The Freedmen of Cicero." Greece & Rome 16,2 (1969): 195–204.

Urbina, Ian. "As OSHA Emphasizes Safety, Long-Term Health Risks Fester." The New York Times, (March 30, 2013).

Urbinati, Nadia. Mill on Democracy: From the Athenian Polis to Representative Government. Chicago: University of Chicago Press, 2002.

Vega, Tanzina. "In Ads, the Workers Rise Up … and Go to Lunch." The New York Times, (July 7 2012).

Velasco, J. D. "Fired Gay Water Polo Coach and Supporters Protest at Charter Oak Board Meeting." San Gabriel Valley Tribune, (October 7, 2011).

Viroli, Maurizio. Republicanism. New York: Hill and Wang, 2002.

Voss, Kim. The Making of American Exceptionalism: The Knights of Labor and Class Formation in the Nineteenth Century. Ithaca, NY: Cornell University Press, 1993.

Ware, Norman. The Labor Movement in the United States, 1860–1895: A Study in Democracy. New York: Vintage Books, 1929.

Wasserman, Todd. "Amazon Dragged Into Applebee's Latest Jokey Campaign." Mashable, (July 25, 2012).

Weir, Robert E. "'Here's to the Men WHO Lose!': The Hidden Career of Victor Drury." Labor History 36,4 (1995): 530–56.

—— "A Dubious Equality: Leonora Barry and Women in the KOL," in The Knights Unhorsed: Internal Conflict in a Gilded Age Social Movement. Detroit: Wayne State University Press, 2000.

—— Beyond Labor's Veil. University Park, PA: Penn State Press, 1996.

—— Knights Unhorsed. Detroit: Wayne State University Press, 2000.

Westermann, W. L. "Slavery and the Elements of Freedom," in Slavery in Classical Antiquity: Views and Controversies, ed. M. I. Finley. Cambridge: W. Heffer &

Sons Ltd., 1960.

Wilentz, Michael Merrill and Sean. "William Manning and the Invention of American Politics," in The Key of Liberty: The Life and Writings of William Manning, "a Laborer," 1747–1814, eds. Michael Merril and Sean Wilentz. Cambridge, MA: Harvard University Press, 1993.

Wilentz, Sean. "Against Exceptionalism: Class Consciousness and the American Labor Movement, 1790–1920." International Labor and Working Class History 26 (1984): 1–24.

—— Chants Democratic: New York City & the Rise of the American Working Class, 1788–1850. New York: Oxford University Press, 1984.

Winter, Yves. "Plebeian Politics: Machiavelli and the Ciompi Uprising." Political Theory 40.6 (2012): 736–66.

Wirszubski, Chaim. Libertas as a Political Idea at Rome during the Late Republic and Early Principate. Cambridge: Cambridge University Press, 1968.

Wolff, Edward N. "The Asset Price Meltdown and the Wealth of the Middle Class," published online (August 26, 2012), accessible at http://appam.confex.com/data/extendedabstract/appam/2012/Paper_2134_extendedabstract_151_0.pdf

Wood, Ellen Meiksins. Peasant-Citizen and Slave: The Foundations of Athenian Democracy. London: Verso, 1988.

—— "Why It Matters," London Review of Books 30.18 (2008): 3–6.

Wood, Gordon. "The Enemy Is Us: Democratic Capitalism in the Early Republic." Journal of the Early Republic 16.2 (1996): 293–308.

—— The Creation of the American Republic, 1776–1787. Chapel Hill: University of North Carolina Press, 1998.

Wood, Neal. Cicero's Social and Political Thought. Berkeley: University of California Press, 1988.

Wootton, David. "Introduction: The Republican Tradition: From Commonwealth to Common Sense," in Republicanism, Liberty, and Commercial Society, 1649–1776, ed. David Wootton. Stanford, CA: Stanford University Press, 1994.

Worden, B. "The Commonwealth Kidney of Algernon Sidney." The Journal of British Studies 24.1 (1985): 1–40.

미주

서문 노예제는 아직도 계속되고 있다.

1 Terence V. Powderly, ed. "Knights of Labor Platform – Preamble and Declaration of Principles", in 《Labor: Its Rights and Wrongs》 (Washington, DC: The Labor Publishing Company, 1886), 30.

2 Leon Fink, 《Workingmen's Democracy: The Knights of Labor and American Politics》 (Urbana and Chicago: University of Illinois Press, 1985), 150-72; Claudia Miner, "The 1886 Convention of the Knights of Labor", Phylon 44, no. 2(1983), 147-59; Robert E. Weir, 《Beyond Labor's Veil》 (Philadelphia: Pennsylvania State University Press, 1996), 46-51.

3 Terence V. Powderly, 《Thirty Years of Labor 1859-1889》 (Columbus, OH: Excelsior Publishing House, 1889), 659.

4 Rebecca J. Scott, 《Degrees of Freedom: Louisiana and Cuba After Slavery》 (Cambridge, MA: Harvard University Press, 2009), 61-88.

5 "Morgan City, LA., Aug. 29, 1887", 《The Journal of United Labor》 VIII, no. II (September 17, 1887), 2491. 《The Journal of United Labor》는 이하 《JUL》로 표기.

6 "Terrebonne, LA., Sept. 5, 1887", 《JUL》 VIII, no. 12 (September 26, 1887), 2496.

7 "Little Cailliou, LA., Oct 3, 1887", 《JUL》 VIII, no. 15 (October 15, 1887), 2508; "Hocma, LA., Sept. 21, 1887", 《JUL》 VIII, no. 13 (October 1, 1887), 2500.

8 Scott, 《Degrees of Freedom》, 61-93.

9 스콧(Scott)에 따르면, 파업 참가 노동자들이 1만여 명에 이른다는 주장이 있으나 다소 과장됐다. 다만 수천 명에 이른 것은 사실이다. 위의 책, 81.

10 "Franklin, LA", 《JUL》 VIII, no. 20 (November 17, 1887), 2528.

11 Clare Dahlberg Horner, 《Producers' Co-Operatives in the United States, 1865-1890》 (Pittsburgh: University of Pittsburgh Press, 1978), 40-1; Steven Leikin, 《The Practical Utopians: American Workers and the Cooperative Movement in the Gilded Age》 (Detroit, MI: Wayne State UniversityPress, 2004), 73.

12 Scott, 《Degree of Freedom》, 85

13 위의 책 87.

14 해방된 노예들에게 임금노동의 형식을 강요하는, 문제투성이의 시도들에 대해서는 다음을 참조. Eric Foner, 《Nothing but Freedom: Emancipation and Its Legacy》 (Baton Rouge: Louisiana State University Press, 2007), 79-90; Amy Dru Stanley, 《From Bondage to Contract: Wage Labor, Marriage, and the Market in the Age of Slave Emancipation》 (Cambridge: Cambridge University Press, 1998), 1-137.

15 Scott, 《Degrees of Freedom》, 36; Foner, 《Nothing but Freedom》, 79-90.

16 Foner, 《Nothing but Freedom》, 90-110. On the black militias in Louisiana, see Scott, 《Degrees of Freedom》, 50-58.

17 Scott, 《Degrees of Freedom》, 80.

18 Philip Taft and Philip Ross, "American Labor Violence: Its Causes, Character, and Outcome", in 《The History of Violence in America: A Report to the National Commission on the Causes and Prevention of Violence》, ed. Hugh Davis Graham and Ted Robert Gurr, 1969; William Forbath, 《Law and the Shaping of the American Labor Movement》 (Cambridge, MA: Harvard University Press, 1991); Louis Adamic, 《Dynamite: The Story of Class Violence in America》 (New York: Chelsea House Publishers, 1971); Barton C. Hacker, "The United States Army as a National Police Force: the Federal Policing of Labor Disputes, 1877–1898", 《Military Affairs》 33, no. I (April 1969), I-II.

19 John Swinton, "Bonapartism in America", 《John Swinton's Paper》 II, no. 100 (September 6, 1885). 《John Swinton's Paper》는 이하 《JSP》로 표기.

20 George E. McNeill, 《The Labor Movement: The Problem of to-Day》 (New York: The M. W. Hazen Co., 1892), 459.

21 S. M. Jelley, 《The Voice of Labor》 (Chicago: A. B. Gehman & Co., 1887), 203.

22 매사추세츠 주 스톤햄 지역의 협동조합에 대해서는 다음을 참조. Leikin, 《The Practical Utopians》, 89-115.

23 협동조합 규약에 대해서는 다음을 참조. Powderly, "Knights of Labor Platform-Declaration of Principles of the Knights of Labor," 30-3. 노동기사단은 약 500여 개의 생산자 협동조합과 수천 개의 소비자 협동조합을 설립한 것으로 추정된다. Leikin, 《The Practical Utopians》, 2.

24 Ira Steward, "Poverty," in 《Fourth Annual Report of the Bureau of Statistics of Labor》, ed. Massachusetts Bureau of Statistics of Labor, vol. 173 (Boston: Wright & Potter, State Printers, 1873), 412.

25 노동기사단에 대한 본격적인 연구는 주로 1970년대 말에서 1990년대 초에 집중적

으로 이뤄졌다. Norman Ware, 《The Labor Movement in the United States, 1860-1895: A Study in Democracy》 (New York: Vintage Books, 1929); Weir, 《Beyond Labor's Veil》; Kim Voss, 《The Making of American Exceptionalism: The Knights of Labor and Class Formation in the Nineteenth Century》 (Ithaca, NY: Cornell University Press, 1993); Gerald N. Grob, 《Workers and Utopia: A Study of Ideological Conflict in the American Labor Movement, 1865-1900》 (Evanston: Northwestern University Press, 1961); Fink, 《Workingmen's Democracy》; Susan Levine, 《Labor's True Woman: Carpet Weavers, Industrialization, and Labor Reform in the Gilded Age》 (Philadelphia: Temple University Press, 1984); Leikin, 《The Practical Utopians》; David Montgomery, "Labor and the Republic in Industrial America: 1860–1920", 《Le Mouvement Social》 111, no. Georges Haupt parmi nous (1980), 201-15; Herbert Gutman, 《Work, Culture and Society in Industrializing America》 (New York: Vintage, 1976); Richard Oestreicher, "Socialism and the Knights of Labor in Detroit, 1877-1886", 《Labor History》 22, no. 1 (1981), 5-30.

26 이에 대해 많은 연구가 진행됐으며 후에 상술한다. 다음 연구가 대표적이다. Quentin Skinner, 《Liberty before Liberalism》 (Cambridge: Cambridge University Press, 1998); Philip Pettit, 《Republicanism: A Theory of Freedom and Government》 (Oxford: Oxford University Press, 1999); Michael Sandel, 《Democracy's Discontent: America in Search of a Public Philosophy》 (Cambridge, MA: Harvard University Press, 1996).

27 키케로와 관련된 주제에 대해서는 다음을 참조. Peter Garnsey, 《Ideas of Slavery From Aristotle to Augustine》 (Cambridge: Cambridge University Press, 1996), 40-43; Andrew Lintott, 《The Constitution of the Roman Republic》 (Oxford: Clarendon Press, 1999), 220–32; Neal Wood, 《Cicero's Social and Political Thought》 (Berkeley: University of California Press, 1988); Eric Nelson, 《The Greek Tradition in Republican Thought》 (Cambridge: Cambridge University Press, 2004), 57-59. 1장의 논의를 참조.

28 이러한 접근은 다음 저작에 잘 나타나 있으며, 페팃의 《공화주의》, 샌델의 《민주주의의 불만》, 대거의 《시민적 덕성》에도 잘 나타나 있거니와 경제규제나 기본소득에 대한 저작들에서도 발견된다. 다음 예시를 참조. Philip Pettit, "Freedom in the Market", 《Politics, Philosophy & Economies》 5, no. 2 (June 1, 2006), 131-49; Philip Pettit, "A Republican Right to Basic Income?", 《Basic Income Studies》 2, no. 2 (December 2007), 1-8; Nien-hê Hsieh, "Rawlsian Justice and Workplace Republicanism", 《Social Theory and Practice》 31, no. 1 (2005), 115-42; Richard Dagger, "Neo-Republicanism and the Civic Economy", 《Politics, Philosophy

& Economies》 5, no. 2, (June 1, 2006), 151-73; Richard Dagger, 《Civic Virtues: Rights, Citizenship, and Republican Liberalism》 (Oxford: Oxford University Press, 1997). 법률적 공화주의에 대해서는 1988년에 《Yale Law Review》에 출간된 다음 논문들을 참조. 특히 선스타인(Sunstein)과 미첼만(Michelman)의 논문을 참조. Cass Sunstein, "Beyond the Republican Revival", 《Yale Law Journal》 97, no. 8 (July 1988), 1539-90; Frank I. Michelman, "Law's Republic", 《Yale Law Journal》 97, no. 8 (July 1988), 1493-537. Also Bruce Ackerman, 《We the People: Foundations》 (Cambridge, MA: The Belknap Press of Harvard University Press, 1991); Morton J. Horwitz, "Republicanism and Liberalism in American Constitutional Thought", 《William & Mary Law Review 29》 (1987), 57-74. 윌리엄 포어배스(William Forbath) 와 제임스 포프(James Pope)만이 자신들의 논문을 통해 노동공화주의에 대한 지속적인 관심을 기울였다. William Forbath, "Ambiguities of Free Labor: Labor and the Law in the Gilded Age" Wis. L. Rev. (1985), 767; James Gray Pope, "Labor's Constitution of Freedom", 《Yale Law Journal》 106, no. 4 (January 1997), 941-1031.

29 Quentin Skinner, "Machiavelli's Discorsi and the Pre-Humanist Origins of Republican Ideas", in 《Machiavelli and Republicanism》, ed. Gisela Bock Maurizio Viroli Quentin Skinner, vol. 120 (Cambridge: Cambridge University Press, 1993), 121-41; J. G. A. Pocock, 《The Machiavellian Moment: Florentine Political Thought and the Atlantic Republican Tradition》 (Princeton, NJ: Princeton University Press, 2003); J. G. A. Pocock, "Review: Virtue and Commerce in the Eighteenth Century", 《Journal of Interdisciplinary History》 3, no. 1 (Summer 1972), 119-34; Maurizio Viroli, 《Republicanism》 (New York: Hill and Wang, 2002); Nelson, 《The Greek Tradition in Republican Thought》; Mark Jurdjevic, "Virtue, Commerce, and the Enduring Florentine Republican Moment: Reintegrating Italy Into the Atlantic Republican Debate" 《Journal of the History of Ideas》 62, no. 4 (2001), 721-43; Caroline Robbins, 《The Eighteenth Century Commonwealthman》 (Indianapolis, IN: Liberty Fund, 2004); Gordon S. Wood, 《The Creation of the American Republic》, 1776-1787 (Chapel Hill: University of North Carolina Press, 1998); Pettit, 《Republicanism; Skinner, Liberty Before Liberalism》, 17-50.

30 Quentin Skinner, "A Third Concept of Liberty", 《Proceedings of the British Academy 117》, no. 237 (2002), 262.

31 '비지배'라는 용어에 대해서는 다음을 참조. Pettit, 《Republicanism》, 51-79. 나는 페 팃의 최근 저작(《On the People's Terms: A Republican Theory and Model of Democracy》

(Cambridge: Cambridge University Press, 2013))을 너무 늦게 받아서 내 책에 좀 더 의미 있는 방식으로 인용하지 못했다. 다만 페팃의 최근 저작이 '비지배'라는 용어를 좀 더 정제된 용어로 발전시킨 것은 사실이나, 공화주의의 역사나 노예제와 자유의 역설에 대해 새로운 논의를 제공하지 않고 있다는 점에서 나의 주장에는 별다른 영향을 미치지 못했다.

32 이런 식의 구분으로 인해 개념적인 왜곡과 전환 문제가 발생하기도 하거니와 이는 매우 복잡하며 지금도 계속되고 있는 것이 사실이다. 다음을 참조. Quentin Skinner,, "Freedom as the Absence of Arbitrary Power", 《Republicanism and Political Theory》 (2008), 83-101; Philip Pettit, "Republican Freedom: Three Axioms, Four Theorems", in 《Republicanism and Political Theory》, ed. Cecil Laborde and John Maynor (Oxford: Blackwell Publishing, 2008), 102-30; Cecil Laborde and John Maynor, "The Republican Contribution to Political Theory", in 《Republicanism and Political Theory》, ed. Cecil Laborde and John Maynor (Oxford: Blackwell Publishing, 2008), 1-28. 더 중요한 비판적 논의는 다음을 참조. Charles Larmore, "Liberal and Republican Conceptions of Freedom", in 《Republicanism: History, Theory and Practice》, ed. Daniel Weinstock (London: Routledge, 2004), 96-119; Alan Patten, "The Republican Critique of Liberalism", 《British Journal of Political Science 26》, no. 1 (January 1996), 25-44; Robert E. Goodin, "Folie Républicaine," 《Annual Review of Political Science 6》, no. I (June 2003), 55-76; Eric Nelson, "Liberty: One Concept Too Many?", 《Political Theory 33》, no. I (February 2005), 58-78; Matthew H. Kramer, "Liberty and Domination", in 《Republicanism and Political Theory》, ed. Cecile Laborde and John Maynor (Oxford: Blackwell, 2008), 31-57; Ian Carter, "How Are Power and Unfreedom Related?", in 《Republicanism and Political Theory》, ed. Cecil Laborde and John Maynor (Oxford: Blackwell Publishing, 2008), 58-82; Sharon Krause, "Beyond Non-Domination: Agency, Inequality, and the Meaning of Freedom", 《Philosophy and Social Criticism》 (2012); Patchen Markell, "The Insufficiency of Non-Domination", 《Political Theory 36》, no. 1 (February 1, 2008), 9-36.

33 Pettit, 《Republicanism》, 132.

34 Skinner, "A Third Concept of Liberty", 247.

35 Pettit, 《Republicanism》, so.

36 Isaiah Berlin, "Two Concepts of Liberty", in 《Four Essays on Liberty》 (Oxford: New York: Oxford University Press, 1979), 118-72.

37 Skinner, 《Liberty before Liberalism》, 116.

38 Pettit, 《Republicanism》, 132.

39 위의 책, 133. 자유주의적 관점의 기원에 대한 유사한 이론은 다음을 참조. Sandel, 《Democracy's Discontent》, 168-84.

40 Pettit, 《Republicanism》, 132.

41 John P. McCormick, "Machiavelli against Republicanism: On the Cambridge School's Guicciardinian Moments," 《Political Theory》 31, no. 5 (October 2003), 615-43; Eric Ghosh, "From Republican to Liberal Liberty", History of Political Thought XXIX, no. 1 (2008), 132-67; Daniel Kapust, "Skinner, Pettit and Livy: The Conflict of the Orders and the Ambiguity of Republican Liberty", 《History of Political Thought》 XXV, no. 3 (December 24, 2010), 377-401; Graham Maddox, "The Limits of Neo-Roman Liberty", 《History of Political Thought》 XXIII, no. 3 (2002), 418-31; Ellen Meiksins Wood, "Why It Matters", 《London Review of Books》 30, no. 18 (2008), 3-6.

42 Wood, "Why It Matters"; Nelson, 《The Greek Tradition in Republican Thought》, I-18.

43 Kapust Kapust, "Skinner, Pettit and Livy"; McCormick, "Machiavelli against Republicanism"; Patchen Markell, "The Insufficiency of Non-Domination".

44 Richard A. Epstein, "Modern Republicanism, or, The Flight from Substance", 《Yale Law Journal》 97, no. 8 (July 1988), 1633-50; Ghosh, "From Republican to Liberal Liberty"; Maddox, "The Limits of Neo-Roman Liberty"

45 Skinner, "A Third Concept of Liberty", 248.

46 《The Institutes of Justinian》, trans. J. B. Moyle (BiblioBazaar, 2008), l.iii.

47 Skinner, "Freedom as the Absence of Arbitrary Power", 86.

48 위의 책, 89-90.

49 Pettit, 《Republicanism》, 31. 다음을 참조. Chaim Wirszubski, Libertas as a Political Idea at Rome during the 《Late Republic and Early Principate》 (Cambridge: Cambridge University Press, 1968), 1-2.

50 "Slavery", 《JUL》 III, no. 2 (June 1882), 248.

51 Algernon Sidney, Discourses Concerning Government (Philadelphia: C. P. Wayne, 1805 (1698)), II:21, p. 181.

52 Blair Worde, "The Commonwealth Kidney of Algernon Sidney", 《The Journal of British Studies》 24, no. 1 (January 1985), 1-40; Alan Craig Houston, 《Algernon

Sidney and the Republican Heritage in England and America》 (Princeton, NJ: Princeton University Press, 1991), 3-98.

53 이 메타포를 사용한 시드니를 가장 세밀하게 분석한 이는 휴스톤(Houston)이다. Houston, 《Algernon Sidney and the Republican Heritage in England and America》, 101-45.

54 Sidney, 《Discourses Concerning Government》, I:5, p. 17.

55 이들 초창기 인물들은 그들의 유산을 매우 중요한 방식으로 변경한 것이 사실이다. 예를 들면, 제임스 한킨슨(James Hankins)이 주목한 바와 같이, 자기통치 공화국이 단순한 정부의 법률적 형태를 의미한다는 것은 근대 초기에 만들어진 관념이다. James Hankins, "Exclusivist Republicanism and the Non-Monarchical Republic", 《Political Theory》 38, no. 4 (July 27, 2010), 452–82. 그러나 공화적 자유를 지지하는 많은 근대 이론가는 적극적인 자기통치를 비지배를 향유하기 위한 필수조건으로 보지 않는다는 점에 유의해야 한다. Werner Maihofer, "The Ethos of the Republic and the Reality of Politics", in 《Machiavelli and Republicanism》, ed. Quentin Skinner and Maurizio Viroli Gisela Bock (Cambridge: Cambridge University Press, 1990), 283-92; Daniel Lee, "Popular Liberty, Princely Government, and the Roman Law in Hugo Grotius's De Jure Belli Ac Pacis", 《Journal of the History of Ideas》 72, no. 3 (July 2011), 371-92.

56 Sidney, Discourses Concerning Government, II:41, pp. 337–38.

57 위의 책, 339.

58 시드니에 대해서는 다음 참조. Houston, 《Algernon Sidney and the Republican Heritage in England and America》, 223-78.

59 Steward, "Poverty", 412.

1장 노예제와 자유의 패러독스

1 M. De Voltaire, "Slaves", in 《A Philosophical Dictionary》 Vol. 2 (London: W. Dugdale, 1843 (1764)), 460.

2 Benjamin Constant, "The Liberty of the Ancients as Compared with that of the Moderns", in 《Constant: Political Writings》, ed. Biancamaria Fontana (Cambridge: Cambridge University Press, 1988 (1816)), 314.

3 John C. Calhoun, "Speech on the Reception of Abolition Petitions", in 《Slavery Defended: The Views of the Old South》, ed. Eric L. McKitrick (New York: Columbia University Press, 1963 (1837)), 14.

4   McNeill, 《The Labor Movement : The Problem of to-Day》, 3-4.

5   Moses Finley, "Between Slavery and Freedom", Comparative Studies in Society and History 6, no. 3 (1964), 244.

6   위의 책, 238-41.

7   위의 책, 244-47.

8   위의 책, 245. 강조는 저자가 부가. 다음을 참조. Orlando Patterson, 《Freedom Vol. 1: Freedom in the Making of Western Culture》 (New York: Basic Books, 1991), 1-44.

9   Moses Finley, "Was Greek Civilization Based on Slave Labour?", in 《Slavery in Classical Antiquity: Views and Controversies》, ed. M. I. Finley (Cambridge: W. Heffer & Sons Ltd., 1960); Ellen Meiksins Wood, 《Peasant-Citizen and Slave: The Foundations of Athenian Democracy》 (London:Verso. 1988), 42-80; Peter Garnsey, "Non-Slave Labour in the Roman World", 《Cambridge Philological Society》, Supplementary Volume no. 6 (1980), 34-47; Peter Garnsey, "Peasants in Ancient Roman Society", in 《Cities, Peasants and Food in Classical Antiquity》, ed. Walter Scheidel (Cambridge: Cambridge University Press, 1998), 91-106; Keith Hopkins, 《Conquerors and Slaves》 (Cambridge: Cambridge University Press, 1981), 99-132; Patterson, 《Freedom》 Vol. 1, 80-81; J. E. Skydsgaard, "The Disintegration of the Roman Labour Market and the Clientela Theory", in 《Studia Romana in Honorem Petri Krarup Septuagenarii》, ed. Karen Ascani (Odense, 1976), 44-48.

10   Patterson, 《Freedom》 Vol. 1, 70. Also, Finley, "Was Greek Civilization Based on Slave Labour?", 154.

11   초기 저작과 함께 다음을 참조. Andrew Lintott, "Citizenship", in 《A Companion to Ancient History》, ed. Andrew Erskine (West Sussex: Blackwell, 2009), 515-17; Andrew Lintott, 《Judicial Reform and Land Reform in the Roman Republic》 (Cambridge: Cambridge University Press, 1992), 5, 34-39, 41-43; G. E. M. De Ste Croix, "Review: Slavery", 《The Classical Review》 7, no. I (1957), 58-59; Moses Finley, 《The Ancient Economy》, (Berkeley: University of California Press, 1999), 95-122; Patterson, 《Freedom》 Vol. 1, 212-19.

12   이 견해를 대표하는 인물 중 하나가 체스터 스타(Chester G. Starr)다. Chester G. Starr, "An Overdose of Slavery", 《The Journal of Economic History》 18, no. I (1958), 17-32; A. H. M. Jones, "Slavery in the Ancient World", in 《Slavery in Classical Antiquity: Controversies and Debates》, ed. Moses Finley (Cambridge: W. Heffer & Sons Ltd., 1960), 1-16.

13 Finley, "Was Greek Civilization Based on Slave Labour?", 151.

14 예시로 다음을 참조. Finley, 《The Ancient Economy》, 79; Finley, "Between Slavery and Freedom", 238-39, 42-44; Michael H. Jameson, "Agriculture and Slavery in Classical Athens", 《The Classical Journal》 73, no. 2 (1977-1978); Patterson, 《Freedom》 Vol. 1, 64-81, 203-26.

15 다음을 참조. W. L. Westermann, "Slavery and the Elements of Freedom", in 《Slavery in Classical Antiquity: Views and Controversies》, ed. M. I. Finley (Cambridge: W. Heffer & Sons Ltd., 1960), 17-32; Garnsey, "Non-Slave Labour in the Roman World". 누구도 탄광이나 도시의 공장에서의 광범위한 노예 사용에 대해서는 문제제기를 하지 않는다. 농업에서의 노예의 역할이 어떠했는지에 대해서는 이견이 많다. 로마의 경우 광대한 농장(latifundias)에서의 노예노동은 일부 지역의 경우 독립적인 '자유' 농민의 노동을 몰아내고 있었던 것으로 보인다. 다음을 참조. Garnsey, "Non-Slave Labour in the Roman World"; Garnsey, "Peasants in Ancient Roman Society"; Lintott, 《Judicial Reform and Land Reform in the Roman Republic》, 41-49, 55-58.

16 Finley, 《Ancient Slavery and Modern Ideology》, 89-90.

17 Claude Mossé, The Ancient World at Work, trans. Janet Lloyd (New York: W. W. Norton & Company, 1969), 49. 핀리가 주목하는 것처럼, "솔론 개혁 이후 아티카(고대 그리스의 남동부 지방 - 옮긴이) 지역에서는 부채 노예나 비자발적인 노예노동이 엄격하게 금지됐다." 다음을 참조. Finley, 《Ancient Slavery and Modern Ideology》, 87; Josiah Ober, 《Mass and Elite in Democratic Athens: Rhetoric, Ideology, and the Power of the People》 (Princeton, NJ: Princeton University Press, 1990), 60-64. 초기 로마 공화국에서도 마찬가지다. "기원전 326년 로마는 부채 노예를 법으로 금지했다." 다음을 참조. Hopkins, 《Conquerors and Slaves》, 22. 다음을 참조. Lintott, 《The Constitution of the Roman Republic》, 36-37; Claude Nicolet, 《The World of the Citizen in Republican Rome》 trans. P. S. Falla (Berkeley: University of California Press, 1980), 149-53, 317-24; Patterson, 《Freedom》 Vol. 1, 66-67, 204-09.

18 Finley, 《Ancient Slavery and Modern Ideology》, 90.

19 Hopkins, 《Conquerors and Slaves》, 114.

20 위의 책.

21 Finley, 《Ancient Slavery and Modern Ideology》, 90.

22 Hopkins, 《Conquerors and Slaves》, 114.

23 조시아 오베르(Josiah Ober)는 아테네의 상황에 대해 다음과 같이 쓰고 있다. "신분질

서의 상층에는 출생에 따른 연대를 느슨하게 하고 하층에 대해서는 이를 강화함으로써 솔론은 장기적인 사회 안정을 합리적으로 유지할 수 있을 것이라고 보았다. … 사적 자유의 관점에서 시민권을 규정하는 것은 국내 하층민의 이해관계와 정복지의 노예의 이해관계를 분리하는 효과가 있다." Ober, 《Mass and Elite in Democratic Athens》, 63, generally 59-65.

24 Fisher, 《Slavery in Classical Greece》, 1.

25 다음에서 인용. Skinner, "A Third Concept of Liberty", 248. See 《The Institutes of Justinian》.

26 Finley, "Between Slavery and Freedom", 233.

27 Pettit, 《Republicanism》, 132.

28 Cicero, 《On Duties》, trans. E. M. Atkins (Cambridge: Cambridge University Press, 1991), II.63; Cicero, "On the Commonwealth", in On the 《Commonwealth and on the Laws》, ed. James E. G. Zetzel (Cambridge: Cambridge University Press, 2003), I.50.

29 키케로가 든 예는 다음 저작을 참조. Arthur Albert Rupprecht Jr., "A Study of Slavery in the Late Roman Republic from the Works of Cicero" (Dissertation, University of Pennsylvania, 1960), 173-86.

30 노예제에 대한 비판은 주로 노예 소유주의 비윤리적 행위를 문제 삼거나 노예라도 덕성이 있을 수 있다는 주장 정도에 그쳤다. Garnsey, 《Ideas of Slavery from Aristotle to Augustine》, 53-63, 75-86, 237-43; Finley, "Between Slavery and Freedom", 244.

31 Finley, 《The Ancient Economy》, 80-84; Finley, "Between Slavery and Freedom", 236.

32 로마에 관한 설명은 다음 참조. Garnsey, "Non-Slave Labour in the Roman World"; Skydsgaard, "The Disintegration of the Roman Labour Market and the Clientela Theory". 그리스에 관한 설명은 다음 참조. Fisher, 《Slavery in Classical Greece》, 45, Jameson, "Agriculture and Slavery in Classical Athens", 139.

33 Sandel, 《Democracy's Discontent》, 169.

34 Aristotle, Politics, trans. C. D. C. Reeve(Indianapolis: Hackett, 1998), 1275a23.

35 위의 책, 1277a25.

36 위의 책, 1332a39-40.

37 위의 책, 1294a6-55b15.

38 위의 책, 1254621-23.

39 위의 책, 1255612-13.

40 위의 책, 1260a42-12690b1.

41　Aristotle, 《Rhetoric》, trans. W. Rhys Roberts (New York: Courier Dover Publications, 2004), 1367231-32.

42　Aristotle, 《Politics》, 1277a32, 77b6-7.

43　위의 책, 1337b13-14.

44　위의 책, 1337b11.

45　Finley, 《The Ancient Economy》, 41; Finley, "Between Slavery and Freedom", 239.

46　Aristotle, 《Politics》, 1328b37-29a1.

47　위의 책, 1318b6-19a19.

48　위의 책 1292b28, 1295a25-96b1.

49　Fisher, 《Slavery in Classical Greece》, 40-41; Jameson, "Agriculture and Slavery in Classical Athens".

50　Wood, 《Peasant-Citizen and Slave: The Foundation of Athenian Democracy》, 81-83.

51　Finley, 《Ancient Slavery and Modern Ideology》, 87; Ober, 《Mass and Elite in Democratic Athens》, 61-62.

52　Ober, 《Mass and Elite in Democratic Athens》, 129-30; Jameson, "Agriculture and Slavery in Classical Athens", esp. 132-41; Patterson, 《Freedom》 Vol. 1, 72-79; Fisher, Slavery in 《Classical Greece》, 100-03; Ober, 《Mass and Elite in Democratic Athens》, 274-79.

53　Wood, 《Peasant-Citizen and Slave: The Foundation of Athenian Democracy》, 42-80; Finley, "Was Greek Civilization Based on Slave Labour?"; Ober, 《Mass and Elite in Democratic Athens》, 61-2; Patterson, 《Freedom》 Vol. 1, 76-81.

54　Fisher, 《Slavery in Classical Greece》, 45-46; Jameson, "Agriculture and Slavery in Classical Athens", 40-46; Finley, "Between Slavery and Freedom"; Patterson, 《Freedom》 Vol. 1, 64-81.

55　Mogens Herman Hansen, 《The Athenian Democracy in the Age of Demosthenes》 (Oxford: Blackwell, 1991).

56　Ober, 《Mass and Elite in Democratic Athens》, 61.

57　Quentin Skinner, "The Republican Ideal of Political Liberty", in 《Machiavelli and Republicanism》, ed. Quentin Skinner and Maurizio Viroli Gisela Bock (Cambridge: Cambridge University Press, 1990), 292-309; Fergus Millar, 《The Roman Republic in Political Thought》 (Lebanon: University Press of New England, 2002).

58　《The Institutes of Justinian》, I.iii.2.

59 Skinner, "Machiavelli's Discorsi and the Pre-Humanist Origins of Republican Ideas".

60 Sallust, 《Conspiracy of Catiline》, trans. Rev. John Sellby Watson (New York and London: Harper & Brothers, 1899), I.IV. 다음을 참조. Cicero, 《On the Ends of Good and Evil》, trans. H. Rackham (London: Loeb Classical Library, 1914), I.III.

61 Cicero, 《On Duties》, (I.150)58.

62 위의 책, (I.150) 58.

63 위의 책, I. 150-51. 이 맥락에서 키케로의 설명은 명확하다. 그는 농업이 가장 최고의 직업이라고 말하고 있다. 모든 직업에 대한 우선순위 목록을 보면, 최하위에는 직공이 있고, '소규모' 상인, 거대 상인을 거쳐 최상위에는 '농업' 혹은 토지 소유자가 자리하고 있다.

64 Cicero, 《On the Ends of Good and Evil》, I.3.

65 살루스티누스와 키케로는 본질적으로는 노동에 대해 다소 혼동스런 저작을 남기고 있다는 점을 주목할 필요가 있다. Cicero, 《On Duties》, II. 5; Sallust, 《Conspiracy of Catiline》, I.III-IV. 키케로는 많은 예에서 상업 노동이나 도시 수공업 노동보다 농업 노동의 가치 - 남성답고 자조(自助)적이며 적극적인 미덕 – 를 높게 사고 있다. Cicero, "On the Commonwealth", II.7; Cicero, 《The Nature of the Gods》, trans. H. Rackham (Cambridge: Harvard University Press, Loeb Classical Library, 1956), II.99. Cicero, "On Old Age", in On Old Age, 《on Friendship, on Divination》 (Cambridge: Harvard University Press, Loeb Classical Library, 1923), 56-61; Paul A. Brunt, "The Roman Mob", 《Past & Present》 35 (1966), 24; Wood, 《Cicero's Social and Political Thought》, 96-97. "그러나 키케로가 소떼들로 가득찬 목초지나 숲이 가득한 곳에서의 북적이는 생활을 찬양하거나"(《신의 본성에 대하여(On the Nature of the Gods)》) 혹은 "농부의 삶보다 더 행복한 삶은 없다"(《지난 시절에 대하여(On Old Age)》)고 강조한 것은, 실제 노동을 하는 농부의 입장이 아니라 관찰자의 입장에서 말한 것이었다. 당시 목가주의의 우상(idol)이라 불릴 만큼 매력적인 사상가로 추앙받고 있었던 키케로는 나이가 많아 더 이상 공직에 참여할 수 없었다.

66 Garnsey, "Peasants in Ancient Roman Society"; Hopkins, 《Conquerors and Slaves》, 109-14. Lintott, 《Judicial Reform and Land Reform in the Roman Republic》, 5, 41-43.

67 Cicero, "On the Commonwealth", II.69a.

68 이는 인민은 공식적인 주권을 보유하나 원로원은 실천적인 도덕적 권위를 보유함을 의미한다. Cicero, "On the Laws", in 《On the Commonwealth and on the

Laws⟩, trans. James E.G. Zetzel (Cambridge: Cambridge University Press, 2003), III.28, III.25. Lintott, ⟨The Constitution of the Roman Republic⟩, 65-93, 222-23, 230-32; Malcolm Schofield, "Cicero's Definition of Res Publica," in ⟨Cicero the Philosopher: Twelve Papers⟩, ed. J.G.F. Powell (Oxford: Clarendon Press, 1995).

69   Cicero, "On the Laws", III.25.

70   위의 책.

71   위의 책, II.26 and 30, generally 19-69. For Cicero on property, see Cicero, ⟨On Duties⟩, II.78-79,II.82-84, III. 30-31; Nelson, ⟨The Greek Tradition in Republican Thought⟩, 57-59; Lintott, ⟨The Constitution of the Roman Republic⟩, 220-32; Wood, ⟨Cicero's Social and Political Thought⟩,105-19.

72   Cicero, ⟨On Duties⟩, (1.13) 6.

73   Cicero, "On the Commonwealth", III.29.

74   Susan Treggiari, "The Freedmen of Cicero", ⟨Greece & Rome⟩ 16, no. 2 (1969); Skydsgaard, "The Disintegration of the Roman Labour Market and the Clientela Theory", 47-48; Rupprecht, "A Study of Slavery in the Late Roman Republic from the Works of Cicero", 88-118, 188-89.

75   Garnsey, ⟨Ideas of Slavery from Aristotle to Augustine⟩, 40-43.

76   Andrew Lintott, ⟨The Constitution of The Roman Republic⟩ (Oxford: Clarendon Press, 1999) 213-32.

77   Nicolet, ⟨The World of the Citizen in Republican Rome⟩, 320.

78   Peter Garnsey, ⟨Social Status and Legal Privilege in the Roman Empire⟩ (Oxford: Oxford University Press, 1970), 263; Wirszubski, ⟨Libertas as a Political Idea at Rome During the Late Republic and Early Principate⟩, 9-15; Nicolet, ⟨The World of the Citizen in Republican Rome⟩, 207-324. Also Brunt, "The Roman Mob"; Patterson, ⟨Freedom⟩ Vol. 1, 203-26; Elizabeth Rawson, "The Ciceronian Aristocracy and Its Properties", in ⟨Studies in Roman Property⟩, ed. M. I. Finley (Cambridge: Syndics of the Cambridge University Press, 1976).

79   Nicolet, ⟨The World of the Citizen in Republican Rome⟩, 318. Also Cicero, ⟨On Duties⟩, xxv; Patterson, ⟨Freedom⟩ Vol.1, 219-26; Wood, ⟨Cicero's Social and Political Thought⟩, 22-29.

80   Wirszubski, ⟨Libertas as a Political Idea at Rome during the Late Republic and Early Principate⟩, II.

81   Nicolet, ⟨The World of the Citizen in Republican Rome⟩, 320.

82　Kapust, "Skinner, Pettit, and Livy: the Conflict of the Orders and the Ambiguity of Republican Liberty", 377-401. 로마적 자유의 방어적 속성에 대해서는 4장 말미에서 다시 다룬다.

83　Nicolet, 《The World of the Citizen in Republican Rome》, 319-24. See generally Lintott, 《The Constitution of the Roman Republic》, 33-34, 152-57.

84　Cicero, "On the Commonwealth", 1.48-50; Cicero, "On the Laws", III.28; Lintott, 《The Constitution of the Roman Republic》, 40-43, 63-64, 199-208; Schofield, "Cicero's Definition of Res Publica". 밀러(Millar)도 자신의 저작에 다음의 챕터 "a broader concept, the requirement of publicity, namely, that a range of public acts should be performed under the gaze of the populus Romanus.?"를 부가하고 있다. 다음 저작을 참조. Millar, 《The Roman Republic in Political Thought》, 6.

85　Titus Livius, 《The History of Rome》, Vol. 2, trans, Rev. Canon Roberts (London: J. M. Dent & Sons, 1905), 8.28.

86　Finley, 《Ancient Slavery and Modern Ideology》, 79; Hopkins, 《Conquerors and Slaves》, 22, 114; Lintott, 《The Constitution of the Roman Republic》, 36-37; Patterson, 《Freedom》 Vol. 1, 208-09.

87　Lintott, 《The Constitution of the Roman Republic》, 38-40, and generally 40-64, 199-213; Millar, 《The Roman Republic in Political Thought》, 27-36.

88　Lintott, "Citizenship", 515-17; Lintott, 《Judicial Reform and Land Reform in the Roman Republic》, 36; Mossé, 《The Ancient World at Work》, 49.

89　Lintott, 《Judicial Reform and Land Reform in the Roman Republic》, 41-43, 55-57. 키케로는 토지 재분배 시도를 자의적인 압제로 보았다.

90　Garnsey, "Peasants in Ancient Roman Society", 96-105; Garnsey, "Non-Slave Labour in the Roman World", 35-40; Nicolet, 《The World of the Citizen in Republican Rome》, 17-47.

91　Finley, 《Ancient Slavery and Modern Ideology》, 84; Hopkins, 《Conquerors and Slaves》, 22.

92　Finley, 《Ancient Slavery and Modern Ideology》, 90. Gransey, 《Ideas of Slavery from Aristole to Augustine》, 1-21, 240-43.

93　Langdon Byllesby, 《Observations on the Sources and Effects of Unequal Wealth》 (New York: Lewis J. Nichols, 1826), 9.

94　St. George Tucker, "A Dissertation on Slavery, in Blackstone's Commentaries", in 《Founder's Constitution》, ed. Philip B. Kurland and Ralph Lerner (Chicago:

University of Chicago Press, 1986 (1803)).

95   Edmund Morgan, "Slavery and Freedom: The American Paradox," 《The Journal of American History》 59, no. I (1972), 29.

96   Douglass G. Adair, 《The Intellectual Origins of Jefferson Democracy: Republicanism, the Class Struggle, and the Virtuous Farmer》 (Lanham, MD: Lexington Books, 1964(1943)), 30. 비록 초기 공화국 시기에 발현된 공화주의의 본질들은 매우 복잡하고 때론 경합적이기도 했으나 이 설명은 (개념적 - 옮긴이) 표준으로 받아들여지고 있다. Wood, 《The Creation of the American Republic》. 다음도 참조. Joyce Appleby, 《Capitalism and a New Social Order: The Republican Vision of the 1790s》 (New York: New York University Press, 1984).

97   Edmund Morgan, 《American Slavery, American Freedom》 (New York: W. W. Norton & Co., 1975), 293-387; Jameson, "Agriculture and Slavery in Classical Athens", 122fn3, 39fn84; Robert E. Shalhope, "Thomas Jefferson's Republicanism and Antebellum Southern Thought", 《The Journal of Southern History》 42, no. 4 (December 10, 2007), 529-56.

98   Thomas Jefferson, 《Notes on the State of Virginia》 (New York: Harpers & Row, 1964), 157.

99   위의 책, 158.

100 위의 책.

101 James Madison, "James Madion, Note to His Speech on the Right of Suffrage", in 《The Founders' Constitution》, ed. Philip B. Kurland and Ralph Lerner (Chicago: University of Chicago Press, 1821).

102 위의 책.

103 매디슨에 대한 인용은 다음을 참조. Adair, 《The Intellectual Origins of Jeffersonian Democracy》, 159.

104 위의 책, 39-56, 153-64, Morgan, "Slavery and Freedom: The American Paradox".

105 Jefferson, 《Notes on the State of Virginia》, 158.

106 위의 책, 157-58.

107 애플비가 지적한 것처럼, 농본적 삶의 미덕이 자급자족적 생산과 연계돼 있던 고대와 달리, 제퍼슨은 자유를 보유한 시민인 농민을 진보와 세계 시장을 겨냥한 생산과 연계하고 있다. Joyce Appleby, "The Agrarian Myth? In the Early Republic", in 《Liberalism and Republicanism in the Historical Imagination》 (Cambridge, MA: Harvard University Press, 1992); Joyce Appleby, "Republicanism in Old and New

Contexts", 《The William and Mary Quarterly》 43, no. 1 (1986). 포칵은 제퍼슨을 시민적 휴머니즘 전통을 잇는 반상업주의적 미덕의 이론가 중 하나로 독해하고 있다는 점과 대비해 볼 수 있다. Pocock, 《The Machiavellian Moment》, 529-43.

108 Morgan, "Slavery and Freedom: The American Paradox", 14.

109 위의 책, 10.

110 알렉산더 그레이던(Alexander Graydon)은 필라델피아 상류층 출신의 변호사였다. 다음에서 인용함. Ronald Schultz, 《The Republic of Labor: Philadelphia Artisans and the Politics of Class》, 1720-1830 (New York: Oxford University Press, 1993), 53.

111 James Madison, "Federalist No. 10," in 《The Essential Federalist and Anti-Federalist Papers》, ed. David Wootton (Indianapolis: Hackett, 2009), 51.

112 아데어(Adair)와 모건(Morgan)은 아리스토텔레스나 키케로처럼 제퍼슨과 매디슨도 농민들의 상업적 공화국의 안정화에 특별한 관심을 기울이고 있었다고 주장했다. 그들은 자유민을 매우 활동적인 존재이기보다는 자기충족적이고 온화한 성품을 지닌 시민으로 보았다. Adair, 《The Intellectual Origins of Jeffersonian Democracy》, 79fn16, 153-64; Morgan, 《American Slavery, American Freedom》, 293-315; Morgan, "Slavery and Freedom: The American Paradox", 23-29.

113 Morgan, "Slavery and Freedom: The American Paradox", 29. 다음을 참조. 모건(Morgan)은 다음 글에서 초기 노동력 부족의 문제와 아프리카인들에 대한 인식의 변화(식민사회의 권리를 갖는 구성원으로 보던 시각에서 인종 차별적 시각으로 변화)를 빼어나게 설명하고 있다. Morgan, "Slavery and Freedom: The American Paradox", 15-29.

114 다음과 비교. Thomas Jefferson, "Letter to Edward Coles", in 《Thomas Jefferson: Political Writings》, ed. Joyce Appleby and Terence Ball (Cambridge: Cambridge University Press, 1999 (1814)); Jefferson, 《Notes on the State of Virginia》, 132-39; Thomas Jefferson, "To Dr. Edward Bancroft, Jan. 26, 1789", in 《Thomas Jefferson: Political Writings》, ed. Joyce Appleby and Terence Ball (Cambridge: Cambridge University Press, 1999 (1789)).

115 Thomas Jefferson, "To John Holmes, April 22, 1820", in 《Thomas Jefferson: Political Writings》, ed. Joyce Appleby and Terence Ball (Cambridge: Cambridge University Press, 1999 (1820)), 496.

116 Compare Jefferson, "Letter to Edward Coles"; 《Jefferson, Notes on the State of Virginia》, 132-39; Jefferson, "To Dr. Edward Bancroft, Jan. 26, 1789".

117 다음의 저작을 각각 참조. Jefferson, "Letter to Edward Coles"; Jefferson, "To John Holmes, April 22, 1820"; and Jefferson, 《Notes on the State of Virginia》, 139;

Thomas Jefferson, "To Dr. Thomas Humphreys", in 《Thomas Jefferson: Political Writings》, ed. Joyce Appleby and Terence Ball (Cambridge: Cambridge University Press, 1999 (1817)); Thomas Jefferson, "To St. George Tucker, August 28, 1797", in 《Thomas Jefferson: Political Writings》, ed. Joyce Appleby and Terence Ball (Cambridge: Cambridge University Press, 1999 (1797)).

118 노예들이 피비린내 나는 전쟁을 통해 공화적 자유를 파괴할 것이라는 생각은 당시 토지를 소유한 젠트리들에게 널리 퍼져 있었다. 제퍼슨 역시 토크빌을 참조했음에 틀림없다. 토크빌은 "언제가 되든 궁극적으로 나타날 미국 남부에서의 흑백갈등의 위험은 미국인의 마음에서 떠나지 않는 악몽"이라고 말했다. Alexis de Tocqueville, Democracy in America, trans. George Lawrence (New York: HarperCollins, 2006 (1850)), 358.

119 예를 들면, James Sullivan, "James Sullivan to Jeremy Belknap", in 《The Founder's Constitution》, ed. Philip B. Kurland and Ralph Lerner (Chicago: University of Chicago Press, 1986 (1795)); Tucker, "A Dissertation on Slavery, in Blackstone's Commentaries."

120 Jefferson, "Letter to Edward Coles", 493.

121 Sullivan, "James Sullivan to Jeremy Belknap".

122 Tucker, "A Dissertation on Slavery, in Blackstone's Commentaries".

123 위의 책.

124 이후 노예제 옹호론자들은 수많은 노예해방 프로그램이 현실적이지 못하다는 점을 들어 앞선 세대의 신념이 잘못됐다는 점을 비판하는 근거로 활용했다. 다음을 참조. Thomas Dew, "Review of the Debate in the Virginia Legislature", in 《Slavery Defended: The Views of the Old South》, ed. Eric L. McKitrick (Englewood Cliffs, NJ: Prentice-Hall, 1963 (1832)).

125 1830년 이전의 노예제 옹호 담론의 특징에 대해서는 좀 더 논의가 필요하다. 다음을 참조. Larry E. Tise, 《Proslavery: A History of the Defense of Slavery in America》, 1701-1840 (Athens: University of Georgia Press, 1987).

126 Calhoun, "Speech on the Reception of Abolition Petitions", 12-16; Tise, 《Proslavery: A History of the Defense of Slavery in America》, 1701-1840, 347-62.

127 David Montgomery, Citizen-Worker: 《The Experience of Workers in the United States with Democracy and the Free Market During the Nineteenth Century》 (Cambridge: Cambridge University Press, 1995), 126. 다음을 참조. Leon Fink, "From Autonomy to Abundance: Changing Beliefs About the Free Labor System in

Nineteenth-Century America", 《in Terms of Labor: Slavery, Serfdom, and Free Labor》, ed. Stanley L. Engerman (Stanford, CA: Stanford University Press, 1999), 122-23. 농본적 공화주의와 상업적 영농주의 사이의 갈등은 당시 많은 비평가들의 관심사이기도 했다. Louis Hartz, 《The Liberal Tradition in America》 (New York: Harcourt, Brace & World, Inc., 1955), 145-200; Appleby, "The 'Agrarian Myth' In the Early Republic"; "Calhoun: Marx of the Master Class" in Richard Hofstadter, 《The American Political Tradition and the Men Who Made It》 (New York, Knopf, 1973), 86-117.

128 Calhoun, "Speech on the Reception of Abolition Petitions", 14.

129 George Fitzhugh, "Sociology for the South", in 《Slavery Defended: The Views of the Old South》, ed. Eric L. McKitrick (Englewood Cliffs, NJ: Prentice-Hall, 1963 (1854)), 43.

130 Dew, "Review of the Debate in the Virginia Legislature", 32-33.

131 George Fitzhugh, 《Cannibals All!: Or, Slaves without Masters》 (Cambridge, MA: Harvard University Press, 1988), 18.

132 James Henry Hammund, "Mudsill Speech", (The Congressional Globe, March 4, 1858), 962.

133 J. D. B. Debow, "The Interest in Slavery of the Southern Non-Slaveholder", in 《Slavery Defended: The Views of the Old South》, ed. Eric L. McKitrick (Englewood Cliffs, NJ: Prentice-Hall, 1963 (1860)), 174-5.

134 Theophilus Fisk, 《Capital Against Labor: An Address Delivered at Julien Hall, before the Mechanics of Boston, on Wednesday Evening, May 20》 (Boston: Theophilus Fisk, 1835), 9; Edward Pessen, 《Most Uncommon Jacksonians: The Radical Leaders of the Early Labor Movement》 (Albany: State University of New York Press, 1967), 92-94.

135 David Roediger, 《The Wages of Whiteness: Race and the Making the American Working Class》 (London: Verso, 2007), 75, and 74-77.

136 노예 소유주들은 남부 지역의 노예제를 옹호하기 위해 사회주의자들이나 노동활동가의 저작들을 자주 사용했다. 이에 대해서는 다음을 참조. Debow, "The Interest in Slavery of the Southern Non-Slaveholder", 173-74; Fitzhugh, "Sociology for the South", 42.

137 Fitzhugh, 《Cannibals All!: Or, Slaves without Masters》, 31; Calhoun, "Speech on the Reception of Abolition Petitions", 13-14.

138 Fitzhugh, 《Cannibals All!: Or, Slaves without Masters》, 32; Hammond, "Mudsill Speech", 962.

139 Hammond, "Mudsill Speech", 962.

140 On "slavery in the abstract" see Eugene D. Genovese, 《The World the Slaveholders Made》 (New York: Pantheon, 1969), 165-94.

141 Calhoun, "Speech on the Importance of Domestic Slavery", 18-19.

142 Abraham Lincoln, "Address to the Wisconsin State Agricultural Society", in 《The Portable Abraham Lincoln》, ed. Andrew Delbanco (New York: Penguin Books, 1992 (1859)), 159.

143 위의 책, 161.

144 위의 책, 158.

145 위의 책.

146 위의 책, 159.

147 위의 책, 160.

148 위의 책, 161.

149 Eric Foner, 《Free Soil, Free Labor, Free Men: The Ideology of the Republican Party before the Civil War》 (London, New York: Oxford University Press, 1971), 40.

150 위의 책, 58.

151 위의 책, 40-72. 다음을 함께 참조. Eric Foner, "Abolitionism and the Labor Movement", in 《Politics and Ideology in the Age of the Civil War》 (Oxford: Oxford University Press, 1980), 57-76.

152 Pettit, 《Republicanism》, 133.

153 Skinner, 《Liberty before Liberalism》, 5-6, 38-42; Skinner, "A Third Concept of Liberty", 248-51.

154 Pettit, 《Republicanism》, 133.

155 위의 책, 132.

156 1850년대에 북부 지역의 임금노동에 대한 비판이 정치적 반노예제로 흡수된 것에 대해서는 다음을 참조. Foner, "Abolitionism and the Labor Movement in Antebellum America", 57-76.

157 William Lloyd Garrison, "To the Public", 《The Liberator》 no. I (January 1, 1831), I.

158 William Lloyd Garrison, "Working Men", 《The Liberator》 no. 1(January 1, 1831), I.

159 William Heighton, 《An Address to the Members of Trade Societies and to the Working Classes Generally: Being an Exposition of the Relative Situation,

Condition, And Future Prospects of Working People in the United States of America. Together With a Suggestion and Outlines of A Plan, By which they may gradually and indefinitely improve their condition》. (London: Sold at the Rooms of the Co-operative Society, Reprinted from Philadelphia Edition), 10. 앞으로는 다음과 같이 약칭함. 《An Address to the Members of Trade Societies and to the Working Classes Generally》.

160 William Lloyd Garrison, "The Working Classes", 《The Liberator》 1, no. 5 (January 29, 1831).

161 위의 책.

162 위의 책.

163 예를 들면, Garrison, "The Working Classes"; "Wants of the Working Men", 《The Liberator》 1, no. 8 (February 19, 1831).

164 다음에서 인용. Foner, "Abolitionism and the Labor Movement in Antebellum America", 64.

165 노동개혁과 노예제 폐지에 대해서는 다음 참조. Foner, "Abolitionism and the Labor Movement in Antebellum America", Eric Foner, "Workers and Slavery", in 《Working for Democracy: American Workers From the Revolution to the Present》, ed. Paul Buhle and Alan Dawley (Urbana: University of Illinois Press, 1985), 21-30; Marcus Cunliffe, 《Chattel Slavery and Wage Slavery: The Anglo- American Context》, 1830-1860 (Athens: University of Georgia Press, 1979); Roediger, The Wages of Whiteness.

166 이에 대해서는 3장에서 자세히 다룰 것이다.

167 "From the New England Farmer", 《Young America》 2, no. 14 (June 28, 1845). 《Young America》 hereafter YA.

168 "Great Mass Meeting of the Working Classes at National Health: Comments of Alvin Bovay", YA 2, no. 12 (June 14, 1845).

169 "Wendell Phillips and Young America", 《The Liberator》 16, no. 36 (September 4, 1846), 143.

170 위의 책.

171 위의 책.

172 William Lloyd Garrison, "Free and Slave Labor", 《The Liberator》 XVII, no. 13 (March 26, 1847), 50.

173 William West, "Wages Slavery and Chattel Slavery: to William Lloyd Garrison", 《The Liberator》 XVII, no. 14 (April 2, 1847).

174 George Henry Evans, "Abolition at Home", YA 2, no. 5 (April 26, 1845).

175 1870년대 초 매사추세츠에서 행해진 '노동 문제'에 대한 연설은 다음 저작에 실려 있다. Wendell Phillips, 《The Labor Question》 (Boston, MA: Lee and Shepard, 1884).

176 가장 좋은 자료로 다음을 참조. Foner, "Abolitionism and the Labor Movement in Antebellum America"; Foner, 《Free Soil, Free Labor, Free Men: The Ideology of the Republican Party beforethe Civil War》.

2장 "자율계약과 독립적 노동자": 방임적 공화주의의 전회

1 다음에서 인용. Stanley, From Bondage to Contract, 4.

2 Skinner, "A Third Concept of Liberty," 262.

3 Cicero, 《On Duties》, 58.

4 Immanuel Kant, "On the Common Saying: 'This May Be True in Theory, but It Does Not Apply in Practice", in 《Kant Political Writings》, ed. H. S. Reiss (Cambridge: Cambridge University Press, 1991), 61-92, 78.

5 Lincoln, "Address to the Wisconsin State Agricultural Society", 158 first emphasis added.

6 Daniel T. Rodgers, 《The Work Ethic in Industrial America, 1850-1920》 (Chicago: University of Chicago Press, 1979), 34-35.

7 Fink, "From Autonomy to Abundance: Changing Beliefs about the Free Labor System in Nineteenth-Century America", 116-36, 128.

8 Rodgers, 《The Work Ethic in Industrial America》, 23-26; Montgomery, "Labor and the Republic in Industrial America", 201-15, 202-4; Melvyn Dubofsky, 《Industrialism and the American Worker》 (Arlington Heights, IL: Harlan Davidson, Inc., 1985), 4-9.

9 Powderly, 《Thirty Years of Labor 1859-1889》, 26. 'General Master Workman'(처음에는 'Grand' Master Workman으로 불렸으며, 여기서는 위원장으로 번역했다 - 옮긴이)은 노동기사단에서 가장 높은 직위다. 노동기사단에 대한 토론은 4장과 5장을 참조.

10 Dubofsky, 《Industrialism and the American Worker》, 4.

11 위의 책, 5.

12 임금노예에 대해서는 다음 참조. Eric Foner, 《The Story of American Freedom》 (New York: W. W. Norton, 1998), 116-37; Rodgers, 《The Work Ethic in Industrial America》, 30-35. 자유노동의 법적 개념에 대해서는 다음을 참조. Montgomery,

《Citizen-Worker》, 13-50; Robert J. Steinfeld, "Changing Legal Conceptions of Free Labor", in 《Terms of Labor: Slavery, Serfdom and Free Labor》, ed. Stanley L. Engerman (Stanford, CA: Stanford University Press, 1999), 137-47. 다음을 참조. Forbath, "Ambiguities of Free Labor", 767; Pope, "Labor's Constitution of Freedom", 941-1031; Bernard Mandel, Labor, 《Free and Slave: Workingmen and the Anti-Slavery Movement in the United States》 (Champaign: University of Illinois Press, 1955); Cunliffe, 《Chattel Slavery and Wage Slavery; Roediger, The Wages of Whiteness》.

13 Forbath, "Ambiguities of Free Labor", 767.

14 "Boycotting May Be Illegal", 《JSP》 2, no. 101 (September 13, 1885); "Law and the Boycott", 《JUL》 VII, no. 20 (January 29, 1887), 2268; Forbath, 《Law and the Shaping of the American Labor Movement》, 37-127; Christopher L. Tomlins, 《The State and the Unions: Labor Relations, Law, and the Organized Labor Movement in America, 1880-1960》 (Cambridge: Cambridge University Press, 1985), 32-52.

15 예시는 다음을 참조. Michael Les Benedict, "Laissez-Faire and Liberty: a Re-Evaluation of the Meaning and Origins of Laissez-Faire Constitutionalism", 《Law and History Review》 3, no. 2 (Autumn 1985), 293-331; William Novak, "The Legal Origins of the Modern American State", in 《Looking Back at Law's Century》, ed. Robert Kagan and Austin Sarat Bryant Garth (Ithaca: Cornell University Press, 2001).

16 Montgomery, 《Citizen-Worker》; Morton J. Horwitz, 《Transformation of American Law, 1870- 1960: The Crisis of Legal Orthodoxy》 (New York: Oxford University Press, 1994), 160-210; Steinfeld, "Changing Legal Conceptions of Free Labor", 137-67; Fink, "From Autonomy to Abundance".

17 Stanley, 《From Bondage to Contract》, 23.

18 Garrison, ed., "Free and Slave Labor"; Forbath, "Ambiguities of Free Labor", 783-84.

19 Montgomery, 《Citizen-Worker》. 몽고메리는 노예제 폐지론자나 급진적 공화주의자들에 대한 개념적 한계를 극복하는 문제는 노동개혁가들에게 달린 문제일 뿐이라고 주장했다. Montgomery, 《Beyond Equality: Labor and the Radical Republicans, 1862-1872》 (New York: Alfred A Knopf, 1967), 230-60.

20 Thomas McIntyre Cooley, 《A Treatise on the Law of Torts, or, The Wrongs Which Arise Independently of Contract》 (London: Callaghan & Company, 1888), 326.

21 William Forbath, "Ambiguities of Free Labor", 767-817, 769.

22 이를 테면, 갠트(Gantt)의 소설에 등장하는 한 노동기사단원은 섬너를 예일 대학의 화석화된 유산이라고 불렀다. 그는 노동 적대세력들의 주의 주장이 어떻게 잘못돼 있는지를 좀 더 잘 이해하기 위해서는 섬너를 읽는 것이 중요하다고 말했다. T. Fulton Gantt, "Breaking the Chains: A Story of the Present Industrial Struggle", in 《The Knights in Fiction: Two Labor Novels of the 1880s》, ed. Mary C. Grimes (Champaign: University of Illinois Press, 1986), 68.

23 William Graham Sumner, "The Absurd Effort to Make the World Over", 《Forum》, March 1894, 95.

24 William Graham Sumner, 《What Social Classes Owe to Each Other》 (New York: Harper & Brothers Publishers, 1883), 26 emphasis added.

25 "이 법정(판결)은 이런 입장과 가설을 설정하는 데 처음으로 동원된다." 이에 대해서는 다음을 참조. 《Re Slaughter-House Cases》, 83 U.S. 36,67 (1872).

26 공공의료 관련 입법에 대한 자세한 역사에 대해서는 다음을 참조. Ronald Labbé and Jonathan Lurie, 《The Slaughterhouse Cases: Regulation, Reconstruction, and the Fourteenth Amendment》 (Lawrence: University Press of Kansas, 2003).

27 "Constitution of the United States of America", in 《The Declaration of Independence and the Constitution of the United States》 (Washington, DC: Cato Institute, 2002).

28 In 《Re Slaughter-House Cases》, 50-51.

29 위의 책, 106.

30 위의 책, 61.

31 Labbé and Lurie, 《The Slaughterhouse Cases》.

32 In 《Re Slaughter-House Cases》, 70, also 72.

33 위의 책, 72.

34 다음을 참조. Forbath's excellent discussion Forbath, "Ambiguities of Free Labor".

35 In 《Re Slaughter-House Cases》, 106.

36 위의 책, 48. 반독점에 대한 공화주의 입장에 대해서는 다음을 참조. Howard Gillman, 《The Constitution Besieged: The Rise and Demise of Lochner Era Police Powers Jurisprudence》 (Durham: Duke University Press, 1993), 33-45; Appleby, 《Capitalism and a New Social Order》; Benedict, "Laissez-Faire and Liberty".

37 수정헌법 13조의 노예제 폐지에 대한 노동운동 진영의 해석은 제임스 그래이 포프(James Gray Pope)의 논의가 뛰어나다. 다음을 참조. Pope, "Labor's Constitution of Freedom", 941–1031; James Gray Pope, "The Thirteenth Amendment Versus

the Commerce Clause: Labor and the Shaping of American Constitutional Law, 1921-1957", 《Columbia Law Review》 102, no. 1 (January 2002), 1-122.

38 가드찰스 사건과 초기 자유계약 관련 사건에 대해서는 로라 필립(Laura Philllips)에 게 의존하고 있다. 다음을 참조. Laura Phillips Sawyer, "Contested Meanings of Freedom: Workingmen's Wages, the Company Store System, and the Godcharles v. Wigeman Decision", 《The Journal of the Gilded Age and Progressive Era》, 12, no. 3 (July 2013), 285-319. 디보독스 참사와 관련해서는 이 책 서문을 참조.

39 《Godcharles v. Wigeman》, 113 Pa. St. 431, 437.

40 위의 책.

41 Benedict, "Laissez-Faire and Liberty".

42 《Ritchie v. The People》, 155 Ill. 98.

43 Skinner, "The Republican Ideal of Political Liberty".

44 Stanley, 《From Bondage to Contract》, 82. 워커(Walker)와 클라크(Clark) 등 당시 의 신진 경제학자들의 노동운동에 대한 지지와 관련해서는 다음을 참조. Rosanne Currarino, 《The Labor Question in America: Economic Democracy in the Gilded Age》 (Urbana, Chicago, and Springfield: University of Illinois Press, 2011), 60-85.

45 Quoted 위의 책, 83.

46 E. L. Godkin, "The Labor Crisis", 《The North American Review》 CV (July 1867), 177-213, 212.

47 《Report of the Committee of the Senate upon the Relations Between Labor and Capital, and Testimony Taken by the Committee: Volumn I》 (Washington, DC: Government Printing Office, 1885), 82-83.

48 《Report of the Special Commission on the Hours of Labor and the Condition and Prospects of the Industrial Classes》 (Boston: Wright & Porter, State Printers, Febrary 1866), 30.

49 위의 책, 31.

50 Cooley, 《A Treatise on the Law of Torts》, 326.

51 Christopher Gustavus Tiedeman, 《A Treatise on the Limitations of the Police Power in the United States》 (St. Louis: the F. H. Thomas Law Book Co., 1886), 195.

52 Stanley, 《From Bondage to Contract》, 74.에서 인용.

53 Richard Oestreicher, "A Note on Knights of Labor Membership Statistics", 《Labor History》 25, no. 1(1984), 102-8.

54 Tiedeman, 《A Treatise on the Limitations of the Police Power in the United

States》, vii.

55 "Wendell Phillips and Young America", 《The Liberator》 16, no. 36 (September 4, 1846), 143.

56 《Ez Parte Jentzsch》, 112 Cal. 468, 472 (1896).

57 위의 책, 473.

58 위의 책.

59 《In re Jacobs》, 2 N. Y. Crim. R. 539, 106 (1895).

60 《In re Morgan》, 26 Colo. 415, 420 (1899).

61 《Holden v. Hardy》, 169 US 366, 392 (1898).

62 위의 책, 397.

63 다음 예를 참조. the "maternal welfare state" in 《Protecting Soldiers and Mothers: The Political Origins of Social Policy in the United States》, ed. Theda Skocpol (Cambridge, MA: Belknap Press of Harvard University Press, 1992).

64 《In Re Morgan》, 428.

65 위의 책, 419.

66 Paul Brest et al., 《Processes of Constitutional Decisionmaking: Cases and Materials》, 4 ed. (Boston: Little Brown, 2003), 344-45.

67 67 《Allgeyer V. Louisiana》, 165 U.S. 578, 589 (1897).

68 Benedict, "Laissez-Faire and Liberty", 305-14; Gillman, 《The Constitution Besieged》, 45-60.

69 Horwitz, 《Transformation of American Law》, 30. 길맨(Gillman)은 계급갈등이 '공공의 이익'에 대한 합의를 잠식한다고 주장했다. 《The Constitution Besieged》, 93-97.

70 See for instance 위의 책, 29-31; Ackerman, 《We the People: Foundations》, 63-67.

71 Forbath, 《Law and the Shaping of the American Labor Movement》; Pope, "Labor's Constitution of Freedom"; Tomlins, 《The State and Unions》, 3-98.

72 《Lochner V. People of State of New York》, 198 U.S. 45, 57 (1905).

73 후견적 국가의 개념은 그 자체로 매우 복잡한 역사를 가지고 있어 여기에서 길게 설명하기가 곤란하다. 그러나 여성에 대한 국가적 보호가 시작됐다가 이후 철회되고 다시 회복된 것은 여성의 의존성 정도와 법적 고려대상으로서의 정당성 정도를 반영하는 것이었다. 다음을 참조. 《Muller v. Oregon》 (1908, argued by later Supreme Court Justice Brandeis); 《Adkins v. Children's Hospital of District of Columbia》, 261 U.S. 525 (1923); 《West Coast Hotel Co.v. Parrish Et Ux.》, 300 U.S. 379 (1937).

74 이 주장은 로크너 판결에서 소수의견을 낸 홈즈 판사에 의해 시작된 전통적 해석 중

하나다. 즉, "수정헌법 14조에는 허버트 스펜서(Herbert Spencer)의 《사회관리학(Social Statics)》(이는 1851년 저작으로 공리주의적 관점에서 '행복의 필수요건'을 주로 다루고 있다 - 옮긴이)이 반영돼 있지 않다"는 해석이다. 이에 대해서는 다음을 참조. 《Lochner V. People of State of New York》, 75.

75 Benedict, "Laissez-Faire and Liberty".

76 Skinner, "A Third Concept of Liberty", 262.

77 Pettit, 《Republicanism》, 131-33.

78 위의 책. 133.

79 Sandel, 《Democracy's Discontent》, 184.

80 Appleby, "The Agrarian Myth' in the Early Republic", 253-76, 51-105; Foner, 《Free Soil, Free Labor, Free Men》, 29-39.

81 Appleby, 《Capitalism and a New Social Order》, 18.

82 Ira Katznelson and Andreas Kalyvas, 《Liberal Beginnings》 (Cambridge: Cambridge University Press, 2008), 4.

83 Judith Shklar, American Citizenship: 《The Quest of Inclusion》 (Cambridge, M.A: Harvard University Press, 1991), 64-5.

84 Forbath, "Ambiguities of Free Labor", 769; Fink, 《Workingmen's Democracy》, 8.

3장 '결핍이라는 칼': 임금노동이 아닌 자유노동

1 Thomas Skidmore, 《The Rights of Man to Poverty! Being a Propostion to Make it Equal among the Adults of the Present Generation: And to Provide for its Equal Transmission to Each Individual of Each Succeeding Generation, on Ariving at the Age of Maturity》 (New York: Alexander Ming, 1829), 249. 이후에는 《The Rights of Man to Property!》.

2 William Heighton, 《The Principles of Aristocratic Legislation Developed in an Address Delivered to the Working People of the District of Southwark, and Townships of Moyamensing and Passyunk》 (Philadelphia: J. Coaster Jr., 1828), 이후에는 《The Principles of Aristocratic Legislation》.

3 헤이튼에 대한 전기적 설명은 다음을 참조. Schultz, 《The Republic of Labor》, 224-32; Philip Sheldon Foner, 《William Heighton: Pioneer Labor Leader of Jacksonian Philadelphia》 (New York: International Publishers, 1991); Louis H. Arky, "The Mechanics' Union of Trade Associations and the Formation of the Philadelphia

Workingmen's Movement", 《The Pennsylvania magazine of History and Biography》 76, no. 2 (April 1952), 142-76.

4   William Heighton, 《The Principles of Aristocratic Legislation》, 5-6.

5   이들 노동자 정당의 역사에 대해서는 다음을 참조. Pessen, 《Most Uncommon Jacksonians》; EdwardPessen, "The Workingmen's Movement of the Jacksonian Era", 《The Mississippi Valley Historical Review》 43, no. 3 (1956), 428-43; Sean Wilentz, 《Chants Democratic: New York City & the Rise of the American Working Class, 1788-1850》 (New York: Oxford University Press, 1984), 107-254; David Montgomery, "The Working Classes of the Pre-Industrial American City, 1780-1830", 《Labor History》 IX (1968), 3-22; Arky, "The Mechanics' Union of Trade Associations and the Formation of the Philadelphia Workingmen's Movement".

6   Seth Luther, 《An Address to the Working Men of New England, on the State of Education, and the Condition of the Producing Classes in Europe and America》, ed. George Evans (New York: The Office of the Working Man's Advocate, 1833), 26. Hereafter 《An Address to the Working Men of New England》.

7   'working men's'와 'workingmen's'라는 용어는 당대는 물론 후대의 역사가들도 같은 의미로 혼용하고 있다.

8   예를 들면, George Henry Evans, "Negro Slavery", 《The Working Man's Advocate》 III, no. 7 (Octorber 1, 1831), I; Heighton, 《The Principles of Aristocratic Legislation》, 10. 《The Working Man's Advocate》는 이하 《WMA》로 표기.

9   이는 매우 다양한 방식으로 변주돼 나타나고 있었다. 다음 예를 참조. William Heighton, "Slavery of Wages", YA 2, no.46 (February 7,1846), 1; West, "Wages Slavery and Chattel Slavery: To William Lloyd Garrison"; Evans, "Abolition at Home"; "Dialogue on Free and Slave Labor", 《WMA》 1, no. 11 (June 8, 1844), 4.

10   다음 예를 참조. William West, "Reformatory: Chattel and Wages Slavery", The Liberator 16, no.38 (September 25, 1846), 152: Garrison, "Free and Slave Labor", 50.

11   "Wages Slavery and Chattel Slavery", 《JUL》 V. no.2 (1884), 702.

12   Several Hands, "An Agreement of the People for a Firm and Present Peace upon Grounds of Common Right and Freedom", in 《The English Levellers》, ed. Andrew Sharp (Cambridge: Cambridge University Press, 1998), 92-101. 재산권에 대한 디거스와 레벨러스의 복잡한 견해를 분석하고 통합하는 일은 이 책의 범위를 넘어선다. 다만 이에 대한 빼어난 논의로 다음을 참조. John Gurney, 《Gerrard Winstanley: The Digger's Life and Legacy》 (London: Pluto Press, 2012).

13 Ronald Schultz, "The Small-Producer Tradition and the Moral Origins of Artisan Republicanism in Philadelphia, 1720 – 1810", Past & Present, no. 127 (May 1990), 92. 더 많은 논의에 대해서는 다음을 참조. Schultz, 《The Republic of Labor》, 3-35.

14 Jame Harrington, 《The Commonwealth of Oceana and a System of Politics》 (Cambridge: Cambridge University Press, 1992), 34. 해링톤의 입장과 공화주의, 재산권 등에 대한 다른 견해에 대해서는 다음을 참조. Pocock, 《The Machiavellian Moment》, 423-61; Nelson, 《The Greek Tradition in Republican Thought》, 87-126; John F. H. New, "Harrington, a Realist?", 《Past & Present》 24 (1963), 75-81; John F. H. New, "The Meaning of Harrington's Agrarian", 《Past & Present》 25 (1963), 94-95; C. B. Macpherson, "Harrington as Realist: A Rejoinder", 《Past & Present》 24 (April 1963), 82-85. 후기 농본주의자들에 대한 해링톤의 영향에 대해서는 다음을 참조. Robbins, 《The Eighteenth Century Commonwealthman》, 22-55; Adair, 《The Intellectual Origins of Jeffersonian Democracy》, 79.

15 New, "The Meaning of Harrington's Agrarian", 94.

16 Thomas Jefferson, "Autobiography", in 《Writings》, ed. Merrill D. Peterson (New York: The Library of America, 1984); 1-101, 44.

17 Stanley N. Katz, "Republicanism and the Law of Inheritance in the American Revolutionary Era", 《Michigan Law Review》 76, no. 1 (November 1977), 1-29; 14.

18 Thomas Paine, "Agrarian Justice", in 《Thomas Paine: Common Sense and Other Writings》, ed. Joyce Appleby (New York: Barnes & Noble, 2005), 323-45, 343.

19 Thomas Paine, 《Rights of Man》 (New York: Citadel Press, 1991), 245. 페인과 경제적 착취에 대해 공화주의적 비평을 전개한 첫 세대 이론가에 대해서는 다음을 참조. Gregory Claeys, "The Origins of the Rights of Labor: Republicanism, Commerce, and the Construction of Modern Social Theory in Britain, 1796-1805", 《The Journal of Modern History》 66, no. 2 (June 1994), 249-90.

20 Robert Maxwell Brown, "Back Country Rebellions and the Homestead Ethic in America, 1749-1799", in 《Tradition, Conflict, and Modernization: Perspectives on the American Revolution》, ed. Richard Maxwell Brown and Don Fehrenbacher (New York: Academic Press, 1977), 73-99.

21 Richard L. Bushman, "Massachusetts Farmers and the Revolution", in 《Society, Freedom, and Conscience: The American Revolution in Virginia, Massachusetts, and New York》, ed. Richard M. Jellison (New York: W. W. Norton & Company, 1976), 77-124; Joseph A. Ernst, "Shays's Rebellion in Long Perspective: the Merchants

and the Money Question", in 《In Debt to Shays: The Bicentennial of an Agrarian Rebellion》, ed. Robert A. Gross (The Colonial Society of Massachusetts, 1993), 57-80; W. J. Rorabaugh, "I Thought I Shall Liberate Myself From the Thraldom of Others': Apprentices, Masters, and the Revolution", in Beyond 《the American Revolution: Explorations in the History of American Radicalism》, ed. Alfred F. Young (Dekalb: Northern Illinois University Press, 1993), 185-217; Alan Taylor, "Agrarian Independence: Northern Land Rioters After the Revolution", in 《Beyond the American Revolution: Explorations in the History of American Radicalism》, ed. Alfred F. Young (DeKalb: Northern Illinois University Press, 1993), 221-45.

22 Schultz, "The Small-Producer Tradition and the Moral Origins of Artisan Radicalism in Philadelphia 1720-1810".

23 Fink, "From Autonomy to Abundance", 119. 혁명적인 대중 동원에 대해서는 다음을 참조. Wood, 《The Creation of the American Republic, 1776-1787》, 257-343; Larry Kramer, 《The People Themselves: Popular Constitutionalism and Judicial Review》 (New York: Oxford University Press, 2004), 73-144; Seth Cotlar, 《Tom Paine's America: the Rise and Fall of Transatlantic Radicalism in the Early Republic》 (Charlottesville: University of Virginia Press, 2011), 13-48.

24 A Brother Mechanick, "To the MACHANICKS of PHILADELPHIA", 《The INDEPENDENT GAZETTEER; or the CHRONICLE OF FREEDOM》, October 11, 1783.

25 다음에서 재인용. Cotlar, 《Tom Paine's America》, 130. Cotlar, 《Tom Paine's America》, 130.

26 위의 책, 136.

27 William Manning, "The Key of Liberty", 《The William and Mary Quarterly》 13, no.2(1956), 219.

28 위의 책, 209.

29 신용공여 제안에 대해서는 다음을 참조. Manning's William Manning, "Some Proposals for Making Restitution to the Original Creditors of Government", 《William & Mary Quarterly》 46, no. 2 (1989), 320-31. 여기에 인용된 매닝의 자유론은 1798년 저작이며, 초안은 1797년에 처음 쓰였다. 매닝에 대해서는 다음을 참조. Ruth Bogin, "Petitioning and the New Moral Economy of Post-Revolutionary America", 《The William and Mary Quarterly》 45, no. 3 (July 1988), 392-425; Michael Merrill and Sean Wilentz, "William Manning and the Invention of American

Politics", in 《The Key of Liberty: the Life and Writings of William Manning》, "A Laborer", 1747-1814, eds. Michael Merril and Sean Wilentz (Cambridge, MA: Harvard University Press, 1993), 1-86. 매닝의 초기 자본주의 비판에 대한 반박은 다음을 참조. Gordon Wood, "The Enemy Is Us: Democratic Capitalism in the Early Republic", 《Journal of the Early Republic》 16, no. 2 (Summer 1996), 293-308. 나는 이와는 다른 견해를 가지고 있다. 다음을 참조. Alex Gourevitch, "William Manning and the Political Theory of the Dependent Classes", 《Modern Intellectual History》 9, no. 2 (2012), 331-60.

30 Manning, "The Key of LIverty," 248.

31 David Brown, "Seditious Writings", in 《The Faith of Our Fathers: An Anthology Expressing the Aspirations of the American Common Man 1790-1860》, ed. Irving Mark and Eugene L Schwab (New York: Alfred A. Knopf, 1952), 44; Cotlar, 《Tom Paine's America》, 30-31; Geoffrey R. Stone, 《Perilous Times: Free Speech in Wartime From the Sedition Act of 1798 to the War on Terrorism》 (New York: W. W. Norton & Co., 2004), 64.

32 Cotlar, 《Tom Paine's America》, 13-48.

33 클래이스(Claeys)와 코틀라의 주요 저작에 대해서는 다음을 참조. Claeys, "The Origins of the Rights of Labor: Republicanism, Commerce, and the Construction of Modern Social Theory in Britain, 1796-1805"; Gregory Claeys, "Introduction", in 《The Politics of English Jacobinism: Writings of John Thelwall》, ed. Gregory Claeys (University Park: Pennsylvania State University Press, 1995), xiii-lviii; Cotlar, 《Tom Paine's America》, 115-60.

34 Schultz, 《The Republic of Labor》, 160-61.

35 위의 책, 162.

36 이 시기의 '농본주의적'이라는 용어의 의미와 용법에 대해서는 다음을 참조. A E Bestor Jr., "The Evolution of the Socialist Vocabulary", 《Journal of the History of Ideas》 (1948), 259-302.

37 Martin J. Burke, 《The Conundrum of Class: Public Discourse on the Social Order in America》 (Chicago: University of Chicago Press, 1995), 32.

38 Irving Mark and Eugene L. Schwab, ed., "The Memorial of the Non-Freeholders of Richmond, Virginian (1829)," 《in The Faith of Our Fathers: An Anthology Expressing the Aspiration of the American Common Man 1790-1860》 (New York: Alfred A. Knopf, 1952), 22.

39 Jefferson, 《Notes on the State of Virginia》, 158.

40 Montgomery, "The Working Classes of the Pre-Industrial American City", 18.

41 Thomas Jefferson, "To Benjamin Austin, January 9, 1816", in 《Thomas Jefferson: Writings》, ed. Merrill D. Peterson, (New York: The Library of America, 1984), 1370.

42 위의 책, 1371.

43 Philip Sheldon Foner, 《History of the Labor Movement in the United States, Volume 1: From Colonial Times to the Founding of the American Federation of Labor》 (New York: International Publishers, 1982), 54.

44 Montgomery, "The Working Classes of the Pre-Industrial American City", 7.

45 Foner, 《History of the Labor Movement in the United States》, Volume 1, 137.

46 Charles Sellers, 《The Market Revolution: Jacksonian America, 1815-1846》 (Oxford: Oxford University Press, 1994), 238.

47 Luther, 《An Address to the Working Men of New England》, 21.

48 Alexander Keyssar, 《The Right to Vote: The Contested History of Democracy in the United States》 (New York: Basic Books, 2000), 26-52.

49 랜샐러의 참정권 관련 주장에 대한 반박에 대해서는 다음을 참조. Nathaniel H. Carter, William L. Stone, and Marcus T. C. Gould, 《Reports of the Proceedings and Debates of the New York Constitutional Convention 1821》 (Albany: E. and E. Hosford, 1821), 360－63.

50 위의 책, 363.

51 부엘(Buel)의 논평에 대해서는 다음을 참조. 위의 책, 243.

52 펜실베이니아 주를 포함한 몇 개 주는 이미 다른 주보다 먼저 참정권의 재산기준을 폐지했다. 그러나 19세기 초가 돼서야 대부분의 주가 이를 폐지한다. Keyssar, 《The Right to Vote》, 26-52.

53 Skidmore, 《The Rights of Man to Property!》, 288. 기독교 사회주의에 대해서는 다음을 참조. Cornelius C. Blatchly, 《Some Causes of Popular Poverty》, 1818.

54 Heighton, 《An Address to the Members of Trade Societies and to the Working Classes Generally》, 10.

55 Luther, 《An Address to the Working Men of New England》, 22.

56 위의 책, 24.

57 위의 책, 26.

58 Fisk, 《Capital against Labor》, 9.

59 Pessen, 《Most Uncommon Jacksonians》, 이들에 대한 역사적 배경은 다음을 참조.

Montgomery, "The Working Classes of the Pre-Industrial American City, 1780-1830"; Arky, "The Mechanics' Union of Trade Associations and the Formation of the Philadelphia Workingmen's Movement"; Schultz, 《The Republic of Labor》; Bruce Laurie, 《Working people of Philadelphia 1800-1850》; Wilentz, 《Chants Democratic》; David Anthony Harris, 《Socialist Origins in the United States, American Forerunners of Marx, 1817-1832》 (Assen: Van Gorcum & Comp., 1966).

60   바일스비에 대해서는 알려진 게 많지 않다. 다음을 참조. Wilentz, 《Chants Democratic》, 164-7; Harris, 《Socialist Origins in the United States》, 34-53.

61   이 저작들의 지적 전사(前史)에 대해서는 다음을 참조. Ronald Schultz, 《The Republic of Labor》; Harris, 《Socialist Origins in the United States》, 1-33. 이 저작들의 지성사적 전사(前史)에 대해서는 다음을 참조. Ronald Schultz, 《The Republic of Labor》; Harris, 《Socialist Origins in the United States》, I-33.

62   Edward Pessen, "The Ideology of Stephen Simpson, Upperclass Champion of the Early Philadelphia Workingmen's Movement", 《Pennsylvania History》 22. no. 4 (October 1955), 328-40.

63   스키드모어와 동시대를 살았던 아모스 길버트(Amos Gibert)가 쓴 전기에 마크 로즈(Mark Lause)가 주석을 단 저작이 아직까지는 가장 빼어나다. Amos Gilbert, 《The Life of Thomas Skidmore》 (Chicago: Charles H. Kerr Publishing Company, 1984). 다음 저작도 좋은 참조가 된다. Wilentz, 《Chants Democratic》, 182-88; Edward Pessen, "Thomas Skidmore, Agrarian Reformer in the Early American Labor Movement", 《New York History》 35, no. 3 (1954), 280-96.

64   Byllesby, 《Observations on the Sources and Effects of Unequal Wealth》, 33.

65   Unsigned, "Wages Slavery and Chattel Slavery", 702.

66   Skidmore, 《The Rights of Man to Property!》, 4-5.

67   이 중요한 계기에 대해서는 코틀라(Cotlar)의 빼어난 논의를 참조. Cotlar, 《Tom Paine's America》, 115-26.

68   Skidmore, 《The Rights of Man to Property!》, 1-76; Byllesby, 《Observations on the Sources and Effects of Unequal Wealth》, 14-41.

69   Skidmore, 《The Rights of Man to Property!》, 240.

70   Stephen Simpson, 《The Working Man's Manual: A New Theory of Political Economy, on the Principle of Production the Source of Wealth》 (Philadelphia : Thomas L. Bonsal, 1831), 70. Hereafter 《The Working Man;s Manual》.

71   Thomas Skidmore, "Working Men's Meeting: Report of the Committee of Fifty",

ed. George Henry Evans, 《WMA》 (New York, Octorber 31, 1829), I.

72 William Heighton, 《An Address Delivered before the Mechanics and Working Classes Generally》, of the City and County of Philadelphia. At the Universalist Church, in Callowhill Street, on Wednesday Evening, November 21, 1827, by the "Unlettered Mechanic" (Philadelphia: The Office of the Mechanics Gazette, 1828), 8-9. 이후에는 다음으로 약칭 《An Address Delivered before the Mechanics and Working Classes Generally》.

73 Skidmore, 《The Rights of Man to Property!》, 288.

74 위의 책, 341.

75 위의 책, 388.

76 Skidmore, "Working Men's Meeting: Report of the Committee of Fifty", I.

77 그러나 주의해야 할 것은 채무자를 감옥에 투옥하거나 징벌적 채무 환수는 가난한 노동자들에게 매우 중요한 이슈였다. 노동자들이 반복적으로 요구한 두 가지 사항은 채무자 징역형과 '노동자 압류법'의 폐지였다. "Imprisonment for Debt," 《WMA》, March 6, 1830, 3. Byllesby, 《Observations on the Sources and Effects of Unequal Wealth》, 33.

78 Byllesby, 《Observations on the Sources and Effects of Unequal Wealth》, 33.

79 다음에서 인용. Sean Wilentz, "Against Exceptionalism: Class Consciousness and the American Labor Movement, 1790-1920", 《International Labor and Working Class History》 26 (Autumn 1984),11. Also Garrison, "Free and Slave Labor".

80 Schultz, 《The Republic of Labor》, 25-26. Also Wilentz, "Against Exceptionalism".

81 프랭클린은 노동가치설을 논의한 최초의 논자 중 한 사람으로 볼 수 있다. "By Labour may the Value of Silver be measured as well as all other Things". Benjamin Franklin, "A Modest Enquiry Into the Nature and Necessity of a Paper Currency", 《in The Works of Benjamin Franklin, Vol. I Autobiography, Letters and Misc. Writings 1725-1734》, ed. John Bigelow (New York: G. P. Putnam's Sons, 1904). 프랭클린의 논문은 매우 중요하다. 마르크스는 《자본》에서 "프랭클린은 가치의 본성을 탐구한 최초의 경제학자 중 한 사람"이라고 언급하고 있다. Karl Marx, 《Capital: Volume 1》, trans. Ben Fowkes, (New York: Penguin Classics, 1990). On Franklin in Philadelphia, see Schultz, 《The Republic of Labor》, 25.

82 리카르도 사회주의자에 대해서는 다음을 참조. Esther Lowenthal, "The Ricardian Socialists", 《Studies in History, Economics and Public Law XLVI》, no. I (1911), 5-105; Anton Menger, 《The Right to the Whole Produce of Labour》, ed. H.

S. Foxwell, trans. M. E. Tanner (London: Macmillan and Co., 1899); J. E. King, "Utopian or Scientific? A Reconsideration of the Ricardian Socialists", 《History of Political Economy》 15, no. 3 (1983), 345-73. 특히 리카르도 사회주의자에 대한 로웬탈(Lowenthal)의 세밀한 설명에 기본적이고 중요한 영감을 부여한 저작으로 폭스웰(Foxwell)의 밀도 높은 다음 저작을 특히 참조할 만하다. H. S. Foxwell, "Introduction", in 《The Right to the whole Produce of Labor》, ed. H. S. Foxwell (New York: Macmillan and Co., Limited, 1899), v-cx. 로웬탈의 설명에 따르면, 소위 리카르도 사회주의자들은 사회주의를 지향하는 도덕적 주장과 유사한 일련의 과학적 입장을 발전시키기 위해 리카르도의 노동가치설을 활용한다. 윌리엄 톰슨(William Thompson), 존 그레이(John Gray), 토마스 호지스킨(Thomas Hodgskin), 존 프랜시스 브레이(John Francis Bray) 등이 대표적인 인물이다. '리카르도 사회주의자'라는 명명에 대해서는 아직 논란거리가 남아 있다. 특히 토마스 호지스킨 같은 사람들은 사회주의자가 아니기 때문이다. 그러나 여기서는 톰슨과 그레이의 논의에 대해서만 언급하므로 이 용어를 그대로 써도 혼동을 야기하지는 않는다고 본다.

83 William Heighton, 《The Principles of Aristocratic Legislation》, 3. 가치(value)와 부(Wealth)의 차이에 대해서는 약간의 혼란이 있는 것이 사실이나 가치는 노동시간에 의해 결정된다는 해석에는 이견이 없다.

84 Byllesby, 《Observations on the Sources and Effects of Unequal Wealth》, 42.

85 위의 책, 105.

86 Heighton, 《An Address to the Members of Trade Societies and to the Working Classes Generally》, 12.

87 예를 들면 그레이의 다음 저작 중 상자글을 참조. of Gray's Lectures on 《Human Happiness in Heighton, An Address to the Members of Trade Societies and to the Working Classes Generally》, 12-15.

88 다음을 참조. The Thompson citations in Byllesby, 《Observations on the Sources and Effects of Unequal Wealth》, 105-13.

89 "Thompson's Labour Rewarded", 《Mechanics' Free Press》 98 (November 21, 1829), I.

90 Byllesby, 《Observations on the Sources and Effects of Unequal Wealth》, 57. 이 통계는 콜훈의 다음 저작에서 인용했다. Patrick Colquhoun's 《A Treatise on the Wealth, Power, and Resources of the British Empire》 (1814). 내가 아는 한, 콜훈의 저작은 제대로 된 영국의 국민소득 통계로는 최초의 것이다. 이 책의 표지에는 '방대한 통계표 수록'이라는 광고 문구가 크게 실려 있기도 하다. Patrick Colquhoun, 《A Treatise on the Wealth, Power, and Resources of the British Empire》 (London:

Joseph Mawman, 1814). 또 다른 리카르도 사회주의자들도 콜훈의 통계를 활용해 노동 가치설에 입각한 착취율을 계산하기도 했다. 다음을 참조. Foxwell, "Introduction", lxvii.

91 Skidmore, 《The Rights of Man to Property!》, 240.

92 Heighton, 《An Address Delivered before the Mechanics and Working Classes Generally》, 10.

93 Luther, 《An Address to the Working Men of New England》, 22-6.

94 Robert Owen, 《Two Discourses on a New System of Society as Delivered in the Hall of Representatives at Washington》 (London: Whiting & Branston, 1825).

95 Stedman Whitwell, "Description of an Architectural Model From a Design by Stedman Whitwell, Esq. for a Community upon a Principle of United Interests, as Advocated by Robert Owen, Esq.", in 《Cooperative Communities: Plans and Descriptions》, ed. Kenneth E. Carpenter (New York: Arno Press, 1972).

96 Arky, "The Mechanics' Union of Trade Associations and the Formation of the Philadelphia Workingmen's Movement", 151; Schultz, 《The Republic of Labor》, 212-14.

97 오웬의 저작뿐만 아니라 뉴 하모니 가제트도 꽤 광범하게 읽히고 있었다. 오웬의 뉴 라나크와 가제트에 대해서는 다음을 참조. Byllesby, 《Observations on the Sources and Effects of Unequal Wealth》, 120-36.

98 Heighton, 《An Address to the Members of Trade Societies and to the Working Classes Generally》, 35.

99 Simpson, 《The Working Man's Manual》, 9.

100 Heighton, 《An Address to the Members of Trade Societies and to the Working Classes Generally》, 35.

101 Byllesby, 《Observations on the Sources and Effects of Unequal Wealth》, 90.

102 Skidmore, 《The Rights of Man to Property!》, 386.

103 무료 공교육에 대해서 심슨은 다소 보수적인 입장을 가지고 있었다. 이에 대해서는 다음을 참조. Pessen, "The Ideology of Stephen Simpson, Upperclass Champion of the Early Philadelphia Workingmen's Movement".

104 Byllesby, 《Observations on the Sources and Effects of Unequal Wealth》, 116.

105 Heighton, 《An Address to the Members of Trade Societies and to the Working Classes Generally》, II. 다음을 참조. Arky "The Mechanics' Union of Trade Associations and the Formation of the Philadelphia Workingmen's Movement",

147-51.

106 Josiah Warren, "Letter From Josiah Warren", in 《A Documentary History of American Industrial Society Volume v: The Labor Movement》, ed. John R. Commons et al. (Cleveland: The Arthur H. Clark Company, 1910), 133-37; John R. Commons et al., eds., "Constitution of the Philadelphia Labour for Labour Association", in 《A Documentary History of American Industrial Society Volume v: The Labor Movement》 (Cleveland: The Arthur H. Clark Company, 1910), 129-33. 워렌(Warren)은 아마도 〈노동자 자유신문〉에 노동거래소나 필라델피아 지역의 이슈 등에 대한 기사를 쓴 익명의 작가로 추정된다.

107 Cosmopolite, "(Labor Exchange)", ed. William Heighton, 《Mechanics Free Press》 (Philadelphia, October 25, 1828).

108 Paine, "Agrarian Justice". 스키드모어가 인용한 페인의 1797년 저작에는 〈농본주의의 정의〉가 실려 있지 않다. 스키드모어는 페인의 다음 저작을 활용했다. 《The Works of Thomas Paine, Secretary for Foreign Affairs, to the Congress of the United States, in the Late War: In Two Volumes, Vols. 1-2》, ed. James Carey (Philadelphia: James Carey, 1797). Cited at Skidmore, 《The Rights of Man to Property》, 6. 그러나 역사학자인 마크 로즈(Mark Lause)는 〈농본주의적 정의〉의 여러 카피들이 스키드모어와 그 동료들 사이에 돌고 있었다고 내게 말해주었다. 왜 스키드모어가 이 점을 언급하지 않았는지는 의문이다.

109 Skidmore, 《The Rights of Man to Property!》, 126.

110 위의 책, 243.

111 위의 책, 137.

112 스키드모어의 제안을 참조. 위의 책, 137-44.

113 위의 책, 120.

114 위의 책, 48-52.

115 위의 책, 158-60.

116 위의 책, 262-66. 아동에 대한 스키드모어의 관점은 다음을 참조. Joshua R. Greenberg, "Powerful - Powerful Is the Parental Feeling': Fatherhood, Domestic Politics, and the New York City Working Men's Party," 《Early American Studies: an Interdisciplinary Journal》 2, no. 1 (2004), 192-227.

117 그라쿠스 형제에 대해서는 다음을 참조. Nelson, 《The Greek Tradition in Republican Thought》, 49-86.

118 Skidmore, 《The Rights of Man to Property!》, 29-30.

119 Skidmore, "Working Men's Meeting: Report of the Committee of Fifty", I.

120 스키드모어가 그 정당에 대해 영향력을 상실하고 있었다는 점은 다음을 참조. Gilbert, 《The Life of Thomas Skidmore》; Pessen, "Thomas Skidmore, Agrarian Reformer in the Early American Labor Movement"; Wilentz, 182-88.

121 "Agrarianism", 《The Atlantic Monthly》 III, no. XVIII (April 1859), 393-403. 다음 토론도 참조. Pessen, "Thomas Skidmore, Agrarian Reformer in the Early American Labor Movement."

122 예를 들면, "The Agrarian Party", 《Ithaca Journal》, May 5,1830; Simon Clannon, "To the Public", 《The Daily Advertiser》, March 2, 1830.

123 "Agrarians", 《Mechanics' Free Press》 II, no. 99 (November 28, 1829), 3.

124 Leikin, 《The Practical Utopians》, 25-52; Horner, 《Producers' Co-Operatives in the United States》, 1865-1890, 42-50.

125 예를 들면, Skidmore, 《The Rights of Man to Property!》, 156.

126 Kim Voss, 《The Making of American Exceptionalism》, 32. 보스턴 노동조합이 작성한 《10시간 노동제 팜플릿(Ten-Hour Circular)》과 이에 대한 토론으로 페센(Pessen)의 《위대한 잭슨주의자들(Most Uncommon Jacksonian)》(43쪽)도 참조(이 책은 19세기 초 노동운동을 주도했던 급진파 리더들을 다루고 있다 - 옮긴이).

127 Orestes A Brownson, "The Laboring Classes", 《The Boston Quarterly Review》 3 (July 1840), 42.

128 위의 책, 48.

129 위의 책, 49.

130 다음 예를 참조. George Henry Evans, "Rise and Progress of Agrarianism", YA, September 20, 1845.

131 전국개혁연합의 헌장은 재발간된 〈노동자의 주장〉 창간호에 실렸다. George Henry Evans, "National Reform Association Constitution", eds. George Henry Evans and John Windt, 《WMA》, April 6, 1844. 다음을 참조. George Henry Evans and John Windt, "Our Principles", 《WMA》, April 6, 1844.

132 Mark Lause, 《Young America: Land, Labor, and the Republican Community》 (Springfield: University of Illinois Press, 2005).

133 모릴법의 주요 내용은 다음의 의회도서관 웹사이트에서 확인할 수 있다. http://www.loc.gov/rr/program/biblourdocs/Morrill.html. Lause shows that the NRA became a home for the interpenetration of agrarian, labor republican, and socialist views. Lause, 《Young America》, 35-59.

134 작자 미상, "Address of Mr. Wait of Ill", 《YA》, October 25, 1845.

135 Skidmore, "Working Men's Meeting: Report of the Committee of Fifty".

136 John Pickering, 《The Working Man's Political Economy》 (Cincinnati, OH: Thomas Varney,1847), 34.

137 위의 책, 3.

138 위의 책, 37.

139 위의 책, 43-44.

140 "What Is Slavery from the Cincinnati Morning Herald: Letter from Horace Greeley to the Anti-Slavery Convention at Cincinnati", 《YA》 2, no. 14 (June 28, 1845).

141 Evans and Windt, "Our Principles".

142 "Equal Right to Land I", 《WMA》, March 16, 1844.

143 위의 책.

144 "Equal Right to Land III", 《WMA》, April 6, 1844.

145 "Explanation", 《Subterranean, United with the Workingman's Advocate》, 1, no. 34 (1844).

146 Skidmore, 《The Rights of Man to Property!》, 248.

147 제퍼슨 이후 계속된 '농본주의적 자기 충만'이란 개념은 반시장적인 것이라기보다는 세계 시장 진출을 염두에 둔 경작과 소득을 통한 자급자족에 관한 개념이다. Appleby, 《Capitalism and a New Social Order》, 253-76; Allan Kulikoff, 《The Agrarian Origins of American Capitalism》 (Charlottesville: University Press of Virginia, 1992), 34-59, 127-51.

148 "Equal Right to Land I".

149 조지(George)는 노동기사단에서 가장 존경받았던 정치경제학자 중 한 명이었다. 노동기사단은 그가 '토지 문제'에 대해 해법을 제시했다고 생각했다. 그러나 다음 장에서 보듯이, 노동공화주의자들은 토지 문제 해결이 노동 문제까지 해결하는 것은 아니라고 생각했다. 조지와 노동기사단의 정치적·지적 관계의 복잡성에 대해서는 다음을 참조. Robert E. Weir, "A Fragile Alliance", 《American Journal of Economics and Sociology》 56, no. 4 (1997), 421-39.

150 William Heighton, 《The Principles of Aristocratic Legislation》, 5-6.

4장 노동공화주의와 협력적 공화 체제

1 McNeil, 《The Labor Movement》, 459.

2   Jonathan Grossman, 《William Sylvis, Pioneer of American Labor》 (New York: Hippocrene Books, 1973), 78.

3   William H. Sylvis, "Address Delivered at Chicago, Jan. 9. 1865," in 《The Life, Speeches, Labors and Essays of William H. Sylvis》, ed James C. Sylvis (Philadelphia: Claxton, Remsen & Haffelfinger, 1897), 128.

4   위의 책, 130.

5   위의 책, 129.

6   Ware, 《The Labor Movement in the United States》, 1-22; Montgomery, 《Beyond Equality》, 170-96.

7   협력 이데올로기론의 부활과 이 이론이 제기한 실질적 협동조합에 대해서는 Leikin 을 참조. 《The Practical Utopians》, 5-24; Horner, "Producers' Co-Operatives in the United States, 1865-1890", 46-52.

8   내가 아는 범위에서 말한다면, 스티븐스에 대한 기록이 충분하지 않다. 노동기사단 조직원 중 하나가 간략하게 남겨놓은 것이 있는데, 다음을 참조하라. "Our Past Grand Master Workman", 《JUL》 II, no. 4 (August 15, 1881), 1-2. ; Ware, 《The Labor Movement in the United States》, 26-28.

9   Powderly, ed., "Knights of Labor Platform – Preamble and Declaration of Principles", 30.

10   노동기사단의 개방성은 여성 노동자와 흑인 노동자에게까지 가입 자격을 부여할 정도로 높았다. 직전의 전국 조직이었던 노동조합총연맹보다 훨씬 개방적이었다. 이에 대해서는 Leikin, 《The Practical Utopians》, 33-35, 45-46을 참조. 노동기사단의 역사에 대해서는 서론의 각주 25에 제시된 자료를 참조.

11   노동기사단의 비밀조직 방침과 관련해서는 Weir, 《Beyond Labor's Veil》, 19-66을 참조. 노동기사단 노동자들에 대해 블랙리스트를 작성하고 핑커톤 회사를 고용해 탄압하는 것은 당시에 비일비재했다. McNeill, The Labor Movement, 138; "Making War on This Paper", 《JSP》 II, no. 69(Feb. 1, 1885) ; Levine, 《Labor's True Woman》, 56-59, 66-68, 73-81. Violence, legal and illegal, against the Knights and labor generally was a major part of the literature of the time and of labor historiography. Terence V. Powderly, 《Labor: Its Rights and Wrongs》 (Westport, CT: Hyperion Press, 1886); Karl Liebknecht, 《Militarism》 (New York: B. W. Huebsch, 1917) 140-141; Adamic, 《Dynamite: The Story of Class Violence in America: Taft and Ross》, "American Labor Violence: Its Causes, Character, and Outcome"; Forbath, 《Law and the Shaping of the American Labor Movement》; Tomlins, 《The State and the

Unions》, 3-98; Pope, "Labor's Constitution of Freedom."

12 위어(Weir)의 추산도 참조. Weir, 《Beyond Labor's Veil》, 16; Oestreicher, "A Note on
    Knights of Labor Membership Statistics", 102-08.

13 노동기사단의 몰락에 관한 내부 자료는 위어의 다음 저작이 빼어나다. Robert E.
    Weir, 《Knights Unhorsed》 (Detroit, MI: Wayne State University Press, 2000).

14 그러나 오에스트리처(Oestreischer)의 설명은 조금 다르다. 1890년대에 노동기사단의
    규모는 미국노동총연맹과 맞먹을 정도였다고 한다. Oestreicher, "A Note on Knights
    of Labor Membership Statistics."

15 On Labor Day, see Weir, 《Beyond Labor's Veil》, 308-13.

16 Fink, 《Workingmen's Democracy》: David Montgomery, "Labor and the Republic
    in Industrial America: 1860-1920", 201-15 ; Richard Oestreicher, "Terence v.
    Powderly, the Knights of Labor, and Artisanal Republicanism", in 《Labor Leaders
    in America》, ed. Warren Van Tine and Melvyn Dubofsky (Urbana and Chicago:
    University of Illinois Press, 1987), 30－61.

17 노동공화주의자와 급진공화주의자의 차이에 대해서는 몽고메리를 참조. Montgo-
    mery, 《Beyond Equality: Labor and the Radical Republicans 1862-1872》, 260.

18 실비스의 전기적 자료에 대해서는 다음 참조. James C. Sylvis, "Biography of
    William H. Sylvis", in 《The Life, Speeches, Labors and Essays of William H.
    Sylvis》, ed. James C. Sylvis (Philadelphia: Claxton, Remsen & Haffelfinger, 1872); David
    Montgomery, "William H. Sylvis and the Search for Working-Class Citizenship",
    in 《Labor Leaders in America》, ed. Warren Van Tine Melvyn Dubofsky (Urbana
    and Chicago: University of Illinois Press, 1987), 3－29; Montgomery, 《Beyond Equality:
    Labor and the Radical Republicans 1862-1872》, 223-229; Grossman, 《William
    Sylvis, Pioneer of American Labor》. On the NLU and its connection to the
    Knights, see Ware, 《The Labor Movement in the United States》, 22-55.

19 스튜어드에 대한 전기가 불충분해 지금도 그는 19세기 노동운동가 중 수수께끼 같
    은 인물로 남아 있다. See David R. Roediger, "Ira Steward and the Anti-Slavery
    Origins of American Eight-Hour Theory", 《Labor History》 27, no. 3 (1986), 410-
    26; Dorothy W. Douglas, "Ira Steward on Consumption and Unemployment", 《The
    Journal of Political Economy》 40, no. 4 (1932), 532-43; Montgomery, 《Beyond
    Equality: Labor and the Radical Republicans 1862-1872》, 249-60; Stanley, 《From
    Bondage to Contract》, 90-96; Ken Fones-Wolf, 《The Boston Eight-Hour Men and
    the Emergence of American Trade Union Principles》, 1863-1891.

20   McNeill, 《The Labor Movement》.

21   Terence V. Powderly, 《The Path I Trod: The Autobiography of Terence v. Powderly》(New York: Columbia University Press, 1940); Powderly, 《Thirty Years of Labor 1859-1889》; Oestreicher, "Terence v. Powderly, the Knights of Labor, and Artisanal Republicanism"; Weir, 《Knights Unhorsed》, 9-22, 161-78.

22   '불온한 주의'는 노동기사단 디트로이트 지부의 기관지인 〈레이버 리프(Labor Leaf)〉 의 고정 칼럼 제목으로, 편집자였던 조세프 라바디에(Joseph Labadie)가 글을 연 재했다. 라바디에는 한때 사회주의 노동당에 가입했던 인물이기도 하다. 다음 을 참조. Oestreicher, 《Solidarity and Fragmentation: Working People and Class Consciousness in Detroit》, 1875-1900 (Urbana: University of Illinois Press, 1986), 79- 96.

23   이 장의 각주 11 참조.

24   Forbath, "The Ambiguities of Free Labor: Labor and the Law in the Gilded Age", 769. Also Fink, 《Workingmen's Democracy》, 8. Forbath, "The Ambiguities of Free Labor: Labor and the Law in the Gilded Age", 769. Fink의 다음 저작도 참조. 《Workingmen's Democracy》, 8.

25   이 주제에 대해서는 다소 입장의 차이는 있으나 제임스 그래이 포프(James Gray Pope) 와 윌리엄 포배스(William Forbath)의 빼어난 분석을 참조. Pope, "Labor's Constitution of Freedom", Pope, "The Thirteenth Amendment Versus the Commerce Clause: Labor and the Shaping of American Constitutional Law, 1921-1957." Forbath, "Caste, Class, and Equal Citizenship." Forbath, "The Ambiguities of Free Labor: Labor and the Law in the Gilded Age"; Gillman, 《The Constitutional Besieged》, 61-100; Tomlins, 《The State and the Unions》, 3-9, 32-59.

26   McNeill, 《The Labor Movement》, 459.

27   맥닐이 세우드의 말을 인용한 것은 사실이지만, 그 의미는 다소 차이가 있다. 세우드 의 말은 노예소유제를 허용한 주와 그렇지 않은 주 사이에는 불가피한 갈등이 있을 수밖에 없다는 뜻이었다. 포너(Foner)의 다음 저작 참조. 《Free Soil, Free Labor, Free Men: the ideology of the Republican Party Before the Civil War》, 69-72.

28   Unsigned, "Chapters on Labor: Chapter V(continued)", 《JUL》, Sept. 15, 1885, 1082.

29   "Chapters on Labor: Chapter V (Continued)", 1082.

30   "Slavery." 이 장의 출처는 시드니의 다음 저작. Sydney, 《Discourses Concerning Government》, (II:21) p.181.

31   Jelley, 《The Voice of Labor》, 203.

32 노동공화국이라는 슬로건은 노동기사단의 집회나 회합에서 자주 등장하던 것이다. 이에 대해서는 Weir, 《Beyond Labor's Veil》, 305-13. 참조.

33 레온 핑크에서 인용. Leon Fink, "The New Labor History and the Powers of Historical Pessimism: Consensus, Hegemony and the Case of the Knights of Labor", 115.

34 Weir, 《Beyond Labor's Veil》, 282-88.

35 McNeill, 《The Labor Movement》, 456. "노동기사단이 법조인과 정치꾼에게 가입 자격을 부여하지 않은 이유는 이런 부패를 유발하는 사회적 시스템이 조직에 침투하는 것을 사전에 방지하기 위해서였다." Fink, 《Workingmen's Democracy》, 24.

36 McNeill, 《The Labor Movement》, 197.

37 위의 책, 456; 위의 책, 197.

38 William McKee, "Co-Operative Shoe Factory", 《JUL》, September 25, 1884,797.

39 임금노예 논쟁에서 처음 거론된 이 비교분석에 대해서는 다음을 참조. Cunliffe, 《Chattel Slavery and Wage Slavery》.

40 Swinton, "Bonapartism in America."

41 "Our Bitter Foes! True Sentiments of Our Industrial Oligarchy", 《Labor Leaf》 I. no. 48 (October 7, 1885), 3.

42 "A Union Protest: Against Police Ruffianism in Philadelphia", 《Labor Leaf》 I. no. 48 (October 7, 1885).

43 "Right of Free Assemblage", 《Knight of Labor》 I, no. 27 (October 9, 1886), 8. "Fate Marked the Cards before the Game Began", 《Knights of Labor》 I, no. 32 (November 13, 1886). 참조. 《Knights of Labor》는 이하 《KoL》로 표기.

44 "Law and the Boycott", 《JUL》 VII, no. 20 (January 29. 1887), 2268; "Boycotting May Be Illegal"; L. W. Richter, "Discharge of a Mechanic", 《JUL》 VII, no. 2 (May 25, 1886), 2077; "Rumblings All Over", 《JSP》 2, no. 93 (July 19, 1885).

45 Oestreicher, "Terence V. Powderly, the Knights of Labor, and Artisanal Republicanism", 42.

46 Voss, 《The Making of American Exceptionalism》, 94.

47 Jelley, 《The Voice of Labor》, 279.

48 이 책의 3장 참조.

49 "Review of Cherouny", 《JSP》 2, no. 87 (June 7, 1885).

50 Steward, "Poverty", 412.

51 《Report of the Industrial Commission on the Relations and Conditions of Capital

and Labor Employed in Manufactures and General Business, Including Testimony so Far as Taken November I, 1900, and Digest of Testimony Vol. 7》(Washington DC: Government Printing Office, 1901), 115. 이후에는 《Report of the Industrial Commission Vol. 7.》으로 약칭함.

52 맥닐은 이 점을 명확히 진술하고 있다. "내가 설명하지 않더라도 당신은 아마 내가 임금 시스템을 불신한다는 점을 알고 있을 것이다. 임노동제가 유지되고 있는 한, 우리는 임노동제를 폐지할 때까지 개혁해 나갈 것이다." 《Report of the Industrial Commission Vol. 7》, 118.

53 "Some Economic and Social Effects of Machinery", 《JUL》 VI, no. 20 (February 25, 1886), 2011.

54 Stanley, 《From Bondage to Contract》, 96에서 인용.

55 "Some Economic and Social Effects of Machinery."

56 "Industrial Ideas Chapter II", 《JUL》 VII, no. 4 (June 25, 1886), 2097-99, 2098.

57 Henry E. Sharpe, "Co-Operation", 《JUL》, November 1883, 597.

58 "Industrial Ideas Chapter IV", 《JUL》 VII, no. 7 (August 10, 1886), 2133-35, 2134.

59 나는 지배 개념에 대해 좀 더 상세히 분석한 바 있는데, 다음을 참조. Gourevitch, "Labor Republicanism and the Transformation of Work", 591-617.

60 "Labor's Disadvantage", 《JUL》 VIII, no. 27 (January 7, 1888), 2554.

61 "Wages Slavery and Chattel Slavery", 702.

62 "Industrial Ideas Chapter I", 《JUL》 VII, no. 3 (June 10, 1886), 2085-88. "Chapters on Labor: Chapter v (Continued)"; "A Sketch of Political Economy Chapter I"; Egbert Hasard, "Our Full Fruition", 《JUL》, August 15, 1880.

63 Robert D. Layton, "인사말 Salutatory", 《JUL》, October 15, 1881.

64 The Master Workman of LA 1573, "An Essay on the 'Evils Resulting From Long Hours and Exhaustive Toil", 《JUL》, October 15, 1881, 159-60.

65 Richter, "Discharge of a Mechanic", 2077.

66 Unsigned, "Chapters on Labor: Chapter VIII (Continued)", 《JUL》, December 25, 1885 1153.

67 "Hard Words of Nobody", 《JSP》 2, no. 71 (February 15, 1885).

68 "Industrial Ideas Chapter III", 《JUL》 VII, no. 5 (July 10, 1886), 2109-11, 2010.

69 "Industrial Ideas Chapter VI", 《JUL》 VII, no. 10 (October 25, 1886), 2169-70.

70 "Labor's Disadvantage", 2554.

71 《Report of the Industrial Commission Vol. 7》, 115.

72 "Review of Cherouny."

73 《Report of the Committee of the Senate upon the Relations between Labor and Capital》, 219.

74 《Report of the Industrial Commission Vol.7》, 116.

75 Swinton, "Making War on This Paper."

76 "The Present Need of Woman", 《JUL》 VII, no. 14 (November 25, 1886), 2211; Susan Levine, "Labor's True Woman: Domesticity and Equal Rights in the Knights of Labor", 《The Journal of American History》 70, no. 2 (1983), 323-39.

77 "The Yonkers Strike", 《JSP》 2, no. 73 (March 1, 1885).

78 "Some Economic and Social Effects of Machinery"; "Labor's Disadvantage."

79 점심시간 없애기, 고용주의 성폭력, 여성 노동자에게 맘대로 벌금 매기기, 스툴에 앉아서 쉬지 못하게 하기 등에 대한 예시는 다음을 참조. (Testimony of George McNeill), 《Report of the Industrial Commission Vol. 7》, 116; Paul Buhle, "The Republic of Labor: The Knights in Rhode Island", in 《From the Knights of Labor to the New World Order: Essay on Labor and Culture》 (New York: Garland Publishing, Inc., 1997), 20; 《Levine, Labor's True Woman》, 56-59.

80 "The Thing in a Nutshell", 《JUL》 I, no. 7 (November 15, 1880), 67.

81 《Report of the Committee of the Senate upon the Relations between Labor and Capital》, 218-19.

82 "Labor's Disadvantage."

83 McNeill, 《The Labor Movement》, 454-5.

84 Algernon Sidney, 《Discourses Concerning Government Vol II》 (Edinburgh: G. Hamilton and J. Balfour, 1750), 339.

85 다음에서 인용. Levine, 《Labor's True Woman》, 86.

86 Francis Amasa Walker quoted Stanley, 《From Bondage to Contract》, 83.

87 McNeill, 《The Labor Movement》, 456.

88 Powderly, 《Thirty Years of Labor 1859-1889》, 30.

89 위의 책.

90 Henry Demarest Lloyd, Wealth against Commonwealth (Englewood Cliffs, NJ: Prentice Hall, Inc., 1963 (1894)), 180.

91 Mrs. Imogene C. Fales, "The Organization of Labor," 《JUL》 IV, no. 5 (September 15, 1883), 557.

92 이는 당시 미국 사회의 경제와 문화 전반에 확산되고 있는 기업의 형태였다. See

Trachtenberg, The Incorporation of America: Culture and Society in the Gilded Age.

93 Powderly, Thirty Years of Labor 1859-1889, 462, capitalization in original.

94 작업방식의 재조직화에 대해서는 다음 참조. Dubofsky, Industrialism and the American Worker, 1-9.

95 Powderly, Thirty Years of Labor 1859-1889, 462.

96 위의 책, 455-59.

97 위의 책, 462-63.

98 위의 책, 456.

99 당시의 자료들에 제시된 협력 원칙에 대한 논의를 참조. Jelley, 《The Voice of Labor》, 253-74; McNeill, 《The Labor Movement》, 508-31; Powderly, 《Thirty Years of Labor 1859-1889》, 452-70 ; Sharpe, "Co-Operation"; William H. Sylvis, "Co-Operation", in 《The Life, Speeches, Labors and Essays of William H. Sylvis》, ed. James C. Sylvis (Philadelphia: Claxton, Remsen &Haffelfinger, 1872). Also Horner, "Producers' Co-Operatives in the United States, 1865-1890", 1-52; Leikin, 《The Practical Utopians》, 41-46.

100 Jelly, 《The Voice of Labor》, 203.

101 이 특별기고는 헨리 샤프가 처음 시도했는데, 그는 노동기사단 협동조합 기금의 초대 대표를 맡았던 인물이다. 여기서는 협동조합과 관련된 주제를 집중해서 다뤘다.

102 Leikin, 《The Practical Utopians》, 12-13. On Samuel's pamphlet, see John Samuel, "An Experiment Which May Be Tried in Any Local Assembly", 《JUL》, July 1886, 2139.

103 Lloyd, 《Wealth against Commonwealth》, 178.

104 Jelley, 《The Voice of Labor》, 262.

105 위의 책, 362, quoting David Ross.

106 예를 들면, "Co-Operation: a Lecture Delivered before the Local Assemblies of Easton, PA., by Charles Summerman, of the State Labor Bureau of New Jersey", 《JUL》 VI, no. 17 (January 10, 1886); "To Wages Add Profits: Economic Doctrine Not Down in the Books", 《JSP》 1, no. 8 (December 2, 1883).

107 당시 사용됐던 협력이라는 용어는 매우 다의적이었으며, 모두가 공화주의적 개념의 협력을 의미하는 것은 아니었다. 협력의 의미론에 대해서는 다음을 참조. Rodgers, 《The Work Ethic in Industrial America, 1850-1920》, 40-45; Leikin, 《The Practical Utopians》, 4-6, 28. 이러한 공화주의적 협동조합 운동은 단지 미국만의 예외적 현

상이 아니었으며 당시 유럽의 사회주의자들과 연대하고 있었다는 점을 주목해야 한다. Fink, 《Workingmen's Democracy》, 22-23. John Stuart Mill's discussion of cooperative enterprises in 《Principles of Political Economy》 articulates many of the same ideas, and there is evidence that some of the labor republicans were aware of his work. 다른 예는 다음을 참조. Ira Steward, 《The Eight Hour Movement: A Reduction of Hours is an Increase of Wages》 (Boston: Boston Labor Reform Association, 1865), 9-10. 밀(Mill)의 공화주의에 대해서는 다음을 참조. Urbinati, 《Mill on Democracy: From the Athenian Polis to Representative Government》, 155-201.

108 로치데일 협동조합의 발전과 영향에 대해서는 다음을 참조. Leikin, 《The Practical Utopians》, 31-32.

109 William H. Sylvís, "The Uses of Co-Operation", in 《The Life, Speeches, Labors and Essays of William H. Sylvis》, ed. James C. Sylvis (Philadelphia: Claxton, Remsen & Haffelfinger, 1872), 392.

110 Jelly, 《The Voice of Labor》, 261.

111 Powderly, 《The Path I Trod: The Autobiography of Terence V. Powderly》, 269.

112 "Chapters on Labor: Chapter VI", 《JUL》 VI, no. 2 (October 10, 1885), 1093-95.

113 예를 들면, "Legalize Co-Operation", 《KoL》 1, no. 42 (January 22, 1887); C. S. Griffin, "Our Letter Bag: Co-Operation", 《KoL》 1, no. 39 (December 30, 1886).

114 McKee, "Co-Operative Shoe Factory", 796.

115 "What Is It to Be a Slave?", 《Labor Leaf》 I, no. 47 (September 30, 1885).

116 Sumner, "The Absurd Effort to Make the World Over."

117 Buhle, "The Republic of Labor: the Knights in Rhode Island", 3-39.

118 위의 책, 20에서 인용.

119 디보독스 파업에 대한 상세한 설명은 서문 참조.

120 이 협동조합 리스트는 〈레이버 리프〉, 〈노동기사단〉, 〈존 스윈턴 신문〉 등에 실린 것이다. 이를테면 1885년 8월 26자 〈레이버 리프〉는 뉴잉글랜드 지역 '협동조합 산별연합'의 수익을 분석해 실었고, 플리모스의 구두 협동조합, 킹스턴의 협동조합, 살렘 스토아 협동조합의 활동을 소개하고 있다. 〈노동기사단〉의 1886년 11월 13일자에는 다양한 지역의 협동조합 활동을 다루고 있다. 여기에는 펜실베이니아 위버빌의 담배 제조공, 아이오와 데스 모인즈의 유리 제조공, 필라델피아의 담배 제조공과 모자공, 윌밍톤 유리 제조공, 프랭크포드의 면직공, 시카고의 의류제조 여성 노동자들의 활동이 포함돼 있다.

121 초기 협동조합론자의 보수성에 대해서는 다음 참조. Leikin, 《The Practical

Utopians》, 33-41.

122　Levine, "Labor's True Woman: Domesticity and Equal Rights in the Knights of Labor", 326, 328-29.

123　Leikin, 《The Practical Utopians》, 2.

124　"Co-operation" 《JUL》 V, no.1 (May 25, 1884), p. 694. Also "Integral Co-operation", 《JUL》 IV, no.11 (1884), 664.

125　Henry Fecker, "A Paper Read before L.a. 1450: Lawrenceburg, Ind., Jan 14, 1884", 《JUL》, March 1884 657.

126　Harsard, "Our Full Fruition", 46.

127　노동기사단의 강령은 통신과 수송 네트워크의 국유화, 저리 금융, 은행에 대한 통제, 공공금고, 건강 및 안전 규제, 노동조합 합법화, '정착민'에 대한 공공토지 분배 (다만 철도나 부동산 투자에 대한 추가 분배는 금지), 8시간 노동제, 노동통계국 신설 등을 포함한다. 강령에 담긴 모든 조치들은 진정한 협력생산 체제로 가기 위한 전제조건으로 이해하면 된다. (출처: 노동기사단 강령 - 전문과 헌장).

128　Powderly, 《Thirty Years of Labor 1859-1889》, 514-15.

129　"Important Action by the U.S. Senate (concluded)", 《JUL》 3, no.4 (1882), 278.

130　Leikin, 《The Practical Utopians》, 43-46, 58-66; Horner, "Producers' Co-Operatives in the United States, 1865-1890", 191-93. See especially Henry Sharpe's proposals for the Cooperative Guild, published in the June 10 and 25 issues of the Journal as "Article I" and "Article II" as well as the articles such as Sharpe, "Co-Operation", 776-77.

131　"Chapters on Labor: Chapter VII", 《JUL》 VI, no. 13 (November 10, 1885), 1119.

132　Leikin, 《Practical Utopians》, 61에서 재인용.

133　이 펀드의 운명에 대해서는 다음을 참조. Leikin, 《The Practical Utopians》, 44-46. 레이킨(Leikin)은 이들 협동조합이 발전하는 데 있어 노동기사단의 자본, 정보, 운영 지원에 대한 중앙집중적 조정이 필수적이었음을 지적하고 있다. 위의 책, 65-83. 로컬 협동조합 활동이 효과적일 수 있도록 지원하는 노동기사단의 중앙집중적 네트워크에 대해서는 다음 논의를 참조. Levine, 《Labor's True Woman》, 98-101.

134　"Labor's Disadvantage."

135　Lloyd, 《Wealth against Commonwealth》, 183.

136　Steward, "Poverty", 434.

137　Jelley, 《The Voice of Labor》, 255.

138　"노동기사단 강령", 30-31.

139 Sylvis, "Address Delivered at Chicago, January 9, 1865", 172.

140 "Some Economic and Social Effects of Machinery"; The Master Workman of LA 1573, "An Essay on the 'Evils Resulting From Long Hours and Exhaustive Toil'."

141 Lloyd, 《Wealth against Commonwealth》, 178.

142 "A Sketch of Political Economy, Chapter XI", 《JUL》 V, no. 21 (March 10, 1885), 927; "Chapters on Labor: Chapter V (Continued)"; "Some Economic and Social Effects of Machinery"; "Industrial Ideas Chapter IV."

143 "Chapters on Labor: Chapter I", 《JUL》 VI, no. 3 (1885), 998.

144 덕성과 경제에 대해서는 5장을 참조.

145 The Master Workman of L A 1573, "An Essay on the 'Evils Resulting From Long Hours and Exhaustive Toil'", 160.

146 Terence Powderly, "Opening Address to General Assembly", 《KoL》 1, no. 27 (October 9, 1886).

147 "Eight Hours a Day", 《Labor Leaf》 II, no. 2 (November 18, 1885), 2.

148 Roediger, "Ira Steward and the Anti-Slavery Origins of American Eight-Hour Theory."

149 이 주장은 스튜어드의 다양한 저작과 연설에서 발견된다. Steward, 《The Eight Hour Movement: A Reduction of Hours Is an Increase of Wages》. Ira Steward, 《The Meaning of the Eight Hour Movement》 (Boston: Ira Steward, 1868).

150 스튜어드는 이것을 자신에게 반대하는 자들의 핵심 논지로 보고 있다. Steward, 《The Meaning of the Eight Hour Movement》.

151 Steward, "Poverty", 428; Ira Steward, "A Reduction of Hours an Increase of Wages", in 《A Documentary History of American Industrial Society》, ed. T. Fly (Norman: The Arthur H. Clark Company, 1910), 284-301; Montgomery, 《Beyond Equality》, 249-60; Roediger, "Ira Steward and the Anti-Slavery Origins of American Eight-Hour Theory." 소비주의 이론의 전개와 이를 미국노동총연맹이나 다른 사회개혁가들이 어떻게 수용했는지에 대해서는 다음을 참조. Currarino, 《The Labor Question in America》, 60-85. 비록 몇몇 노동공화주의자들이 이 주장을 궁극적으로 수용했지만, 이를 노동공화주의자 전체의 입장으로 보아서는 안된다. 글리크맨의 다음 저작을 참조. Lawrence Glickman, 《A Living Wage: American Workers and the Making of Consumer Society》, (Ithaca: Cornell University Press, 1997), 93–128. 다음 논문도 참조. Alex Gourevitch, "Review: Rosanne Currarino's the Labor Question in America: Economic Democracy in the Gilded Age", 《Historical

Materialism》 21, no. 2 (2013), 179-90.

152 Powderly, 《Thirty Years of Labor 1859-1889》, 471-525; Jelley, 《Voice of Labor》, 228-37; McNeill, 《The Labor Movement》, 470-82.

153 Steward, 《The Eight Hour Movement: A Reduction of Hours Is an Increase of Wages》, 12.

154 Steward, "Poverty", 434.

155 Steward, 《The Meaning of the Eight Hour Movement》, 15.

156 위의 책, 9.

157 Fales, "The Organization of Labor", 558.

158 Sylvis, "Address Delivered at Buffalo, N.Y., January, 1864", 114.

159 "A Sketch of Political Economy Chapter I"; "Industrial Ideas Chapter II"; "Chapters on Labor: Chapter V (Continued)"; McNeill, 《The Labor Movement》, 475-6.

160 "A Sketch of Political Economy Chapter 1," 《JUL》, May 25, 1884, 699.

161 이에 대해서는 1장과 2장을 살펴보되 다음을 참조. "Industrial Ideas Chapter I"; "Chapters on Labor: Chapter I."

162 Steward. 《The Eight Hour Movement : A Reduction of HOurs Is an Increase of Wages》, 6.

163 "Industrial Ideas Chapter 1", 2085.

164 Quentin Skinner, 《Visions of Politics Vol. 1: Regarding Method》 (Cambridge: Cambridge University Press, 2002), 103-44.

165 위의 책, 87, 145-57.

166 Skinner, 《Liberty before Liberalism》, 60.

167 "Chapters on Labor: Chapter V (Continued)", 1082,

168 "문명화의 전 과정은 인간을 노예 상태에서 해방시키는 것이었다"라는 주장을 뒷받침하는 근거는 매우 다양하다. "Wages Slavery and Chattel Slavery", 702.

169 다음 논의를 참조. Robert E. Weir, "A Dubious Equality: Leonora Barry and Women in the KOL", in 《The Knights Unhorsed: Internal Conflict in a Gilded Age Social Movement》 (Wayne State University Press, 2000), 141-60; Levine, 《Labor's True Woman》; Levine, "Labor's True Woman: Domesticity and Equal Rights in the Knights of Labor"; Weir, 《Beyond Labor's Veil》, 51-55, 180-90.

170 Leikin, 《The Practical Utopians》, 26, 41-46.

171 Weir, "A Dubious Equality: Leonora Barry and Women in the KOL", 141-60; Levine, 《Labor's True Woman》; Levine, "Labor's True Woman: Domesticity and

Equal Rights in the Knights of Labor."

172 Levine, "Labor's True Woman: Domesticity and Equal Rights in the Knights of Labor", 328.

173 위의 책, 327.

174 Weir, 《Beyond Labor's Veil》, 51-55.

175 Weir, "A Dubious Equality: Leonora Barry and Women in the KOL."

176 Mary P. Hankey, "What Women Are Doing", 《JUL》 VII, no. 40 (June 10, 1887), 2430; "Knights of Labor and Women's Rights", 《JUL》 VII, no. 17 (January 25, 1887), 2246; "The Present Need of Woman"; "Organization for Women", 《JUL》 VII, no. 19 (January 22, 1887), 2262; "Women Not Wanted", 《JUL》 VII, no. 14 (November 25, 1886), 2212.

177 "A Bible for Women", 《KOL》 1, no. 34 (November 27, 1886).

178 Levine, "Labor's True Woman: Domesticity and Equal Rights in the Knights of Labor", 327.

179 위의 책, 330-31.

180 Livius, 《The History of Rome》, Vol. 2, book 1.

181 Kapust, "Skinner, Pettit and Livy: the Conflict of the Orders and the Ambiguity of Republican Liberty", 393.

182 위의 책, 397.

183 위의 책, 398. Chapter 1의 논의도 참조.

184 이 점이 스키너와 페팃에 대한 카푸스트(Kapust) 비판의 핵심이다. 위의 책, 389-98.

185 Niccolo Machiavelli, 《The Discourses》, trans. Leslie J. Walker (New York: Penguin Classics, 1998), 115.

186 위의 책, 116.

187 Skinner, "The Republican Ideal of Political Liberty", 292-309.

188 다음을 참조. Yves Winter, "Plebeian Politics: Machiavelli and the Ciompi Uprising", 《Political Theory》 40, no. 6 (November 8, 2012), 736-66. Also McCormick, "Machiavelli against Republicanism: On the Cambridge School's 'Guicciardinian Moments'", 615-43. 마키아벨리의 재분배적 요소에 대한 다른 평가는 다음을 참조. Nelson, 《The Greek Tradition in Republican Thought》, 49-86.

189 Steward, 《The Eight Hour Movement: A Reduction of Hours Is an Increase of Wages》, 6.

5장 연대와 이기: 종속계급의 정치이론

1 Gantt, "Breaking the Chains: a Story of the Present Industrial Struggle", 99.

2 Byllesby, 《Observations on the Sources and Effects of Unequal Wealth》, 5.

3 Heighton, 《The Principles of Aristocratic Legislation》, 4.

4 Sylvis, "Address Delivered at Chicago", January 9, 1865, 129-30.

5 위의 책, 164.

6 "Industrial Ideas Chapter I", 2098.

7 Steward, "Poverty", 434.

8 Nicholas O. Thompson, "An Important Question", 《JUL》 II, no. 3 (July 15, 1881), 127.

9 Sandel, 《Democracy's Discontent》.

10 Dagger, 《Civic Virtues》, 163. 페팃(Pettit)의 주장인 '시민성에 대한 욕구'도 참조. Pettit, 《Republicanism: A Theory of Freedom and Government》, 246-51.

11 이런 주장은 법치적 공화주의자들이 주로 펼치고 있다. 다음을 참조. Sunstein, "Beyond the Republican Revival"; Michelman, "Law's Republic"; Ackerman, 《We the People: Foundations》, 3-33.

12 Skinner, "The Republican Ideal of Political Liberty", 304-05.

13 위의 책, 305.

14 Adrian Oldfield, 《Citizenship and Community: Civic Republicanism and the Modern World》 (New York: Routledge, 1990), 164.

15 Pettit, 《Republicanism》, 97. 다음도 참조. Viroli, 《Republicanism》, 241-270; Maynor, 《Republicanism in the Modern World》, 68-89; Richard Dagger, 《Civic Virtues》, 17-31; Sandel, 《Democracy's Discontent》, 25-54.

16 Dagger, 《Civic Virtues》, 183-87; Oldfield, 《Citizenship and Community》, 152-54; Sandel, 《Democracy's Discontent》, 3-54.

17 Pettit, 《Republicanism》, 174-202.

18 Oldfield, 《Citizenship and Community》, 23,163.

19 Dagger, 《Civic Virtues》, 120-25.

20 Michelman, "Law's Republic"; Sandel, 《Democracy's Discontent》, 317-52.

21 Don Herzog, "Some Questions for Republicans", 《Political Theory》 14, no. 3 (August 1986), 486; McCormick, "Machiavelli against Republicanism: On the Cambridge School's Guicciardinian Moments", 619-36; Epstein, "Modern

Republicanism, or, the Flight From Substance", 1635. 주목할 만한 것은 일부 보수 이론가들이 가족이나 종교와 같은 전통적 제도를 옹호하기 위해 시민적 덕성 이론의 이런 측면을 이미 포착하고 있었다는 사실이다. 다음을 참조. Mary Ann Glendon, ed., 《Seedbeds of Virtue: Sources of Competence, Character, and Citizenship in American Society》 (Lanham: Madison Books, 1995).

22 러시의 주장은 헤르조(Herzog)에서 재인용. Herzog, "Some Questions for Republicans", 486.

23 위의 책, 486-7. 다음 저작도 참조. Epstein, "Modern Republicanism, or, the Flight From Substance", 1635-36.

24 Maynor, 《Republicanism in the Modern World》, 174-202; Dagger, 《Civic Virtues》, 117-74. 가장 포괄적인 공화주의적 제안으로는 다음을 참조. Oldfield, 《Citizenship and Community》, 156-74; Sandel, 《Democracy's Discontent》, 329-51.

25 이에 대한 미국의 사례에 대해서는 다음을 참조. Aziz Rana, 《The Two Faces of American Freedom》 (Cambridge, MA: Harvard University, 2010), 20-175. 알제리에 대한 프랑스 식민통치를 옹호한 토크빌(Tocqueville)의 최근 논의는 다음을 참조. Jennifer Pitts, "Republicanism, Liberalism, and Empire in Post-Revolutionary France", in 《Empire and Political Thought》, ed. Sankar Muthu (Cambridge: Cambridge University Press, 2012), 261-91.

26 Roediger, 《The Wages of Whiteness》, 35. 로디거의 주장은 다소 지나친 것임에 틀림 없으나 그는 이 입장을 견지하고 있다. 인종과 제국에 대한 좀 더 균형 잡힌 공화주 의적 논의는 다음을 참조. Rana, 《The Two Faces of American Freedom》, 20-175.

27 Dagger, 《Civic Virtues》, 108; Skinner, "The Republican Ideal of Political Liberty", 301-06; Oldfield, 《Citizenship and Community》, 164.

28 Pocock, 《The Machiavellian Moment》, 546.

29 위의 책, 550.

30 위의 책, 486.

31 Wood, 《The Creation of the American Republic, 1776-1787》, 606.

32 18세기 말을 전환점으로 보는 우드(Wood)나 포칵(Pocock)과 달리, 샌델은 미국이 공화주의적 공공철학에서 자유주의 공공철학으로 전환된 결정적 시기를 19세기 말이라고 본다. 이 시기가 가치중립성과 자기 이익에 기초한 '성장과 분배정의의 정치경제학'이 시민적 덕성 함양에 기초한 '시민성의 정치경제학'을 압도하기 시작한 때다. Sandel, 《Democracy's Discontent》, 200.

33 Albert O. Hirschman, 《The Passions and the Interests: Political Arguments for

Capitalism before Its Triumph》(Princeton, NJ: Princeton University Press, 1996).

34   David Wootton, "Introduction: the Republican Tradition: From Commonwealth to Common Sense", in 《Republicanism, Liberty, and Commercial Society, 1649-1776》, ed. David Wootton (Stanford: Stanford University Press, 1994), 39.

35   Paul Rahe, "Antiquity Surpassed: the Repudiation of Classical Republicanism", in 《Republicanism, Liberty, and Commercial Society》, ed. David Wootton (Stanford: Stanford University Press, 1994), 236-41. 또한 '잔인한 물리적·도덕적 억압/폭력과 자기 억압적 인내의 차이에 대한 주디스 슈클라의 비교분석'도 참조할 만하다. Judith N. Shklar, 《Ordinary Vices》(Cambridge, MA: Harvard University Press, 1995), 5.

36   Powderly, 《Thirty Years of Labor 1859-1889》, 88.

37   Sylvis, "Address Delivered at Chicago", January 9, 1865, 129-30.

38   Sandel, 《Democracy's Discontent》, 123-25.

39   Pocock, "Review: Virtue and Commerce in the Eighteenth Century", 120.

40   Sandel, 《Democracy's Discontent》, 197-200.

41   Shklar, 《American Citizenship》, 6-7.

42   Katznelson and Kalyvas, 《Liberal Beginnings》, 4.

43   위의 책, 18-87.

44   공화주의적 언어를 사용해 인내를 중요한 시민적 덕성으로 정립한 데 대해 매디슨 (Madison)과 페인(Paine)의 역할을 다룬 저작으로는 다음을 참조. Katznelson and Kalyvas, 《Liberal Beginnings》, 109-14. 공화적 전통 속에서 부에 대한 재평가는 초기 이탈리아 도시국가들로 거슬러 올라가야 한다. 그곳에서 만약 금융가들과 상인들이 그들 자신의 상업적 행위를 비판할 목적으로 고전적 공화주의를 수용했다고 한다면 매우 이상할 것이다. 이에 대해서는 다음을 참조. Jurdjevic, "Virtue, Commerce, and the Enduring Florentine Republican Moment: Reintegrating Italy into the Atlantic Republican Debate."

45   Isaac Kramnick, "Republican Revisionism Revisited", 《The American Historical Review》 87, no. 3 (June 1982), 629-64, 663.

46   Appleby, 《Capitalism and a New Social Order》. 제퍼슨에 대한 애플비의 분석과 제퍼슨이 상업적 영농의 중요성을 강조하기 위해 덕성에 대한 공화주의적 관점을 어떻게 사용하고 있는지에 대해서는 다음을 참조. Appleby, "The 'Agrarian Myth' in the Early Republic", 253-76.

47   Steward, 《The Eight Hour Movement: a Reduction of Hours Is an Increase of Wages》, 9.

48 위의 책, 7.

49 위의 책, 4-5.

50 Adam Smith, 《The Theory of Moral Sentiments》 (Indianapolis: Liberty Fund, 1976), 50.

51 Steward, "A Reduction of Hours an Increase of Wages."

52 Weir, 《Beyond Labor's Veil》, 212-14. 1880년대 내내 파우덜리는 노동기사단이 '여성 기독인 금주 연합(Women's Christian Temperance Union)' 같은 조직과 가까워지도록 독 려하기도 했거니와 이 여성 단체를 주도한 인물인 프란체스 윌러어드(Frances Willard) 는 1886년 이후 간행된 〈노동연대〉에 자주 등장하고 있다.

53 Grob, 《Workers and Utopia: A Study of Ideological Conflict in the American Labor Movement, 1865-1900》; Glickman, 《A Living Wage》.

54 Glickman, 《A Living Wage》, 24-29. 이 주장은 어느 정도는 스튜어드에 대한 뢰디 어의 관점을 반영하는 것이기도 하다. Roediger, "Ira Steward and the Anti-Slavery Origins of the Eight Hour Theory."

55 위의 책.

56 다음 참조. Currarino, 《The Labor Question in America》. 쿠라리노(Currarino)는 건 튼, 곰퍼스, 아담스 같은 노동개혁가나 사회개혁가들이 신진 경제학자들의 새로운 경 향을 따라 시민권의 개념을 사회적 삶에서의 경제적 참여로 정의함으로써 시민권 개 념을 확장했다고 봤다. 중산층의 생활기준은 이와 다른 개념이라기보다는 시민권의 일부일 뿐이다.

57 글리크맨은 "8시간 노동제와 고임금 논쟁에 있어 '소비주의적' 전회로 인해 '노동의 모 든 가치'에 대한 요구를 '생활임금' 혹은 '공정 임금'에 대한 요구로 후퇴했으며, 이는 이후 '미국의 최저 생활기준'과 연계됐다고 주장했다. 고임금과 여가를 주장하지 못 하는 중국, 남부 및 동부 유럽 출신 이민자들은 이 점에서 노동조합원의 덕성이나 자 격이 부족하다는 이유로 번번이 배제되기 일쑤였다. 백인 남성 노동자들은 최저생활 기준은 인종이나 성에 따라 유동적이라는 논리를 내세워 다른 노동자들이 사회적인 기본욕구나 소비를 확대할 수 없도록 한다고 주장했다. 이 담론은 타자를 배제하는 '미국화'와 문명화를 규정함으로써 소비를 생산만큼이나 배제의 영역으로 만들고 말 았다." Glickman, 《A Living Wage》, 191. 소비주의적 전회에 대한 다른 해석은 다음 참조. Gourevitch, "Review: Rosanne Currarino's the Labor Question in America: Economic Democracy in the Gilded Age"; Rana, 《The Two Faces of American Freedom》, 176-236.

58 Steward, "A Reduction of Hours an Increase of Wages", 292.

59 Manning, "The Key of Liberty", 212. 역사가들은 매닝이 발전시킨 아이디어들이 당시의 많은 동료들에게 공유되고 있었다는 사실을 밝혀주는 명백한 증거를 제시해 왔다. 이들 중 일부는 토지개혁 운동이나 폭동을 주도할 정도로 매닝보다 훨씬 급진적인 인물이었다. 이에 대해서는 다음을 참조. Cotlar, 《Tom Paine's America》, 144-60; Merrill and Wilentz, "William Manning and the Invention of American Politics"; Alan Taylor, "Agrarian Independence: Northern Land Rioters After the Revolution"; Ruth Bogin, "Petitioning and the New Moral Economy of Post-Revolutionary America." 이 책 3장의 논의를 참조.

60 위의 책, 219.

61 위의 책.

62 Manning, "Some Proposals for Makeing Restitution the Original Creditors of Government", 329.

63 Manning, "The Key of Liberty", 218.

64 위의 책, 222-31.

65 위의 책, 220.

66 위의 책, 218.

67 위의 책, 248.

68 단순한 의견 표명이 아닌 지식의 확산과 정치화를 목적으로 1790년대에 급속히 성장한 민주언론에 대해서는 코틀라의 논의가 빼어나다. Cotlar, 《Tom Paine's America》, 13-48.

69 여기에 대한 상세한 토론은 다음을 참조. Gourevitch, "William Manning and the Political Theory of the Dependent Classes."

70 예를 들면, Orestes A Brownson, "Brownson's Defence: Defence of the Article on the Laboring Classes", 《Boston Quarterly Review》 (1840), 1-94; Sylvis, "Address Delivered at Chicago, January 9,1865"; "Wages Slavery and Chattel Slavery", 702.

71 Byllesby, 《Observations on the Sources and Effects of Unequal Wealth》, 4.

72 위의 책, 5.

73 위의 책, 6.

74 위의 책, 4-5.

75 코틀라가 지적한 대로 민주적 언론은 미국혁명 직후 출현한 것이 사실이나 노동자 언론이라는 자의식을 갖는 매체는 1820년대나 돼야 비로소 출현했다. Cotlar, 《Tom Paine's America》, 13-48.

76 Heighton, 《The Principles of Aristocratic Legislation》, 4.

77 Sylvis, "Address Delivered at Chicago, January 9, 1865", 169.

78 두 인용문은 모두 헨리 카레이(Henry Carey)에서 따왔다. Henry Carey, 《Principles of Political Economy: Part the Third; of the Causes Which Retard Increase in the Numbers of Mankind, Part the Fourth; of the Causes Which Retard Improvement in the Political Condition of Man》 (Philadelphia; London: Lea & Blanchard; John Miller, 1840), 162-63. 이 문구는 실제로는 카레이가 인용한 라잉(Laing)의 한 공화주의 논문에서 실비스가 재인용한 것이다. 실비스는 원문보다는 카레이의 글을 더 많이 참조한 것으로 보인다.

79 위의 책, 111-12.

80 Steward, 《The Eight Hour Movement: A Reduction of Hours Is an Increase of Wages》, 12.

81 "Chapters on Labor: Chapter VII", 1119.

82 Powderly, 《Thirty Years of Labor 1859-1889》, 121.

83 스튜어드 글의 부제에서 인용함. Steward, 《The Eight Hour Movement: A Reduction of Hours is an Increase of Wages》, 13.

84 위의 책, 10.

85 Steward, 《The Eight Hour Movement: A Reduction of Hours Is an Increase of Wages》, 11.

86 위의 책, 11-12.

87 McNeill, 《The Labor Movement》, 472-73.

88 Steward, 《The Eight Hour Movement: A Reduction of Hours is an Increase of Wages》, 4.

89 Gnomon, "Gnomon' and His Critics", 《JUL》 IV, no. 9 (January 1884), 631.

90 McNeill, 《The Labor Movement》, 472.

91 산문이나 운문 형식으로 쓰인 노동기사단 작품의 정치학에 대한 빼어난 논의는 다음을 참조. Weir, 《Beyond Labor's Veil》, 145-230.

92 Gantt, "Breaking the Chains: A Story of the Present Industrial Struggle", 78.

93 Steward, 《The Meaning of the Eight Hour Movement》, 4.

94 McNeill, 《The Labor Movement》, 476.

95 Steward, 《The Eight Hour Movement: A Reduction of Hours Is an Increase of Wages》, 13.

96 William H. Sylvis, "Aristocracy of Intellect", in 《The Life, Speeches, Labors and Essays of William H. Sylvis》, ed. James C. Sylvis (Philadelphia: Claxton, Remsen &

Haffelfinger, 1872), 444.

97 Powderly, 《Thirty Years of Labor 1859-1889》, 88.

98 위의 책.

99 Robert D. Layton, "Salutatory", 《JUL》 October 15, 1881, 156.

100 예를 들면, "The True and the False", 《JUL》 3, no. 7 (November 1882), 335-336; Weir, 《Beyond Labor's Veil》, 152-55, 227-30, 260-67.

101 "The True and the False", 335-36.

102 Steward, "A Reduction of Hours an Increase of Wages", 292.

103 "Chapters on Labor VI (Cont)", 《JUL》 VI, no. 12 (October 25, 1885), 1105-07, 1106.

104 위의 책, 62.

105 Steward, 《The Eight Hour Movement: A Reduction of Hours Is an Increase of Wages》, 12.

106 Powderly, 《Thirty Years of Labor 1859-1889》, 76-77,6.

107 Manning, "The Key of Liberty", 250.

108 노동자 신문의 수는 1880년에서 1890년 사이에 두 배가 됐다. 다음을 참조. Weir, 《Beyond Labor's Veil》, 153.

109 '정치경제학 스케치'는 1884년 5월 25일부터 1885년 3월 25일까지 이어졌다(마지막 기사에서 앞으로도 계속될 것이라고 예고하고 있으나 이후 기록은 찾을 수 없었다). '노동헌장'은 1885년 6월 10일부터 1886년 5월 25일까지, '새로운 산업적 발상'은 1886년 6월 10일부터 같은 해 9월 25일까지 계속됐다.

110 "Statisticians Attention!", 《JUL》 2, no. 5 (October 15, 1881), 158.

111 S. M. Jelley, 《The Voice of Labor》, (Chicago: A. B. Gehman & Co., 1887) 363.

112 Sylvis, "Address Delivered at Buffalo, N.Y., January, 1864", 114.

113 독서공간이나 강의 커리큘럼을 자세히 다룬 책은 찾지 못했다. 노동기사단의 교육을 다룬 가장 좋은 논의는 다음을 참조. Weir, 《Beyond Labor's Veil》, 277-319. 다음도 참조. Fink, 《Workingmen's Democracy》, 10-11; Oestreicher, 《Solidarity and Fragmentation》, 90-91; Levine, "Labor's True Woman: Domesticity and Equal Rights in the Knights of Labor", 327-28. 〈노동연대〉, 〈노동기사단〉, 〈레이버 리프〉 등을 읽어보면 매호마다 대중 강연과 판매용 도서에 대한 광고가 실려 있다.

114 Powderly, 《Thirty Years of Labor 1859-1889》, 68.

115 위의 책, 56.

116 "How and Where to Get Knowledge", 《JUL》 3, no. 8 (November 1882), 369.

117 Gantt, "Breaking the Chains: A Story of the Present Industrial Struggle", 83.

118 여성 문제에 대해서는 다음을 참조. Susan Levine, "Labor's True Woman: Domesticity and Equal Rights in the Knights of Labor", 327. 노동기사단원이나 지지자들이 쓴 저작 중 중요한 것은 다음과 같다. Victor Drury's 《Polity of the Labor Movement》, McNeill's 《Labor Movement, The Problem of To-day》, Henry George's 《Poverty and Progress》, and James Sullivan's 《Working People's Rights》.

119 "Our Lecture Bureau", 《JUL》 3, no. 7 (November 1882), 333.

120 위의 책, 333-35.

121 배리(Barry)에 관해서는 다음을 참조. Weir, "A Dubious Equality: Leonora Barry and Women in the KOL"; Levine, "Labor's True Woman: Domesticity and Equal Rights in the Knights of Labor." 리바인이 배리와 엘리자베스 로저스를 비교분석한 논문과 레이킨의 패니 앨린(Fannie Allyn)에 대한 논문은 이 강의들에서 종종 제시된 다소 모순된 메시지와 여성에게 부여된 폭넓은 역할들을 이해하는 데 유용하다. Levine, "Labor's True Woman: Domesticity and Equal Rights in the Knights of Labor"; Leikin, 《The Practical Utopians》, 107-9.

122 1886년 말, 〈노동기사단〉, 〈존 스윈튼 페이퍼〉, 〈레이버 리프〉에 게재된 광고를 참조. 유명한 것은, 애블링(Aveling)과 마르크스(Marx)가 시카고에 와서 헤이마켓 광장 사건의 의심스러운 소송에 대해 연설했다는 점이다. 이를 막기 위해 고용주들과 시카고 시장이 위협했지만 소용없었다. 〈노동기사단〉의 1886년 11월호와 12월호 참조.

123 Sylvis, "Address Delivered at Chicago, January 9, 1865", 113.

124 Powderly, 《Thirty Years of Labor 1859-1889》, 62.

125 위의 책, 258-59.

126 Sylvis, "Address Delivered at Chicago, January 9, 1865", 164.

127 Powderly, 《Thirty Years of Labor 1859-1889》,121 emphasis added.

128 Steward, 《The Eight Hour Movement: A Reduction of Hours Is an Increase of Wages》, 18.

129 Thompson, "An Important Question", 127.

130 "Co-Operation - the Condition of Its Success", 《JUL》 V, no. 1 (April 25, 1884), 666.

131 Sylvis, "Address Delivered at Buffalo, N.Y., January, 1864", 107.

132 Terence Powderly, "Message to the Noble Order of the Knights of Labor of America, Philadelphia, May 3,1886", in 《Labor: Its Rights and Wrongs》, ed. Terence Powderly (Westport, CT: Hyperion Press, Inc., 1886), 73.

133 Weir, 《Beyond Labor's Veil》, 46-55; Fink, 《Workingmen's Democracy》, 126-30, 156-72.

134 Sylvis, "Address Delivered at Chicago, January 9, 1865", 164.

135 Sharpe, "Co-Operation."

136 Sylvis, "Address Delivered at Chicago, January 9, 1865", 167.

137 Uriah S Stevens, "Ideal Organization I" I, no. 2 (June 15, 1880), 24.

138 위의 책, 24.

139 Weir, 《Beyond Labor's Veil》, 282.

140 위의 책.

141 위어의 훌륭한 논의를 참조. 위의 책, 19-66.

142 Norman Ware, 《The Labor Movement in the United States; Fink, Workingmen's Democracy》; Oestreicher, "Socialism and the Knights of Labor in Detroit, 1877–1886"; Leikin, 《The Practical Utopians》; Weir, "A Fragile Alliance."

143 Sharpe, "Co-Operation."

144 "Ancient and Modern Monopolies", 《KoL》 1, no. 32 (November 13, 1886).

145 Powderly, 《Thirty Years of Labor 1859-1889》, 76.

146 Jelley, 《The Voice of Labor》, 203.

147 노동기사단과 정당정치의 관계에 대해서는 다음 참조. Fink, 《Workingmen's Democracy》; Kim Voss, 《The Making of American Exceptionalism》; Weir, "A Fragile Alliance."

148 Henry E. Sharpe, "Co-Operation", 《JUL》, January 15, 1884, 706.

149 Fink, 《Workingmen's Democracy》; Weir, 《Knights Unhorsed》.

150 Fales, "The Organization of Labor."

151 "Co-Operation", 《JUL》 IV, no. 6 (October 15, 1883), 580.

152 "A Coward's Blow at Co-Operation", 《JSP》 2, no. 91 (July 5, 1885).

153 Sharpe, "Co-Operation", 597.

154 예를 들면, "Legalize Co-Operation", 《KoL》 1, no. 42 (January 22, 1887); "A Coward's Blow at Co-Operation."

155 이런 도전적 과제에 대해서는 다음을 참조. Leikin, 《The Practical Utopians》; Clare Dahlberg Horner, "Producers' Co-Operatives in the United States, 1865-1890", (University of Pittsburgh Press, 1978).

156 "Co-Operation", 581.

157 Stevens, "Ideal Organization 1", 24.

158 "Go-Stay", 《JUL》 4, no. 1 (May 1883), 461.

159 중국 출신 노동자를 조직해야 한다는 뉴욕 노동기사단의 제안에 대해서는 다음

을 참조. Weir, "A Fragile Alliance"; Weir, "Here's to the Men WHO Lose!: the Hidden Career of Victor Drury."

160 W. W. Stone, "The Knights of Labor on the Chinese Situation", 《Overland Monthly and Out West Magazine》 VII, no. 39 (March, 1886), 225-26.

161 위의 책, 229.

162 "Getting the Art of Living Down Fine", 《JUL》 V, no. 4 (June 25, 1884), 724.

163 위의 책.

164 Roediger, 《The Wages of Whiteness》, 35. 1장의 논의를 참조.

165 다음을 참조. Cunliffe, 《Chattel Slavery and Wage Slavery》; Mandel, 《Labor, Free and Slave》; Eric Foner, "Abolitionism and the Labor Movement." 중국 출신 노동자 문제에 대해서는 다음 쿠라리노의 논의와 글리크맨의 논의(미국 최저생활기준과 이주노동자의 소비습관에 대한 '소비주의적' 인종주의를 분석한 가장 중요한 논의)를 참조. Currarino, 《The Labor Question in America》, 36-59; Glickman, 《A Living Wage》, 78-92.

166 이 문구는 '시민적 덕성의 온상'에 대한 좀 더 보수적인 판본에서 따 왔다. Glendon, ed., 《Seedbeds of Virtue》.

167 Sharpe, "Co-Operation."

168 협동조합을 조직하거나 파업의 대오를 유지하는 과정에서 다양한 요구를 수용하면서도 동시에 협력을 이끌어내는 일이 얼마나 어려운 과제인지는 〈노동연대〉의 많은 지면에 명백하게 실려 있다. 한 예로 협동조합 총회에서 지역 협동조합에게 중앙으로부터의 자금 요청 중지를 요구한 사무총장의 메시지를 참조. J. P. McGaughey, "Halt!" 《JUL》 VI, no. 24 (April 25, 1886), 2055.

결론 아직도 멀기만 한 자유

1 Ross, "American Labor Violence: Its Causes, Character, and Outcome"; Hacker, "The United States Army as a National Police Force: The Federal Policing of Labor Disputes, 1877-1898"; Forbath, 《Law and the Shaping of the American Labor Movement》.

2 "From the Line of MOST Resistance", 《American Federationist》 22 (1922), 263.

3 Skinner, 《Liberty before Liberalism》, 116-17.

4 Timothy Noah, "Bumper Sticker Insubordination", 〈Slate Magazine〉, September 14, 2004; Brenda Howard, "I Left My Job Over a Computer-Desktop Hoodie",

〈The Washington Post〉, August 16, 2013.

5 예를 들면, Josh Eidelson, "Koch to Workers: Vote Mitt or Else!" 〈Salon.com〉, October 18, 2012; Alec MacGillis, "Coal Miner's Donor", 〈The New Republic〉, October 4, 2012.

6 Lloyd, 《Wealth against Commonwealth》, 180.

7 Ramona Emerson, "13 Controversial Facebook Firings: Palace Guards, Doctors, Teachers and More", 〈The Huffington Post〉, October 17, 2011.

8 J. D. Velasco, "Fired Gay Water Polo Coach and Supporters Protest at Charter Oak Board Meeting", 〈San Gabriel Valley Tribune〉, October 7, 2011.

9 Eric M. Strauss, "Iowa Woman Fired for Being Attractive: Looks Back and Moves On", 〈ABC News〉, August 2, 2013.

10 Amanda Hess, "How Sexy Should a Worker Be? The Plight of the Babe in the American Workplace", 〈Slate Magazine〉, July 29, 2013.

11 Alan Barber, "Pro-Union Workers Fired in Over One-fourth of Union Election Campaigns", 〈The Center for Economic and Policy Research〉, March 4, 2009.

12 '자의적인 해고'에 대해 투쟁을 전개하면서도 낮은 충성도는 해고 사유로 인정하는 미국 시민자유 노조(American Civil Liberties Union)의 사례에 대해서는 다음을 참조. Ned Resnikoff, "ACLU Locked in Contract Dispute with Employee Union", 〈MSNBC〉, July 25, 2013; and American Civil Liberties Union, "Legislative Briefing Kit: Wrongful Discharge", December 31, 1998.

13 Tiffany Hsu, "Amazon Warehouse Employees Overheated Ahead of Holiday Season", 〈The Los Angeles Times〉, September 19, 2011; Ian Urbina, "As OSHA Emphasizes Safety, Long-Term Health Risks Fester", 〈The New York Times〉, March 30, 2013.

14 Tanzina Vega, "In Ads, the Workers Rise Up … and Go to Lunch", 〈The New York Times〉, July 7, 2012; Todd Wasserman, "Amazon Dragged Into Applebee's Latest Jokey Campaign", 〈Mashable〉, July 25, 2012; Bob Egelko, "Employers Must Pay if They Deny Lunch Breaks", 〈The San Francisco Chronicle〉, February 18, 2011; Dave Jamieson, "Amazon Warehouse Workers Sue Over Security Checkpoint Waits", 〈The Huffington Post〉, May 8, 2013.

15 Meredith Bennett-Smith, "Indiana AT&T Technicians File Class Action Lawsuit Citing Grim Break Conditions." 〈The Huffington Post〉, August 14, 2012; Lyneka Little, "AT&T Workers Claim Lunch Break Violations", 〈ABC News〉, August 15,

2012.

16 이와 관련 소송에 대한 토론은 다음을 참조. Chris Bertram et al., "Let It Bleed: Libertarianism and the Workplace", 〈Crooked Timber〉, July 1 2012.

17 〈Report of the Industrial Commission〉 Vol 7, 116.

18 Susan Levine, 《Labor's True Woman》, 56-59, 66-68, 73-81.

19 이에 대한 상세한 토론은 졸고 참조. Gourevitch, "Labor Republicanism and the Transformation of Work."

20 이에 대한 예시는 미국 노동 통계를 참조. 경제활동참가율과 고용율은 2008년 위기로 인한 하락에도 불구하고 1978년 이전의 어느 시기보다도 높은 수준을 유지하고 있다. 미국 노동통계국의 다음 사이트를 참조. 〈Labor force participation〉 http://data.bls.gov/timeseries/LNS11300000 and 〈employment to population ratio〉 http://data.bls.gov/timeseries/LNS12300000. 〈Eurostat data〉 on the European countries show the same basic trends with some small variations. Data avail-able at: http://epp.eurostar.ec.europa.eu/portal/page/portal/employment_unemployment_lfs/data/main_tables.

21 예를 들면 미국의 임금 노동자는 노동 인구의 60~80%에 이른다. Doug Henwood, 《After the New Economy》 (New York: The New Press, 2003), 125; G. William Domhoff, "Wealth, Income, and Power", 〈Who Rules America〉, http://www2.ucsc.edu/whorulesamerica/power/wealth.html; Edward N. Wolff, "The Asset Price Meltdown and the Wealth of the Middle Class", published online August 26, 2012, accessible http://appam.confex.com/data/extendedabstract/appam/2012/Paper_2134-extendedabstract_151_0.pdf.

22 "Industrial Ideas Chapter II", 2098.

23 Rachel Emma Silverman, "Tracking Sensors Invade the Workplace", 〈The Wall Street Journal〉, March 7, 2013; Chris Crowell, "Housekeeping Communication Gets More Efficient, High-Tech", 〈Hotelmanagement.net〉, October 6, 2008.

24 1870~80년대에 수많은 협동조합을 조직했던 세인트 크리스핀 지역 노동기사단의 제화공 노동자들은 이렇게 말했다. "우리는 노동조건을 감독하는 노동기준국을 원하는 게 아니다. 우리는 우리 스스로를 보호해야 한다고 제안하는 것이다." 다음에서 인용함. Clare Dahlberg Horner, 《Producers' Co-Operatives in the United States, 1865-1890》, 56fn6. On the Knights of St. Crispin as precursors to the Knights of Labor, 위의 책, 53-70; Leikin, 《The Practical Utopians》, 17-18.

25 노동관련법을 제대로 집행하는 데 많은 한계가 있다는 점에 대해서는 다음을 참조.

Urbina, "As OSHA Emphasizes Safety, Long-Term Health Risks Fester." 노동관련 법 위반사항과 작업장 안전 규제를 제대로 수행하지 못하는 점에 대해서는 다음을 참조. Harold Meyerson, "If Labor Dies, What's Next?" 《The American Prospect》, September 13, 2012.

26 다른 많은 이슈들 중 중요한 문제인 글로벌 경쟁에 대해서는 다루지 않았다. 경쟁은 원칙적으로는, 기업들로 하여금 산업안전 수준을 낮추도록 압박한다. 특히 산업안전 이슈가 기업의 경쟁력을 유지하는 데 유일한 수단이라면 더욱 그렇다. 이는 기업 단위를 넘어서서 해법을 찾아야 하는 중요한 문제이지만, 협동조합적 생산의 장점은 이러한 조건이 실제 존재하는 경우와 고용주들이 산업안전에 투자하지 않을 요량으로 단순히 경쟁을 빌미로 삼는 경우를 구별한다는 데 있다.

27 이에 대해서는 다음 논문에서 다루었다. Gourevitch, "Labor Republicanism and the Transformation of Work." 다음 논문도 참조. Hsieh, "Rawlsian Justice and Workplace Republicanism."

28 노동법 영역에서 노동운동 자체의 노력이 아닌 국가에 의한 새로운 노동관계 규율에 의해 일정한 진전이 이뤄진 예시에 대해서는 다음을 참조. James Gray Pope, "The Thirteenth Amendment versus the Commerce Clause: Labor and the Shaping of American Constitutional Law, 1921-1957", 《Columbia Law Review》, 102, no. 1 (2002), 1-122.

29 Pettit, 《Republicanism》, 133.

30 Skinner, "The Republican Ideal of Political Liberty"; Skinner, "Machiavelli's Discorsi and the Pre-Humanist Origins of Republican Ideas."

31 '다원주의'는 벌린에게도 그러하듯 가치의 본질에 대한 메타-윤리적 이론이라는 점은 주목할 필요가 있다. 이 관점에서 보면, 통약 불가능하지만 객관적인 가치들이 존재한다. 누군가를 만족시키기 위해 반드시 타인을 희생해야 한다면, 이 문제를 해결할 수 있는 객관적 원칙은 존재할 수 없다. 존 롤스와 찰스 라모어, 조금은 다른 맥락에서 뱅자맹 콩스탕과 같은 이들에게는 다원주의가 근대적 삶에 관한 하나의 역사적이면서 동시에 사회학적인 사실이다. 즉 좋은 삶에 대한 바람직한 규정은 하나가 아니라 여럿일 수 있으며, 따라서 그들 중 하나를 꼽아 우선성을 부여하는 것은 적절한 방식이 될 수 없다. 반면 존 스튜어트 밀과 같은 또 다른 이론가들에게 다원주의는 인간 본성이나 필연적으로 다양할 수밖에 없는 인간의 속성에 관한 이론이며, 따라서 개체적 인간이 성장할 수 있는 조건들도 다양하게 존재하게 된다. Isaiah Berlin, "John Stuart Mill and the Ends of Life", in 《Four Essays on Liberty》 (New York: Oxford University Press, 1969), 173-206; Isaiah Berlin, "Two Concepts of Liberty", in

《Four Essays on Liberty》, (Oxford; New York: Oxford University Press, 1979), 118-72; John Stuart Mill, "On Liberty", in 《John Stuart Mill: On Liberty and Other Essays》, ed. John Gray (New York: Oxford University Press, 1998), I-128; Constant, "The Liberty of the Ancients as Compared with That of the Moderns"; John Rawls, 《Political Liberalism》 (New York: Columbia University Press, 1996); Charles Larmore, "Political Liberalism", 〈Political Theory〉 18, no. 3 (1990), 339-60.

32 이러한 관련성에 대한 유명한 논의는 벌린의 글이다. 스키너는 '신로마'적 자유이론을 소극적 이론과 등치하고 있거니와 이는 적어도 90년대 초의 적극적 자유론과 대조적이다. Berlin, "Two Concepts of Liberty"; Skinner, "The Republican Ideal of Political Liberty."

33 앞서 제시한 문헌 이외에도 다음을 참조. Skinner, "A Third Concept of Liberty"; Pettit, 《Republicanism》, 17-50; Sandel, 《Democracy's Discontent》, 26; Viroli, 《Republicanism》, 38-42.

34 Oestreicher, 《Solidarity and Fragmentation》, 92.

35 덴버 출신의 노동기사단 지도인사였던 조세프 뷰캐넌(Joseph Buchanan)은 국제노동자연합 총회의 대표단 중 하나이기도 했다. Weir, 《Knights Unhorsed》, 75-76. 노동기사단의 통계 전문가였던 쿠노(Theodore Cuno)는 유럽 출신의 망명자로서 국제노동자연합이 전성기를 이루던 시절 마르크스와 매우 가깝게 지낸 인물이다. 스튜어드와 맥닐도 마르크스의 여러 저작을 이미 섭렵했었다. 몽고메리(Montgomery)는 스튜어드의 노동일에 대한 논의는 본질적으로 마르크스가 《자본》 1권에서 발전시킨 논의와 동일하다고 주장했다. Montgomery, 《Beyond Equality》, 249-60.

36 뉴욕 지역에서 가장 큰 영향력을 행사한 노동기사단 지도인사인 빅터 드루리(Victor Drury)는 추방된 블랑키주의 아나키스트였고, 조세프 라바디에(Joseph Labadie)는 디트로이트 노동기사단의 리더로서 아나키스트 출신의 사회주의자 당원이기도 했었다. Weir, "Here's to the Men WHO Lose!: the Hidden Career of Victor Drury"; Oestreicher, 《Solidarity and Fragmentation》, 79-85; Fink, 《Workingmen's Democracy》, 18-37.

37 스키너는 몇 가지 예시에 대해 다음과 같이 설명하고 있다. "마르크스가 신로마적 정치 용어를 자신의 어법으로 전개하고 있다는 점이 나에겐 매우 인상적이었다. 마르크스 역시 임금노예와 프롤레타리아트 독재에 대해 말하고 있다. 그는 자신의 노동력을 단지 팔 수 있는 자유만 있다면 그는 전혀 자유롭지 않은 존재라고 말했다. 마르크스는 자본주의를 하나의 예속의 형식으로 보았다. 이러한 마르크스의 언급은 모두 신로마적 공화주의자들의 윤리론과 동일하다." "Liberty before Liberalism and

All That: Quentin Skinner Interviewed by Richard Marshall", 〈3am Magazine〉, Monday, February 18, 2013, http://www.gammagazine. com/zam/liberty-before-liberalism-all-that. 이 주제에 대해서 함께 토론해주고 자기 논문을 공유해준 윌리엄 클레어 로버트(William Clare Roberts)에게 감사드린다. 다음 논문도 참조. Lewis S. Feuer, "The North American Origins of Marx's Socialism", 〈The Western Political Quarterly〉 16, no. 1 (March 1963), 53-67.

38 "Industrial Ideas Chapter 1", 2087.

39 Casassas, "Basic Income and the Republican Ideal: Rethinking Material Independence in Contemporary Societies"; Pettit, "A Republican Right to Basic Income?"; Pettit, 《Republicanism》, 158-65. 나는 내 논문에서 이 주장이 공화주의적 관점과는 배치된다는 점을 주장했다. 다음을 참조. Gourevitch, "Labor Republicanism and the Transformation of Work."

40 Karl Marx, "Critique of the Gotha Programme," in 《The Marx-Engels Reader Second Edition》, ed. Robert Tucker (New York: W. W. Norton, 1978), 537-39.

41 이에 대해서는 노동기사단 내부에서도 입장이 나뉘어 있었지만, 대부분은 주의주의(voluntarism)적 입장을 견지하고 있었다. 다음 참조. Leikin, 《The Practical Utopians》, 43-46, 58-66.

42 See for example A. J. Story, "The Land Question", 《JUL》 IV, no. 5 (September 15, 1883), 555-57; Weir, "A Fragile Alliance."

43 Fink, 《Workingmen's Democracy》, 18-37.

44 Leikin, 《The Practical Utopians》, 57-88; Levine, 《Labor's True Woman》, 99-102.

45 예를 들면, "Legalize Co-Operation": "Boycotting May Be Illegal"; Sharpe, "Co-Operation"; "Co-Operation: A Lecture Delivered before the Local Assemblies of Easton, PA., by Charles Summerman, of the State Labor Bureau of New Jersey."

찾아보기

19세기
노동기사단과
공화적 자유